아이돌을 인문하다

일러두기

· 본문에 수록한 46곡의 노랫말들은 한국음악권협회의 음악저작물 사용에 따른 저작권사
용료 규정에 의거하여 사용료를 납부한 후 수록하였습니다.

· 본문에 나오는 인명, 지명 등 고유명사는 국립국어원 외래어표기법에 따라 표기했고, 띄
어쓰기와 맞춤법은 국립국어원의 한글 맞춤법과 표준어 규정을 따랐습니다. 다만 해당
규정에서 어긋나는 노랫말 내의 일부 표현들은 원 저작물의 취지를 존중하는 차원에서
수정하지 않았으며, 기 출간된 번역서의 도서명은 독자들의 혼동을 막고자 국내 출판사
의 표기를 따랐습니다.

아이돌을 인문하다

문학과 철학으로 읽는
그들의 노래·우리의 마음

박지원 지음

SIDEWAYS

좋은 것은 가볍다.
모든 신적인 것은 부드러운 발로 달린다.

— 프리드리히 빌헬름 니체,『바그너의 경우·Der Fall Wagber』중에서

차례

제2장 사랑에 관하여

제3장 우리가 함께 사는 세계에 관하여

제4장 인간에 관하여

서문

사람은 '무엇'에 대해서든 철학을 할 수 있어요.
예를 들어서 사랑에 빠지면 사랑이 뭔지 생각하기
시작하잖아요.
— 수전 손택, 『수전 손택의 말』(마음산책)

어느 누가 노래 없이 살 수 있을까요?
그렇다면 인생이 어떻게 될까요?
노래나 춤이 없다면 우린 무엇일까요?
그러니 그런 모든 걸 선물해 준 음악에 감사할 뿐이죠.
— 아바(ABBA), 〈Thank You For The Music〉 중에서

벌써 10년 남짓 지난 오래 전 일입니다. TV에서 동남아시아의 어느 재해 현장을 취재한 프로그램이 방영되고 있었어요. 아마 큰 홍수가 덮치고 난 뒤였던 것으로 기억하는데, 그 탓에 한 마을 전체가 완전히 쑥대밭이 되어 있었습니다. 안 그래도 가난의 그림자가 짙게 묻어 있던 누추한 시골 마을이었는데, 집안의 가구며 살림살이들이 길가에 어지러이 널려 있는 풍경은 보기에도 막막할 지경이었습니다.

취재진은 폭격을 맞은 듯 재해로 엉망이 된 집들을 일일이 방문하며 인터뷰도 하고 그랬어요. 그중 한 가정을 들렀는데 중학생이나 고등학생쯤 되어 보이는 소녀 한 명이 집을 지키고 있었습니다. 카메라가 빛이 잘 들지 않는 그녀의 방 안을 비추었고, 책장 안에 제법 빼곡하던 책들이며 참고서들도 화면에 잡혔습니다. 취재진은 그녀에게 지금 심정이 어떤지, 많이 힘들진 않은지, 공부에 지장은 없는지 등등의 질문을 던지고 있었죠.

그런데 그녀가 인터뷰 도중에 한국 아이돌 그룹의 멤버 — 동 방신기로 기억합니다 — 들의 빛바랜 사진을 책상에서 꺼내면 서 배시시 웃는 게 아니겠어요? 한국 취재진이 다소 놀라면서 그녀에게 이 그룹을 좋아하느냐고 물었고, 그녀는 **"무척 좋아한 다, 힘들 때면 항상 이들의 음악을 듣곤 했다, 지금 자신에게 힘을 주고 있다."**라는 내용의 대답을 했습니다. 쑥스럽게 웃으면서, 그렇지만 진심이 물씬 느껴지는 또박또박한 어조로 말이죠. 가 뜩이나 재난이 할퀴고 간 무채색의 절망적인 상황 속에서도, **그 순간 피어오른 그녀의 웃음**이 무척이나 구김살 없고 순수하게 느 껴졌던지라 제 기억 속에 오래도록 남아 있는 장면입니다.

아마 이 즈음부터가 아니었을까 싶어요. 동시대인의 사랑을 널리 받고 있는 **스타**가 누군가의 삶에 미칠 수 있는 영향력이 생 각보다 훨씬 더 클지도 모르겠다고 느꼈던 것이……. 그의 마음 을 채우는 대상이 가수든, 배우든, 예능인이든, 운동선수든 상관 없습니다. 그저 자신이 선망하는 이를 향한 **무한한 애정**에 흠뻑 빠져 있다는 사실이 중요할 뿐입니다. 그 경험은, 모두가 그다지 대수롭지 않게 생각하는 그 경험은, 어쩌면 그의 삶과 정체성에 어떤 **지워지지 않는 흔적**을 남기게 될 수도 있습니다. 그때 그의 마음이 실감했던 감정의 폭과 깊이는, 그가 장차 성장해 나가는 데 굉장히 귀중하고 긍정적인 계기가 되어 줄지도 모릅니다.

대중문화의 아이콘을 열렬하게 좋아하고, 그들의 작품에 완 전히 사랑에 빠져 버리고, 그들을 한 번이라도 더 보기 위해서 밤잠을 설치고……. 어떤 **아이콘**과 사랑에 빠지는 마음에는 한 도 끝도 없습니다. 그중에서도 노래하고 춤추면서, 우리에게 잊히지 않는 곡들과, 그 곡들의 무대를 선보이는 **가수**들에 대해선 말할 필요조차 없습니다. **음악**이란 우리를 홀딱 반하게 만드는 매혹적인 마약입니다. 음악을 하는 사람들은, 우리 영혼에 깃든 뮤즈와 같은 존재들이 될 수 있습니다. 과장이 아닙니다. 무엇보다 제가 음악에 푹 빠져 지내면서 자라왔던 사람이라, 어떤 노래가 **한 사람의 마음에 미치는 강력함**에 대해선 자신 있게 말할 수 있습니다.

제 모든 이야기의 시작은, 역시 서태지와 아이들이었습니다. 초등학교에 다니던 그 시절, 이들의 테이프를 늘어질 때까지 듣지 않았더라면 아마 지금 제가 이 글을 쓰는 일은 없었을 게 분명합니다. (이 말은 비유가 아닙니다. 정말로 늘어져 버렸거든요.) 서태지와 아이들은 제가 어떤 노래들에 얼마나 빠질 수 있는지를 알려준 첫 번째 그룹이었지요.

다음 차례는 핑클이었습니다. 제가 초등학교를 졸업할 무렵 PC통신이 등장했는데요. 저는 당시 C모 서비스의 핑클 팬클럽에서 어느 순간 '별빛핑클'이란 닉네임으로 꽤나 열성적인 활동을 하는 회원이 되어 있었습니다. (이진을 가장 좋아했습니다.) 핑클에 이어 제 마음을 훔쳤던 가수는 이승환이었죠. 제 생애 첫 콘서트도, 중학교 시절 친구와 함께 달려갔던 그의 공연이었습니다. 지금도 중학교 친구들은 제가 쉬는 시간만 되면 교실 뒤편에서 그의 노래를 열창하던 걸 잊지 못한다고 말해 주곤 해요. 당시 이승환과 함께, 저는 넥스트와 토이, 자우림과 전람회, 그리고 패닉 등등 당대를 주름잡은 뮤지션들에 푹 빠져 지냈습니다. 노래방도 엄청나게 다녔습니다, 고등학생 때 비틀즈와 퀸, 오아시스와 라디오헤드를 비롯한 영국 록 음악의 세계에 입문했고, 20대 이후에는 산울림과 김광석, 이소라, 장필순, 그리고 가을방학 등등 이 책에도 등장하는 여러 뮤지션들의 음악을 즐겨 듣게 되었죠.

저와 비슷한 세대의 독자라면, 대체적으로 저와 비슷한 기억에 빙그레 웃음 짓고 계실지도 모르겠습니다. 자신의 삶과 함께했던 음악의 계보를 추억하는 일은, 언제든 우리 마음을 따뜻하고 즐겁게 만들어 주는 것 같습니다. 저는 지금 이 글을 서태지와 아이들의 1집과 2집을 들으며 쓰고 있습니다.

'아이돌'이라는 말과 플라톤의 철학

'아이돌(Idol)'은 오랜 어원을 지닌 말입니다. 이 단어는 'idolum'이라는 라틴어에서 비롯되었는데, 이 말의 원래 뜻은 **'이미지'**, **'형상'**이었다고 합니다. 이 어원은 지금 쓰고 있는 아이돌이란 단어의 뜻과도 직접적으로 연관을 갖고 있습니다. 아이돌은 한 마디로 대중들의 사랑을 받는 **'우상(偶像)'**을 뜻하는데, 우상이라는 말 또한 인간이 숭배하기 위해서 나무나 쇠붙이 따위로 만들어 놓은 '상(像)'을 이르고 있으니까요.

서양에선 전통적으로 이미지와 형상 등의 **감각적인** 측면을 거부하는 흐름이 강했습니다. 우리는 구약 성서의 십계명 중 하나가 "우상을 섬기지 말라."는 여호와의 말씀이라는 것을 알고 있습니다. 눈에 보이는 우상 너머로 영원한 신의 말씀과 진리가 있을 지어니, 결코 인간을 **현혹하는** 우상 따위에 마음을 쏟아선 안 된다는 준엄한 명령이었죠.

특히 서양철학의 가장 중요한 뿌리라고 할 수 있는 플라톤이 이런 일상적이고 감각적인 것들을 얼마나 격렬하게 비난했는지는 잘 알려져 있습니다. 플라톤은 『국가』에서 열렬한 어조로 우리가 보고, 듣고, 느끼는 이 현상계를 하나의 '동굴'과 같은 것이라 평가절하 합니다. 그는 인간이 저 태양처럼 밝게 빛나는 **참된 진리**인 '**이데아**'를 외면하고 있음을 한탄하고, 그 이데아의 **복제**에 불과한 동굴 속 세계에서 빠져나와야 한다고 역설합니다. 어떻게? 각 개인들이 자신이 속한 계급에 어울리는 교육을 받고, 덕을 기르면서 말이죠. 플라톤은 모든 인간이 국가를 다스리는 통치자 계급, 국가를 지키는 수호자 계급, 그리고 경제적 기능을 수행하는 생산자 계급 중 하나에 속하고 있다고 말하며, 자신의 계급에 충실할 것을 강조했습니다.

제가 이 책에서 이야기할 **문학**이나 **음악**에 관해서라면, 애초에 플라톤은 자유로운 사상과 영감을 지닌 문학가들과 음악가들, 즉 **예술가들**을 아주 싫어했습니다. 그에겐 예술을 한답시고 설치는 인간들이 모두 **진리의 적**에 불과했습니다. 애초에 우리가 사는 이 세계가 저 참된 실재의 복제에 불과한 바, 예술가들은 그 복제를 또 다시 복제한다는 점에서 **무용**(無用)하고 심지어는 **유해**한 존재일 뿐이라는 것이죠. 플라톤은 공동체의 덕과 조화에 기여하지 않는 예술가들은 모조리 축출되어야 한다고 말했습니다.

지금으로선 쉽게 비웃음을 살 만한 극단적인 시각입니다. 그렇다고 우리가 플라톤 철학을 가볍게 생각해서는 안 됩니다. 철학사적으로 봤을 때 플라톤의 영향력에서 자유로운 철학자는 단 한 사람도 없으니까요. 영국 철학자 알프레드 화이트헤드는 **"2천 년의 서양철학은 모두 플라톤 철학에 남긴 주석에 불과하다."** 라는 말을 남기기도 했어요. 더 극단적으로는, 서구의 헤브라이즘, 즉 '신 중심적인 세계관' 자체가 플라톤주의의 발현이란 시각까지 있을 정도입니다.

우리를 밀어붙이는 '어떤 이분법'

그런데 제가 주목하고 있는 것은 플라톤의 **철학적인** 중요성이 아닙니다. 저는 이러한 플라톤적인 사유가 우리들의 **무의식적인 심성,** 즉 지금 우리들이 세계와 인간을 바라보는 관점 안에 **아주 자연스럽게** 배어 있다는 점을 이야기하고 싶습니다. 이런 지점이야말로 플라톤 철학이 여전히 강력하고 무서운 이유인 동시에, 제가 지금 이 글을 쓰고 있는 이유일지도 모릅니다.

예컨대, 위에서 말한 동남아시아의 10대 소녀에 대해서 이야기해 보죠. 그 소녀가 힘들고 가난한 환경 속에서 어느 아이돌 그룹에 푹 빠져 있다는 사실 자체만을 놓고 보았을 때, **어떤 관점에서는** 그 사실이 그 아이에게 아무런 도움도 되지 않습니다. 10대 소녀는 지금 어느 해외의 잘생긴 오빠, 딴따라를 향한 팬질을 하고 있을 때가 아니에요. 그녀는 저 가난과 절망의 굴레를 벗어나기 위하여 치열하게 공부하거나, 아니면 독하게 이를 갈며 무언가에 매진하고 있어야 합니다. 그녀가 마침내 **출세**를 해서 힘겨운 운명에 빠져있는 자신과 자신의 가족, 그리고 공동체에 이바지를 할 수 있다면 더할 나위 없겠죠. 어쨌건 그녀는 **한눈을 팔지 말고**, 자신의 힘겨운 운명을 극복해 내야 합니다. 세상은 만만치가 않습니다. 적당히 즐기면서 시간을 흘려보내면 그녀는 미래에 아무것도 이루지 못할 것이 틀림없습니다. **어떤 관점에서는, 그것이 엄연한 사실입니다.**

그런데 그녀가 먼 이역의 잘생기고 멋진 아이돌 그룹을 좋아하는 감정이 과연 그처럼 **극복되어야 할 어떤 것**일까요? 그것은 하나의 **낭비**일까요? 그걸 단지 그녀의 성장에서 적절히 조절되어야 할 **여분**의 오락거리에 그친다고 보는 게 맞을까요?

우리 사회엔 그처럼 누군가를 깊이 좋아하는 마음, 그러한 감정적인 몰입을 '낭비'라고 생각하는 무의식적인 감성이 있습니다. 내가 지금 맞닥뜨린 **감각적인 쾌락**을 부차적인 것으로 치부하고, 대신 그보다 더 **중대하고 본질적인** 이 세계의 현실 논리에 충실해야 한다는 분위기가 분명히 존재하죠. 이런 사회적인 압력은, 우리에게 **훗날 진정한 너 자신이 되기 위하여** 지금 나를 사로잡은 욕구를 억누를 것을, 주위의 유혹거리에 한 눈을 팔지 말 것을 강요합니다. 이러한 사회적 감성은 내 자아가 추구해야 할 미래의 어떤 **바람직하고 완성된 모델**을 제시해 두고, 지금 나의 감각적인 선호를 하찮은 것이자 떨쳐내야 할 어떤 것이라고 규정합니다. 이 암묵적인 공감대는 '**지금 네가 즐기고 있는 것은 한낱 가벼운 오락거리일 뿐이다**…….'라고 말하고 싶어 입이 근질근질한 이 사회의 집단 무의식입니다.

어떤가요? 이런 감성에는 과연 플라톤적인 이분법이 스며들어 있지 않나요?

저는 자신의 미래를 위하여 치열하게 공부를 하거나 자신을 계발하는 일이, 여느 아이돌을 향해 열정적으로 애정을 쏟는 일보다 **덜** 중요하다고 말하는 게 아닙니다. 이 책의 본문에선 그런 **노력**과 자신에 대한 **헌신**이 얼마나 귀중한 미덕인지를 아낌없이 적어 두기도 했습니다. 제 말을 믿으셔도 좋습니다.

다만 저는 한 사람의 성장을 대하면서, 우리들이 **그가 좇아야 할 어떤 참된 모델**을 미리 고정해놓은 채, 무엇이 **더** 중요하며, 무엇이 **덜** 중요하다고 손쉽게 구분하는 데 그만큼 익숙하다는 걸 말하고 싶은 것입니다. 플라톤이 저 부질없는 동굴의 세계, 감각적인 유혹들 너머로 묘사해 둔 **이데아**란 개념은 철학책 속에만 숨어 있는 옛 언어가 아닙니다. 그의 세계관은 이천 년 시간을 훌쩍 뛰어넘어 **우리들이 지금 인간을 바라보고 세계를 대하는 감성**에도 영향을 미치고 있습니다. 동양적인 전통과 한국 사회의 맥락에 섞여들어, 더욱 강력하고 더욱 끈끈하게.

좀 더 영향력 있는 사람이 되는 일, 이를 위해 자신을 극복하는 일, 자아실현을 위한 그 끝없는 분투……. 물론 다 중요합니다. 그런데 한 사람에게 오로지 이런 태도만을 강요하게 되면, 그는 아주 납작하고, 얄팍하고, 마침내 기형적인 존재가 되어 버립니다. 이처럼 하나의 **참된 모델, 참된 미래**를 제시하면서 개인들을 몰아붙이는 이분법은, 인간을 끝없이 어딘가로 다그치는 동시에 그의 실존적인 정체성을 **폐쇄적으로 고립**시킵니다. 그런 고립이 일상화된 사회에선, 타인이 하나의 잠재적인 경쟁 상대가 되어버리기 십상입니다. 타인들과 함께하며 누릴 수 있는 풍요로운 세계는, **더 완전한 어딘가**로부터 멀리 떨어진 **감각적인 여분**에 불과해집니다. 적어도 사람들과 즐겁고 편안하게 어울리면서 **현재를 만끽하는 경험**들은, 한 사람의 일생에서 어떤 의미로든 그다지 중요하다고 여겨지지 않습니다.

저는 대학 시절, 작가 김훈의 강연에 참석했었어요. 이 자리에서 전 그에게 "작가님의 글을 정말 좋아하는데, 작가님이 쓰셨던 글을 작가님의 **실제 삶**과 연결시키는 실천적인 방법 같은 것이 있다면 알려 달라."고 질문한 적이 있습니다. 그는 자신이 최근 받았던 질문 중 가장 좋은 질문이라면서 허허 웃더니, 이렇게 말해 주었습니다.

> "나는 지금껏 내 자식들에게 사회적으로 성공하거나 뛰어난 사람이 아니라, 평범하고 정직한 시민이 되라고 말해 왔다. 그것이면 충분하다고 생각한다."

이 말에는 우리 사회에 배어 있는 어떤 **플라톤적인 감성**을 뛰어넘을 수 있는, 중요한 비밀이 담겨 있다고 생각합니다. 이 사회에서 어떤 직업과 지위를 가지든 간에, 서로의 다양성과 소중함을 인정하고, 우리가 더불어 살아가는 공동체의 미래를 함께 고민하는 존재가 된다는 것, 그것은 그저 한 사람의 '**평범하고 정직한 시민**'이 되면 충분한 일입니다. 그런 시민들이 이루어가는 사회에선, 남보다 더 앞서가거나 더 중요한 사람이 되는 일이 지금처럼 **압도적으로** 장려될 리가 없습니다.

그런 사회에선 한 사람의 삶을 저 어딘가로 내몰아 가는 이데 아 대신, 지금 이 순간 내 주위에 **살아 숨 쉬는 타인**들과, 자신을 둘러싼 이 **감각적인 세계**가 얼마나 아름다운지 응시할 수 있는 **차분하고 깊은 감성**이 자리합니다. 우리들도 이제 그런 감성을 더 적극적으로 추구할 때가 되었습니다. 저는 그런 확신을 갖고 이 책을 썼습니다.

자신의 굴레를 뛰어넘는 일에 관하여

아이돌에 관한 우리 '어른'들의 시선은 언제나 이중적이고, 또 분열적입니다. K-POP 신드롬과 한류를 자랑스럽게 운운하 다가도, 막상 아이돌의 노래를 접하거나 그들에 대한 열렬한 팬 덤 현상을 마주치면 근엄하게 눈살을 찌푸리곤 하죠. 어쨌거나 **아이돌**이라는 말은 우리 사회에서 그리 긍정적인 뉘앙스를 띠고 있진 않습니다. 우린 모두 이 말이 기성세대 사이에서 어떻게 통 용되는지 잘 알고 있죠. 그리고 독자 여러분들은 이 책에서 방탄 소년단 멤버들이 이 단어에 대하여 얼마나 민감하게 반응하는 지 살펴볼 수 있을 거예요.

아이돌은 대중들을 공략하기 위하여 **철저하게 기획된** 엔터테 인먼트 산업의 스타들을 가리킵니다. 아주 상업적인 태생을 지 니고 있죠. 어떤 의미에서, 이런 **태생**은 아이돌이 갖고 있는 명 백한 한계입니다. 변명의 여지가 없습니다. 아이돌 그룹은 자신 을 기획한 자본과 매니지먼트 시스템을 벗어날 수 없고, 그런 상업성을 거스르는 음악을 만들지 못합니다. 분명히, 그들의 음악은 다소 천편일률적인 성격을 갖고 있습니다. 저는 그것을 부정할 생각이 없습니다.

그들은 하나의 '상품'입니다. 그렇지만 동시에, 그들은 상품 그 이상의 존재이기도 합니다. 그들은 그 상품을 **벗어날 수 있는** 존재이며, 또 바로 지금 이 순간 어느 정도는 상품을 **벗어나 있는** 존재입니다. 그리고 자신을 규정하는 태생과 정체성에서 '벗어날 수 있음'과 '벗어나 있음'은, 그들만의 특성은 아닙니다. **대중**의 한 사람인 우리들 또한 마찬가지입니다.

이 세상에 오로지 자신의 의지대로 행동하고, 자신의 독자적인 개성을 뽐내며, 전혀 천편일률적이지 않은 사람이 얼마나 있을까요? 물론 저를 포함해서, 우리들은 모두 부모의 기대와 학교의 기대, 직장의 기대, 그리고 이 사회의 기대에 맞춰 길러진 존재이고, 교정된 존재이며, 지금도 그에 부응하며 살고 있는 존재입니다. 우리는 모두 다른 이들과 엇비슷하게 살아가는 사람들이고, 사회의 힘에 다소 순응적인 사람들입니다. '나는 남들과 다르다.'고 말하고 싶은 자의식이 없는 사람이 어디 있을까요? 그렇지만 이 적자생존과 무한경쟁의 자본주의 시스템에서, **어떤 관점에선**, 분명 우리들은 모두 하나의 **상품**이자 **톱니바퀴**에 불과합니다.

서태지 정도 되는 사람이라면, 중학교를 졸업한 뒤 뚜렷한 확신을 갖고 용감하게 자신의 길을 걸어간 후, 한 시대의 문화적 감성을 완전히 지배해 본 사람이라면, 대중을 향해 천편일률적이라고 비난해도 마땅할지 모릅니다. 그는 이미 1994년 3집 앨범의 〈교실 이데아〉를 통해 사람들에게 이렇게 노래했죠. "국민 학교에서 중학교로 들어가며 고등학교를 지나 우릴 포장 센터 로 넘겨, 겉보기 좋은 널 만들기 위해 우릴 대학이란 포장지로 멋지게 싸버리지……." 그리고 이 곡에 열광했던 저 또한 대학 이란 포장지로 저 자신을 포장했고, 어영부영 사회에 나왔습니 다. 저도 남들과 하나 다를 바 없이 자기소개서를 썼고, 회사 생 활을 했고, 연봉계약서에 몇 차례나 사인을 해보았습니다. 저는, 그리고 우리들은 모두 하나의 상품입니다. 이 책도 상품입니다. 자본주의를 격렬하게 비판하는 사상도 하나의 상품으로써 이 세상에서 유통됩니다.

그렇지만 우리는 잘 알고 있습니다. 우리는 모두 상품이면서도, 또한 상품을 넘어서 있는 존재라는 것을. 저 거대한 사회의 시선 으로 보았을 때, 우린 모두 "내 옆에 앉아 있는 그 애"보다 "좀 더 비싼 나"로 철저하게 기획된 상품들에 불과합니다. 하지만 우리 는 당연히 이러한 차갑고 객관적인 시선을 거부하죠. 우리는 자 신이 개별적인 존재이며, 언젠가는 좀 더 자유로운 존재가 될 수 있음을 확신합니다. 나는 **고정된 존재**가 아니니까요. 나는 나의 **위치를 재조정할 수 있는 존재**이며, 조금 조금씩 **진정한 나 자신** 을 향해 나아갈 수 있는 존재입니다.

이런 일이 어떻게 가능할까요? 앞서 말했듯 자신에게 충실 하고, 끊임없이 노력하며, 세계 속에서의 **고독**의 가치를 깨닫는 일이 필요합니다. 동시에 내 앞의 구체적인 타인들과 **관계**를 맺 고, 그들과 진정어린 **교감**을 하는 일도 중요하죠. 나는 그들과 내가 가혹한 **운명**을 함께 헤쳐 나가야 한다는 것을, 또 어떤 순간엔 서로 **연대**할 수 있는 존재라는 것을 압니다. 나아가 우리는 세상 어딘가에서 숨죽인 채 고통 받는 힘없는 이들의 **행복**을 고민하며 내가 더욱 아름다운 존재가 될 수 있다는 것도 깨닫습니다. 나는 나와 **더불어 사는 사람들**을 통해 비로소 나의 **자유**와, 나의 **자존감**을 되찾을 수 있습니다. 그리고 이와 같은 인문학적인 키워드들이 **이미** 아이돌들의 노래에서 이야기되고 있습니다. 이 책은 그 이야기를 되짚을 뿐입니다.

물론, 저는 아이돌 문화를 무작정 옹호하고 싶은 것은 아니에요. 저는 아이돌 중심의 음악 시스템을 비판하는 다양한 시각들에도 어느 정도 일리가 있다고 생각하고 있습니다. 저 또한 음악을 둘러싼 모든 것들에 너무도 극적으로 값이 매겨져 버리고 있는 건 아닌지, 특히 어린 팬들에게 지나친 소비를 유도하는 건 아닌지 우려가 될 때도 있습니다. 저는 단지 음반 하나를 사면, 그걸 애지중지하면서 1번 트랙부터 마지막 트랙까지 듣고 또 들었던 것만으로 충분했던 옛 시절이 그리울 때가 있습니다.

그럼에도 불구하고 이 거대한 시스템의 모든 소란과 한계와 굴레들 속에서도, 정작 무대에서 땀을 흘리는 아이돌 멤버 한 사람 한 사람은 **자신의 위치를 뛰어넘을 수 있는** 존재가 될 수 있습니다. 또 그들 중 몇몇은 분명히 그런 노력들을 보여 주고 있죠. 그들이 자기 자신에 대해서, 또 팬들에 대해서 치열하고 정직한 자세를 잃지 않는다면 그들은 앞으로 훨씬 더 풍성하고 독보적인 그들만의 세계를 펼쳐나갈 수도 있습니다. 우리는 〈아메리칸 아이돌〉로 데뷔한 애덤 램버트에게서도(지금은 퀸의 메인 보컬입니다.), 세월이 흐른 뒤의 핑클 멤버들에게서도, 또 제가 뒤에서 말할 로비 윌리엄스와 저스틴 팀버레이크에게서도, 그리고 (제가 열렬한 팬을 자처하는) 아이유에게서도 그런 궤적을 발견하곤 하죠. 비틀즈도, 마돈나도 한때는 대중음악계의 철저한 아이돌로 여겨졌을 뿐입니다. 그들이 위대한 아티스트가 된 과정에는, 우리들 모두에게 해당되는 **보편적인 성장 서사**가 담겨 있습니다.

아이돌이든 아이돌이 아니든, 세상이 **간편하게** 단정해 둔 저마다의 굴레에서 자유로운 존재는 한 사람도 없습니다. 우리들은 지금 자신이 발 딛고 서 있는 자리에서, 사회의 **편견들과 규정들**에 짓눌린 스스로의 모습을 바라보고 있습니다. 그럼에도 불구하고, 우리는 어떤 순간 그 두꺼운 벽을 깨나갈 수 있는 존재가 될 수 있습니다. 저 어딘가에서 우리를 구원할 참된 이데아, 완벽한 무언가를 통해서가 아닙니다. **자신이 어떤 존재인지 자신의 눈으로 깊이 성찰하는 일을 통해서, 그리고 나와 함께 이 세계를 이뤄가는 타인의 얼굴을 조용히 들여다보고, 그들의 소중함을 깨달아 가면서 말이죠.** 이 책에는 바로 이러한 이야기들이 담겨 있습니다.

'우리 나름으로, 우리의 방식대로'

우리는, 정말로 무엇에 대해서든 **철학**을 할 수 있습니다. 그리고 세상의 그 어떤 사소한 일들과 충돌들에서도, 수백 년 동안 살아남은 **문학**의 주인공을 만날 수 있어요. 산울림의 김창완은 언젠가 "세상 그 어떤 예술 작품보다 아름다운 것은, 어머니의 잔소리라고 생각한다."고 말한 바 있습니다. 그의 말은 제게 오래도록 잊히지 않는 가르침으로 남아 있습니다.

시대를 불문하고, 널리 사랑 받는 유행가에는 당대의 흐름과 보편적인 희로애락이 담겨 있기 마련입니다. 아이돌들의 음악이라고 전혀 다를 바가 없습니다. 우리가 그들의 음악에서 무언가를 길어 올릴 수 있다면, 어떤 노래를 깊이 읽어 내려고 하는 관심과 열의만 있다면, 우리는 지금처럼 그들 음악에 심취하면서도, 자연스럽게 **우리 나름의** 인문학을 할 수 있습니다. 인간은 언제나 **자신의 방식대로** 지혜롭고 지적인 존재가 될 수 있는 사람들입니다. 하버드대 역사학과 교수인 로버트 단턴이 말했던 것처럼, "평범한 사람들은 세상 물정에 밝아지는 법을 배우며, 그들은 자신의 방식대로 철학자만큼이나 지성적일 수 있는 것"이 틀림없습니다.

인문학이, 삶의 지혜가, 문학과 철학이 우리들 일상에서 동떨어진 어떤 고고한 것이 아닙니다. 그리고 책의 앞머리에 인용했던 니체의 문장 그대로, 진정 우리들 마음을 움직이는 신성한 것들은 언제나 **가볍고 또 부드러운** 형태를 띠고 있을지도 모릅니다. 저는 그렇게 생각하고 있습니다. 책을 읽으시는 독자 분들에게도 이런 저의 믿음이 잘 전달될 수 있기를 바랄 뿐입니다.

이 책에서는 방탄소년단과 워너원, 트와이스의 곡들이 중점적으로 이야기되고 있습니다. 세 그룹 모두 자신만의 특색이 있죠. 그들의 노랫말을 들여다보는 각각의 챕터들에서, 자연스럽게 세 그룹의 차이와 개성이 드러나고 돋보이길 바라봅니다. 물론 이 그룹들 말고도 훌륭한 아이돌 그룹들이 무척 많음에도, 저

의 부족함 탓에 미처 제대로 다루지 못한 것이 사실입니다. 세
그룹을 제외한 아이돌의 팬 분들께는 다소 양해를 구해야 할 것
같습니다.

2018년 3월
파주에서, 박지원

I.
자신을 믿는 일에 관하여

1. 성장
<피 땀 눈물>: 방탄소년단

작사/작곡: Pdogg
Rap Monster
SUGA
j-hope
"hitman" bang
김도훈

내 피 땀 눈물 내 마지막 춤을 다 가져가 가
내 피 땀 눈물 내 차가운 숨을 다 가져가 가
내 피 땀 눈물

내 피 땀 눈물도
내 몸 마음 영혼도
너의 것인 걸 잘 알고 있어
이건 나를 벌 받게 할 주문

Peaches and cream
Sweeter than sweet
Chocolate cheeks
and chocolate wings
But 너의 날개는 악마의 것
너의 그 sweet 앞엔 bitter bitter
Kiss me 아파도 돼 어서 날 조여줘
더 이상 아플 수도 없게
Baby 취해도 돼 이제 널 들이켜
목 깊숙이 너란 위스키

내 피 땀 눈물 내 마지막 춤을 다 가져가 가
내 피 땀 눈물 내 차가운 숨을 다 가져가 가

원해 많이 많이 많이 많이
원해 많이 많이 많이 많이 많이 많이
원해 많이 많이 많이 많이
원해 많이 많이 많이 많이 많이 많이

아파도 돼 날 묶어줘 내가 도망칠 수 없게
꽉 쥐고 날 흔들어줘 내가 정신 못 차리게

Kiss me on the lips lips 둘만의 비밀
너란 감옥에 중독돼 깊이
니가 아닌 다른 사람 섬기지 못해
알면서도 삼켜버린 독이 든 성배

내 피 땀 눈물 내 마지막 춤을 다 가져가 가
내 피 땀 눈물 내 차가운 숨을 다 가져가 가

원해 많이 많이 많이 많이
원해 많이 많이 많이 많이 많이 많이
원해 많이 많이 많이 많이
원해 많이 많이 많이 많이 많이 많이

나를 부드럽게 죽여줘
너의 손길로 눈 감겨줘
어차피 거부할 수조차 없어
더는 도망갈 수조차 없어
니가 너무 달콤해 너무 달콤해
너무 달콤해서

내 피 땀 눈물
내 피 땀 눈물

"나는 오직 내 마음속에서
절로 우러나오는 삶을 살려 했을 뿐이다.
그것이 왜 그리 어려웠을까?"

— 헤르만 헤세, 『데미안』(열린책들)

1. 성장
<피 땀 눈물>: 방탄소년단

여기 '나'라는 사람이 있습니다. 내겐 태어날 때부터 주어진 이름이 있습니다. 나는 그 이름을 갖고 누군가의 가족이자, 친구이자, 제자 또는 스승이자, 선배 또는 후배로서 하루하루 살아갑니다. 나는 국적을 지니고 있고, 학교든 회사든 동호회든 대개 어딘가에 소속되어 있습니다. 그리고 나는 나를 낳아준 사람들을 닮아 있습니다.

나는 많은 생각을 합니다. 자유롭게 생각하고, 그 생각을 행동으로 옮길 수 있는 건 인간의 특권이겠죠. 나는 가끔씩 내 '자유의지'를 과시하며 제멋대로 행동합니다. 실수도 하고요. 또 내겐 나름의 습관과 취향도 있습니다. 나이가 들어가면서 나만의 성격도 굳어지고 있습니다. 나만의 가치관과 신념, 어떤 '삶의 태도'도 형성되고 있네요.

물론 사람은 동물이기도 하니, 나는 꼬박꼬박 삼시세끼를 챙겨 먹고, 화장실도 날마다 들락거려야 합니다. 제아무리 고상한 철학적 문제들을 붙들고 있더라도, 먹지 못하고, 씻지 못하고, 먹은 걸 배출해 내지 못한다면 사람다운 삶은 유지될 수 없습니다. (무더운 날씨에 며칠만 몸을 씻지 않는다면, 곧장 나를 향해 쏟아지는 '동물 쳐다보는 듯한' 시선을 느낄 수 있을 겁니다.)

어쨌든 간에, 나는 나입니다. 내가 나라는 것을 부정할 이유는 아무것도 없습니다. 나는 너무도 명확히 나잖아요. 그런데— 내가 언제나 나였는데, 단 한 순간도 내가 아닌 적이 없었을 터인데, 어느 순간 내가 나를 미워하고, 나를 인정할 수 없고, 다른 누구도 아닌 나 자신에게 실망하고 좌절하게 되는 건 정말이지 흥미롭고 아찔한 일이 아닐 수 없습니다. 몇몇 사람만 그런 것도 아닙니다. 단언컨대, 100에 98명 정도는 이런 절망감을 느낍니다. 글의 첫머리에 인용했던 『데미안』의 문장처럼 말입니다.

그러니, 사람이 자기 자신이 되는 일은 왜 그리도 어려울까요?

나는 물론 나입니다. 동시에 나는 내가 아니기도 합니다. 내가 나 자신과 분리되는 그 끔찍한 순간을 맞이하면서, 비로소 한 사람의 (어른으로서의) 삶이 다시 시작됩니다. 나도 나를 어쩔 수 없는 그 소외감, 좌절감, 그리고 무력감이 우리를 성장하게 만드는 첫 번째 감각들입니다. 방탄소년단이 노래하듯, 내 '피와 땀과 눈물, 몸과 마음과 영혼'이 내 것이 아니라는 것을 깨닫는 계기가 누구에게나 찾아옵니다. 방탄소년단이 2016년 발표한 《WINGS》 앨범은 헤르만 헤세의 『데미안』에서 콘셉트를 가져와서 많은 이들에게 주목을 받았습니다. 앨범의 쇼트 필름뿐만 아니라 타이틀곡 〈피 땀 눈물〉의 가사와 뮤직비디오에도 『데미안』의 상징과 주제의식이 잘 녹아들어 있습니다.

자신을 깨뜨리는 일의 고통스러움에 관해

『데미안』은 동서고금의 위대한 성장 문학을 꼽을 때 빠지지 않는 작품입니다. 독일의 문호 헤르만 헤세가 1919년 발표한 장편 소설인데요. 순진한 열 살 소년이었던 에밀 싱클레어가 '이미 완성된 하나의 세계'였던 막스 데미안을 만나면서 겪게 되는 고뇌와 성숙의 이야기입니다. 이 작품을 쓸 때 42살이었던 헤세는 에밀 싱클레어라는 인물에 자신의 영혼을 전폭적으로 밀어 넣습니다. '자전적'이라는 말로는 부족할 만큼 치열하고 절절하게 쓴 소설입니다.

> "새는 알에서 나오기 위해 투쟁한다. 알은 세계이다. 태어나려고 하는 자는 누구든 하나의 세계를 파괴하지 않으면 안 된다."
>
> — 헤르만 헤세, 『데미안』

『데미안』의 유명한 구절입니다. 알 속의 새도 새이지만, 그 새는 아직 완전한 새가 아닙니다. 새가 되기 위한 씨앗을 품고 있는 존재입니다. 헤세에 따르면, 인간도 누구나 자신 안에 '진짜 자신'이 되기 위한 씨앗을 간직한 존재입니다. 그 껍질을 깨뜨리는 일은 새에게나 인간에게나 똑같이 고통스럽습니다. 과거의 자신을 부정하고 파괴해야 하는 시간을 겪어내야 하니까요.

뮤직비디오의 내레이션처럼, 데미안은 싱클레어를 소스라치는 어둠과 악(惡)의 세계로 유혹하는 역할을 맡고 있습니다. 데미안의 세계는, 자신의 두 발로 대지를 딛고 서서 성장하려는 모든 사람들이 피할 수 없는 '어른의 세계'입니다. 어느 누구에게도 의존하지 않고, 자신의 생각으로, 자신의 언어로, 자신의 몸뚱이로 이 세계에 정당하게 맞서는 건 끔찍한 일입니다. 그러한 좌절감은 우리 모두가 겪어내야 하는 통과 의례일 거예요.

〈피 땀 눈물〉의 노랫말에도 데미안에게 매달리는 싱클레어의 절박한 심정이 잘 묻어 있습니다. 싱클레어는 데미안과 헤어진 후 자살 충동에 시달리며 오랫동안 혼돈과 자기혐오에 시달립니다. 헤세의 말처럼, 자기 자신을 받아들이는 일은 우리 모두에게 신비로울 만큼 두렵고, 아프고, 괴롭습니다.

"아아, 이제는 잘 안다, 사람들이 자기 자신에게 이르는 길을 가는 것보다 더 거부감을 느끼는 것은 이 세상에 결코 없다는 사실을!"
— 헤르만 헤세, 『데미안』

인간성의 깊이와 무게, 그리고 혼돈들

수많은 사람들이 '행복의 조건'을 말합니다. 인간의 심리를 연구하는 학자들도, 한평생 수도의 길을 걷고 있는 종교인들도, 다양한 분야에서 자신의 길을 개척했던 전문가와 '멘토'들도……. 그들은 우리에게 있는 그대로의 자기 모습을 인정하고,

욕심을 줄이며, 주위의 관계를 소중히 여기고, 현재를 헛되이 보내지 말고 힘껏 노력하라는 메시지를 전해 주죠. 다 맞는 말입니다. 어찌 보면 『데미안』에 담긴 주제와도 비슷한 면이 있습니다.

그렇지만 문학은 좀 더 짓궂습니다. 문학의 세계엔 〈피 땀 눈물〉의 화자처럼 자신을 '끝까지' 밀어 붙이는 주인공들로 가득합니다. 『안나 카레니나』와 『보바리 부인』의 안나와 보바리는 목숨을 걸고 불륜을 저지르고, 『그리스인 조르바』의 조르바는 자기 손가락을 자르며, 『이방인』의 뫼르소는 죄 없는 사람에게 총을 쏩니다. 『모비 딕』의 에이해브 선장과 『노인과 바다』의 늙은 뱃사람은 망망대해에서 물고기를 향해 이를 갈고, 『인간실격』의 주인공인 오바 요조는 스스로를 향해 그 깊이를 헤아리기 힘든 증오의 눈빛을 번뜩입니다.

주제 사라마구는 『눈 먼 자들의 도시』에서 아예 지상의 모든 인간들을 실명(失明)으로 만들어 버립니다. 박완서의 『나목(裸木)』이나 『휘청거리는 오후』에 그려진 여성들은 이 땅의 천박한 분위기를 참지 못하고 스스로를 할퀴고 찌릅니다. 이청준이 쓴 『서편제』의 소리꾼은 자기 딸의 두 눈을 멀게 만드는데, 이 분야의 고전으로는 끝끝내 스스로의 두 눈을 찌르면서 자신이 저지른 죗값을 치르고 마는 소포클레스의 희곡 『오이디푸스 왕』이 있습니다.

모두 어딘가 고장 나 버린 채 무서운 집중력을 발휘하는 중독자들이요, 열광자들입니다. 그들은 '자기 자신을 찾는다'는 미명 하에 대부분 자신을 파멸의 굴레로 몰아넣습니다. 주인공 자신도 모르는 사이에, 우리들 모두를 '나답게/인간답게' 살지 못하도록 가로막는 시대와 사회의 비인간적인 병폐를 고발하고 폭로면서 말이죠. 그들은 결코 정의롭지도 않고, 강인하지도 않은, '인간적인 너무나 인간적인' 모습으로 책 속에 살아 있습니다.

우리는 그들을 바라보면서 마음 가는 대로 사는 일의 무게감을 실감합니다. 우린 그들을 통해서, 수두룩한 전문가들과 명망가들이 이러저러하게 조언해 주는 '행복의 비법'이 우리를 왜 간단히 '성장의 길'로 인도하지 못하는지를 알 수 있습니다. 그런 조언들이 틀렸다는 게 아닙니다. 우리는 오랜 시간을 이겨낸 문학 작품들의 주인공을 만나며, 인간이란 그만큼 자기답게 살기 힘든, 자유와 행복을 쉬이 찾지 못하며 방황하는 수수께끼 같은 존재란 사실을 깨닫게 됩니다. 인간과 인간성의 그 무한한 깊이를 체험하게 됩니다.

〈피 땀 눈물〉의 노랫말처럼, 우리는 그들을 통해 끊임없이 무언가에 중독된 채 살아가는 인간의 나약함을 깨닫습니다. 한때 명백하게 빛나는 삶을 살던 누군가가, 어느 순간 자신의 '빛나던 삶'에 집착하면서 추해져 버리는 모습은 드물지 않습니다. "방심하면 훅 간다."라는 농담은 인간의 운명과도 잘 어울리는 것 같습니다. 누군가는 자신의 이름에, 누군가는 돈과 권력에, 누군가는 과거의 성취에 중독된 채 스스로를 속이고, 타인을 속입니다. 자신의 행복에 중독된 사람이 많은 것처럼, 자신의 불행에 중독된 사람 또한 많습니다.

역설적으로, 어떤 사람들은 '자기 자신에 이르는 길'에 숨 막히도록 집착하기도 합니다. 진정한 자기 모습을 찾으려 스스로를 밀어붙이다가 도리어 자신을 파괴하고 맙니다. 지옥에 이르는 길은 선의(善意)로 가득하다는 격언이 생각나는 순간입니다. 예컨대, 방탄소년단의 노래 제목으로도 쓰인 '피, 땀, 눈물'은 1940년 처칠의 영국 수상 수락 연설에 등장한 후, 지금은 영어권에서 하나의 관용구처럼 쓰이는 표현입니다. '어떤 사람이 자신의 모든 것을 바치는 태도'를 묘사할 때 주로 활용되고 있는데요.

이 관용구를 제목으로 삼은 책, 『피 땀 눈물』에서 영국의 저술가 리처드 던킨은 인간이 어째서 노동과 자아실현에 중독되어 버렸는지를 역사적으로 차근차근 되짚습니다. 이 책의 분석처럼, 사회 전반에 퍼진 "너는 열심히 노력해서 진정한 자신이 되어야 한다."는 압력과 강제적인 분위기 또한 인간을 무너뜨릴 수도 있습니다. 재독 철학자 한병철이 몇 년 전에 쓴 『피로사회』는 바로 이런 '자기계발 만연 사회'의 폭력성을 잘 드러내서 대중적인 인기를 끌기도 했었죠. 한병철은 있는 힘껏 '자기 자신'이 되려다가, 도리어 자기 자신과 가장 멀어져 버리고 스스로를 망쳐버리는 쓸쓸한 풍경이 세계적으로 유행처럼 번지고 있다고 지적했습니다.

그러므로 인간이 어떤 존재인가란 질문에 관해선, 그야말로 모든 것이 혼돈에 가깝습니다. 정답은 없습니다. 우리는 언제든 타락할 수 있습니다. 그러면서도 언제든 다시 제대로 살아낼 수 있는 가능성이 있습니다. 저는 '성장'의 시작이 바로 그런 '혼돈'의 지점에서부터 출발해야 한다고 믿습니다. '인문적인 것'은 바로 그처럼 연약하고 파괴되기 쉬운 우리 자신의 모습을 인정하는 데서 첫 걸음을 내딛습니다. 인문학, '인문적인 사유'의 어떠한 힘이란 게 있다면, 그것은 (인간과 세계에 관한) 모든 단정과 확신들을 깨끗하게 버리는 태도에 가까울 것이라고, 저는 오래 전부터 생각해 왔습니다.

다시 『데미안』과 <피 땀 눈물>의 세계로

〈피 땀 눈물〉의 뮤직비디오에서 석진은 다음과 같은 문구 앞에 서 있습니다. 프리드리히 W. 니체가 그의 대표 저서인 『차라투스트라는 이렇게 말했다』에 남긴 구절입니다.

춤추는 별을 잉태하려면 반드시 자신의 내면에 혼돈을 지녀야 한다.

나는 내가 아닙니다. 어쩌면 영원히 내가 아닐지도 모릅니다. 그리고 그 무엇도 '내'가 아니라는 의심과 혼란이 싹트는 순간, 우리는 다시 『데미안』의 세계로 돌아갑니다. 방탄소년단의 〈피 땀 눈물〉은 제가 이 책을 쓰게 만든 동기가 되었던 곡입니다. 그러니 제게도 기념비적인 노래라고 할 수 있습니다. 나아가 저는 세상의 모든 뛰어난 문학들이 '성장의 서사'에 가깝다고 믿는 사람입니다. 그래서 〈피 땀 눈물〉을 '성장'이라는 키워드로 풀어서 책의 첫 꼭지로 삼은 것은 저에게 아주 자연스러운 일이었습니다.

춤추는 별들은 여전히 멀리 있는 것만 같습니다. 누구도 자신이 그 별을 잉태했다고 확신할 수 없습니다. 세상의 그 어떤 대단한 사람이 아니라, 이 글을 읽는 여러분들의 가슴 속에는 소박한 별 하나가 숨어있을지도 모릅니다. 물론 그 또한 장담할 수는 없습니다. 심지어는 『데미안』의 저자인 헤세에 대해서도 마찬가지입니다. 『데미안』은 위대한 성장 소설이고, 저 또한 앞으로도 널리 읽히길 진심으로 바라는 작품이지만, 폴 존슨이라는 영국 저술가는 자신의 책 『지식인의 두 얼굴』에서 헤르만 헤세가 자신의 문학적 성취와는 정반대의 인간이었으며, 평생을 뻔뻔하고 저열한 이기주의자로 살다 죽었다고, 꽤나 꼼꼼한 근거와 사례들을 수집하여 공격하기도 했습니다. 헤세 스스로가 자신 안의 추악한 모습을 누구보다 잘 알고, 그런 모습을 아프게 고백했던 것도 사실입니다.

삶은 ─ 인간은 ─ 이렇게도 복잡하고 어렵습니다.

2. 자기애
<나야 나>: 워너원

작사: Produce 101
작곡: RYAN S. JHUN
    EMILE GHANTOUS
    KEITH HETRICK
    APPU KRISHNAN
    CHERYLINE LIM
    JASON JONES
    ZAYDRO
    RHEAT

너를 보던 그 순간 Pick me Pick me Pick me
시선 고정 너에게 Pick me Pick me Pick me
눈부셔 Shining Shining
제발 내 맘을 Pick me Pick me
Pick me Pick me Pick me
너와 있는 이 시간 Pick me Pick me Pick me
난 너무 빨라 불안해 Pick me Pick me Pick me
멈춰줘 Hold me Hold me
마지막까지 Pick me Pick me

너는 내게 너무 예뻐서
꿈일까 난 너무 두려워
기억해 제발 이 순간 Tonight
오늘 밤 주인공은 나야 나 나야 나
너만을 기다려 온 나야 나 나야 나
네 맘을 훔칠 사람 나야 나 나야 나
마지막 단 한 사람 나야 나 나야 나

오늘 밤 주인공은 나야 나 나야 나
너만을 기다려 온 나야 나 나야 나
네 맘을 훔칠 사람 나야 나 나야 나
마지막 단 한 사람 나야 나 나야 나

Pick me Pick me up Pick me Pick me Pick me
Pick me Pick me up Pick me Pick me Pick me
Pick me Pick me up Pick me Pick me Pick me
Pick me Pick me up

내가 아닌듯한 나 Pick me Pick me Pick me
미쳤어 내게 빠졌어 Pick me Pick me Pick me

I'm so sick Crazy Crazy

제발 내 맘을 Pick me Pick me

Pick me Pick me Pick me

너를 보면 볼수록 Pick me Pick me Pick me

난 막지 못해 내 마음 Pick me Pick me Pick me

이제는 Call me Call me

말해줘 내게 빠져 버렸다고

너무나 예뻐서 꿈일까 두려워 Oh 빛나는 환상 속의 그대

날 바라봐줘 너의 맘속으로 들어가 함께하고 싶어

오늘 밤 주인공은 나야 나 나야 나

너만을 기다려 온 나야 나 나야 나

네 맘을 훔칠 사람 나야 나 나야 나

마지막 단 한 사람 나야 나 나야 나

오늘 밤 주인공은 나야 나 나야 나

너만을 기다려 온 나야 나 나야 나

네 맘을 훔칠 사람 나야 나 나야 나

마지막 단 한 사람 나야 나 나야 나

Pick me Pick me up Pick me Pick me Pick me

Pick me Pick me up Pick me Pick me Pick me

Pick me Pick me up Pick me Pick me Pick me

Pick me Pick me up

2. 자기애
<나야 나>: 워너원

    '자기애'는 인간을 이해하는 가장 중요한 키워드 중 하나입니다. 인간 내면의 가장 깊숙한 근원에는 자기애(自己愛), 즉 자기에 대한 사랑이 있습니다. 타인보다 자기를 더 아끼고 우선시하는 본능은 아주 끈끈하게 우리의 몸과 마음을 사로잡고 있습니다. 그 본능은 모든 생명 있는 존재의 절대적인 지상 명령에 가깝습니다. 여기엔 어떤 예외도 없는 것 같습니다.

    모든 사람의 바탕에서 자기애를 발견하는 일은 생각보다 의미가 큽니다. 우리들의 '모든' 생각과 행동에는 자신에 대한 사랑, 자신에 대한 배려가 담겨 있습니다. '나 자신'이 모든 것의 출발점입니다. 설령 어떤 행동이 외견상 자기애와는 거리가 먼 이타적이고 희생적인 것일지라도 마찬가지입니다. 그런 행동에 묻은 자기애의 편린을 찾는 일은 그리 어렵지 않습니다. 어느 격언이 말해주는 것처럼, 인간은 결국 타인이 아니라 오로지 자기 자신을 도울 수 있을 뿐이니까요.

일본의 한 에세이스트는 인간을 고양이에 비유했습니다. 우리 누군가에게 사랑 받고 싶어 하는 감정을 꾹 누르고, 고양이처럼 짐짓 딴청을 피우며 도도하게 살아갑니다. 그렇지만 고양이도 사람도 영혼 깊숙한 곳에선 외부의 관심과 주목에 목말라 하는 존재입니다. 그런 감정은 결코 부끄럽거나 숨겨야 할 것이 아니라, 아주 자연스럽고 솔직한 우리의 맨얼굴이라고 할 수 있습니다. 남에게서 사랑과 주목을 받는 그 순간, 우리는 활짝 피어납니다. 부정할 수 없는, 부정할 필요도 없는 맑은 긍정성이 마음을 가득 채웁니다.

자기애라는 말을 인터넷에서 검색해 보면, 우리 사회가 자기애라는 말을 그다지 긍정적으로 여기지 않는다는 것을 알 수 있습니다. '자기애가 강한 사람의 OO가지 특징', '자기애성 인격장애' 같은 글들이 검색 결과의 대다수를 차지하고 있죠. 자기애는 '나르시시즘'이란 단어로 번역되는데, 애초에 이 단어의 어원을 제공하는 그리스 신화의 나르시스는 자신의 얼굴을 한없이 바라보다가 우물에 빠져 죽고 만 인물입니다. 누군가에게 "너는 참 자기애가 강하구나.", "넌 나르시시즘에 빠져 있는 것 같아." 라는 말을 들으면 기분이 별로 좋을 리 없습니다.

그렇지만 앞서 말한 것처럼, 나르시시즘이 없는 인간은 없습니다. 이 책에서도 나르시시즘의 종류에 대하여 자주 언급하겠지만, 나르시시즘도 나르시시즘 나름이며, 건강한 나르시시즘은 인간의 필수적인 덕목에 가깝습니다. 나르시시즘을 마치 이기적인 성격 같은 것으로 몰아붙이는 건 심각한 편견입니다. 오죽하면 우리 서점가에서 『미움 받을 용기』란 제목의 책이 그렇게 오랫동안 많은 이들의 사랑을 받았겠어요. 절대 다수의 사람들은 넘치는 자기애로 문제가 되는 게 아니라, 남에게 미움 받을게 두려워서 자신을 억누르는 일 때문에 고통을 받고 있습니다. 무엇보다 먼저 돌봐야 할 것은 타인이 아니라 자기 자신임이 분명한데도 말이죠.

음악, 나르시시즘의 힘과 아름다움

지금의 워너원을 만든 그 노래, 〈나야 나〉의 가사는 건강한 자기애의 감정을 여과 없이 드러냅니다. 이 곡은 내 앞에 서 있는 눈부신 상대에게 어떠한 주저와 의심도 없이 "오늘 밤 주인공은 나야 나"라고 외치고 있죠. 나는 너를 본 그 순간부터 너만을 기다려 왔고, 너의 맘을 훔칠 사람이 내가 되기를 바라 왔습니다. 이제는 네가 나를 선택할 차례입니다. 나는 네 사랑을 받기에 충분한 사람이니까요.

"나를 선택해 줘(Pick Me)"라는 메시지는 노래 전체를 관통하며, 그들이 무대 위에 오를 수 있었던 '국민 프로듀서 시스템'을 요약해 줍니다. 워너원의 멤버들은 꿈일까 두려울 만큼 '아름다운 그녀'를 향해서 〈나야 나〉를 부릅니다. 여기서 '그녀'는 자신들을 선택해 줄 대중을 가리키고 있습니다. "빛나는 환상 속의 그대"라는 노랫말은 곡의 분위기와 참 잘 어울리는 것 같습니다. 그들을 선택한 수백 만 대중들이 모였을 때, 그런 대중의 존재는 숫자로 단순화 된 환상이자, 신기루에 가까우니까요.

그렇지만 대중의 힘에는 실체가 있습니다. 대중이 가진 영향력이란 결국은 우리 한 사람 한 사람의 '아름다운 개인'들이 모여서 만들어낸 것이기 때문입니다. 워너원은 카메라를 바라보고 대중을 향해 노래합니다. 그 노래를 듣는 나는 그들의 눈을 정면으로 바라보며, 멤버들의 진심을 개별적으로 받아들입니다. 즉 "Pick Me"를 듣는 순간, 나는 그들의 '그녀'가 됩니다. 그런데 그게 끝이 아닙니다. 내가 노래에 빠져드는 순간, 나는 어느새 무대 위에서 노래하는 '그들'이 되어 있기도 합니다. 바로 이때가 노래의 청자와 화자가 절묘하게 겹치는 순간입니다. 자신의 모든 것을 걸고 "나를 사랑해 달라"고 구애하는 그들을 바라보며, 나는 그 구애를 받는 이가 되었다가, 이내 자기 자신을 어필하고 있는 〈나야 나〉의 화자가 됩니다.

이것은 음악이 지닌 나르시시즘의 힘 덕분입니다. 철학자 김상봉은 음악이 이미 그 형식에서부터 나르시시즘을 위한 예술이라고 말하고 있습니다. 그에 따르면, 오직 음과 음의 관계로 연결되는 음악은 본질적으로 정신이 자기를 거울에 비추어 보고, 자기를 연모하는 예술입니다. 하나의 완결된 곡은 어떤 물리적인 실체도 없지만, 우리는 5분이 채 되지 않는 시간 동안 노래에 자신을 맡기고 그 세계 안에 잠시 빠져들게 됩니다. 노랫말이 곁들여진 대중음악에 관해서라면, 우리는 감미로운 선율과 함께 자기 '이야기'를 들려주는 뮤지션의 자기애에 전염되어, 우리 자신을 그에게 온전히 투영하게 되고요.

〈나야 나〉라는 짧은 곡은 우리의 귓속에 남은 채 시간 속에서 소멸했습니다. 나는 이 노래를 듣는 동안 〈나야 나〉의 '그'가 되었고, 그의 구애를 받는 '그녀'가 되었으며, 이런 과정을 통해 마침내 (잠깐이나마) '나 자신'에 좀 더 가까워질 수 있었습니다. 자신을 사랑하는 일이 얼마나 황홀한지를 확인하며 자기애에 충만해진 나 자신이.

우린 모두 자신을 사랑해야 마땅하고, 다른 이들의 사랑을 받기에 충분한 사람들입니다. 모두들 그걸 알고 있지만, 막상 무미건조한 일상에선 쉽게 체감하기 힘든 감정입니다. 워너원의 〈나야 나〉는 내가 잊고 있던 자기애의 감각을 '음악의 날개'로 자극합니다. 그리고 대중이 워너원의 결성과 활동을 함께해 온 일련의 경험은, 인간의 자기애가 어떤 역할을 하고, 사람들 사이에서 어떻게 맞부딪치며, 누군가를 얼마나 성장시킬 수 있는지를 들여다보는 계기였다고도 생각됩니다. 그들은 어쨌거나 수많은 사람들이 지켜보는 앞에서 자신의 가능성을 시험하며 사람들의 마음을 뺏는 데 성공했습니다. 워너원 멤버들 모두가 자기 혼신의 힘을 바쳐 '나는 네 사랑을 받기에 충분한 사람'이라는 사실을 입증했습니다. 그것은 그들의 젊음을 축복하는 영원한 기념비로 남을 것입니다.

자기애와 경쟁, 그리고 '살아남기'

사실 저 개인적으로는 〈프로듀스 101〉과 같은 오디션/경연 프로그램을 그리 좋아하지 않습니다. 몇 년 전부터 이런 프로그램들이 우리나라에서도 큰 흥행 몰이를 하고 있잖아요. 저도 가끔 보면 무섭게 몰입하게 되고, 힘든 환경에서도 치열하게 노력하는 참가자들의 모습에 눈물을 줄줄 흘린 적도 다반사입니다. 그들을 엄격하게 꾸짖으면서도 애정 어린 충고를 잊지 않는 심사위원들을 보며 '역시 한 분야에서 최고의 자리에 오른 사람의 내공과 연륜은 무시할 수 없구나.'란 생각도 자주 했습니다. 주위에 이런 프로그램을 즐기는 사람들도 많고, 그들이 꼬박꼬박 챙겨보는 심정도 충분히 이해가 됩니다.

누군가가 혼신의 힘을 다하여 정정당당하게 경쟁하는 일을 볼 때, 우리는 어떤 청량하고 상쾌한 감정, 즉 카타르시스를 느낍니다. 그것은 스포츠를 보면서 열광하는 것과 비슷합니다. 선수들은 관객이 가득 찬 경기장 위에서 상대 선수와 겨루지만, 결국 그들을 승리로 이끄는 것은 팀원들과 함께 호흡을 맞춰 훈련하고, 자기 자신과 외롭고 쉼 없이 싸웠던 시간의 덕이라는 것을 우리는 압니다. 저는 다케히코 이노우에의 만화 『슬램 덩크』를 볼 때마다 승리를 향한 단순하고 간절한 열망이 얼마나 감동적일 수 있는지를 실감하곤 합니다.

승리를 위해서 자신의 모든 것을 내던지는 일은 아름답습니다. 그것은 인간의 자기애가 가장 순결하고 무섭게 발휘되는 순간이기도 합니다. 남보다 우위에 서기 위해서가 아니라, 자신을 극복하고 진짜 내 가능성의 극한에 다다르기 위한 승부에 임하기 때문이죠. '경쟁'이란 말은 무언가 삭막하고 사악한 뉘앙스로 사용되기 일쑤지만, 경쟁은 사실 우리의 삶을 설명하는 가장 보편적인 키워드 중 하나입니다. 순수한 승부, 공정한 룰에 입각한 경쟁 자체는 결코 부정적인 것이 아닙니다. 그것은 인간의 피할

수 없는 실존적인 조건 중 하나입니다. 이 땅에 유토피아가 들어
서지 않는 한 말입니다.

그렇지만 저로서는 누군가가 그런 엄혹한 경쟁에 뛰어들고,
서바이벌에서 '살아남기 위하여' 애쓰는 일을 바라보는 게 조금
은 민망합니다. 자신의 노력과 성취를 누군가의 평가에 전적으
로 내맡긴 채 간절해 하는 사람들을 바라보면 마음 한 구석이 무
거워집니다. 아무리 그 의도가 좋다손 치더라도, 대중음악계의
내로라하는 실력자들이 "우리가 키울 만한 재목을 찾겠다"고 아
이들을 가차 없이 평가하는 구도가 그리 좋게 보이진 않습니다.
더욱이 그들이 "나를 사랑해 달라"며 치열하게 노력하는 현장이
대중에게 속속들이 방영되는 것 자체가 조금은 잔인하게 느껴
집니다. 자기애는 인간 본연의 감정이지만, 우리가 그 감정이 충
족되고 무너지는 과정을 실시간으로 지켜볼 필요가 있을까 하
는 의문도 자주 들곤 해요. 그 리얼리티의 세계에선, 노래와 춤
실력뿐만 아니라, 여타 모든 인간적 요소들 — 외모, 매력, 취향,
스타일, 성장 스토리 등등 — 이 '평가'와 '인정'의 대상이 되곤
합니다.

심지어는 '인성'조차도 평가의 (어쩌면 가장) 중요한 축으로 자
리 잡았습니다. 대중들은 남에게 피해를 주는 이기적인 참가자
들을 극도로 미워하는 것 같아요. 인성은 물론 중요합니다. 그렇
지만 모든 시청자들이 눈에 불을 켜고 '결함 없는 사람'을 찾는
모습은 제겐 조금은 씁쓸하게 다가옵니다. 이런 분위기에선 영
국 브릿팝의 전성기를 이끈 맨체스터 출신의 세계적인 밴드 오
아시스(Oasis)의 노엘과 리엄 형제는 '인간 말종'으로 낙인 찍혀

데뷔도 못했을 게 분명합니다. 술에 취해 무대에 오르고, 행패를 부리며 기물을 파손하고, 관객에게 욕을 하는 가수를 누가 선택해 주었겠습니까?

물론 그들은 초창기에 방황도 하고 철부지 같은 모습을 많이 보여 주었죠. 그러나 그들의 음악은 찬란했고, 20여 년이 지난 지금은 그들도 진짜 어른이 된 것처럼 의젓한 모습을 보여주고 있습니다. 여기저기서 사고를 치고 철없는 발언들을 일삼던 그들의 행동을 옹호하려는 게 전혀 아닙니다. 단지 대중 매체를 통해 손쉽게 편집되거나 자극적으로 과장될 수 있는 '인성'이 누군가를 평가하고 판단하는 절대적인 이유로 작용해선 안 된다는 것, 사람의 인성이란 언제든 변할 수 있고, 때때로 그 변화에는 시간이 필요하며, 결국 이 세상에 결함 없는 사람은 단 한 사람도 없다는 점을 말하고 싶을 뿐입니다.

저는 위에서 순수한 경쟁이 결코 나쁜 것이 아니라고 말했습니다. 그러나 가수를 꿈꾸는 젊은이들에게 "너 자신을 극복해야 한다.", "노력이 부족하다.", "그 정도로는 대중의 마음을 훔칠 수 없다."는 충고를 반복적으로 주입하는 '완벽한 어른들'과 오디션/경연 프로그램은 분명 경쟁에 중독된 우리 사회의 일면을 보여주는 것 같기도 합니다. 물론 여기에 대해선 많은 반론이 나올 수 있습니다. 무엇보다도 이런 기획이 수많은 가수 지망생들에게 데뷔 기회를 제공한다는 측면을 외면할 순 없겠죠. 더욱이 이와 같은 프로그램들도 언제나 살벌한 경쟁만을 강조하는 것은 아닙니다. 꿈 많은 젊은이들의 성장과 극복, 그리고 우정과 연대의 서사가 다양한 스토리텔링과 곁들여지며 시청자들을 몰입하게 하고 울게 만드니까요.

저부터가 10대와 20대를 거치면서 '경쟁 사회'의 한복판을 뚫고 살아왔기에, 한 사회의 분위기를 정직하게 반영한 이 프로그램들을 무작정 비난할 수만은 없습니다. 프로그램에 출연한 이들은 수백 만 대중 앞에서 그 절실함을 보여 주었다는 차이가 있을 뿐, 우리들은 모두 남을 이기고 이 세상에서 자신의 존재 가치를 증명해야 하는 사람들입니다. 좋은 자원은 한정되어 있고, 그것을 욕망하는 이들은 많습니다. 모두가 자신만의 진정성을 갖고 살아남기 위한 경쟁에 임합니다. 이 땅에 유토피아는 도래하지 않은 게 현실이니까요.

고귀한 이들의 자기애를 지켜준다는 것

앞선 글들을 읽으면서 몇몇 분들은 분명 마음속에 반감을 품으셨으리라 생각해요. 자기애를 인간 본연의 감정이라 단정할 순 없지 않느냐, 그렇다면 타인을 위해 헌신하고 희생하는 인간의 모습은 어떻게 설명할 것이냐, 라고 묻고 싶은 분도 계시지 않았을까요? 예컨대 불길을 향해 뛰어드는 소방관처럼, 절체절명의 순간 타인을 위해 자신의 목숨을 내던지는 일을 어떻게 설명할 것이냐고 물을 수 있겠죠. 인간의 가장 깊숙한 본능을 억누르고 타인을 위해 목숨을 바칠 수 있는 분들이야말로 영웅 중의 영웅입니다. 그 끈끈한 자기애적 욕망을 버렸다는 것만으로도, 우리는 그들이 겪어내야 했던 엄격한 훈련과 강인한 정신의 힘을 짐작할 수 있습니다. 그야말로 고결하다고 할 만합니다.

그러나 그들의 고결한 행동과는 별개로, 우리는 그 분들 또한 우리와 다를 바 없는 '한 사람'이란 사실을 인정해야 합니다. 그들의 직업적인 소명감 이전에, 당연히 그들에게도 '자기 자신'의 소중함이 먼저라는 인식, 이 사회가 그 소중함을 지켜줄 때에만 계속 그들의 고귀한 직업의식을 기대할 수 있다는 인식이 필요합니다. 무턱대고 '고결한 희생과 헌신'이라는 찬양을 하면서 그들을 '이타성의 화신'이라 박제해선 안 된다는 말입니다.

보건 과학과 사회 역학에 관한 뛰어난 저술가 김승섭 교수의 『아픔이 길이 되려면』(동아시아)이란 책에는 바로 이런 문제의식이 생생하게 담겨 있습니다. 일선의 현장에서 근무하는 소방관들이 어떤 면에서 좌절감을 느끼고, 스트레스를 받으며, 조직 내의 합리적인 의사소통을 얼마나 원하는지를 잘 보여주고 있죠. 최근 여러 언론에서 조명되듯, 생명을 건 위험하고 헌신적인 일을 기대하면서도 막상 그들 자신이 일터에서 패배감과 무력감, 또는 모멸감을 느낀다면 그게 무슨 소용이 있을까요?

많은 사람들이 이런 문제를 지적하며 당국을 비판하고 자발적인 후원 캠페인을 벌이고 있기도 하죠. 온 몸을 걸고 타인의 생명을 구하며, 그 가운데서 자신의 목숨을 버리기도 하는 그들이지만, 그들 또한 (우리들과 하나도 다를 것 없이) 자신을 가장 사랑하고, 자신을 먼저 배려하는 사람들입니다. 또 그런 사랑과 배려에 응답을 받아야 하는 사람들입니다. 그럴 때에만 그들의 영웅적인 희생이 더욱 값질 수 있다는 것은 의심의 여지가 없습니다.

인간의 가장 깊은 내면에는 자기애가 있고, 어느 순간, 그것은 더 높은 '인간의 힘'으로 승화될 수 있습니다. 그 이타적인 힘을 보여주는 사람들을 우리는 영웅이라 부릅니다. 다시 한번, 인간은 이 세상에서 오로지 자기 자신을 도울 수 있을 뿐입니다. 그러나 자신에게 부끄럽지 않으려는 선한 열망은 때때로 누군가를 구원하기도 합니다. 그것은 이 세상의 신비로운 불꽃입니다. 그 신비롭고 아름다운 불꽃을 계속 지켜가기 위해서라도, 우리는 자기애라는 단어에 대하여 주목하지 않으면 안 됩니다.

3. 청춘
<1 To 10>: 트와이스

작사: Chloe
　　　Noday
작곡: Noday
　　　Chloe

Baby I know you know, I know you know it

Baby I know you know I know you know it

TWICE

Ring ring 네 전화에 하루를 나 시작하네

이런 말도 안 되는 일이 어딨니

It's you 너무 달콤해 어쩜 그리도 완벽해

내 목소리가 닿을 때 말해줘 그래 그렇게 yeah

Hey boy 내 귓가에 다가와 속삭여 줄래

어젯밤 꿈처럼 내게 다가와줘

1 to 10 난 너로 가득해 하루 종일 널 생각해

하나부터 열까지 다 나 밖에 모르던 내가

1 to 10 날 설레게 해 숨길 수 없게 더 빠져들어

하나부터 열까지 다 너에게 말하고 싶어

나 그냥 네가 좋아 이유를 모르겠어

tell me why baby 그래서인지 더 더

네가 궁금했어 oh no

단디 마음잡아야 해 넌 모른 척 그저 바라봐줘

그렇게 날 보면 난 헤어 나올 수 없어

Say it 솔직하게 서로를 더 알 수 있게

말해줄게 나 내 맘 들어볼래

1 to 10 난 너로 가득해 하루 종일 널 생각해

하나부터 열까지 다 나 밖에 모르던 내가

1 to 10 날 설레게 해 숨길 수 없게 더 빠져들어

하나부터 열까지 다 너에게 말하고 싶어

Baby baby baby baby 모든 게 새로워져

Baby baby baby baby 널 더 알고 싶어

나 그냥 네가 좋아 이유를 모르겠어

모든 게 새로워져 그래서인지 더 더 네가 궁금했어

Only you that I need

1 to 10 난 너로 가득해 하루 종일 널 생각해

하나부터 열까지 다 나 밖에 모르던 내가

1 to 10 날 설레게 해 숨길 수 없게 더 빠져들어

하나부터 열까지 다 너에게 말하고 싶어

Baby I know you know, I know you know it

내게 더 다가와 줘

I know you know, I know you know it

내게 더 다가와 줘

아이돌 멤버들은 대부분 갓 '청춘'을 맞이한 10대 후반에서 20대에 걸친 나이에 대중을 만납니다. 청춘(青春)이란 말은 만물이 푸른 봄철이라는 뜻이죠. 사실 좀 예스러운 느낌이 묻어있는 한자어입니다.

물론 "내 나이가 어때서"나 "아빠는 청춘"이란 유행가들도 우리 사회에서 널리 사랑을 받고 있죠. 청춘에 나이가 어디 있겠습니까? 나이가 뭐가 중요하단 말입니까? (사실, 저는 중요하다고 봅니다.) 어쨌든 이런 노래에서 이미 늙어버린 어른들이 간절하게 욕망하고 있듯, 생물학적인 나이가 어떻든 간에 사람은 모두 충분히 '젊게' 살 수 있습니다. 그렇지만 우리의 유한한 인생에는 엄연히 사계절이 있는 법이니, 인간이 삶의 큰 흐름과 굴레에서 벗어나기란 여간 어려운 일이 아닌 것 같습니다.

아이돌의 연령대에 맞춰, 각 그룹의 팬덤을 형성하는 주축 연령도 대개 비슷한 것으로 보입니다. 아이돌 팬덤의 연령대가 점점 더 넓어지고 있다는 분석도 곳곳에서 들려오고 있지만, 가장 왕성하게 아이돌의 '팬'을 자처하는 연령은 10~20대로 봐도 무방할 것 같아요. 그래서 아이돌의 노래들은 이 시절을 보내는 인간의 희로애락(喜怒哀樂)을 노래합니다. 설령 그들이 직접 작사에 참여하지 않더라도, 그들은 그들 자신과, 그들의 팬들이 누리는 청춘의 시절에 '가장 어울린다고 통용되는' 이야기를 노래합니다.

트와이스의 〈1 To 10〉을 처음 들었을 때, 이 곡은 청춘의 본질을 유감없이 드러내고 있다고 느꼈습니다. 이 곡의 제목처럼, 청춘이란 개념을 숫자로 표현한다면 '하나부터 열까지'와 전연 다르지 않겠다고 생각했어요. 자신과 타인의 진심을 '하나부터 열까지' 티끌만큼도 의심하지 않는 태도, 굳이 그 이유를 알지도 못하고 알 필요도 없이 '하나부터 열까지' 지금 이 순간을 향유할 수 있는 자세, 그래서 내가 믿고 내가 원하는 바를 '하나부터 열까지' 아무 거리낌 없이 행동으로 옮길 수 있는 과감한 마음가짐이야말로 청춘의 꽃말들이라고 믿습니다.

요컨대 청춘은 생각하고 머뭇거리기 전에, 몸으로 먼저 느끼고 몸으로 먼저 표현해 버리는 삶의 순수한 에너지입니다.

'하나부터 열까지'의 순결한 힘

온갖 빛깔의 생명들을 싹틔우는 봄철엔 무럭무럭 피어오르는 삶의 약동과 유혹들로 가득합니다. 거기는 어떤 질서도 없고, 체계도 없고, 또 이유도 없습니다. 꽃들은 수만 년 전이나 지금

이나 변함없이 아름다운 향기를 내뿜습니다. 우리가 기상학이나 식물학 같은 과학적 지식들을 동원하여 봄이 되면 꽃들이 만개(滿開)하는 원리를 샅샅이 분석한다 한들, 이 땅에 다시금 따스함이 찾아온 후 생명이 번져나가는 근본적인 이유는 끝내 알 수는 없습니다. 생명의 탄생과 종언은 인간이 인지할 수 있는 범주에서 벗어난 미스터리이며, 우리에게 남은 영원한 수수께끼입니다. 말 그대로 불가해(不可解)한 경이입니다.

하나부터 열까지 날 설레게 하고, 하나부터 열까지 너로 가득한 내 마음…….이 노랫말을 들을 때, 저는 작가 김훈의 산문집 『자전거 여행』(문학동네)에 인용되어 있던 젊은 여자 승려 설요(薛瑤)의 한시를 생각합니다. 김훈이 위태롭고, 무질서하며, 대책이 없는 생의 충동이라고 썼던 그 구절을 떠올리게 됩니다. 21살이었던 설요는 이 시를 써 두고 절을 떠나 속세로 내려왔다고 합니다. 이 노래의 제목은 〈세상으로 돌아가는 노래(反俗謠)〉입니다.

꽃 피어 봄 마음 이리 설레니
아, 이 젊음을 어찌할거나

트와이스의 〈1 To 10〉을 들으면 청춘을 생각하게 되고, 청춘을 생각하면 저는 이 두 줄의 한시가 떠오릅니다. 김훈이 쓴 바에 따르면, 한문학자 손종섭은 설요의 시에 "아, 한 젊음을 늙히기에 저리도 힘듦이여!"라는 소감을 부쳤다고 해요. 우리 마음속에 차오르는 연정(戀情)은 봄처럼, 바람처럼, 꽃처럼 그 근원을 알 수 없는 어딘가에서 찾아와 우리를 뒤흔들어 놓습니다. 나밖에 없던 내 안에, 나 아닌 무언가가 가득 채워집니다. 그것은 관능적이고 신비로운 감정입니다. 세계의 진리를 알기 위해 모든 걸 버렸던 한 젊은 스님의 굳센 의지를 꺾어버릴 만큼.

청춘의 꽃말인 "하나부터 열까지"를 꼭 사랑의 감정에 한정하여 생각할 필요는 없습니다. 청춘의 시절, 누군가는 관능에 이끌려 종교를 버리고, 누군가는 종교를 위해 다른 모든 삶의 즐거움을 포기하기도 합니다. 도스토예프스키의 4대 장편 소설 중에서도 최고의 작품으로 일컬어지는 『까라마조프네 형제들』의 셋째 아들 알료샤는 종교 안에서 영원히 사는 생을 결심합니다. 그는 영생을 꿈꿉니다. 알료샤는 엿새를 실컷 즐기다가 주일에 교회를 찾은 뒤 2루블을 헌금으로 내는 일상인의 삶에서 별다른 가치를 찾지 못합니다. 알료샤는 '2루블의 삶이냐, 아니면 내가 목숨을 걸어야 할 무언가냐'라는 질문을 스스로에게 던지며 수도원을 찾아갑니다. 그는 말 그대로 '신을 위해 전적으로 자신을 포기하는 삶'을 선택합니다.

청춘의 '1 To 10'이란, 항일 사회주의 운동가 김산의 삶을 복원한 님 웨일스의 소설 『아리랑』에서 "언젠가 목숨을 잃더라도 역사가 나를 승리자로 만들 것"이라고 말하는 젊은 김산의 위풍당당함입니다. 그것은 22살의 전태일이 동대문 평화시장의 어린 여공들을 위해 스스럼없이 자기 몸을 불살랐던 뜨거운 희생입니다. 또한 『전태일 평전』의 저자이면서 우리 민주화 운동에 굵직한 족적을 남긴 고(故) 조영래 변호사가, 감옥에서 고문을 받기 직전 "난 여기서 죽겠다."고 소리치며 뿜어내던 완강한 영혼의 힘입니다. 지금은 역사에 이름을 남긴 김산도, 전태일도,

조영래도 모두 20대 초반의 청년이었습니다. 그리고 1960년 대구 동성로에서, 1980년 광주 금남로에서 서로 손과 어깨를 맞잡고 부정한 정치권력에 대항했던 이들은 대부분 새파란 젊은이들이었습니다. 4·19혁명 당시 불의에 항거했던 거리의 순수한 청년들은 수십 년이 지난 후 이 땅의 헌법 전문에 새겨져 대한민국의 가장 근본적인 정의감을 대변하고 있습니다.

그러나 세상을 바꾸는 정치와 종교, 사회 운동에 투신하는 것과, 자기 안에 차오르는 사랑과 연정의 마음에 자신을 바치는 것 가운데 무엇이 더 나은지는 누구도 장담할 수 없습니다. 그 대상이 무엇이든 간에 자신을 속이지 않고 끝까지 달려가는 태도, 내 안의 비겁함과 두려움을 내팽개친 채 '하나부터 열까지' 온 몸으로 자신이 원하는 바를 순결하게 추구하는 태도는 참으로 아름답습니다. 그런 순결함에 영원한 삶의 비밀이 담겨 있습니다.

"서른 넘은 사람들의 말은 믿지 말라"

저는 이 세계의 주인공은 청춘의 한복판을 걸어가고 있는 '젊은이'라고 생각합니다. 세상을 움직이는 주도권은, 겉으로 보기에는 나이 들고, 가진 게 많으며, 원숙하고 완성된 삶을 살아가는 중년(또는 노년)의 사람들에게 있는 것처럼 보입니다. 사실 그런 측면을 완전히 부정할 수는 없겠죠. 젊은이들은 언제든 그들 앞에서 쩔쩔매며, 때론 그들이 만든 평가 기준에 부합하기 위해 자신을 부서져라 소진시키면서 스스로의 부족함을 탓할 것입니다. 그들을 스승이자 상사, 인생의 까마득한 선배로 모시며 비위를 맞추곤 하겠죠.

그렇지만, 사람의 마음을 움직이는 건 거의 언제나 펄떡펄떡 살아 숨 쉬는 젊은이들입니다. 그 젊은이는 2002년 월드컵에서 온 국민을 열광하게 했던 22살의 박지성이고, 10대 중반의 나이에 이룰 수 없는 사랑에 빠져버린 로미오와 줄리엣이며, 24살의 나이에 민족 독립을 위해 꽃다운 삶을 내던졌던 윤봉길 의사(義士)이고, 20대 중반 전도유망한 의사라는 직업을 팽개치고 혁명의 길로 뛰어들었던 체 게바라입니다. 물론 삶과 죽음의 무대 뒤에서 각본을 쓰고, 전술을 짜며, 정치를 하는 '노련한' 사람들도 필요합니다. 그러나 자신의 모든 것을 걸고, 모든 것을 버리며, 그 각본과 전술과 정치를 끝까지 밀고 나가는 이들은 대개 젊은 사람들입니다.

민주화의 투사들이 따분한 정치인으로 변한지 오래입니다. 광주 금남로의 전사들이 민주화의 결실을 둘러싼 작은 감투와 권력에 연연하면서, 계파를 나누고 권력 투쟁을 벌인다는 씁쓸한 뉴스가 들려왔습니다. 한때는 민주주의의 우상으로 전 세계의 마음을 사로잡았던 미얀마의 아웅 산 수 치가 최근 나라의 실권을 잡은 뒤 (자신이 평생을 바쳐 반대했던) 독재적인 권력을 휘두른다는 우울한 소식도 접했습니다. 체 게바라가 죽은 뒤, 그의 동료였던 피델 카스트로는 무려 50년 가까이 쿠바를 다스렸습니다. 모두들 저마다의 이유가 있었겠죠. 삶이란 이렇게나 만만치가 않습니다.

프랑스에서 시작된 1968년의 혁명은 기성세대의 위선과 권위를 뒤엎으려는 유럽 젊은이들의 욕구가 분출된 사건이었습니다. 당시 프랑스 청년들 사이에선 "서른 넘은 사람들의 말은 믿지 말라."는 말까지 유행했다고 해요. 더 후(The Who)는 1960년대 영국의 로큰롤 계보에서 빼놓을 수 없는 밴드죠. 그들은 청춘에 바치는 불후의 송가인 〈My Generation〉에서 "나는 늙기 전에 죽고 싶다(Hope I die before I get old)."는 유명한 노랫말을 남기기도 했습니다. 베르나르도 베르톨루치의 영화 〈몽상가들〉에서 묘사된 것처럼, 기성세대의 권위를 깡그리 무시하고 '지금 이 순간', 즉 현재를 즐기는 것은 당시 청년들의 지상 명령과도 같았습니다.

〈My Generation〉과 〈몽상가들〉은 부모를 미워하고, 사회를 욕하고, 불확실한 미래를 믿지 않는 자유분방한 젊음의 기록입니다, 아름다움을 즐길 줄 알고, 삶을 자유로이 낭비할 줄 아는 대담한 젊은이들은 스스로를 돌아보거나 남을 신경 쓸 시간도 이유도 없습니다. 그들에겐 늙은이처럼 무언가를 계산하거나 눈치 보지 않고, 세상을 맘껏 비난하며 현재를 탐닉할 수 있던 젊음의 특권이 있었으니까요.

대담하게, 끝내 대담하게

나이가 들수록 원숙해진다는 것은 거짓말에 가깝습니다. 나이가 들수록 합리화가 늘어갑니다. 프랑스 철학자 폴 발레리의 "생각하는 대로 살지 못하면 사는 대로 생각하게 된다."는 격언 그대로……. 한창 몸의 활기가 넘치고 머리가 팽팽 돌아가던 시절 꿈꾸던 대로 자신의 삶을 밀고나가지 못한 채, 그럭저럭 사회의 한 자리를 차지하고 늙어가며, 자신의 무너진 욕망을 서투르게 감추면서 살아가는 '어른'들이 세상엔 참으로 많습니다. (저도 그중 한 사람일지 모릅니다.) 청춘을 흘려버린 어른들은 자신이 가진 것들을 포기하지 못하고, 과거에 집착하며, 삶을 낙관하지 못하는 존재입니다. 지켜야 할 가족이 생기고, 꼬박꼬박 붓는 적금과 집값, 부동산과 주식 시세를 따지다 보면, 누구나 조금씩은 계산적인 사람이 되는 거죠.

사랑에 대해서도 마찬가지입니다. 젊은 시절 내 모든 것을 걸었던 사랑에 실패하고, 누군가에게 상처를 받고 난 뒤 우리는 이제 자신을 누군가에게 전적으로 내맡기는 일을 두려워합니다. 나이가 들고 경험이 쌓일수록, 나를 온전히 다른 사람으로 채우는 전폭적인 관계는 불가능해집니다. 〈1 To 10〉의 노랫말처럼 모든 것이 새롭고, 그래서 상대가 더 궁금해지며, 자신의 사랑에 한 점 의심도 들지 않는 '연애의 푸르른 시절'이 저물어 가는 때가 우리 모두에게 찾아옵니다. 그러니 셰익스피어의 말처럼, "사랑의 가장 아름다운 시절은 사랑이 시작될 때"라는 것이 정답일지도 모르겠습니다.

1 To 10 난 너로 가득해 하루 종일 널 생각해
하나부터 열까지 다 나 밖에 모르던 내가
1 To 10 날 설레게 해 숨길 수 없게 더 빠져들어
하나부터 열까지 다 너에게 말하고 싶어

그러나 '하나부터 열까지' 밀고 나갈 때에야 비로소 무엇인가를 이룰 수 있다고, 저는 믿습니다. 그럴 때에만 우리는 간신히, 단 한 번의 후회 없는 삶을 살아갈 수 있습니다. 청춘은 인간의 힘과 완전성을 믿으며, 아름다움을 대담하게 손에 움켜쥐려는 삶의 에너지입니다. 청춘은 곡선이 아니라 직선의 힘이며, 숨기는 것이 아니라 드러내는 것이고, 억누르는 것이 아니라 분출하는 것이고, 아직 오지 않은 미래를 걱정하는 것이 아니라 현재에 흠뻑 젖은 채 스스로에게 집중하는 힘입니다. 트와이스의 〈1 To 10〉은 사랑이란 뜨거운 감정을 통해 노래하는 청춘의 송가입니다.

4. 패배
\<봄날은 간다>: 백설희

작사: 손로원
작곡: 박시춘

연분홍 치마가 봄바람에 휘날리더라
오늘도 옷고름 씹어가면
산제비 넘나드는 성황당 길에
꽃이 피면 같이 웃고 꽃이 지면 같이 울던
알뜰한 그 맹세에 봄날은 간다

새파란 풀잎이 물에 떠서 흘러가더라
오늘도 꽃편지 내던지면
청노새 짤랑대는 역마차길에
별이 뜨면 서로 웃고 별이 지면 서로 울던
실없는 그 기약에 봄날은 간다

열아홉 시절은 황혼 속에 슬퍼지더라
오늘도 안가슴 두드리며
뜬구름 흘러가는 신작로길에
새가 날면 따라 웃고 새가 울면 따라 울던
얄궂은 그 노래에 봄날은 간다

4. 패배
<봄날은 간다>: 백설희

슬프게도 모든 인생의 봄날엔 끝이 예고되어 있습니다. 누구에게도 예외는 없습니다. 유지태와 이영애가 주연했던 영화 〈봄날은 간다〉의 명대사처럼, 내 모든 것을 걸었던 누군가에게 배신당한 채, 그를 향하여 "어떻게 사랑이 변하니?"라고 절박하게 묻게 되는 순간이 찾아옵니다. '우리 젊은 날' 굳게 맹세했던 약속은 깨지고, 삶은 우리를 잔인하게 배반합니다.

찰나의 청춘은 영원히 지속될 수 없기에 아름답습니다. 우리 모두는 생로병사의 운명 앞에서 영원한 패배자에 불과합니다.

고(故) 백설희 선생님이 부르고, 박시춘 선생님이 작곡, 손로원 선생님이 가사를 붙인 〈봄날은 간다〉는 '실패' 또는 '패배'의 정서가 깊이 묻어있는 노래입니다. 꽃다운 청춘의 소녀는 연인의 변심 앞에서 마음의 정처를 잃어버리고 절망합니다. 저는 1953년에 발표된 이 노래를 들을 때마다, 한국 전쟁 직후 아수라장이 된 국토와, 갓난아기를 등에 업은 애잔한 아낙네와, 바람에 실려 피어오르던 화약 냄새가 느껴지는 것만 같습니다. 그야말로 절절한 노래입니다. 우리의 할머니와 할아버지, 증조할머니와 증조할아버지까지 열창했을 시대의 애창곡이었죠.

'인문학으로 바라본 K-POP'이란 주제로 강연을 할 때마다, 저는 항상 서두에서 청중들과 이 〈봄날은 간다〉를 함께 듣곤 했었어요. 〈봄날은 간다〉는 벌써 반세기도 더 지난 노래이고, 요즘 유행하는 가요의 분위기와는 전혀 다른 느낌을 풍기는 곡이기도 합니다. 10대 학생들 중에서 이 노랠 들어 봤다고 손을 드는 청중은 거의 보지 못한 것 같아요. 그렇지만 그들은 이내 노래에 빠져듭니다. 특히 KBS 〈가요 무대〉의 객석에서 이 노랠 들으며 눈물을 훔치는 40대, 50대 중년 어르신들의 모습을 접하면 어린 학생들도 잠깐이나마 숙연한 기분에 잠기는 것 같습니다.

본격적으로 아이돌 노래에 대한 이야기를 꺼내기 전에, 저는 강연에 참석한 이들과 〈봄날은 간다〉를 함께 감상하며 한 시대의 유행가가 당대의 사람들과 맺는 관계를 환기하곤 했습니다. 더군다나 이 노래는 우리 문인들이 뽑은 20세기 가장 아름다운 노랫말 1위에 꼽히기도 했습니다. 동시대 사람들에게 널리 불리면서도 노래 자체의 문학적인 아름다움까지 성취했다는 점에서, 〈봄날은 간다〉는 우리 대중가요 역사에 길이 남을 명곡입니다. 이 노래는 수많은 후배 가수들에 의해 재탄생 되고 있고, '인생의 가장 빛나는 한때'를 묘사하는 모티브로써 대중문화 전반에 끊임없는 영감을 주고 있습니다. 영화 〈봄날은 간다〉의 고물라디오, 그리고 치매에 걸린 할머니가 이 곡을 배경으로 보여주는 쓸쓸한 장면은 우리 기억 속에서 영원히 잊히지 않을 거예요.

저는 앞에서 청춘의 아름다움을 이야기했습니다. 분명 한창 때의 '젊은 사람'만이 가질 수 있는 미덕과 힘이 있습니다. 다시 한 번, 청춘의 들끓는 에너지는 '성숙하고 완성된 삶'과 대비되는 것이 아니라는 점을 강조하고 싶습니다. 청춘의 덕목은 '넌 아직 세상을 몰라', '넌 좀 더 살아 봐야 돼', '나이가 많은 사람은 그만큼 너보다 더 많은 세상을 경험해 보지 않았겠니?' 따위의 레퍼토리, 그 진부한 권위 의식과 고리타분한 처세술을 거부합니다. 청춘의 논리는 적당히 비겁해지고, 적당히 타협하고, 적당히 계산하며 살아가는 노회한 '어른의 논리'에 일침을 가합니다.

그렇지만 세상의 모든 것들엔 양면적인 측면이 존재합니다. 달의 앞면과 뒷면처럼, 우리 인생에는 아름답고 매끈한 면과 울퉁불퉁하고 흉측한 면이 동시에 담겨 있습니다. 그야말로 '모든' 것에 말이죠. 그 양면성을 인정하는 것이야말로 제가 생각하는 '인문적 자세'입니다.

젊음의 참혹함에 관하여

삶의 반짝이는 봄날은 떠나 버립니다. 그리고 우리들은 한때 우리가 그렇게나 싫어했던 어른의 모습을 닮아갑니다. 그것을 모조리 타인이나 세상의 탓으로 돌릴 수는 없습니다. 그보단 애초에 우리가 누리던 젊음에 — 그 빛나는 면만큼이나 — 실패와 좌절의 면모가 짙게 배어있다는 사실을 인정하는 게 옳을 것입니다. 젊음의 순수한 에너지는, 그 지나친 순수함으로 이미 패배의 그림자를 자신 안에 품고 있었다는 안타까운 사실을……. 체코 작가 밀란 쿤데라는 소설 『농담』에서 '젊음이란 참혹한 것'이며, 젊음은 마치 어린아이들이 그리스 비극 배우의 장화를 신고, 무슨 말인지도 잘 모르는, 광적으로 신봉하는 대사를 외워서 읊조리고 다니는 무대와도 같다고 말한 바 있습니다.

젊음은 참혹합니다. 그 참혹함의 핵심은 무엇일까요? 제 언어로 말한다면, 저는 젊음의 참혹함에 대하여 '자신을 몰라서, 아니 어쩌면 너무나도 잘 알아서 스스로와 불화하는 일'이라고 정의하고 싶습니다. 세상에는 '자기 자신을 잘 모른다'거나 '너 자신을 알라'는 말이 널리 회자되곤 있지만, 어쩌면 인간은 '소름이 끼치도록 자기 자신을 잘 알고 있는 존재'일지도 모릅니다. 저는 그렇게 생각합니다. 애써 외면하곤 있지만, 내가 생각보다 선하지도 않고, 완벽하지도 않으며 어쩌면 치명적인 추악함을 가진 존재라는 것을요. 내가 모르던 나를 발견하는 일도 서늘하지만, 내가 '모르는 척하고 싶어 했던' 나 자신을 정면으로 마주하게 될 때 우리는 조용히, 또 깊이 소스라치게 됩니다.

자신 안에 고인, 그 깊이를 알 수 없는 어두운 심연을 맞닥뜨리는 순간 인간은 절망합니다. 자신도 어찌할 수 없는 그 컴컴함에 쩔쩔맵니다. 순수한 젊음은 그 어둠을 응시하고, 방황하며, 자신을 파괴합니다. 그 뒤 나이가 더 들고 사회에 적응하기 시작하면, 자기 자신 때문에 그토록 힘겨워하던 파괴적인 시기도 자연스레 지나갑니다. 그냥 자신을 인정하고 타협하며 늙어가는 거죠. (그것을 꼭 나쁘다고만 볼 수도 없습니다.) 그러나 적어도 청춘의 어느 시기에는 자기 자신과 격렬히 불화합니다. 내가 지닌 순수함의 깊이만큼, 나 자신의 어두운 얼굴을 직면하는 일은 끔찍합니다. 저는 오래 전부터 그것을 '참혹한 일'이라고 생각했습니다.

'젊음'이라는 소재는 정말 많은 문학 작품들에서 다뤄지고 있습니다. 프랑스 작가인 아멜리 노통브가 쓴 『푸른 수염』(열린책들)이란 소설이 있습니다. '젊음이라 불리는 어떤 것을 기억하느냐'는 매혹적인 벨기에 여성 사튀르닌의 질문에, 늙은 스페인 귀족 돈 엘레미리오는 이렇게 대답합니다. "맞소. 자신을 파괴되지 않는 존재로 느끼고 있다가, 어느 날 갑자기 별 것 아닌 일로 자신이 이미 끝장났다는 걸 알게 되지." 별것 아닌 일로 자신이 이미 끝장났다는 걸 알게 되는 순간……. 그것은 내가 휘청거리고 꺾이는 순간이며, 벌써 늙어있는 나 자신을 불현듯 발견하는 순간이며, 내가 나에게 패배해 버리는 순간입니다.

그리고 김승옥은 제가 가장 좋아하는 한국 작가 중 한 사람입니다. 저는 그를 '젊음의 참혹함'을 그린 작가라고 생각합니다. 좀 더 구체적으로는 20대의 참혹함을 그린 작가라고도 할 수 있겠네요. 김승옥의 거의 모든 소설들이 그가 20대일 때 썼던 것이고, 주인공들 또한 20대의 인간 군상입니다. 물론 그의 생물학적인 나이나, 그의 소설 속 주인공들의 나이 때문만이 아니라, 김승옥의 소설이 그리고 있는 세계 자체가 바로 — 20대라는 시기로 대표되는 — 젊음의 참혹함에 흠뻑 젖어있는 세계라고 생각합니다.

여기서 제가 말하는 '젊음의 참혹함을 겪어 내는 사람'을 좀 더 풀어서 이야기한다면 이렇습니다. '자기 자신을 알지 못한다고 생각하며, 기어이 알고자 아득바득 애쓰다가 어느 순간 자신의 어둠과 비열함에 소스라치지만, 자신의 삶의 무게 때문에, 과거의 중력 때문에, 나약한 의지 때문에, 속물적인 욕망 때문에, 천박한 사회 탓에, 여하튼 다양한 요인으로 기어이 자기 자신을 벗어나지 못하는 존재. 그리고 자신의 그 벗어나지 못함을 인식하는 존재…….' 그렇습니다. 젊음의 참혹함에 시달리는 사람은 스스로에게 치를 떠는데, 그는 사실 자신을 그렇게 혐오스럽게 만든 장본인은 그 누구도 아닌 자기 자신임을 무섭도록 잘 알고 있습니다. 알고 있어도 어찌할 수가 없습니다. 그저 눈을 가늘게 뜬 채 스스로를 미워할 뿐입니다.

김승옥, 그 배반과 환멸의 세계

김승옥은 우리 현대 문학사의 문제적 작가입니다. 여전히 많은 사람들이 그의 소설을 읽은 후 감명을 받고 그를 예찬하고 있으며, 또 어떤 사람들은 그의 소설이 지나치게 자폐적이고 남성 중심적임을 지적합니다. 양측 다 일리가 있습니다. 그는 1960년대의 감수성을 혁명했던 작가로 널리 칭송받았지만, 지금은 그로부터 무려 반세기가 지난 2018년입니다. 우리 세대의 작가들은 절대로 김승옥처럼 글을 쓰지 못할 것이며, 그렇게 써서도 안될 거예요. 시대는 변했습니다. 그리고 글을 쓰는 작가도 그 글을 읽는 독자도, 모두 특정한 시대(또는 특정한 사회)가 낳은 자식과 같은 존재들입니다.

그러나 '청춘의 패배'라는 키워드에 대해서라면, 저는 여전히 김승옥만큼 고통스러우면서도 세련되게 그것을 그려낸 작가를 찾기 힘들다고 생각합니다. 그가 그려낸 세계에는 자기의 어둠으로부터 도망치고 자신을 부정하고 싶으면서도, 동시에 그 어둠을 긍정할 수밖에 없는 존재들이 바글거립니다. 그의 작품들에는 '나는 이런 사람이다.'라고 정정당당하게 말하고 싶으면서도 자신의 더러움에 비웃음을 던지는 주인공들이 가득합니다. 김승옥이 그린 주인공들은 내가 원하던 것들이 사실은 내가 진짜 원하던 게 아니라는 사실을 깨닫고, 또 다시 아무렇지도 않게 수음(手淫)을 하는 인물들입니다. 명백하게 연약하고 병적인 존재들입니다. 자신에게 계속 배반당하는 사람들이며, 배반에 중독된 사람들입니다. 해결될 수 없는 비애와 자기 연민에 시달리는 사람들입니다.

『무진기행』(문학동네)의 화자는 삶의 권태감과 무력감에 빠질 때마다 무진이라는 가상의 도시, 자신의 고향으로 도망칩니다. 그는 서울에서 번듯한 제약 회사의 오너인 장인과 아내 덕에 승승장구하는 남자입니다. 가정도 이루었고, 겉으로는 아무런 문제도 없이 살아가는 멀쩡한 사회인이죠. 그러나 그는 그런 생활이 (어쩌면, 모두) 허위에 가깝다는 것을 잘 알고 있습니다. 무진으로 도망쳤다고 표현했지만, 그는 사실 무진을 애타게 갈구하고 있었습니다. 순수하고, 더럽고, 비겁하고, 도망치고 싶었던 옛 시절의 자신을 말이죠. 작품의 화자는 무진에서 결국 과거의 자기 자신을 꼭 닮은 음악 교사 하인숙을 만납니다. (사실, 그는 그런 위험한 일탈을 바라고 있었습니다.) 그는 여교사와 하룻밤을 보낸 후, 이런 문장들의 편지를 씁니다. "사랑하고 있습니다. 왜냐하면 당신은 저 자신이기 때문에 적어도 제가 어렴풋이나마 사랑하고 있는 옛날의 저의 모습이기 때문입니다. 저는 옛날의 저를 오늘의 저로 끌어다놓기 위하여 갖은 노력을 다하였듯이 당신을 햇볕 속으로 끌어놓기 위하여 있는 힘을 다할 작정입니다. 저를 믿어주십시오……." 그리고 어서 서울로 돌아오라는 아내의 전보를 받은 뒤, 잠시 고민하다가, 그는 그 편지를 찢어 버립니다. 화자는 자신의 환멸스러운 방황과 배반을 즐기고 있는데, 이런 음울하고 자폐적인 마음은 이 소설의 상징이랄 수도 있는 무진의 짙은 안개와 무척 닮아 있습니다.

김승옥의 모든 소설들이 이렇습니다. 『환상수첩』(문학동네)의 화자는 자살하러 간 고향 순천에서 무언가 짓눌려 버린 표정의 친구들과 함께 자신의 추악한 과거를 되짚은 후 이렇게 떠들어 댑니다. "지상에 죄가 있을 리 없다. 있는 것은 벌뿐이다. 벌은 무섭지 않다. 무서운 것은 죄다, 라고 떠들며 실상은 벌을 피하기 위해서 이리저리 도망 다니던 어리석은 나여. 옛의 유물인 죄란 단어에 속아 온 아무리 생각해도 가련한 위선자여." 『생명연습』(문학동네)의 주인공은 어머니와 형의 비틀린 운명에 왜 자기가 대신 고통 받는지를 물으면서 신음합니다. "남들에게는 지극히 평범하고 세속적인 관계일 수밖에 없는 것이 내게는 왜 이렇게 험악한 벽으로 생각되는지, 나는 참 불행한 놈이다. 절망. 풀 수 없는 오해들. 다스릴 수 없는 기만들."

『서울의 달빛 0장』의 주인공은 자신의 해소될 수 없는 소외감을 아내에게 광적으로 쏟아내고, 『내가 훔친 여름』의 주인공은 대학에서 도망친 후 고향 여수에서 사기 행각을 벌이다가, 마침내 여인숙의 비린내 나는 방 안에서 환멸에 잠긴 채 그 어둠 속에 오래도록 묻혀 있고 싶다고 고백합니다. 그들은 모두 자기 자신을 무너뜨리는 인간들이며, 자신을 무너뜨리는 일을 도저히 멈출 수 없는 존재들입니다.

알면서도 무너지는 순간, 바로 그 순간이 청춘이 씁쓸하게 패배하는 때와 같습니다. 〈봄날은 간다〉의 노랫말처럼 '알뜰한 그 맹세'와 '실없는 그 기약'이 황혼 속에 슬프게 사라진 자리에는, 이제 '얄궂은 그 노래'만이 남았습니다. 서글프고 얄궂은 그 노래만이.

청춘의 이마 위에 새겨진 '어떤 무늬'

『무진기행』의 화자는 다시 차를 몰고 현실로 돌아옵니다. 그는 소설의 끝머리에서 '당신은 무진읍을 떠나고 있습니다, 안녕히 가십시오.'라는 표지판을 보고 심한 부끄러움을 느낍니다, 그는 바로 이 순간 자신의 청춘이 정말로 패배했다는 것을 직감합니다.

그는 장인의 제약 회사에 버젓한 임원으로 몸담고, 스스로를 속이면서 그럭저럭 잘 살아갈 것입니다. 그의 부끄러움, 그의 추악함, 먼 곳에 있는 그의 과거는, 마치 안개처럼 손으로 잡을 수 없으면서도 뚜렷이 존재합니다. 그렇지만 『무진기행』의 화자는 그 안개가 자신이 언제고 돌아갈 수밖에 없는, 자기 영혼의 벌거벗은 그림자라는 사실도 잘 압니다. 그것은 언제든 불쑥불쑥 튀어나와서, 너는 네가 생각하는 것처럼 괜찮은 인간이 아니다, 너는 이미 끝장난 존재다, 너도 그것을 잘 알고 있지 않느냐, 라고 다그치는 은밀한 목소리입니다. 저는 그런 부끄러움의 감정이야말로 우리 모두의 무진과 같다고 생각합니다.

작가 이응준은 김승옥의 소설에 부치는 말에서, "모든 청춘의 이마 위에는 비극의 꽃무늬가 아로새겨져 있다."고 썼습니다. 그 꽃무늬를 오래도록 들여다보다가, 불현듯 그 무늬가 나의 영혼과 무섭게 닮아있는 걸 깨닫는 순간이 옵니다. 자신의 봄날이 멀리 떠나 버렸고, 다시는 돌아올 수 없다는 사실을 우리가 알게 되는 순간이.

5. 반항
<No More Dream>: 방탄소년단

작사/작곡: Pdogg
Rap Monster
SUGA
j-hope
"hitman" bang
Supreme Boi
Jung Kook

얌마 네 꿈은 뭐니 / 얌마 네 꿈은 뭐니 / 얌마 네 꿈은 뭐니 / 네 꿈은 겨우 그거니

I wanna big house, big cars & big rings / But 사실은 I dun have any big dreams

하하 난 참 편하게 살어 / 꿈 따위 안 꿔도 아무도 뭐라 안 하잖어

전부 다다다 똑같이 나처럼 생각하고 있어 / 새까맣게 까먹은 꿈 많던 어린 시절

대학은 걱정 마 멀리라도 갈 거니까 / 알았어 엄마 지금 독서실 간다니까

니가 꿈꿔 온 니 모습이 뭐여 / 지금 니 거울 속엔 누가 보여, I gotta say

너의 길을 가라고 / 단 하루를 살아도 / 뭐라도 하라고 / 나약함은 담아 둬

왜 말 못하고 있어? 공부는 하기 싫다면서

학교 때려 치기는 겁나지?

이거 봐 등교할 준비하네 벌써

철 좀 들어 제발 좀, 너 입만 살아가지고

임마 유리 멘탈 boy

(Stop!) 자신에게 물어봐

언제 니가 열심히 노력했냐고

얌마 네 꿈은 뭐니 / 얌마 네 꿈은 뭐니 / 얌마 네 꿈은 뭐니 / 네 꿈은 겨우 그거니

거짓말이야 you such a liar see me see me ya 넌 위선자야

왜 자꾸 딴 길을 가래 야 너나 잘해 / 제발 강요하진 말아 줘

(La La La La La) 니 꿈이 뭐니 니 꿈이 뭐니 뭐니

(La La La La La) 고작 이거니 고작 이거니 거니

지겨운 same day, 반복되는 매일에 / 어른들과 부모님은 틀에 박힌 꿈을 주입해

징래희망 넘버원… 공무원? / 강요된 꿈은 아냐. 9회말 구원투수

시간 낭비인 야자에 돌직구를 날려 / 지옥 같은 사회에 반항해. 꿈을 특별 사면

자신에게 물어봐 니 꿈의 profile / 억압만 받던 인생 니 삶의 주어가 되어 봐

니가 꿈꿔 온 니 모습이 뭐여 / 지금 니 거울 속엔 누가 보여, I gotta say

너의 길을 가라고 / 단 하루를 살아도 / 뭐라도 하라고 / 나약함은 담아 둬

거짓말이야 you such a liar see me see me ya 넌 위선자야

왜 자꾸 딴 길을 가래 야 너나 잘해 / 제발 강요하진 말아 줘

(La La La La La) 니 꿈이 뭐니 니 꿈이 뭐니 뭐니

(La La La La La) 고작 이거니 고작 이거니 거니

살아가는 법을 몰라 / 날아가는 법을 몰라 / 결정하는 법을 몰라 / 이젠 꿈꾸는 법도 몰라

눈을 눈을 눈을 떠라 다 이제 / 춤을 춤을 춤을 춰 봐 자 다시

꿈을 꿈을 꿈을 꿔 봐 다 / 너 꾸물대지 마 우물쭈물 대지 마 WUSSUP!

거짓말이야 you such a liar see me see me ya 넌 위선자야

왜 자꾸 딴 길을 가래 야 너나 잘해 / 제발 강요하진 말아 줘

(La La La La La) 니 꿈이 뭐니 니 꿈이 뭐니 뭐니

(La La La La La) 고작 이거니 고작 이거니 거니

TO ALL THE YOUTH WITHOUT DREAMS

"이 현기증 나는 모서리 위에서
스스로를 지탱할 줄 아는 것.
여기에 성실성이 있으며, 나머지는 모두 기만이다."

— 알베르 카뮈, 『시지프의 신화』

5. 반항
<No More Dream>: 방탄소년단

젊음은 끝내 패배할 수밖에 없습니다. 그것이 젊음의 숙명입니다. 하지만 막상 청춘의 한복판을 걸어가는 젊은이들은 봄날이 가버린다는 것을 인정할 수 없습니다. 그들은 최선을 다해 그들만의 청춘을 꽃피울 것입니다. 스스로에게 부끄럼과 후회가 없을 만큼 젊음을 누리고, 젊음을 마셔버릴 수만 있다면, 한 사람은 그 추억으로 평생을 버틸 수 있을지도 모릅니다. 어쨌거나 '너희도 나이 들어 봐라.'라는 식의 기성세대의 냉소주의는 따분하고 우중충합니다. '너희는 아직 어른들만큼 세상을 몰라.', '요즘 어린 것들은⋯⋯.' 같은 말들은 (젊은이들이 그 말에 짓눌리는 한) 젊은이의 영혼을 좀먹고, 싱그러운 육체를 주눅 들게 만듭니다. 젊은이는 젊은이답게 자신의 삶을 끝까지 밀고 나가면 됩니다.

물론 끝까지 밀고 나간다는 것은 굉장히 고통스러운 행위입니다. 김경미 시인의 시 「청춘이 시키는 일이다」에서 잔혹하고 서늘하게 그려지고 있듯, 지금도 젊은이들은 "한쪽 눈과 발목을 잃은 감정"과 "공중전화 수화기로 목을 감는 감정"(『밤의 입국 심사』, 문학과지성사)에 시달리면서 불면의 밤을 보낼지도 모릅니다. 그렇지만 청춘이 시킨다면 별 수 없습니다. 젊은이들은 고독하게 하얀 밤을 지새우며 자기만의 삶의 비밀을 만들어가지 않을 수 없을 거예요. 이 시기에 쌓은 비밀은, 어쩌면 인간이 지루한 평생을 버텨가는 데 큰 힘이 되어줄 수도 있습니다. 허나 그런 비밀이 아무리 소중하다 한들, 청춘은 결국 무참하고 절망적인 계절에 더 가까울 것입니다. 앞 장에서 살펴봤듯 청춘이란 자신의 이마에 새겨진 비극의 꽃무늬를 처음으로 들여다보는 계절이니까요. 그 시기에 우리는 모두 자신의 아름다움을 발견하는 동시에, 자기 자신의 더러움을 발견하게 됩니다. 자신의 더러움은 곧 인간의 더러움, 세상의 더러움과 다르지 않습니다.

그렇다면 도대체 어쩌라는 거냐고 묻고 싶으실 것 같습니다. 저는 청춘의 힘을 예찬했다가, 또 그 청춘은 패배할 수밖에 없다고 말하고 있습니다.

바로 이 지점에서 '반항'의 가치가 싹틉니다. 저 답답한 삶의 궤적 앞에서 이러지도 저러지도 못한다면, 일단 자신을 억압하고 자신을 더럽게 만든 이 세계에 전면적으로 대드는 것이 첫 번째입니다. 동시에 그런 세계의 억압을 발견한 이는 자기 자신에게도 대들지 않으면 안 됩니다. 세계를 증오하면서도, 자신 안에서 메아리치는 혼란스러운 목소리를 듣는 일이 필수불가결합니다. 왜냐면 결국 나 또한 이 세계의 일원이기 때문이며, 세계와 외따로 떨어진 독립된 '나'란 존재는 결코 성립할 수 없기 때문입니다. 이런 맥락에서, 철학자 에릭 호퍼는 "자신과 화해한 자만이 세계에 대해 공정한 태도를 유지할 수 있다."고 말했습니다. 세계와 불화하고 동시에 스스로와 불화하는 과정 속에서, 끊임없이 나의 정체성과 위치를 반성하고, 그 혼란의 길 위에서 나 자신을 곤추세우려는 모색이 곧 '반항'입니다.

그러므로 참된 반항이란 언제나 '안팎의 반항'입니다.

세계에 대한 반항, 자신에 대한 반항

방탄소년단은 〈No More Dream〉에서 꿈꾸지 않는 젊은이들에게 자신에 대한 거짓말을 그만하라고 다그치고 있습니다. 방탄소년단에 따르면, 꿈꾸는 것은 청춘의 특권이 아니라, 의무에 가깝습니다. 이 험난한 세파 속에서 자기 삶의 주어가 되는 것은 굳건한 의지와 심지를 요구하는 일입니다. 가수 김광석은 〈부치지 않은 편지〉란 곡에서 "꽃 피우긴 쉬워도, 아름답긴 어려워라."고 노래했습니다. 어떤 의미에선, 청춘의 역설을 정확하게 가리키는 구절이라고 생각합니다. 청춘이라는 꽃은 우리 삶의 한때에 찾아와 활짝 피어나곤 하지만, 우리가 그 꽃을 '아름답게' 피워내기란 생각만큼 쉽지 않습니다. 그 아름다움은 거저 얻어지는 게 아니니까요.

방탄소년단이 아니라 이미 나이가 들어버린 제가 여기 뭐라고 쓴다 한들, 그것이 크게 중요하진 않습니다. 역사의 수레바퀴는 천천히 그리고 분명히 움직이고 있습니다. 늙은 생명이 저물고, 젊은 생명이 힘을 움켜쥐는 것은 무심하고도 엄정한 자연의 순리입니다. 어느 시대에나 인간 본연의 생명력과 순결한 영혼을 앞세우는 젊은이들이 있고, 삶과 사회의 규칙과 관습에 길들여진 채 (어디로 튈지 모르는) 청년들의 생명력을 억누르려는 기성세대가 있습니다. 앞 챕터들에서 살펴봤듯, 두 세대의 말엔 저마다 옳은 것도 있고, 틀린 것도 있습니다. 그러나 시대를 앞장서서 이끄는 것은 언제나, 다소 무모하고 위태로워 보이는 젊은이들입니다. 여기에는 어떤 예외도 없습니다.

생텍쥐페리는 언젠가 이런 단상을 남긴 적이 있습니다.

나는 기차를 타고 가는 가난한 부부를 만났던 적이 있다. 그 부부 사이에는 어린 아이가 잠들어 있었다. 두 사람 사이에서 황금 과일이 태어난 것이다. 그 매끄러운 이마, 뾰족한 입술에는 어린 모차르트, 생명의 아름다운 약속이 담겨 있었다. 정원에 새로운 돌연변이 장미가 피어나면 정원사들은 모두 흥분한다. 그 장미를 정성스럽게 키우면서 애지중지 보호하는 것이다. 하지만 사람을 위한 정원사는 없다. 이 어린 모차르트도 다른 아이들처럼 판박이 기계에 찍혀서 타락할 것이다. 나를 괴롭히는 것은 인생의 누추함이 아니다. 바로 우리의 내부에서 그만 죽어버렸을지도 모르는 어린 모차르트인 것이다.

생텍쥐페리가 안타까워 한 모차르트들은 이미 사라져 버린 지 오래입니다. 극심한 취업난과 경제 불황의 지표들이 매일처럼 뉴스를 장식하는데, 그 어떤 젊은이들이 '독서실'과 '토익', '공무원' 따위의 논리에서 완전히 자유로울 수 있을까요? 우리는 역시 모차르트가 아니라, 영화 〈아마데우스〉에서 그의 천재성을 질투하며 치열하게 살아남으려 애썼던 살리에리를 더 닮아 있을지도 모릅니다. 먹고사는 문제 앞에서 모든 사람은 하염없이 작아지고 약해집니다. 내 재능은 자주 보잘 것 없어 보이고, 가난한 부모님은 나를 애처롭게 바라보면서 자신들의 삶을 희생하고 있습니다. 학교와 사회를 잇는 "판박이 기계"에 찍히길 거부하는 것은 엄청난 위험이 아닐 수 없습니다.

그러나 여기서 중요한 것은, 그저 '자기 자신을 똑바로 들여다봐야 한다는 사실'뿐입니다. 부모와 학교, 사회 제도 등의 외부적인 권위에 대드는 것은, 엄밀히 말해 반쪽짜리 반항에 불과합니다. 물론 그런 저항적인 행동들도 그 자체로 의미가 없진 않을 거예요. 국어사전에선 바로 그런 행동을 반항이라고 정의하고 있습니다. 그러나 우리는 여기서 좀 더 나아가야 합니다. 철학적인 반항이란, 이 세계의 부조리함을 깨달으면서 그 부조리한 세계 속에서 숨 쉬는 내가 누구인지 철저하게 파악한 후, 나의 자아를 '전면적으로' 위험한 상태에 내맡기는 일을 가리킵니다. 그것은 시몬 드 보부아르의 표현을 따른다면(『모든 사람은 혼자다』, 꾸리에북스), "계산도 없고, 돈도 걸지 않은 채, 세계 속에 몸을 던지는 일"에 가깝습니다. 왜냐하면 "우리들의 존재가 실현되는 것은 세계 속에서 위험한 상태를 선택하는 일만에 의하여 가능"하며, 그것은 곧 세계에 대한 우리들의 '투쟁'이기 때문입니다.

다시 말하자면, 이 세상의 더러움과 나의 더러움은 맞닿아 있습니다. 시대와 사회가 병들었다면, 나 또한 어느 정도는 병들어 있는 존재입니다. 미국의 펑크록 밴드 그린데이(Greenday)의 명곡 〈Wake Me Up When September Ends〉의 노랫말처럼, 우리가 세상에 대하여 결백하다고 자신할 수 있는 시간이 영원히 지속될 순 없습니다("The innocent can't never last"). 세상에 죄가 있다면, 나도 그 죄에 대하여 결코 결백하지 않습니다. 그래서 마하트마 간디와 함석헌은 세상을 향해 반기를 드는 것은 나를 혁명하는 일과 다르지 않다고 줄곧 강조했습니다. 세상과 나는 그토록 깊숙이 연결되어 있으므로, 세상을 바꾸려는 사람들은 먼저 자신의 내면을 들여다보지 않을 수 없다는 것이죠. 독일 철학자 마르틴 하이데거는 인간이 추악하고 비인간적인 세계에 내던져진 존재이지만, 동시에 본래적 자기를 향해 앞으로 나 자신을 던져나갈 수 있는 '피투적 투기'(geworfener Entwurf)의 존재라고 말했습니다. '반항의 순간'이란 하이데거의 표현 그대로, 바로 '내가 내던져졌음을 아는 동시에, 내가 다시 나를 내던질 수 있는 존재'임을 깨닫는 순간입니다.

이런 순간, 결국 우리는 선택하지 않을 수 없습니다. 삶은 우리를 기다려주지 않습니다. 우리에게는 '어떤 거절도 선택이며, 어떤 침묵도 목소리인 순간'이 찾아옵니다. 보부아르는 이 반항의 순간에 대하여 이렇게 표현합니다. "선택하지 않기 위해서는, 선택하지 않는다고 하는 것을 또한 선택하지 않으면 안 됩니다. 도저히 달아날 수 없습니다."

방탄소년단과 카뮈, 그리고 뫼르소

　방탄소년단의 초기 정체성을 드러내는 가장 기본적인 코드는 '반항'입니다. 애초에 이들의 그룹명부터가 직접적인 반항과 저항을 상징합니다. '방탄'은 총알을 막아낸다는 뜻으로, 편견과 억압을 받고 있는 이 땅의 10대와 20대들을 위해서 노래한다는 게 멤버들이 내세우는 모토니까요. 또 여기엔 자신들의 정당한 음악적 가치를 지켜낸다는 뜻도 포함되어 있죠. 그들은 해외 진출 이후 방탄소년단보단 'BTS'라는 이름을 주로 내걸고 활동하고 있습니다. 방탄소년단의 기획사 측은 BTS가 'Beyond The Scene'의 약자이며, 이는 '10대와 20대를 향한 억압과 편견을 막는다.'는 뜻을 유지하면서도 '현실에 안주하지 않고 꿈을 향해 끊임없이 성장하는 청춘'이란 의미를 더했다고 밝히기도 했습니다.

　2013년 그들의 시작을 알렸던 데뷔곡 〈2 COOL 4 SCKOOL〉 때부터 방탄소년단은 반항의 가치를 강렬하게 노래했습니다. 그들은 어른들의 훈계와 가르침을 '위선'과 '거짓말'이라고 단언하는 동시에, 그들에게 휘둘리고 있는 나약한 청소년들을 향해 "더 이상 꾸물거리지 말라."고 일침을 놓습니다. 기성세대와 체제에 대하여 반항의 목소리를 높이지만, 그런 시스템과 문화에 젖어 있는 10대들을 향해 "맞서 싸워야 한다."고 마치 꾸짖듯 노래하는 것이 방탄소년단의 특징입니다.

　그들은 자신들의 동년배, 또는 후배들에게 너흰 지금처럼 안주해선 안 된다고 반복해서 노래합니다. 그들의 첫 앨범

《O!RUL8,2?》의 타이틀곡 〈N.O〉도 그렇고, 첫 정규 앨범 《DARK & WILD》의 〈핸드폰 좀 꺼 줄래〉와 2집 앨범 《WINGS》의 〈Am I Wrong〉도 같은 맥락입니다. 미니 앨범 《Skool Luv Affair》의 〈등골 브레이커〉에선 부모의 등골을 휘게 만들면서 수십, 수백만 원짜리 패딩을 입는 청소년들을 속 시원하게 비판하는 동시에, 속 빈 강정 같은 말을 반복하며 남의 인생에 참견하려는 어른들을 동시에 비판하죠. 이런 그들의 메시지는 그들이 웅변하는 청소년들 자신의 문제와 기성세대에 대한 '안팎의 반항'을 실천한다는 점에서 주목됩니다.

그리고 이렇듯 거꾸로 매달리고, 지지부진하고, 구역질나는 세계 — 자기 자신이 속해있는 — 속에서 감행하는 '전면적인 반항'은 많은 문학 작품의 모티브가 되기도 했습니다.

가장 유명한 고전문학의 예로는 알베르 카뮈의 『이방인』을 들 수 있겠습니다. 단지 해변의 태양이 너무 강렬하다는 이유로 어느 아랍인을 총으로 쏴 죽인 주인공 뫼르소는 세계 문학사에서 가장 충격적인 주인공 가운데 하나입니다. 그의 반항에는 동기도 없고, 이념도 없으며, 핑곗거리도 없습니다. 그는 그저 살인을 저지를 뿐입니다. 무심하게.

수백만의 사람들이 각자 자기들이 가진 '정의의 기준'으로 서로를 무참하게 살육하던 20세기 초. 프랑스인 뫼르소는 살인이라는 극단적인 방식을 통해서 자신의 인간성을 입증해야 했습니다. 그는 절대로 도덕적인 사람이 아니었습니다. 다만 자기 자신에게 충실한 사람이었을 뿐입니다. 그는 자신의 죄를 정직하게 직시하고 감내함으로써, 나아가 그 어떤 종교와 철학과 시스템에도 의지하지 않고 철저하게 고독한 죽음을 택함으로써 한 인간의 자유와 존엄을 증언했습니다. 이 소설은 당대를 휩쓸었던 실존주의 철학의 문학적 집대성이었고, 카뮈는 이 작품으로 노벨 문학상을 수상하기도 했습니다.

"단 하루를 살아도, 뭐라도 하라고"

"우리는 가장 평범한 인간들이 이미 하나의 괴물이라는 것을, 예를 들어서 우리는 모두 다 우리가 사랑하는 사람들의 죽음을 다소간 바란다는 것을 증명해 보일 수 있다. 이것이 적어도 어떤 문학이 말하고자 하는 바이다."

— 알베르 카뮈, 사르트르의 『벽』 서평 중에서

카뮈가 남긴 이 말은 과연 잔인하기 그지없습니다. 이런 카뮈의 문학관은 『이방인』에서 압축적으로 제시되고 있습니다. 뫼르소는, 그리고 어쩌면 카뮈는 철저하게 무도덕한 '자기 자신의 삶'을 선택함으로써 이 세계의 어떤 잔혹하고 정직한 면모를 보여주었습니다. 카뮈가 여러 문헌에서 반복해서 말하고 있듯, 우리는 모두 얼마간 괴물을 닮아 있으니까요. 나는 괴물이지만, 내겐 (나를 괴물로 만든) 이 세계와 화해할 수 있는 가능성이 남아 있습니다. 그것이 '미친 시대'를 살아가며, 그 자신 나치에 대항하는 레지스탕스로 활동하기도 했던 알베르 카뮈의 문학적 전언이었습니다.

뫼르소도, 카뮈도 치열하게 살았습니다. 그리고 이처럼 끝까지 밀고 나간다는 것, 오직 자기 자신의 목소리에 집중하며 치열하게 살아낸다는 것, 즉 '반항한다는 것'은 타인을 그리고 마침내는 스스로를 파괴할지도 모르는 엄청난 에너지를 내포하고 있습니다. 우리가 결백하다고 말할 수 있는 시간은 얼마 남지 않았습니다. 적어도 자신이 '반항'의 삶을 선택한 이후엔 말이죠. 세계는 하나의 폭력입니다. 그리고 이 세계에 패배하지 않으려면, 나는 지금 당장 결단해야 합니다.

왜냐하면 나는 성장에 목말라 하는 존재이며, 끝내 나 자신을 아끼고 사랑하는 존재이니까요. 내 안에는 언제나 내가 생각하는 것 이상의 폭발적인 잠재력이 숨겨져 있습니다. 그 에너지는 세상의 모든 '완벽한 모델'과, 각종 계산적인 수치들과, '삶의 정답' 따위의 헐거운 언어들을 거부합니다. 청춘은 필연적으로 패배할 수밖에 없는 숙명을 지녔다고 말했지만, 반항은 다시 그런 숙명 따위를 시원하게 발길질합니다. 반항은 내 안에서 꿈틀대는 에너지에 집중하고, 세상을 향해서 나 자신을 힘껏 내던지는 일입니다. 우리는 반항하는 일을 통해 타인과 세상을 미워하는 것에서 멈추지 않고, 나 자신을 가장 깊고 정확하게 인식하며, 오로지 나의 내면의 목소리를 따라 '행동'할 수 있습니다.

단 하루를 살아도 나의 길을 가겠다는 선언. 그것이 바로 반항의 목소리입니다.

6. 책임
<Twilight>: 워너원

작사/작곡: 김원
미친손가락

뒤돌아 서기가 너무 힘들어

바래다줄 때마다 보내기 싫어서

오늘따라 더 눈이 부시네

Sunshine (Sunshine)

아니 너 말이야

Moonlight (Moonlight)

보다 훨씬 빛나 넌

I'm missing you I'm missing you

바로 옆에 있는데도

I'll be with you I'll be with you

너라는 이유

Fall in love Girl

Stay 지금 이대로

멈춰진 시간 속에 Now

Stay 지금 이대로

언제까지나 머물러줘

Twilight Twilight Twilight Twilight

Twilight Twilight Twilight Twilight

Twilight Twilight Twilight Twilight

Want you to stay

머물러줘

Beautiful Wonderful 식상한 얘기

내 기분 그 정도론 표현 할 수는 없어

Ay 네 앞에선 Stupid

자꾸 했던 농담 또 해
근데 웃어주네
너도 내 마음과 같은 걸까

너 때문에 그래도 웃어
불안한 미래도 잊어 (다 잊어)
욕심일까 내게 넌

I'm missing you (I'm missing you)
I'm missing you (I'm missing you)
바로 옆에 있는데도

I'll be with you (You)
I'll be with you (You)
너라는 이유 Baby

Fall in love Girl
Stay 지금 이대로
멈춰진 시간 속에 Now
Stay 지금 이대로
언제까지나 머물러줘

고백 하고 싶은데 돌아서야 하는 가봐
아무것도 지금 해줄 수 없어서

Fall in love Girl
Stay 지금 이대로
멈춰진 시간 속에 Now

Stay 지금 이대로

언제까지나 머물러줘

Twilight Twilight Twilight Twilight
Twilight Twilight Twilight Twilight
Twilight Twilight Twilight Twilight
Want you to stay
머물러줘

6. 책임
<Twilight>: 워너원

뫼르소가 실천했던 전면적인 반항은, 곧 이 세계에 대한 나 자신의 승리를 웅변합니다. 무엇이 가로막더라도 나는 끝내 나의 자유를 포기할 수 없습니다. 때때로 사회 체제에 정면으로 반기를 들더라도, 세상의 모든 사람들이 나를 욕할지라도, 나는 내 정신이 명령하는 대로 사유하고 실천해야 합니다. 그런 삶의 자세를 철학사에선 실존 철학이라 부릅니다. 실존주의는 신이 죽어버린 시대에 인간이 살아가는 세계가 얼마나 부조리할 수 있는지를 깨닫고, 그 허무한 대지 위에서 자신의 고유한 의미를 묻고, 또 다시 묻는 철학입니다. 나의 정신과 의식, 나의 가장 고독한 실존이야말로 세계의 모든 단단한 본질(숙명, 혹은 진리)보다 앞서 있다고 말해 주는 것이죠.

뫼르소는 어머니의 장례식에서 눈물을 흘리지 않았고, 어머니가 돌아가신 다음날에는 애인과 섹스를 했습니다. 그는 이 세계의 도덕적 관점에서는 영원한 '이방인'입니다. 그는 누군가를 죽임으로써, 뜨거운 태양처럼 갑갑하게 이 세상을 얽어매던 거짓 도덕과 윤리를 찢어내고서야 비로소 자신의 어머니와 화해할 수 있었습니다. 즉, 자신의 인간다움을 되찾을 수 있었습니다. 그 짧은 화해의 순간은 『이방인』의 가장 감동적인 대목입니다. 그리고 그 직후 뫼르소는 살인죄로 처형당합니다. 제대로 살 수 있었던 바로 그 순간, 그는 죽어야 했습니다.

뫼르소는 죽었지만, 우리는 우리의 삶을 살아가야 합니다. 지금 나를 둘러싼 세계가 아무리 부조리해 보일지라도, 그 안에 속한 나의 정신이 아무리 고통스럽고 절망적이라 하더라도, 우리는 죄 없는 누군가를 총으로 쏘고 사형을 당하는 식의 해결책에 기댈 수는 없습니다. 저는 알베르 카뮈가 부조리한 세계에 대항하는 하나의 극단적 메타포로 이 소설을 썼다고 생각합니다. 그는 『정의의 사람들』이나 『페스트』 등과 같이 좀 더 온건한 어조로, 우리 인간과 공동체의 윤리적인 실천을 격려하는 작품들도 꾸준히 발표했으니까요. 실존주의의 철학적인 지평도 마찬가지입니다. 인간은 자유로우면서도 고독한 존재가 될 수밖에 없지만, 우리는 자신의 삶을 책임질 수 있는 능력과 의지를 기른 뒤 '타인과의 대화'와 '세상에 대한 참여'를 통해서 그 고독을 극복할 수 있습니다. 실존주의가 사회에 대한 적극적인 참여를 강조했던 것은 이런 맥락입니다.

그렇다면 무엇으로부터 시작해야 할까요? 나 자신과, 내가 속해있는 이 세계를 단호하고 급진적으로 다시 재검토하고, 그 관성적인 세계의 흐름에 반항하는 동시에 우리가 갖춰야 할 덕목은 무엇일까요?

저는 누군가에 대한 '책임'이 그런 미덕이라고 생각합니다.

책임, 인간이 빚어낸 위대한 감각

책임은 신비로운 단어입니다. 저는 가끔 인간이 자유라는 개념 덕에 인간다워질 수 있다는 것보다도, 책임이라는 개념 덕에 더 인간다울 수 있는 것 아닌가라고 생각될 때가 있습니다. (물론, 그래도 둘 중 하나를 골라야 한다면 저 역시 자유의 편에 손을 들긴 하겠지만……) 책임은 인간을 인간답게 만들어주고, 인간의 존엄성을 증명해 주는 미덕입니다. 독일의 전기 작가 슈테판 츠바이크는 『어느 정치적 인간의 초상』에서 "책임이라는 것은 거의 언제나 인간을 위대하게 한다."고 쓰기도 했습니다.

책임이 이처럼 중요한 까닭은 무엇일까요? 인간이 이 단어를 품을 때 비로소 '타인'이라는 존재를 발견하기 때문입니다. 지금까지 저는 줄곧 '자기 자신'에 대하여 이야기했습니다. 성장과 자기애, 청춘과 패배, 그리고 반항은 모두 '나'(자아)라는 범주 안에서 이루어지는 나의 이야기들입니다. 그러나 책임에 관해서라면 조금 다릅니다. 이 챕터에서는 '내'가 아니라 '네'가 주인공입니다. 여기서는 내가 아니라 너라는 존재, 너에 대한 책임감이 나 자신을 형성하고 인식하는 데 필수불가결하다고 말해야 하기 때문입니다. 언제까지고 너를 그리워 할 것이며, 너와 함께할 것이라고 잔잔하게 고백하는 워너원의 〈Twilight〉을 들으면서, 저는 책임에 관해 생각했습니다.

앞서 자기애에 대해 자세히 살펴보았지만, 인간은 자기 안위를 향한 욕망에서 벗어날 수 없는 존재입니다. 그것은 아주 자연스러운 일입니다. 인간은 너를 사랑한다고 말하면서도 사실 (너를 사랑한다고 말하는) 나 자신을 사랑하는 존재에 가깝고, 너에게 "괜찮나요?"라고 물으면서도 사실은 (타인의 안부를 묻는 일을 통해) 나 자신의 안부를 묻는 존재에 가깝습니다. 그러나 우리가 인간이라는 정체성을 부여 받은 이상, 우리는 타인을 향한 무언(無言)의 책무에 사로잡혀 있습니다. 우리는 자기애를 통해서 순수한 자기의 인간적 본능을 확인할 수 있는 반면, 책임을 통해서 비로소 자신이 아닌 누군가와 '연결'될 수 있습니다. 책임이라는 개념을 거치고 나서야 우리는 타인과 '약속'을 하고, 나아가 타인에게 '헌신'하는 존재가 될 수 있습니다. 책임은 인간에게 누군가와 교감하고, 연대하며, 나 자신뿐만 아니라 이 세계의 행복을 고민하는 존재가 될 수 있는 가능성을 선사합니다.

자기애는 동물적이고 본능적인 감각입니다. 반면 책임은 어떤 의미에서는 '발명된' 감각입니다. 그것은 인류가 수많은 시행착오 끝에 다듬어 낸 인간성의 초상입니다. 세계적인 뇌 과학자인 마이클 가자니가는 책임에 관하여 이렇게 말하고 있습니다.

"책임의 문제는 (학교 버스를 운전할 수 있는 사람의 문제처럼) 사회적 선택의 문제이다. 신경과학적 용어로 말하면, 어느 누구도 다른 이보다 책임이 더 있거나 덜 있는 것은 아니다. 우리는 결정론적 체계의 부분으로서 언젠가는 완전히 이해될 것이다. 그래도 사회 규칙 안에서 만들어진 책임이라는 개념은 뇌의 신경 구조 안에는 없다."

— 마이클 S. 가자니가, 『윤리적 뇌』 (바다출판사)

우리 뇌 속에는 사회적 책임이란 개념이 없지만, 우리는 어떤 의미로든 타인에 대한 책임을 지고 살아갑니다. 다시 보부아르의 표현을 빌면, 우리는 언제나 "타인 위에 올라앉은 숙명적인 것"이며, 여기서 숙명적인 것이란 "모든 타인의 자유성이 각인을 향해 들리는 응결된 얼굴"입니다. 도스토예프스키는 '각인(各人)은 모든 사람 앞에서, 모든 일에 책임이 있다'고까지 말했습니다. 우리 사회에 정의롭지 못한 권력이 자리 잡고 있고, 그 권력으로 고통 받는 이웃이 존재한다면, 나는 그것에 책임이 있습니다. 저 먼 아프리카 대륙에서 누군가가 굶주리거나 내전에 피흘리고 있다면 나는 그것에도 책임이 있습니다. 여기에 대하여 내가 어찌할 수 없는 일이라고 손사래를 쳐도 소용없습니다. 모든 사람은 서로에게 책임이 있고, 우리는 서로에게 빚을 진 존재들입니다.

내가 너를 책임진다는 것의 의미

자신을 부정하고 세계를 향해 반기를 드는 '반항'의 가치가 소중한 만큼, 타인의 존재성을 발견하고, 타인과 어울려 나가는 공동의 관계를 인식하며, 자신이 세계의 일부라는 인식을 강조하는 '책임'의 가치도 귀중합니다. 반항과 책임은 잘 어울리는 한 쌍이라고 생각되기도 합니다. 반항과 책임 둘 다 세계 속의 자기 자신을 정립하고 위치시키는 데 필수적인 미덕이니까요. 반항은 이 세상과 그 안의 자신을 정직하게 인식하고, 자신과 격렬히 불화하면서 스스로를 깎아내는 일입니다. 책임은 반항 끝에 발견한 비루하고 보잘 것 없는 자기 자신이 이 세상 속에서 생각보다 더 가치 있는 존재가 될 수 있음을 다시 한 번 믿어내는 일입니다.

내가 이 세상의 깨끗함과 더러움을 모두 품어낸 존재라면, 타인들 또한 마찬가지입니다. 내게도 세상의 추악함이 묻어 있고, 타인들도 다르지 않습니다. 또한 내게 세상의 선함과 아름다움이 묻어있듯, 타인에게도 이 세계의 아름다운 씨앗들이 담겨 있습니다. 요컨대 내가 세상과 닮아있다면, 나는 타인과도 닮아 있습니다. 내가 세상과 떨어져 있지 않고 공동체 속에서 살아가야 한다는 말은 곧 내가 타인들과 분리되어 있지 않으며, 타인들과의 관계 안에서만 '내'가 될 수 있다는 인식과 다르지 않습니다.

어쿠스틱 밴드 가을방학의 3집 앨범에 담긴 〈베스트 앨범은 사지 않아〉의 노랫말처럼, 사람은 다 똑같지는 않더라도, 또 서로 크게 다를 것은 없는 존재입니다. 인간은 우리를 하나로 이어주는 어떤 보편성을 자연스럽게 감각하곤 하죠. 공자는 제자 자공(子貢)이 평생을 두고 마음에 담아 실천할 좌우명을 묻자 "그것은 바로 서(恕)다."라고 답했습니다. 서(恕)라는 글자는 같을 여(如)에 마음 심(心)이 합해져 만들어진 글자입니다. '마음이 같다'는 뜻이지요. 이렇게 나와 남의 마음이 '같다'는 인식은 우리를 자아의 좁고 밀폐된 공간에서 벗어나게 합니다. 내가 어떤 점에 대하여 상처 받는지를 들여다보는 일은, 곧바로 내가 타인에게 무엇을 조심해야 할지 고민하는 일로 연결됩니다. 슬픔과 아픔에 잠긴 타인을 바라보면서 우리는 자신이 그런 마음의 고통을 겪는 경험에 이입합니다. 그리곤 자연스럽게 연민의 감정에 젖어 들게 되지요. 나와 너는 '같은 마음'으로 연결되어 있으니까요.

네가 잘나고 특출한 사람이어서가 아니라, 그저 '너라는 이유' 때문에 우리의 영원한 시간을 예감하는 〈Twilight〉의 가사는, 책임의 아름다움을 잘 표현해 줍니다. 우리가 만일 상대의 특정한 미모나 능력, 또는 '나와 잘 맞는 성격' 때문에 누군가를 선택하고 그와 관계를 맺는다면, 우리는 영원히 '자신을 흡족하게 만드는 타인'으로 갈아타는 일에 여념이 없을 수밖에 없습니다. 실존주의 철학에 이어, 두 차례의 세계 대전을 일으킨 인간 정신의 근원을 총체적으로 규명하려 했던 프랑크푸르트 학파의 철학자들은, 인간 이성(理性)의 본질에는 그와 같은 계산적인 본능, 타인을 하나의 사물과 도구처럼 생각하는 '도구적 합리성'이 있다고 갈파했습니다. 쉽게 부정하기 힘든 우리 마음의 진실입니다.

세상엔 나의 연인보다 뛰어난 미모, 좋은 성격, 부와 명예와 권력을 지닌 사람들로 가득합니다. 우리는 언제든 자유로이 떠돌면서 '자신의 한 사람'을 갈아치우는 삶을 선택할 수도 있습니다. 실제로 세계의 많은 '슈퍼스타'들이 그런 삶을 살고 있기도 하죠. 더욱이 책임이라는 미명 아래 모든 관계가 영속적일 필요는 없습니다. 우린 모두 누군가와 평생을 약속하면서도 언제든 취향과 마음이 바뀔 수 있는 존재입니다. 모든 것은 머무름 없이 변한다는 제행무상(諸行無常)의 가르침처럼, 이 세상에 고정된 것은 아무것도 없습니다. 인간은 끊임없이 변화합니다. 우리 자신이 매 순간 바뀌고 있다는 것은 진리에 가깝습니다.

그러니 책임이란 무조건적으로 타인에 대한 의무감을 강제하는 일이 아닙니다. 진정한 책임은 그저 나와 '같은 마음'을 지닌 한 인간을, 나아가 우리 모두의 보편적 인간성을 믿는 일일 뿐입니다. 내 안에 살아 숨 쉬는 그 보편의 인간성을 발견하는 일은 나 자신을 좀 더 뚜렷하게 인식하는 과정인 동시에, 내가 다시 한 번 나를 믿어도 좋겠다는 자기 신뢰의 길로 우리를 인도합니다. 그러므로 내가 누군가를 책임진다는 것은, 곧 내가 나 자신을 책임지겠다는 의지의 표현이기도 합니다.

모든 것은 변하지만, 그럼에도 불구하고

나는 언제라도 변할 수 있습니다. 너도 언제든 변할 수 있습니다. 그러나 우리는 '지금 이 순간'의 서로에게 반해 있고, 지금 이 순간의 서로가 더할 나위 없이 아름다운 존재임을 확신합니다. 내가 지금의 너를 영원히 붙잡고 싶다는 말에는, 내가 결단한 지금 이 순간의 선택을 영원히 고정시켜도 좋으리라는 '100 퍼센트의 확신'이 들어 있습니다. 그런 확신은 물론 틀렸을 수도 있습니다. 중요한 것은 내가 나를 완전히 믿는다는 사실 자체입니다. 나는 타인을 책임지겠다고 결심할 때에만 나 자신을 — 그와 나의 미래를 — 확신할 수 있습니다. 이것이 책임은 언제나 한 사람을 성장케 한다는 말의 속뜻이기도 합니다. 타인과 자신은 이렇게 연결됩니다.

너보다 더 매력적인 사람, 나를 더 행복하게 해줄 수 있는 사람이 많더라도 나는 오직 너를 사랑하겠다는 약속은, '모든 것이 변하고 있고, 나 또한 마찬가지'라는 자연의 순리를 역행합니다. 다시 한 번, 책임은 자연의 명제라기보단 인간의 명제입니다. 너의 아름다움, 너의 가치, 너의 의미는 지금 이 순간 내게그 어떤 자연의 법칙과 선언들보다 더욱 강력하고 굳건합니다. 〈Twilight〉의 화자는 너와 내가 함께하고 있는 '이 순간'을 영원한 시간의 지평 속에서 꽉 붙잡아 두고 있습니다. 너와 나의 시간은 멈추었습니다. 어쩌면 모든 결단, 모든 선언, 그리고 모든약속은……. 자연의 시계를 깨뜨리고 두 사람만의 시계를 바라보는 일일지도 모르겠습니다.

프랑스의 철학자 블레즈 파스칼은 "인간은 지혜로워질수록고유한 인간들이 얼마나 많은지를 인식하게 된다. 범상한 사람은 사람들 사이에서 아무런 차이도 보지 못한다."고 말했습니다. 세상의 모든 타인은, 우리가 그것을 알아챌 수 있는 의지와능력만 있다면 그 자체로 특별하고 아름답습니다. 그래서 내 앞의 한 사람보다 더 특별하고 더 뛰어난 누군가를 찾는 일은 부질없고 어리석습니다. 파스칼에 따르면, 그러한 방황은 누군가의 고유한 아름다움을 발견하지 못하는 나의 무능력에 불과하기 때문이겠지요. 파스칼이 남긴 이 말은 〈Twilight〉과 '책임'의가치를 빛내주는 인간론이라고 생각됩니다. 생텍쥐페리가 그린어린왕자와 여우의 관계는 물론 말할 것도 없습니다. "너는 네가 길들인 것에 대해 책임이 있다."는 여우의 말을 어린이들의 동화라고 치부하는 순간, 저는 바로 그 순간이 우리 이마에 '비극의 꽃무늬'가 짙어지는 서글픈 한 때라고 믿습니다. 고백컨대, 제게도 그런 회한의 순간들이 많이 있습니다.

그렇지만 별 수 없습니다. 인간의 고통은 끝이 없고, 우리는 같은 실수를 반복하니까요.

7. 노력
<힙합성애자>: 방탄소년단

작사/작곡: Pdogg
           Rap Monster
           SUGA
           j-hope

It was a new world, 평소에 글이나 시나 끄적이던 내게

심청이 마냥 급 다가와 내가 못 뜨던 새 눈을 뜨게 했네

But people keep askin'baby why you love that hiphop 쉿?

그럼 나는 말해, 이유는 원래 없어 CAUSE IT'S HIPHOP

별 거 없어 에픽하이, 남들처럼 Jay-Z, Nas 물론 클래식한

'Illmatic'과 'Doggystyle', 'In My Mind' 또한 KRS-ONE

또 Ready to die, 에미넴과 The Chronic과, 그 다음 명작 2001

Gang Starr, Black Star, Eric B, Rakim, Pete Rock and CL smooth

They juss keep poppin

달고 살았어 아주 많이

그때의 난 아주머니

할 말이 많아서 남들이 해주는 이야기론 부족하다 느꼈지

일단은 억지 거짓, 덕지덕지 빌라 가사랍시고 썼지

and That was it! Uh That was it 내가 내가 된 시점

학습지 사이 백지에 모두 아는 날 잠시 끼워

그리고 지웠어 비웠어, 비트 위에서만큼은 난 자유로워

7년 전이나 지금이나 똑같아 이게 제일 나다워

I'll be down for your rap

I'll be down for your rhythm

여전히 내 심장을 뛰게 해

내가 진짜 나이고 싶게 해

Yeah I love this

(Hip! Hop!) 사람 냄새가 나는

(Hip! Hop!) 인생으로 써내려가는

(Hip! Hop!) 이제는 삶의 일부가 된

(Hip! Hop!) yeah this ma (Hip! Hop!)

Yo ma Hiphop 입학? 몸으로 느끼며 개입함

부갈루, Kingtut, old school 리듬 타

bighit 위탁에 rhyme과 혀를 밀착

두각을 나타내 지금은 랩댄스 교집합

Yeah ma role model, 다듀 버벌 with 에픽하이

서툰 날 '이력서'써 '무명'깨 무댈 'fly'

아무것도 모른 날 일으켰지 매일 내 맘을 울린 artist, ring

몸으로 표현만 했었던 비기와 투팍 and 나스, 날 더 알아갔지 uh

hope hope world, 내 세상을 만들기 전에 cole world

그가 금요일 밤을 비출 때부터 더 영감을 받고 써가, 내 곡을

mac miller, kanye, kendrick 그들의 음악은 내 귀에 부딪혀

매일 미쳐가게 테두릴 잡아준 내 삶의 최고의 뮤지션

끝없는 딕션, all right 내 본능이 골라

어떤 랩이든 어떤 춤이든 감각적인 내 교감

이젠 내 삶 속의 공간은 힙합으로 녹아

오늘도 wild for the night 내 몸은

feel like A$AP A$AP

I'll be down for your rap

I'll be down for your rhythm

여전히 내 심장을 뛰게 해

내가 진짜 나이고 싶게 해

Yeah i love this

(Hip! Hop!) 사람 냄새가 나는

(Hip! Hop!) 인생으로 써내려가는

(Hip! Hop!) 이제는 삶의 일부가 된

(Hip! Hop!) yeah this ma (Hip! Hop!)

힙합은 찾아왔어 살며시

어린아이가 엄마를 찾듯이

자연스럽게 내 삶에 스며들었지, 그 당시에

초등학생일 뿐이었던 나 그제서야 꿈을 재단해

I wanna rapstar 남들과 비슷한

삶을 혐오했던 꼬맹이의 조숙함

주위에 모두가 붙잡고 만류하더라도

내 안에서 자리를 고수한

힙합은 날 송두리째 뒤집어놔 그 어린 날

교과서 귀퉁이에 적어 내렸던 my 16 bars

덕분에 난 안정된 삶 뿌리치고 갔던 대구 남산동의 작업실에

날 던지고 밤새도록 갈았던 무딘 펜촉의 날

노력 끝에 난 결국 학창시절에 받는 언수외 대신해서

빼곡히 채워갔던 rhyme 덕에 dreams come true

주위에서 다들 묻지 힙합이 뭐냐고

당당히 답을 하지 나의 전부라고

그 결과 내 인생 자체를 음악 안에 뼈 묻었어

이 문화를 사랑한 게 죄라면 난 골백번은 넘게 더 죽었어

I'll be down for your rap

I'll be down for your rhythm

여전히 내 심장을 뛰게 해

내가 진짜 나이고 싶게 해

Yeah I love this

(Hip! Hop!) 사람 냄새가 나는

(Hip! Hop!) 인생으로 써내려가는

(Hip! Hop!) 이제는 삶의 일부가 된

(Hip! Hop!) yeah this ma (Hip! Hop!)

7. 노력
<힙합성애자>: 방탄소년단

세상은 외부를 향한 과격한 반항만으로 바뀌지 않습니다. 외면하고 싶더라도, 나 자신이 이미 그 세상에 속해 있기 때문입니다. 그런 사실을 깨달은 후, 우리는 먼저 내 곁의 구체적인 타인들에게 내가 책임을 지고 있음을 인식하게 되고, 그 '책임의 무게'가 생각보다 훨씬 더 무거울 수 있다는 것을 인정하게 됩니다. 그리곤 다시 자기 삶을 돌아보게 되겠죠. 우리는 지금 '성장'이라는 키워드에서 시작된 '자기 자신을 믿는 일'이 얼마나 어렵고 지난한지 이야기하고 있습니다.

인간은 자기애를 바탕으로 무럭무럭 성장할 수 있는 존재입니다. 우리는 청춘의 승리와 패배라는 그 영원한 맞부딪침 속에서, 자기 자신을 찾아가는 여정을 멈추지 않는 존재입니다. 그 끝에는 어떤 순간에도 흔들림 없이 스스로와 타인에 대한 사랑을 실천하는 성인(聖人)의 삶이 있을지도 모릅니다. (아니, 사실 자기 자신을 회의하지 않고, 내면의 흔들림이 없다고 자부하는 사람은 우리가 언제든 의심해봐야 한다고, 저는 앞에서 이야기했습니다.) 그렇지만 그처럼 '흔들림 없는' 삶의 단계는 과연 멀고도 멀 거예요. 어떤 이가 펼쳐가는 자신만의 내면적인 여정은, 막상 그가 '현실'과 부딪혔을 땐 대개 깨지기 쉬운 실패와 좌절로 얼룩지기 쉽습니다. 우리 삶에는 끝없는 머뭇거림, 스스로에 대한 의심, 주위의 시선을 의식하는 소심함, 그리고 무엇보다도 나태함과 게으름의 지평이 펼쳐지곤 하니까요.

그러니 이번 챕터에서는 '노력'에 관해 이야기해 보려 합니다.

몇 년 전, 드라마 〈공부의 신〉 1회에서 모교를 찾은 변호사 김수로가 학생들에게 일갈하던 유명한 대사가 화제가 되었습니다. "S대 노래를 부르는 이 세상이 역겹다고? 돈 있고 빽 있는 사람들이 판치는 이 세상이 더럽다고? 그렇다면 너희가 룰을 만드는 사람이 되면 될 것 아닌가? 뒤에서 불평만 늘어놓는 '찌질이'로 살 게 아니라 이 사회의 룰을 뜯어고치는 사람이 되란 말이다!" 비겁하게 입으로만 어른들의 세상을 탓하는 대신, 지금 네 자리에서 최선을 다한 후 세상을 바꿀 수 있는 힘을 지닌 사람이 되라는 메시지였지요. 김수로의 이 말은 꽤나 통쾌합니다. "억울하면 출세하라."는 흘러간 유행가의 가사와도 닮아 있고요. 분명 세상의 이치에 부합하는 면이 있습니다. 입담 좋은 스타 강사들 여럿도 강의 영상들을 통해 이런 메시지를 설득력 있게 전해 주던데, 많은 젊은이들이 이들의 이야기를 들으면서 동기 부여를 하고 있다는 건 부정할 수 없습니다.

어쨌든 우리 사회엔 대학을 줄 세우면서 한 사람의 능력을 간단하게 단정해버리는 관행이 '분명히' 남아 있습니다. 저도 그런 사회적 관행을 통과하며 이 세상에 자릴 잡아봤기 때문에, 무작정 '김수로 논리'를 가볍게 넘겨 버리라고 말하기도 힘듭니다. 이런 논리를 몸소 겪었던 사람들의 '심리적 체험'은 묵직한 무게감을 지닌 채 세대에서 세대로 전승됩니다. 메가스터디의 손주은 대표가 대학 서열화는 곧 사라져버릴 과거의 구습이라고 말했더라도, 또 4차 혁명의 시대가 오고, 블라인드 채용이 대세가되며, 대학 졸업장의 가치가 점점 떨어지더라도, 명문대를 향한치열한 사회적 욕망은 쉽사리 가라앉진 않을 거예요. 그런 욕망을 무조건 악(惡)이라고 치부할 수만도 없습니다. 의견이 분분하겠지만, 자신의 비상한 두뇌와 훈련의 시간을 통해서 한 사회의룰을 만들어 가는 엘리트의 역할도 중요하다고 생각합니다.

더욱이 "공부가 제일 쉬웠어요." 같은 말은 명백한 거짓말이라는 인식도 필요합니다. 공부는 정말 힘든 일입니다! 공부가 제일 쉬웠다는 문장을 책 제목으로 쓴 시대의 베스트셀러 저자 장승수 씨의 진정성을 인정한다 해도, 이 말이 수십여 년 동안 우리에게 남긴 폐해가 너무나도 큽니다. (이 말은 농담이지만, 어느 정도 진담이기도 합니다.) 장승수 씨가 말한 "제일 쉬웠어요."의 의미는 단순히 공부가 다른 일들보다 편하고 쉬웠다는 게 절대로 아닙니다. 홀어머니를 모시고, 몸 쓰는 노동에 치이면서 한 가정을 이끌어야 했던 자신의 운명에 비하면 차라리 쉽고 즐거웠다는 것이죠. 책을 직접 읽어본 분들은 아시겠지만, 그도 하루 종일 앉아서 집중을 곤두세워야 하는 공부의 괴로움에 대하여 절절하게 토로하고 있었습니다.

장담컨대, 공부는 생각보다 훨씬 더 힘든 중노동입니다. 공부
는 쉽지 않고, 안타깝게도 유전적인 재능에서도 강력한 영향을 받
습니다. 어쨌든 평생 공부의 길을 선택한 사람들은 — 어떤 의미에
서, 우리 사회의 엘리트들은 — 충분히 존중 받아야 마땅합니다.

지금 노력해서 훗날 룰을 바꾸는 사람이 되어라?

그러나 공부하는 일의 미덕과 노고를 충분히 인정하더라도,
김수로 논리는 결코 정답이 아닙니다. 적어도 방탄소년단은 그
렇게 노래하고 있습니다. 지금 공부하기 싫은 학생들은 '잠재적
지질이'가 아닙니다. 누구도 다른 사람의 인생에 대하여 "넌 삶
을 낭비하고 있어"라고 단정할 수 없습니다. 하지만 방탄소년단
이 노래하듯, 그런 말을 듣기 싫다면 공부 대신에 자신을 쏟아버
릴 수 있는 무언가가 있어야 합니다. 이것은 앞서 살펴본 청춘의
덕목이기도 하지만, 좀 더 현실적인 차원에서는 '노력'의 가치와
연결됩니다, 그리고 제가 말하고 싶은 노력의 가장 중요한 면이
여기서 등장합니다.

노력은 막무가내로 버티고, 인내하고, 자신을 억누르는 일이
아닙니다. 노력이란 '자기 자신의 위치를 재정립하고, 자신의 정
체성과 감수성을 발견하는 일'입니다. 그런 일련의 과정을 통해
자신의 삶에 주도권을 되찾아오는 일입니다.

김수로 논리가 틀린 이유를 한 마디로 말한다면, 그 논리가
학생이라는 정체성을 평면적이고 일차원적으로 단정하기 때문

입니다. "지금 최선을 다해 훗날 룰을 바꿀 수 있는 사람이 되라."고 일갈하는 말은 과연 근사하게 들립니다. 하지만 좀 더 솔직하게 까발린다면, 이 말은 "지금 학교에서 정해 준 교과 과정을 충실히 이행하고, 시험에서 좋은 점수를 받아, 훗날 사회에서 더 많은 권력을 가지는 데 유리한 사람이 되라"는 말과 똑같습니다. 그것은 아무리 좋은 말로 포장하더라도, 학생을 '현실 사회와 권력의 논리'에 끼워 맞추는 도구주의적인 발상이 아닐 수 없습니다. 김수로 논리란 결국 가장 치열하게 공부한 자가 '한 사회의 꼭대기'에 올라야 하며, 다른 사람들은 그 '꼭대기'에 오른 사람의 말을 들어야 하며, '그런 사람만이 룰을 바꿀 자격이 있다'는 집단 무의식을 응축한 논리입니다.

〈공부의 신〉의 김수로는 룰을 바꿀 수 있는 사람인가요? 김수로 논리에 따른다면 천만의 말씀입니다. 현실에 대입한다면 그는 10대와 20대를 다 바쳐 좋은 대학, 좋은 학점, 좋은 LEET 점수, 좋은 로스쿨 학점, 좋은 변호사 시험 점수를 향해 달려온 엘리트였을 것입니다. 그러나 판사와 검사, 국회의원, 고위 공직자와 정치인 등을 비롯한 권력자들의 눈으로 봤을 때 그는 '일개 변호사'일 뿐입니다. 일개 변호사가 룰을 바꾼다는 말에 그들은 코웃음을 칠 게 분명합니다. 김수로 논리에 따르면, 김수로는 교실에서 어린 학생들에게나 겨우 큰소리를 칠 수 있는 명백한 패배자입니다. 이 글을 쓰는 저도 패배자이고, 책을 읽는 여러분도 모두 패배자일 가능성이 높습니다. 이 논리 구조에서는 우리 사회가 '승리자'와 '패배자'로 납작하게 일원화 됩니다. 그것을 주창하는 자마저도 패배자로 만들어 버리는 이 역설적인 논리에 따른다면, 우리가 사는 이 곳은 '모두가 패배자인 상태'로 모멸감을 느끼면서, 더 높은 자리로 바득바득 올라가려는 사람들로 가득 찬 씁쓸한 사회가 되어 버립니다. 여전히 치열한 입시의 풍경은, 그런 모멸감에 너무나 시달린 나머지 자기 자식만큼은 좋은 대학 간판으로 무장시키려는 우리 사회 부모들의 정직한 거울과도 같습니다. 누구를 쉽게 탓할 수 있겠어요?

중요한 것은 세상과 사람을 바라보는 감수성입니다. 한 번 세상을 수직적으로 바라보기 시작하면, 이 사회의 모든 것은 수직적으로 치환됩니다. 그런 시각이 쌓이게 되면, 한 사회의 집단 무의식은 '꼭대기를 향한 욕망'과 '꼭대기에 오르지 못한 열등감'이란 두 드라마틱한 감정으로 젓갈처럼 푹 곰삭게 됩니다. 이 드라마의 원작 만화가 출간된 일본과 우리나라는 바로 그런 수직적 욕망과 내면의 패배감이 두드러지는 사회라고, 수많은 사회과학자들이 지적하고 있습니다. "지금 노력해서 훗날 룰을 바꾸는 사람이 되어라."는 통쾌한 말이 아무리 선의에 가득하다고 하더라도 이 말은 노력의 진정한 가치와는 아무런 상관이 없습니다. 시스템이 마음에 안 들면 그 시스템을 바꾸기 위하여 적응하라, 라는 논리는 그 자체로 이미 시스템에 편입된, 시스템의 수혜를 조금이나마 맛본 자의 처세론에 불과합니다.

자기 위치와 정체성을 '스스로' 재정립하기

물론 교과 과정에 충실하고 좋은 내신/수능 점수를 받는 것은 '학생'의 중요한 과제입니다. 학생이라는 개념 자체가 이미 '학교'를 상정하고 있고, 학교의 교육을 받는 '피교육자'를 가리키는 다분히 수동적인 정체성이니까요. 우리가 자신의 위치를 이런 의미의 '학생'으로 고정시킨다면, 우리는 물론 학교에서 요구하는 과정에 충실히 따라야 합니다. 만약 그렇지 않다면, 내가 나의 위치를 더 흥미롭고, 더 매력적이며, 더 자발적으로 지정하고 싶다면, 〈힙합성애자〉의 노랫말처럼 내 심장을 뛰게 하고, '내가 진정 나이고 싶게 만드는' 무언가를 찾는 일이 반드시 필요합니다. 이러한 전 과정이 바로 '노력'입니다. 다시 말하건대 노력이란 자신의 위치를 어느 누구도 아닌 내가 정하는 일이며, 그럼으로써 자신의 언어를, 자신만의 정체성과 감수성을 발견하는 일이기 때문입니다.

그러므로 노력이란 자신의 위치와 정체성을 (그 누구의 손도 아닌) 자신의 두 손으로 직접 움켜잡은 후, 그것을 주체적으로 자기 안에 위치시키는 일입니다. 자기 자신을 들여다보고 자신의 미래를 그리는 일, 자신이 현재 처한 위치에서 무엇을 배워나갈지 고민하는 일, 그리고 마침내 결단하고, 그 결단을 향해서 꾸준히 나아가는 일이 모두 노력입니다. 엉덩이를 붙이고 극기(克己)의 시간을 보내는 것도 노력의 중요한 일환임은 틀림없습니다. 그러나 그처럼 자기 자신을 꾹꾹 누른 채 하나의 목표를 향해 몰두하는 모습만을 노력이라 부르는 것은 큰 문제입니다. 그런 편협한 시각이야말로 우리가 한 인간의 노력을 얼마나 획일적이고 폐쇄적으로 바라보는지 폭로하고 있다고 생각합니다. 사서삼경을 달달 외우는 것을 중시했던 오랜 유교주의적인 전통과도 맞닿아 있다고 느껴지고요.

교육학자이자 사회학자였던 이반 일리히는 '사물'과 '모범', '동료'와 '연장자'라는 네 가지 요소가 구비된다면 진정한 공부가 어디서든 가능하리라고 말했습니다. 어떤 분야의 공부를 가능케 하는 도구(사물)와 환경, 그리고 먼저 그 공부에 힘썼던 모범적인 선배들의 도움이 있다면, 우리는 언제 어디서나 자신의 실력을 쌓아나갈 수 있습니다. 무엇보다도 중요한 것은 '동료'입니다. 일리히는 바람직한 교육 제도에 대하여 "각자에게 그가 '동료'를 찾는 활동을 특별하게 하도록 하는 것"이라는 의견을 피력하기도 했어요.

그 어떤 학교와 어른들이 우리에게 공부와 노력에 관해서 이런 식으로 말해 주었습니까? 그저 남보다 더 치열하게 교과서를 들여다보고, 시험에서 좋은 점수를 받으라고 요구하진 않았던가요? 오히려 방탄소년단을 비롯하여, 교육제도의 외부에서 동료들과 한 배를 탄 후 다양한 경험을 쌓아가는 아이돌, 또는 뮤지션들이야말로 (일리히의 시각에선) 훨씬 더 '진정한 공부'에 가까운 경험을 하고 있는 것일지도 모릅니다. 그들에게 열광하는 우리들은 직감적으로 그런 사실을 알고 있을지도 몰라요.

김수로 변호사는 〈공부의 신〉 마지막 회에서 이렇게 일장 연설합니다.

"이제 너희들은 알게 됐을 거다. 나한테 들볶이고 자신과 싸우고 고민하면서 너희들이 하는 공부가 대학에 가기만을 위해 하는 게 아니었다는 걸. 최선을 다하면 뭐든지 이룰 수 있다는 걸 말이다.

천하대를 합격했든 안 했든 그건 중요하지 않다. 너희들에겐 이제 이 험난한 세상을 헤쳐 나갈 수 있는 힘이 생겼기 때문이다. 이것이 바로 공부다. 진정한 공부란 인생을 올바르게 사는 방법을 깨우치는 것이다. 그리고 '공부의 신'이란 어떤 위치에 있든 무엇을 하든 치열하게 인생을 사는 사람이다."

앞서 말했던 '김수로 논리'와는 정반대죠. 다분히 한국의 시청자들을 의식한 듯, 대학 진학에 실패한 학생을 배려하는 훈훈한 결론이기도 합니다. 공부든 아니든 최선을 다한다면 그 길 끝에서 살아갈 힘을 얻을 수 있다는 말에 수긍하지 않을 사람은 없습니다. 지극히 안전하고 맹맹한 결론입니다. 그렇지만 노력은 누군가에게 이런 말을 듣기 전에 자신의 삶에 주도권을 가져오는 일입니다. 나의 노력이란 내게 지금 필요한 것은 '언수외'를 파는 것이 아니라고 말할 수 있는 용기이며, 그 용기를 타인에게 구체적이고 설득력 있게 제시할 수 있는 청사진이 되어야 합니다.

노력은 자신이 원하는 바를 명확하게 자신의 인생 위에 펼쳐 보인 후, 스스로의 삶의 경로를 그리는 일입니다. 이 과정이 생각만큼 쉽지 않다고 판단된다면, 어른들의 조언처럼 일단은 주어진 공부를 하는 게 맞습니다. 학교의 과정에 충실하며 공부에 임하는 틈틈이 자신의 앞길을 계속 모색하고, 자그마한 실천들을 쌓아가는 것 또한 훌륭한 노력입니다. 꼭 당장에 모든 것을 바치면서 나를 몰아세울 필요는 없습니다. "성급함은 마귀의 자식이다."라는 속담이 있듯이, 조급하게 나를 닦달하거나 극단으로 치우쳐 버리는 건 언제나 어리석은 일입니다.

'삶의 주어'로 살아가는 일의 어려움

삶에 단 한 번뿐인 학창 시절은 자신의 평생의 꿈을 탐색하고, 사회에 나갈 준비를 해야 하는 시간입니다. 학생들은 누구의 방해도 받지 않고, 생계에 대한 걱정 없이 오로지 자신의 미래를 위하여 이 시간을 누릴 권리를 갖고 있습니다. 그런데 근대 이후의 사회에서처럼 학교에 다니면서 공부를 하는 '아동' 또는 '학생'이라는 개념은, 불과 수백 년 전에는 세계에서 아주 희귀하게 통용되었을 뿐입니다. 몇몇 특권층의 자제들만이 향유할 수 있던 한정된 경험에 불과했죠. 서양에서 핵가족이 탄생하고 제도 교육이 시행되기 전, 절대 다수의 아이들은 어른들과 똑같이 일을 하며 가업을 물려받을 준비를 했습니다. 애석한 노릇이지만, '아동의 역사'는 우리의 학창시절이 단순히 '노는 시절'이 아니라는 점을 증명하고 있습니다. (우린 죽어서나 정말로 편하게 놀 수 있을 겁니다.) 그것은 이미 어른이 되어버린 제 말이 아니라 방탄소년단이 직접 전하는 목소리이기도 합니다.

학생이라는 단어는 한 젊은이를 '피교육자'로 위치시킵니다. 그러나 근대의 학교가 등장하지 않았더라면 우리는 신분과 전통, '가업'의 덫에서 자유롭지 못했을 확률이 큽니다. 학생은 ─ 그리고 어쩌면, 세상의 모든 정체성은 ─ 우리를 억압하고 얽어매는 동시에, 있는 힘껏 노력하는 이에게 '자유의 가능성'을 예비해두고 있습니다. 이 정체성은 ─ 마치 '아이돌'이란 단어처럼 ─ 성장하려는 모든 이들에게 주어진 하나의 역설적인 조건입니다.

이 세상에 완벽한 어른이나 완벽한 시스템이 존재한 적은 단

한 번도 없었습니다. 현실과 이상의 거리는 언제나 멀고, 모두가 K-POP 스타들처럼 빛나게 성공할 수만도 없습니다. 그러나 우리에겐 진짜 자신을 향해 움직일 수 있는 가능성이 열려 있고, 그 가능성 앞에서는 학생이든 교사든, 어른이든 아이든 서로를 구별 짓는 일이 별 의미가 없습니다. 내가 어떤 위치에 있든 간에, 나를 하루하루 조금씩 밀고 나가서 '진짜 나 자신'을 찾아내려는 그 '대담하고 꾸준한' 노력의 과정이 중요할 뿐입니다.

방탄소년단은 〈No More Dream〉에서 "억압만 받던 인생, 네 삶의 주어가 되어 봐."라고 노래했습니다. '삶의 주어'라는 말은 생각보다 더 무겁고, 위태로운 개념입니다. 미야자키 하야오의 애니메이션 〈귀를 기울이면〉의 주인공인 시즈쿠에게 지혜로운 아버지가 들려주는 말씀 그대로입니다. "남들과 다른 삶은 그만큼 어려울 수가 있다. 실패하더라도 남을 탓할 수는 없으니깐."

여전히 내 심장을 뛰게 해
내가 진짜 나이고 싶게 해

그리고 〈힙합성애자〉의 노랫말처럼 '내가 진짜 나이고 싶다는 것'은, 제가 여전히 간직한 열망이기도 합니다. 저는 이 세상에서 '삶의 주어'로 살고 싶습니다. 저뿐만 아니라, 이미 오래 전 '어른'이 되어버린 제 주위의 많은 사람들도 마찬가지입니다. 그러니 이 문제에 관해선, 역시 방탄소년단이 '완전히' 옳았다고 말해두어야 할 것 같군요.

8. 자의식
<스물셋>: 아이유

작사: **아이유**
작곡: **이종훈**
      이채규
      아이유

I'm twenty three

난 수수께끼 (Question)

뭐게요 맞혀봐요

I'm twenty three

틀리지 말기 Because

난 몹시 예민해요

맞춰봐

한 떨기 스물셋 좀 아가씨 태가 나네

다 큰 척해도 적당히 믿어줘요

얄미운 스물셋 아직 한참 멀었다 얘

덜 자란 척해도 대충 속아줘요

난 그래 확실히 지금이 좋아요

아냐 아냐 사실은 때려 치고 싶어요

아 알겠어요 난 사랑이 하고 싶어

아니 돈이나 많이 벌래

맞춰봐, 어느 쪽이게?

얼굴만 보면 몰라

속마음과 다른 표정을 짓는 일

아주 간단하거든 어느 쪽이게?

사실은 나도 몰라

애초에 나는 단 한 줄의 거짓말도 쓴 적이 없거든

여우인 척, 하는 곰인 척, 하는 여우 아니면

아예 다른 거, 어느 쪽이게?

뭐든 한 쪽을 골라

색안경 안에 비춰지는 거 뭐 이제 익숙하거든

Check it out

겁나는 게 없어요 엉망으로 굴어도
사람들은 내게 매일 친절해요
인사하는 저 여자 모퉁이를 돌고도 아직 웃고 있을까
늘 불안해요

난, 영원히 아이로 남고 싶어요
아니, 아니 물기 있는 여자가 될래요
아 정했어요 난 죽은 듯이 살래요
아냐, 다 뒤집어 볼래
맞춰봐, 어느 쪽이게?

얼굴만 보면 몰라
속마음과 다른 표정을 짓는 일
아주 간단하거든, 어느 쪽이게?
사실은 나도 몰라
애초에 나는 단 한 줄의 거짓말도 쓴 적이 없거든

여우인 척, 하는 곰인 척, 하는 여우 아니면
아예 다른 거 어느 쪽이게?
뭐든 한 쪽을 골라
색안경 안에 비춰지는 거 뭐 이제 익숙하거든

난 당신 맘에 들고 싶어요,
아주 살짝만 얄밉게 해도 돼요?
난 당신 맘에 들고 싶어요,
자기 머리 꼭대기 위에서 놀아도 돼요?
맞춰봐, 어느 쪽이게?

얼굴만 보면 몰라
속마음과 다른 표정을 짓는 일
아주 간단하거든, 어느 쪽이게?
사실은 나도 몰라
애초에 나는 단 한 줄의 거짓말도 쓴 적이 없거든

여우인 척, 하는 곰인 척, 하는 여우 아니면
아예 다른 거, 어느 쪽이게?
뭐든 한 쪽을 골라
색안경 안에 비춰지는 거 뭐 이제 익숙하거든

독일 시인 라이너 마리아 릴케는, 인간은 노력하는 한 방황하리라고 썼습니다.

대중문화와 매스 미디어에는 한 분야에서 치열하게 노력해 일정한 성취를 이룬 사람들로 가득합니다. 이 책의 중심이 되는 세 아이돌 그룹을 포함해서 음악이면 음악, 연기면 연기, 요리면 요리, 스포츠면 스포츠……. 숱한 카테고리의 수많은 유명인들은 저마다의 영역에서 인간의 가능성을 힘껏 보여준 현대의 아이콘입니다. 우리는 먼발치에서 그들이 이뤄낸 뛰어난 퍼포먼스를 감상하며 동시대의 세련된 취향과 감각을 공유합니다.

누군가의 아이콘이 되는 일은 굉장한 일일 거예요. 물론 그들의 팬이 되는 일 또한 특별한 경험일 테지만요. 많은 이들을 감동시킬 수 있는 것은 훌륭한 능력이지만, 그들의 인기는 그런 능력에 깊숙이 반응하는 팬들이 있기에 지속될 수 있습니다. 그들이 수많은 자리에서 팬들에게 감사함을 전하는 것은 아마 진심에 가까울 거예요. 어쨌든 영국 시인 바이런은 오래 전 "자고 일어났더니 유명해져 있더라"는 유명한 말을 남겼는데, 저를 포함한 평범한 일반인들 대다수도 그처럼 어느 순간 만인의 연인이 되어 있는 환상을 조금씩은 갖고 있지 않을까 싶습니다. 물론 저도 수백 수천만의 마음을 사로잡은 사람이 되어보지 못했기에 그런 슈퍼스타들의 심경을 정확히 헤아릴 수는 없습니다.

그러나 어차피 타인의 처지를 온전하게 이해할 수 있는 사람은 없습니다. 그들에겐 그들의 고충이 있고, 평범한 삶에는 평범한 삶의 고충이 있습니다. 우리는 그저 각자의 위치에서 자신의 삶을 100퍼센트 열심히 살아내고 있을 뿐입니다. 저는 그저 아이유의 〈스물셋〉을 들으며, 자신의 삶에 성실했던 누군가가 필연적으로 맞닥뜨리게 될 '자의식'의 키워드에 관하여 이야기해 보고 싶었습니다. 제가 가장 좋아하는 여성 아티스트, 이제는 '아티스트'라는 말이 정말 잘 어울리는 아이유와 함께 말이죠.

대중문화의 '악마적인 힘'에 관하여

대중의 스타가 된다는 건, 그 과정에서의 치열한 경쟁이 상징하는 것만큼 분명 달콤한 열매를 약속합니다. 얼마 전 볼빨간 사춘기의 멤버들이 한 인터뷰에서 솔직하게 밝혔듯, 대중에게 널리 사랑을 받는 스타들에겐 일단 '무엇을 상상하든 그 이상'의 수익이 보장됩니다. 그게 전부는 아니겠지만, 그런 현실적인 보상의 약속은 지금도 수많은 연예계 지망생들이 고난을 무릅쓰며 자신의 젊음을 바치고 있는 이유 중 하나일 거예요. 세상에서 가장 쓸모없는 걱정은 연예인 걱정이라는 말은 확실히 그럴 듯하게 들립니다. 꼭 손가락에 꼽을 만한 슈퍼스타가 아니더라도, TV에 얼굴을 비추는 대부분의 연예인들이 일반인들보다 훨씬 더 풍족하게 산다는 건 분명한 사실입니다.

물론 그런 보상은 그들이 자신의 오랜 시간을 걸고 위험 부담을 감수했던 그들의 노력 덕택이었습니다. 그럼에도 불구하고, 현대의 대중문화 및 엔터테인먼트 산업에는 '개개인의 노력'이라는 차원을 훌쩍 뛰어넘는 어떤 '악마적인' 힘이 있습니다. 그 막강한 힘에는— 선천적인 유전자의 그림자와, 명멸하는 경쟁자들과, 온갖 미디어들과, 거머리 같은 파파라치와, 자본의 차가운 논리와, 대중의 불확실한 기호 등등이 한데 섞여 있습니다. 물론 운의 요소도 무시할 수 없고요. 한 사람의 나이어린 스타가 탄생하는 일에는 그 얼마나 다양하고 복합적인 요소들이 불투명하게 겹쳐 있을까요? '일단 유명해지면 대중들은 네가 X을 싸도 열광할 것이다'라는 괴팍한 말이 있습니다. 앤디 워홀이 한 말로 알려졌지만, 그가 남긴 문장은 아니라고 하는데요. 어쨌든 그 말에는 얼마간의 진실이 담겨 있습니다. 인기가 인기를 낳고, 추문이 추문을 낳고, 가십이 가십을 낳고, 연예인은 그 모든 소란들을 한 몸에 안으며 살아갑니다.

물론 우리가 이름을 아는 사람이 된다는 것, 포털 사이트의 실시간 검색어에서 만날 수 있는 사람이 된다는 것엔 그 자체로 승리의 향기가 섞여 있습니다. 그들은 이미 대중의 마음을 훔치는 능력을 갖고 있고, 부와 명성을 누리고 있는 사람들입니다. 그들은 모두 자신의 판에서 살아남은 사람들입니다. 정당한 노력의 대가를 받을 자격이 있는 사람들이며, 수많은 사람들이 꿈꾸는 빛나는 삶을 누리고 있는 사람들입니다. 그 덕택에 그들의 경험의 폭은 우리들의 그것을 훨씬 뛰어넘습니다. 일생 단 한 번이라도 수만 명의 관객들 앞에서 스포트라이트를 받아 본 사람이 세상에 몇 명이나 있을까요. 저는 대학 시절 소극장에서 연기를 하고 수십 명의 관객들에게 박수와 커튼콜을 받아 보았는데, 그런 '작은 무대'조차 한 사람을 놀랍도록 살아있게 만드는 게 사실입니다. 평생 잊지 못할 귀중한 추억이며, 지금까지도 가끔씩 삶의 에너지가 되어주곤 하죠. 하물며 수만 명, 또는 TV를 통해서 수백만 명의 사람들에게 주목을 받는다면……. 그런 기분이 얼마나 짜릿하고 달콤한지는, 어느 순간 유명세를 잃은 스타들이 그토록 쉽게 우울감과 좌절감에 빠지는 것을 보면 잘 알 수 있습니다.

대중의 아이콘이 된다는 것은 생각보다 더 위태롭고 위험한 일일지도 모릅니다. 그들이 오직 달콤한 삶을 누리기만 한다고 믿을 사람이 몇 명이나 있을까요? 그들 중에서 적지 않은 이들은 어쩌면 평범한 우리보다 더 큰 고통을 받고 있을지도 몰라요. 노희경이 쓴 드라마 〈그들이 사는 세상〉에서 배우 윤여정이 남긴 대사처럼, 누군가가 가진 게 많다고 해서 그가 다른 사람보다 더 행복할 거라고 단정하는 것만큼 어리석고 치기어린 일은 없을 테니까요.

그들은 자신의 선택과 자신의 노력, 자신의 힘으로 막강한 힘을 거머쥐었지만, 그들 또한 어떤 면에서는 우리들 대다수와 전혀 다를 바 없는 한 사람의 인간입니다. 대중의 사랑을 받는 것은 매혹적인 일이겠지만, 매 순간 수많은 사람들의 관심이 집중된 삶을 살아야 하는 것은 여간 고역이 아닐 게 분명해요. 어쩌면 그들은 온통 사람들에게 둘러싸인 만큼 평범한 우리보다 더 짙은 고독감에 시달릴지도 모릅니다. 그들은 끊임없이 웃어야 하고, 매 순간 평가를 받으며, 더 새롭고 더 나은 모습을 보여줄 것을 요구받습니다. 주위에는 시시탐탐 자신의 자리를 노리는 사람들로 넘치고, 대중들은 변덕스러우면서도 언제나 그들의 완벽한 모습만을 바라보길 원하죠.

저는 어느 다큐멘터리에서 마이클 잭슨이 일반인들의 '평범한 삶'을 동경하며, 소박하게 쇼핑을 즐기기 위해 백화점 하나를 통째로 빌린 장면을 본 적이 있습니다. 그가 가는 곳마다 구름처럼 팬들이 몰렸으니까요……. 그것은 정말 안타까운 장면이었습니다. 그는 팝의 황제였지만, 끝내 평범하고 소박한 삶을 누리지 못한 채 스러져 갔습니다.

"애초에 단 한 줄의 거짓말도 쓴 적이 없거든"

그리고 아이돌로 시작해 결국 한 사람의 아티스트로 자리매김한 어떤 이의 노력과 방황에 관하여, 저는 아이유의《CHAT-SHIRE》앨범만큼 동시대의 정직한 기록을 찾아보기 힘들다고 생각합니다.

아이유의 성장 서사는 한 편의 현대판 동화와도 같습니다. 힘겨운 어린 시절을 겪어냈던 한 능력 있는 가수 지망생은 아름다운 미모와 독보적인 음악 실력으로 마침내 '국민 여동생'이 되었습니다. 음악이면 음악, 연기면 연기, 예능이면 예능……. 아직 20대 중반의 나이인 그녀는 연예계의 모든 곳에서 사랑받는 슈퍼스타입니다. 그렇지만 아이유의 오랜 팬으로서 말하자면, 그녀의 시작과 끝은 결국 음악이라고 믿고 있어요. 아마 그녀의 많은 팬들과 아이유 자신도 동의하지 않을까요? 그녀는 우리나라 가요계에서 쉽게 찾기 힘든 20대 여성 싱어송라이터이자, 자신의 목소리에 깊고 다채로운 감성을 담아내는 뛰어난 보컬리스트입니다. 어느덧 데뷔 10년차인 아이유는 우리나라를 대표하는 최고의 가수 중 한 사람입니다. 미국에 테일러 스위프트가 있고, 영국에 아델이 있다면, 우리나라엔 아이유가 있음을 부정할 사람은 없을 거예요.

아이유는 이미 네 장의 정규 앨범을 비롯해 수많은 리메이크/미니 앨범과 그보다 더 많은 히트 싱글들을 발표했지만, 그 중에서도 2015년 10월 세상에 내놓은 《CHAT-SHIRE》 앨범은 무척이나 특별하다고 생각합니다. 정규앨범 2집 《Last Fantasy》와 3집 《Modern Times》에서 점점 무르익어 왔던 그녀의 프로듀싱 능력은, 이 앨범의 작업에서 완전히 만개했습니다. 앨범을 처음 들었을 때 제 마음속엔 놀라움과 애틋함이 가득 차올랐습니다. 저는 《CHAT-SHIRE》의 곡들을 들으며 비로소 그녀가 자신의 앨범 전곡을 완전히 장악했고, 자신의 이야기를 가장 정직하면서도 세련된 어조로 고백했다는 인상을 받았습니다. 《CHAT-

SHIRE》앨범은 그녀가 처음으로 전곡의 노랫말을 쓴 앨범입니다. 또한 이 앨범은 제가 아이유를 단지 아름답고 실력 있는 아이돌 가수가 아니라, 자신의 이야기를 보편적인 감성으로 녹여낼 줄 아는 아티스트라고 확신하게 만든 앨범이기도 합니다.

아이유는 《CHAT-SHIRE》 앨범과 그 타이틀곡인 〈스물셋〉에서 무엇을 노래하고 있을까요? 아이유는 자신이 겪어 내는 '자의식'을 노래하고 있습니다. 제가 앞에서 길게 얘기했던 대중의 아이콘으로서의 자의식을……. 자의식의 사전적인 의미는 '자기 자신이 처한 위치나 자신의 행동, 성격 따위에 대하여 깨닫는 일'입니다. 여기서 핵심은 '자기 자신을 깨닫다'입니다. 내가 어떤 사람인지 알고, 내가 어디에 발 딛고 서 있는지 알고, 그래서 내가 지금 해야 할 일을 아는 것이 바로 자의식입니다. 누군가가 자신에 대해 정직하게 인식하는 일은, 한 아이가 한 사람의 어른이 되기 위하여 필수적인 과정이라고 할 수 있습니다.

세상은 이 책에 등장하는 모든 가수들을 가만히 내버려 두지 않습니다. 그들은 끊임없이 자신을 규정하고 평가하는 세상의 눈과 대결해야 하는데, 그들이 누리는 인기의 근원은 그 '가만히 내버려두지 않음'에 있다는 것이 대중문화의 역설적인, 혹은 악마적인 특성입니다. 그들은 환호와 찬양에도 익숙하고, 비난과 쌍욕에도 익숙합니다. 아니, 익숙해야 합니다. 팬들은 결국 자신의 아이콘이 그 모든 것을 초연하게 받아들이는 사람이 될 것을 요구하고 있으니까요.

슈퍼스타든 아니든, 인간은 모두 자신의 위치, 자신의 정체성, 자신이 어떤 순간 취해야 할 태도에 대해서 매 순간 고민합니다. 자신의 위치를 정립하고, 자기 자신을 있는 그대로 들여다 보는 건 누구에게나 힘들고 괴로운 일입니다. 그리고 그런 고민 에 관해서라면, 대중의 아이콘으로 자리 잡은 '슈퍼스타'들의 자 의식이 챙겨야 할 범주는 우리들의 일반적인 반경을 훌쩍 뛰어 넘습니다. 그들은 불과 이삼백년 전에는 상상조차 할 수 없는 만 큼 수많은 대중들의 입방아에 오르내리고 있습니다. 그들은 자 신의 감성, 자신의 능력으로 수많은 사람들에게 영향력을 미칠 수 있는 동시에, 언제든 '너흰 연예인이니까, 유명한 사람이니 까.' 이런 논리에 완전히 무장해제 당할 수 있는 존재입니다. 자 신의 말 한 마디, 사소한 행동 하나조차 전 국민에게 노출될 위 험을 안은 채 말이죠. (그런데 현대의 대중문화가 얼마나 악마적이냐면, 그 들은 그 위험조차 달콤하게 느끼고 있다는 사실입니다. 많은 스타들은 SNS를 손에서 떼어놓지 못하고 자신을 노출하는 일에 빠져드는데, SNS를 즐겨하는 사 람들이라면 그 중독의 힘을 쉽게 상상할 수 있습니다. 어쨌든 알렉스 퍼거슨 경 이 남긴 "SNS는 인생의 낭비"라는 말이 그 위력을 발휘하는 순간들이 그리 드물 지 않습니다.)

아이유의 자의식, 마돈나의 자의식

아이유의 《CHAT-SHIRE》 앨범은 그런 자기 자신에 대한 기 록입니다. 대중이 바라는 아이유도 아이유이고, 대중의 규정에 서 이탈하고자 하는 아이유도 아이유입니다. 아이유는 착한 여 동생처럼 구김살 없게 웃는 아이유만도 아니고, 시니컬하게 세상을 비웃는 아이유만도 아닙니다. 이 앨범에는 자신을 정직하게 응시하려는 아이유의 에너지가 전 곡에 배어들어 팽팽하게 균형을 맞추고 있습니다. 타이틀곡인 〈스물셋〉을 필두로 〈제제〉와 〈레드 퀸〉, 〈안경〉에는 그녀의 앙칼지고 냉소적인 생각들이 가감 없이 담겨 있습니다. 그 반대편엔 대중들에게 익숙한 모습인, 여성적이고 순수한 아이유가 노래하는 〈새 신발〉, 〈무릎〉, 〈푸르던〉과 같은 곡이 포진해 있고, 또 제가 사랑하며 아름답기 그지없는 〈마음〉이란 곡도 담겨 있죠. 이 앨범의 트랙 리스트엔 이처럼 (드라마 〈프로듀사〉에 쓰였던 보너스 트랙을 제외하면) 여덟 곡이 위태로우면서도 절묘하게 녹아들어 있는데, 말하자면 〈안경〉에서 '지금의 나도 충분히 피곤하다.'고 차갑게 독백하는 아이유도 아이유이고, 〈푸르던〉에서 '조그맣게 움을 트는 자신의 마음'을 바라보는 아이유도 아이유입니다.

어쨌든, 그녀는 그녀입니다. 대중들을 만족시키기만 해서도 안 되고, 대중을 외면해서만도 안 된다는 내면의 충돌이 《CHAT-SHIRE》 앨범 전체에서 멋지게 조율되고 있습니다. 그런 면에서 〈제제〉의 논란은 상징적인 해프닝입니다. 많은 이들이 『나의 라임 오렌지나무』의 순수한 제제를 어떻게 성적으로 바라볼 수 있느냐며 그녀를 비난했습니다. 세상의 온갖 도덕적인 말들이 쏟아져 나와서 일순간 그녀를 포위했는데, 그 논란의 옳고 그름을 떠나서, 〈제제〉가 불러일으킨 소동은 자기 자신의 내면을 정직하게 담아내려는 아티스트가 어느 순간엔 세상과 격렬히 불화할 수밖에 없다는 것을 잘 보여주었던 것 같아요.

팝의 여왕 마돈나는 30년이 넘게 세상과 불화했습니다. 저는 마돈나를 무척 좋아해서, 그녀의 삶을 다룬 〈라이크 어 버진(Like A Virgin)〉이나 〈진실 혹은 대담(Truth or Dare)〉 등의 다큐멘터리도 꼼꼼히 챙겨봤습니다. 마돈나는 이런 작품들에서 그녀의 노래와 무대가 지나치게 원색적이고, 문란하며, 방종하다고 비난하는 사람들을 향해 코웃음을 치며, "나는 나의 퍼포먼스가 세상에 어떻게 받아들여지는지 명료하게 인식하고 있다."고 여유 있게 대꾸합니다. 그녀는 그런 면에서 자신의 섹스어필이 마치 현대 예술과 비슷하다고 이야기합니다. 세상은 그녀의 성적인 도발에 열광하면서도 격렬히 비난하는데, 그녀는 그 모든 소란을 차갑게 응시한 후, 다시금 어디에도 얽매이지 않은 채 자유롭게 자신의 길을 찾아 떠납니다. 그녀는 끊임없이 변화했고, 솔직했고, 당당했고, 결국 우리가 아는 그 마돈나가 되었습니다. 그 악마적인 엔터테인먼트 산업에서 최고의 자리를 꿋꿋하게 지켜낸 마돈나가.

그것은 마돈나가 자신의 슈퍼스타로서의 정체성과 위치, 영향력을 끊임없이 고민하고, 그리고 그 모순적이면서도 변덕이 심한 대중문화의 한복판을 정면으로 돌파했기에 가능했던 일이었습니다. 그녀가 오랫동안 보여준 자의식의 기록에선 어떤 정신적인 위엄마저 느껴집니다. 그 오랜 기간 동안 수천만 대중의 시선을 끌면서도 그녀는 주눅 들지 않았고, 그 대중을 무작정 옹호하지만도 외면하지만도 않은 채, 언제나 자기 자신을 추구했습니다.

그리고 저는 아이유가 마돈나와 같이 한 역사를 장식하는 아티스트가 되리라 믿어 의심치 않는 사람 중 하나입니다…….

그리고, 책을 읽는 그녀에 대해서라면

다시, 릴케는 우리가 노력하는 한 방황하리라고 썼습니다. 슈퍼스타들도 마찬가지입니다. 우리에게도 그들에게도 자신의 세계가 일순간 위태롭게 흔들리는 경험이, 진정 내가 누구인지를 물어야 하는 순간이 찾아옵니다. 나의 자의식은 요동치면서 나를 한없이 약하게 만들 수도 있고, 한층 더 빛나는 존재가 될 수 있게끔 나를 인도해 줄 수도 있습니다. 우리는 가끔 마돈나의 아버지가 어린 시절의 그녀에게 해주었던 조언을 상기하면 좋을 것 같습니다. "남과 다르기 위해 그토록 노력할 거면 사람들이 돌 한두 개 던지는 것쯤은 감수해야지."

아이유의 팬으로서 저는 언제나 자랑스럽고 뿌듯한 기분을 느끼곤 합니다. 누군가의 팬이 되는 일은 생각보다 더 근사하고 멋진 일입니다. 말하자면, 불과 이삼백 년 전의 사람들은 느끼지 못했을 현대적인 감정이기도 하죠.

그리고 덧붙이자면, 그녀는 오래 전부터 도스토예프스키의 『까라마조프네 형제들』, 다자이 오사무의 『인간실격』, 밀란 쿤데라의 『참을 수 없는 존재의 가벼움』 등의 책을 읽고 팬들에게 추천하는 모습을 보여주기도 했죠. 최근 〈효리네 민박〉에서 그녀가 『까라마조프네 형제들』을 읽는 모습이 화제가 되기도 했고……. 저는 독서가 언제나 어떤 사람을 더 아름답고 깊이 있게 만들어 준다고 믿진 않습니다. 책을 수없이 읽고도 '개판'인 삶을 사는 사람은 얼마든지 많습니다. 저는 책을 막무가내로 예찬하는 사람이 아닙니다.

다만 저는 그런 책들을 읽는 아이유를 보며, 제가 도스토예프스키와 다자이 오사무, 밀란 쿤데라를 읽은 후 어떤 생각에 잠겼고, 어떤 감정으로 부풀어 올랐고, 이 악마와 같은 세계를 살아남는 데 어떤 에너지를 전달받았는지 되돌아 볼 뿐이었습니다. 그저, 저에겐 그랬다는 것을 차분하게 회상했을 뿐입니다. 아이유는 그녀 나름으로 그 책들을 읽어 갔겠죠. 여러분도 여러분 나름으로 그 책을 받아들이셨을 거예요. 한 권의 책에 관한 이야기라면, 이 정도로도 충분합니다. 그리고 위의 세 작가 모두 자신이 맞닥뜨린 악마적인 세계에서 끔찍하게 상처를 받았으면서도, 끝내 악마가 되지 않고 지금보다 더 선하고 진실한 세계를 꿈꾸었을 따름입니다. 그들의 작품들 또한 모두 아름답고 강인한 자의식의 기록입니다.

아마도, 저는 오랫동안 아이유의 팬으로 남아 있을 것 같습니다.

9. 정체성
<Heart Shaker>: 트와이스

작사: 별들의 전쟁[*]
작곡: David Amber
      Sean Alexander

Yeah Yeah Yeah Yeah Yeah

Come and be my love Come and be my love baby

Yeah Yeah Yeah Yeah Yeah

Come and be my love Come and be my love baby

멍하니 서서 막 고민고민 해 나 이거 진짜 잘하는 짓인지

Yeah Yeah Yeah Yeah 뭐 어때 No No No No 미쳤어

난 쯔위라고 해 무작정 인사할까 내 전화번호야 쪽지 주고 도망칠까

Yeah Yeah Yeah Yeah 어떡해 No No No No

지금이야 Girl you can do it

눈이 마주치고 있잖아 Love is timing

놓치면 후회할지 몰라 Love is coming coming

좀만 더 용기를 내 더는 망설이지 마

이상하게 생각해도 어쩔 수 없어 반했으니까

You're my heart shaker shaker 놓치기 싫어

You're my heart shaker shaker 어떡해

바보처럼 안 기다려 내가 말할래 반해버렸다고

네가 맘에 든다고 하루 종일 보고 싶다고

Would you be my love

반해버렸으니까

표정관리 해 어색하지 않게 말투는 Cool Cool 긴장할 필요 없어

Yeah Yeah Yeah Yeah 정신 바짝 차리고 집중해

No No No No 어떡해 똑바로 못 보겠어

지금이야 Girl you can do it

눈이 마주치고 있잖아 Love is timing
놓치면 후회할지 몰라 Love is coming coming
좀만 더 용기를 내 더는 망설이지 마

이상하게 생각해도 어쩔 수 없어 반했으니까
You're my heart shaker shaker 놓치기 싫어
You're my heart shaker shaker 어떡해

너도 날 원하게 될 거야 날 사랑하게 될 걸
간절히 바라 너도 나와 같기를 Oh yeah

망설이지 마 먼저 다가가 사랑을 말해 주저 하지 마
Come baby, be my, be my, be my love
Come baby, Bae Bae Bae Bae

이상하게 생각해도 어쩔 수 없어 반했으니까
You're my heart shaker shaker 놓치기 싫어
You're my heart shaker shaker 어떡해

바보처럼 안 기다려 내가 말할래 좋아한다고
네가 맘에 든다고 하루 종일 보고 싶다고
사랑한다고
반해버렸다고
You are mine, Be mine
You are mine, be mine
좋아한다고 말할래
반했으니까

"우린 어릴 때 특별한 것을 이상한 것이라 여기곤 하죠. 하지만 어른이 되었을 때, 그것이 당신을 특별하게 만들 겁니다. 그게 중요한 겁니다."

— 에드 시런

9. 정체성
<Heart Shaker>: 트와이스

　'오늘은 내 인생의 남은 날들 중 첫 번째 날'이라는 말이 있습니다. 일일우일신(日日又日新)이란 표현 그대로, 우리는 '날마다 새롭게' 하루를 맞이할 만한 충분한 이유가 있다는 걸 알고 있죠. 어제를 싹 잊고, 그저 무심하고도 담담하게 새로운 하루를 시작할 수만 있다면 얼마나 좋을까요? 그러나 삶이 우리네 바람처럼 우리들을 내버려 두지 않는 건 실로 안타까운 일입니다. 미래는 아직 오지 않았고, 과거는 이미 지나갔을지니, 우리가 집중해야 하는 것은 오직 이 현재라는 순간뿐인데, 세상은 현재에 집중하게끔 나를 내버려 두지 않습니다. 이 거친 세상은 끊임없이 우리를 고꾸라지게 만들면서 내 머릿속을 헤집어 놓습니다. 생각은 생각을 낳고, 그 거듭되는 생각은 우리의 용기를 꺾고야 맙니다. 나는 내 안의 목소리들에 갇힌 채 또 다시 작아지고 약해집니다.

　어쩌면 그중에서도 가장 극적일 케이스를 앞서 아이유와 함께 살펴보았습니다. 마돈나 아이유와 같은 대중의 아이콘은, 우리들 모두가 겪는 고민을 (그들의 노랫말뿐만 아니라, 그들의 삶 자체로도) 상징적으로 보여주고 있는 존재들이니까요. 물론 트와이스와 워너원, 방탄소년단 등의 아이돌도 마찬가지입니다. 우리는 자신이 좋아하는 스타와 동시대를 살아가며, 그들이 들려주는 이야기에 때론 웃음 짓고, 때론 눈물을 흘리곤 합니다. 때로 우린 세상과 정면으로 맞부딪치는 그들의 용기와 성실함에 두 주먹을 불끈 움켜쥐기도 하죠. 그들은 그들의 방식으로 '자신이 누구인지'를 묻고 있고, 우리도 마찬가지입니다.

"사랑하는 사람만이 우릴 변화시킬 수 있다"

그러나 우리 모두에게는 그저 꾸준한 노력만으로는 감당할 수 없는 답답한 시간이 찾아옵니다. 내가 누구인지를 되짚는 '자의식'이 어떤 현실적인 돌파구도 마련하지 못한 채 끝없이 제자리를 맴돌게 하는 시간이, 그래서 무력하게 자기 자신을 짜증스럽게 곱씹어야 하는 시간이……. 현실의 무게는 나를 짓누르고, 내 몸과 마음을 지배하는 그 게으른 관성은 끈끈히 들러붙어 도대체 떨어질 생각을 않습니다. 이럴 땐 정말이지 삶 자체가 지지부진하고 눅진하게 느껴집니다. 반복되는 일상 속에서 내 생명력이 무언가에 야금야금 갉아 먹히고 있는 것만 같습니다. 나를 흥분하게 하고, 나를 움직이게 하고, 내 마음을 생기 있게 휘저어 주던 것들이 있었는데, 어느 순간 나는 세상의 모든 일이 따분하게만 느껴집니다. 꾸역꾸역 살아가며 자기 잇속을 차려야 하는 사람들의 모습도 다 거기서 거기인 듯 느껴지고, 나는 그 풍경을 조용히 냉소하는 데 익숙해졌습니다. 나는 모든 것을 차 갑게 바라보며, 그 무엇도 믿지 않습니다. 그 누구보다도 나 자신을.

나는 나를 너무나도 잘 알고 있는 것처럼 느껴집니다. 그리고 나는 그처럼 '나를 너무나도 잘 알고 있는' 나를 믿지 않습니다. 악순환입니다.

어쩌면 그런 순간은, 나의 정체성이 무거워지고 딱딱하게 굳어버린 순간입니다. 그때 나는 잠시 심호흡을 하고, 그 자리에 멈춰 서야 합니다. 자신이 쌓아 놓은 그 두텁고 갑갑한 관성을 한 순간 찢어버릴 수 있는 좋은 방법이 있을까요? 물론 이런 문제에 있어 무엇이 유일한 정답인지를 단언할 수는 없겠지만, 저는 트와이스의 〈Heart Shaker〉를 들으며 그 해답의 실마리를 찾은 것만 같았습니다. 이 곡은 제가 저 자신을 미워하던 그 무기력하고 답답한 시간에 찾아와서 제 막힌 가슴을 뚫어준 곡입니다. 트와이스가 지금까지 발표한 많은 노래들 중에서도, 저 개인적으로는 이 〈Heart Shaker〉에 가장 흠뻑 빠져, 거의 중독에 가까울 만큼 듣고 또 들었습니다.

〈Heart Shaker〉는 얼마 전 사랑의 감정에 풍덩 빠져 버린 화자의 풋풋한 고백입니다. 그녀는 누군가가 자신의 마음을 완전히 뒤흔들어 버렸다며, 이런 나를 이상하게 생각해도 어쩔 수 없다고, 왜냐면 난 그에게 반해버렸으니까, 라고 말하고 있습니다. 그녀는 바보처럼 기다리지 않겠다고, 용기를 내서 정친 차리고 집중하겠다고 깜찍하게 다짐합니다. 〈Heart Shaker〉는 사랑의 노래이지만, 사랑의 감정이 어느 순간 우리의 굳어 버린 정체성을 활짝 열어줄 수 있다는 것을 잘 보여주는 노래이기도 합니다.

그리고 괴테가 자신의 제자였던 에커만에게 말한 그대로, 어쩌면 사랑하는 사람만이 우리를 변화시킬 수 있습니다. 사랑은 나를 무너뜨리고, 나를 이상하게 만듭니다. 사랑은 나를 몰입하게 하고, 집중하게 하며, 나의 기존의 정체성을 완전히 흐트러뜨려 놓습니다. 사랑은 나를 철없게 만들고, 다시금 삶에 '달라붙게' 만듭니다. 누군가에게 홀딱 반해 버렸을 때, 우리 마음은 자석처럼 저 아름답고 신비로운 미지의 차원으로 진입합니다. 우리 모두들 그런 미지의 설렘을 느꼈던 순간이 있습니다. 바로 그때, 우리는 알게 모르게 매 순간순간 사랑하는 대상을 느끼고, 보고, 만지면서, 상상하고 있습니다. 마치 어린아이처럼 말이죠.

그렇지만······. 우리가 '사랑'에 관해서 말할 챕터들은 앞으로도 많이 남아 있습니다. 여기선 이 정도로만 적어 두고 넘어갈게요. 사랑은 과연 사랑입니다. 사랑에 관해 이야기를 시작할라치면 언제나 한도 끝도 없죠.

내 마음이 마법을 부리는 순간

"이상하게 생각해도 어쩔 수 없어, 반했으니까." 저는 이번 '정체성'의 챕터에서, 이 노래 구절의 '반했다'라는 표현보다는

'이상하게 생각하다'라는 말에 좀 더 주목하고 싶습니다. '이상함'이라는 감각에는 우리들의 정체성에 관하여 매우 중요한 시사점이 담겨 있습니다.

이상하다는 것은 정상적인 상태와 다른 무언가를 인지했을 때 느껴지는 감각을 뜻하잖아요. 대개는 썩 유쾌하거나 긍정적인 감정은 아니죠. 인간에게는 외부의 정보와 감각을 받아들이는 데 소모되는 에너지를 최소화하기 위한 일련의 무의식적인 인지 프로세스가 있습니다. 그 프로세스는 우리의 기억을 규칙적인 구조로 정렬해 놓습니다. 새로운 정보가 입력되었을 때, 우리 뇌는 체계적으로 정렬된 구조를 바탕으로 그것을 기억 카테고리 중 한 곳에 편입시킨다고 해요. 우리의 뇌가 컴퓨터의 '윈도우'이고, 새로운 정보를 하나의 '파일'이라고 한다면, 인지 프로세스를 통해 형성된 기억 카테고리는 윈도우의 '폴더'와 비슷하다고 보면 좋겠네요. 폴더를 만드는 기능이 없다면 우리의 바탕 화면은 엉망이 되고 말 것이며, 필요할 때 어떤 파일을 찾는 일은 훨씬 더 오래 걸리고 힘들어질 게 분명합니다.

우리가 새로운 정보 대신 익숙한 정보를 더 선호하고 편안하게 느껴지는 까닭은 여기 있습니다. 해당 정보를 나의 뇌 안에 입력한 후 그것을 분류해 두어야 할 카테고리를 찾아서 저장하는 데 힘을 쏟을 필요 없이, 기존 카테고리 안에 차곡차곡 저장되었던 것을 빼오는 과정만 거치면 되니까요. 한 사람의 '정체성'은 바로 이처럼 다양한 기억 카테고리들의 얽히고설킨 그물망과도 같습니다. 실제로 우리 뇌 안의 뉴런과 신경망들은 꼭 그물망처럼 생겼고, 1초에도 수억 개의 전기 신호들을 주고받으며 우리의 의식을 구성하고 있죠.

　인간은 무작정 많은 정보들을 흡수할 수는 없습니다. 자신의 뇌가 처리할 수 있는 한도 이상의 정보들을 습득하면 우린 기진맥진해져 버립니다. 그래서 한 사람에게는 먼저 정보와 기억의 정상적인 패턴이 형성되는 일이 중요합니다. 일단 나의 카테고리들이 탄탄하고 훌륭하게 자리를 잡으면, 나는 새로운 것들을 습득할 때마다 어렵지 않게 그 정보를 내 것으로 만들 수 있습니다. 물론 새로운 것을 받아들이는 에너지가 들지 않는 건 아니지만, 그런 인지의 에너지를 훨씬 더 절약할 수 있습니다. 이것은 분야를 막론하고 모든 공부에 해당되는 말이기도 할 거예요. 공부는 하면 할수록 탄력을 받습니다. 그리고 한 분야에 대하여 치열하게 학습했던 사람은 그 체계화 된 패턴을 통해서 다른 분야의 지식을 받아들이는 일에도 훨씬 유리해집니다. 그때 나의 뇌는 체계적으로 훈련된 뇌이며, 이미 많은 것을 수용했으면서도 새로운 걸 받아들이는 데 크게 부담스럽지 않은 뇌입니다. 마치 수천 개의 파일을 저장해 두었지만 상위 폴더들이 아주 잘 정돈된 컴퓨터의 저장 공간처럼 말이죠.

　그런데 우리의 삶에 관해서라면, 자신의 패턴과 자신의 카테고리가 그것을 만든 이를 집어삼킬 것만 같은 순간이 찾아옵니다. 수많은 파일들과 폴더들이 있는데, 대체 어디서부터 손을 댈지 알 수 없는 순간이……. 바로 그런 시점이 제가 앞에서 묘사했던 '나의 정체성이 무거워지고 딱딱하게 굳어버린 순간'일 겁니다. 컴퓨터라면 과감하게 포맷이라도 하겠지만, 우리 인생에는 포맷이란 기능도 있을 수 없죠.

내가 내 인생을 마음대로 밀고 나가지 못하고, 새로운 것들을 받아들일 엄두도 내지 못하고, 기존의 카테고리들이 다 갑갑하게만 느껴질 때, 그런 때가 우리들이 외부로부터 '이상한 것'을 받아들여야 할 순간입니다. 나의 마음을 신나게 휘저어야 할 순간이며, 나의 인지 프로세스를 '하나부터 열까지' 재정립해야 할 때입니다. 그런 순간을 겪고 난 뒤라면, 나는 나의 정체성을 완전히 새롭게 다시 구성할 수 있습니다. 이때 나는 나 자신을 바꿔야 한다는 의무감에 시달리지 않습니다. 오히려 가볍고 산뜻한 마음으로 그 '이상한 것'이 나를 새롭게 흔들어주는 걸 지켜보면 그만입니다.

오랫동안 쌓인 수천, 수만 개의 '정상적인' 파일과 폴더들을 하나하나 정리하는 일은 우리를 구부정한 낙타처럼 만들고 말거예요. 그러나 〈Heart Shaker〉를 흥얼거리며 내 정체성의 짜릿한 '균열의 계기'를 발견하는 순간, 우리 뇌는 그런 단순무식한 중노동을 거부합니다. 그리곤 자신의 엉망진창이었던 저장 공간의 카테고리들을 마법처럼 재편할 수 있는 힘을 얻게 됩니다. 폴더들은 저마다 신선한 이름을 얻고, 엉킨 그물망들의 매듭은 스르륵 풀려나갑니다. 묵은 그물들과 찌꺼기들은 절로 휴지통에 던져집니다.

윈도우에서 제공하는 마법사 기능은 엉망이더라도, 우리 마음의 마법사는 제 역할을 합니다. 나의 틀에 박혔던 정체성이 시원하게 깨지고 열리는 어떤 순간엔, 내 마음은 정말로 마법을 부릴 수 있으니까요.

낯설고도 기이한 '외부 세계'의 힘

정상적인 세계에서 벗어나서, 멀리 떨어진 세계의 '기이하고 이상한' 존재들과 만난 후 새로운 것을 배우고 성장하는 문학의 주인공들은 동서고금을 통틀어 참으로 많습니다. 가까이는 J. R. R. 톨킨의 『반지의 제왕』과 조앤 K. 롤링의 『해리 포터』 시리즈를 비롯한 수많은 판타지 문학들이 자신의 주인공들을 미지의 생명체와 조우하게 만들었고, 멀리는 호메로스의 『오디세이아』나 셰익스피어의 『템페스트』 같은 고전들에서도 우리 상상력을 자극하는 초자연적인 모험과 방랑의 세계가 펼쳐지고는 했었죠. 『템페스트』의 주인공 프로스페로는 밀라노 공국을 다스리는 공작입니다. 그는 권력에 눈이 먼 자신의 동생 안토니오와 나폴리 왕 알론조의 음모에 휩싸여 바다로 추방당한 뒤 먼 무인도에 갇히고 맙니다. 여기에는 인간과는 '완전히 다른' 존재들이 살고 있었죠. 프로스페로는 오랫동안 이 섬에서 정령과 괴물들, 요정들에게 마법을 배웁니다. 그는 이 마법의 힘을 통해 마침내 복수에 성공하고 악인들을 뉘우치게 할 수 있었죠. 그는 자신의 터전에서 쫓겨났지만, 저 멀리 있는 '이상한 존재들'의 '이상한 힘'으로써 마침내 자신의 고향과 조화롭게 화해할 수 있었습니다.

이 장엄하고 매혹적인 희곡 속에서 프로스페로가 익힌 마법의 힘은, 어떤 '정상적인 세계'를 벗어났을 때 (그 세계에 속해 있던) 내 본래의 정체성에 충격을 주게 되는 '외부의 힘'을 상징합니다. 그 힘은 나를 성장케 했고, 나의 '정상성'을 더욱 완전하고, 더욱 풍성하게 복원해 주었습니다. 즉, 나는 기존의 시스템을 이

탈함으로써 비로소 어떤 새로운 것을 배울 수 있었습니다. 이탈이나 추방은 고통스러운 과정이지만, 그 고통을 견뎌낸 자에겐 때때로 축복을 선사하기도 합니다. 프로스페로의 마법이란, 기성 질서에 편입된 사람이 아니라 그 질서의 바깥에서 낯설고도 신선한 문물과 문화를 흠뻑 받아들인 사람만이 가질 수 있는 경이로운 힘을 표현하고 있습니다.

우리들은 미지의 존재로부터 언제든 무언가를 배울 수 있습니다. 내가 새로운 것을 편견 없이 받아들일 만큼 성실하고 마음이 열려 있는 한은 말이죠. 예컨대 이세돌과 알파고의 대국을 그린 구글의 다큐멘터리 〈알파고〉에는 이런 표현이 등장합니다. "이세돌은 이 기계를 통해 성장했습니다. 무생물과 치른 경기를 통해 인간성이 확장된 셈이지요." 정말 멋진 내레이션이지 않나요? 우리는 이 세계의 모든 사물과 사람을 통해 한층 더 성장할 수 있는 존재입니다. 이세돌처럼 용감하게 '기이한' 존재와 대결할 수 있다면. 그리고 이세돌처럼 강인하다면.

그렇지만 우리들의 삶은 프로스페로나 이세돌과는 제법 다르게 느껴지기도 합니다. 어쨌든 대부분의 사람들은 어느 순간이 되면, 더 이상 어린 아이들처럼 유연하고 무른 정신을 유지하기 쉽지 않습니다. 그에게는 지켜야 할 것이 생기고, 정신없고 빽빽한 일상과 '사회생활', 인간관계들도 그를 포위합니다. 우리는 보통 자신과 비슷한 사람들과 어울리며, 자기 가치관과 비슷한 사람을 곁에 둡니다. 나와 다른 것에 마음이 열려 있다는 사람조차도, 막상 정말로 자신과 다른 사람을 보면 불편하고 불쾌해지는 게 인지상정이죠. 이미 수십 년간 쌓아온 자신만의 경험들은 굵직굵직한 카테고리들로 나뉘어 우리 내면의 정체성을 단단하게 구성하고 있습니다. 한 사람은 더 이상 크게 바뀌지 않고, 죽을 때까지 그런 정체성을 유지해 갈 거예요. 마틴 스콜세지 감독의 영화 〈택시 드라이버〉의 대사는 그런 고정적인 자기 인식을 극적으로 표현합니다. "사람이 직업을 가지면, 직업이 그 사람이 되어 버리지. 한마디로 그 일밖엔 모르게 돼. 알겠어? 직업을 가지면 그게 얼굴에 나타나. 빈민이거나 부자거나, 변호사나 의사나, 죽는 놈이나 살아난 놈이나, 다 똑같아."

그럼에도 불구하고……. 우리는 이 챕터의 맨 앞머리에 적어 둔 영국 가수 에드 시런의 말을 믿어 보는 수밖엔 없겠습니다. 그리고 트와이스가 노래하는 〈Heart Shaker〉의 가사를 다시 한번 곱씹어보면 어떨까요? 꼭 사랑하는 사람이 아니더라도, 나의 마음을 휘젓는 누군가가, 혹은 무언가가 있는 사람은 복되고 생기가 넘칩니다. 그들의 마음은 가볍고 부드럽기 때문이며, '나'라는 정체성은 외부의 예기치 못한 자극으로 균열될 수 있을 때만 건강하기 때문입니다.

벤 스틸러의 영화 〈월터의 상상은 현실이 된다〉에서 한평생 필름을 인화하는 일에 매진했던 월터의 삶도 아름답고, 어느 순간 전 세계를 유랑하고 모험하며 자신의 모든 정체성을 '찢어 버렸던' 월터의 삶도 아름답습니다. 이런 표류와 귀향의 서사시를 헐리웃의 달콤한 마약이라고만 치부할 수도 없으니, 기원전 900년경 호메로스가 쓴 『오디세이아』의 주인공 오디세우스도 꼭 마찬가지였거든요. 오디세우스는 무려 20년을 바다 위에서 떠돌았습니다.

특별해서 이상한, 이상해서 특별한

어쨌거나 우리들은 대개 편안하고 쉬운 길을 선택하기 마련이지만, 사실 인생에는 그 어떤 쉬운 정답도 결말도 있을 수 없습니다. 그것이 '나'라는 이야기의 진실에 가깝습니다. 어떤 일에든 자기 고집을 버리지 않고 기존의 습관만 고수하는 사람들, 세상의 모든 걸 자기가 다 알고 있다고 자신하며 바깥의 목소리를 전혀 들으려 하지 않는 사람들은 얼마나 답답하고 짜증스럽게 느껴지나요. 우리 곁엔 그처럼 자신만의 틀에 갇힌 채 뻣뻣해져 버린 사람들이 꼭 한둘씩 있습니다. 그런 사람들은 가까이에 있는 것만으로도 내가 먼저 피곤해져 버리죠.

'정상적'이고 예측 가능한 일상은 우리를 안정적인 세계로 이끌어 줍니다. 하지만 그런 안정성을 지나치게 고수하다간 우리 또한 재미없고 따분한 사람이 되기 십상입니다. 우리라고 해서 그렇게 변하지 않으리라고 낙관할 순 없어요. 그리고 삶이 지지부진하고 한없이 제자리에서 맴돌 때 내가 자주 잊곤 하더라도……. 인간의 본능은 때때로 정상성과 예측가능성을 거부한다는 것 역시 분명합니다. 우리는 익숙한 것을 사랑하지만, 또 그만큼 모험과 새로운 변화를 사랑하기도 하는 존재입니다.

그런 면에서 인간의 정체성이란 다채로운 감정의 빛깔에 출렁이며 튀어 오르는 공을 닮아 있는 건 아닐까 싶어요. 둥글고 탄력으로 넘치는 탱탱한 공을……. 지금은 한숨을 쉬며 자기 운명을 한탄하고 있더라도, 우리들은 한때 공과 같았던 사람들이었습니다! 새로운 것 앞에서 두근두근 가슴이 뛰던 그때에는.

네가 좋다고, 나도 이런 내가 어쩔 수 없다고, 나는 너에게 반해 버렸다고 거리낌 없이 말할 수 있던 그 시절에는 말이죠.

자신의 세계를 떠나 보았던 사람만이 자기 고향의 아름다움을 더 깊고 명확하게 인식할 수 있습니다. 나라는 '정상적'인 존재는 내 마음을 뒤흔드는 '이상한 경험'을 겪어내고 '이상한 감정'을 느끼면서 비로소 더 넓고 더 흥미진진한 세계를 만날 수 있고요. 그 넓음과 흥미진진함이 나를 더 멋지게 만들어 주리라는 건 의심의 여지가 없습니다.

특별한 것은 곧 이상한 것이고, 이상한 것이 곧 특별한 것이니까요.

10. 죽음
<민물장어의 꿈>: 신해철

작사/작곡: 신해철

좁고 좁은 저 문으로 들어가는 길은
나를 깎고 잘라서 스스로 작아지는 것 뿐
이젠 버릴 것조차 거의 남은 게 없는데
문득 거울을 보니 자존심 하나가 남았네

두고 온 고향 보고픈 얼굴 따뜻한 저녁과 웃음소리
고갤 흔들어 지워버리며 소리를 듣네
나를 부르는 쉬지 말고 가라 하는

저 강들이 모여드는 곳 성난 파도 아래 깊이
한 번만이라도 이를 수 있다면 나 언젠가
심장이 터질 때까지 흐느껴 울고 웃다가
긴 여행을 끝내리 미련 없이

익숙해 가는 거친 잠자리도 또 다른 안식을 빚어
그마저 두려울 뿐인데
부끄러운 게으름 자잘한 욕심들아
얼마나 나이를 먹어야 마음의 안식을 얻을까

하루 또 하루 무거워지는 고독의 무게를 참는 것은
그보다 힘든 그보다 슬픈 의미도 없이 잊혀지긴 싫은
두려움 때문이지만

저 강들이 모여 드는 곳 성난 파도 아래 깊이
한 번만이라도 이를 수 있다면 나 언젠가
심장이 터질 때까지 흐느껴 울고 웃으며
긴 여행을 끝내리 미련 없이

아무도 내게 말해 주지 않는
정말로 내가 누군지 알기 위해

10. 죽음
\<민물장어의 꿈\>: 신해철

우리는 세계의 많은 것을 보고, 듣고, 손으로 만지기도 하면서, 흥미롭고 변화무쌍한 자아의 여정을 이어갑니다. 이 광활한 우주에서 몇 겹의 인연을 뚫고 마주친 사람들은 나를 변하게 만들었고, 나 또한 그들을 변하게 할 수 있었습니다. 그런 인연과 함께 한 나날들이 내 삶을 반짝이게 만들어 주었습니다. 내가 마주쳤던 인연들 덕에, 그들과 나눈 경험들 덕택에 나는 지금의 내가 될 수 있었습니다.

그들 덕분에 이 세상 단 하나뿐인 '나만의 향기'가 내 안에 배어들었고, 그 누구도 복제할 수 없는 나만의 고유하고 독특한 인격이 형성될 수 있었죠. 내가 지금처럼 따뜻하고 열린 마음을 유지한다면, 나는 언제까지나 나 자신을 새롭게 바꿔나갈 수 있을 것만 같습니다.

그러나 어김없이 복병이 등장합니다. 삶에서 가장 치명적인 복병이……. 우리는 언제든, 우리가 전혀 예기치 못한 때에, 나라는 존재가 절대적인 '무(無)'가 될 수밖에 없음을 잘 알고 있습니다. 우리가 유일하게 확신할 수 있는 것은, 죽음으로 인한 모든 정체성과 관계들의 종언입니다.

삶은 나에게 우연과 자유, 그리고 개성을 선사했습니다. 그러나 죽음은 내가 그 어떤 삶을 살든, 내가 어떤 개별적인 사람이든 전혀 아랑곳하지 않고, 어떤 미동도 없이 인간 운명의 필연적인 종말을 보여줍니다. 삶은 나를 나답게 살도록 다그쳤습니다. 죽음은 나를 그저 인간답게 끝장냅니다. 죽음은 삶과는 다르게, 그 자체로 자기완결적인 관념입니다. 삶을 수식하는 말은 여러 가지가 있지만, 죽음은 무섭도록 깔끔합니다. 죽음은 죽음일 뿐입니다.

그러므로 삶이 아니라 죽음이야말로 인간을 하나로 이어주는 가장 보편적인 키워드입니다. 죽음이 없다면 이 세계엔 더 이상 인간이나 인간성이라는 개념조차 들어설 수 없습니다. "죽으니까 인간이다"라는 문장이 무색하지 않습니다.

죽음, 그 엄정한 인간적 본질

아일랜드 출신의 작가 오스카 와일드는 "이 세상에서 유일하게 가면을 쓰지 않는 것은 오로지 고통뿐"이라고 말했습니다. 인간은 남을 속이는 만큼 자기 자신을 속일 수 있는 존재입니다. 자기 자신에게 거짓말을 밥 먹듯 하고, 어느 순간 자신의 영혼이 그 거짓말과 닮아버린 걸 발견하고 깜짝 놀라기도 하죠. 그러나 우리가 고통을 당하는 그 순간만큼은 자신도, 타인도 속일수가 없습니다. 우리는 우리의 육신을 할퀴는 그 날카롭고도 생생한 감각에 대해 도저히 진실하지 않을 방법이 없습니다. 고통은 평등하고, 무차별적이며, 원초적입니다. 고통은 우리를 '무장 해제'시키고, 벌거벗은 동물의 상태로 되돌려 놓습니다.

그리고 우리가 감당해야 하는 그 무수한 고통의 끝에는 죽음이 있습니다. 고통과 죽음은 인간이 지극히 고독하게 감당해야 하는 실존적인 문제입니다. 누구도 누군가의 고통이나 죽음을 단 1퍼센트라도 대신 치러줄 수 없습니다. 예나 지금이나, 우리가 죽음을 앞둔 이들 앞에서 비통한 무력감에 시달리는 일은 변함이 없습니다. 우리가 삶의 한복판에서 그토록 치열하게 자신에게 진실하려 노력하고, 자신의 고유한 개성과 정체성을 추구하더라도, 그것은 고통과 죽음 앞에서 내가 철저하게 나 자신이 되어 버리는 일에 비할 바가 아닙니다. 죽음은 우리의 전 존재를 덮쳐, 우리를 생명 이전의 세계로 인도합니다. 죽음이란 우리 중에서 누구도 경험해보지 못한 미지의 차원입니다. 많은 종교의 교리가 공통적으로 죽음 이후를 두려워하지 말라고 말해주는 것은, 우리 모두가 그것을 사시나무 떨 듯 두려워하고 있다는 증거와 다르지 않습니다.

그러나 어떤 의미에선, 죽음이 우리를 구원합니다. 불로(不老)의 욕망, 영생의 유혹은 누구에게나 강렬하겠지만, 우리가 늙고 또 죽는다는 사실이야말로 인간을 인간답게 만들어 줍니다. 인간이 죽지 않는다면, 우리가 매 순간 열심히 살고, 지금 곁에 있는 사람과 사랑을 나눠야 할 본질적인 이유가 사라지게 됩니다.

언젠가는 과학의 힘을 통해 인간이 영영 죽지 않는 날이 올지도 모르죠. 그때의 인간과 지금의 인간은, 아마도 우리가 네안데르탈인과 다른 만큼, 아니, 어쩌면 그보다도 훨씬 더 다른 존재라고 봐야 마땅할 것입니다.

프랑스의 철학자 조르주 바타이유는 인간과 동물의 차이를 '죽음에 대한 의식'이라고 보았습니다. 바타이유에 의하면, 오직 인간만이 죽음을 의식합니다. 그리고 그 죽음에 대한 감각이 지금과 같은 문화와 문명을 창조하고 향유하는 데 가장 중요한 밑거름이 되었습니다. 요컨대, 죽음은 인간을 하나로 묶어주는 '유일무이한' 본질입니다. 인간의 마지막 수수께끼이자, 신비에 휩싸인 신의 영역입니다. 살아 있는 사람들은 애써 죽음을 잊고자 하지만, 우리 모두는 언제나 죽음을 목전에 둔 채 살아갑니다. 오는 길엔 순서가 있어도 가는 길에는 그렇지 않습니다. 나를 포함해서, 내가 사랑하는 이들 모두 언젠가 죽을 것이라는 그 시간의 유한함이 우리를 더 아름답고 좋은 사람이 되도록 다그칩니다. 인간을 인간답게 만듭니다.

인간의 꿈, 민물장어의 꿈

불멸의 예술은 우리에게 예외 없이 죽음의 감각을 일깨워줍니다. 삶의 충만함이 아니라, 죽음의 비극적인 상실감이 인간을 인간으로 더 생생하게 일깨웁니다. 셰익스피어의 희곡 『리어왕』도, 피카소의 회화 〈게르니카〉도, 오즈 야스지로의 영화 〈동경 이야기〉도 결국 죽음에 관한 대가들의 성취였습니다. 가끔 대중음악에서도 그런 역할을 하는 명곡들이 있습니다. 황망하게 우리 곁을 떠나버린 신해철의 노래, 〈민물장어의 꿈〉도 그중 하나입니다.

신해철은 1999년 발표된 이 노래에 대한 무한한 애정을 드러내며 "이 곡의 노랫말이 나의 묘비명이 될 것"이라고 밝힌 바 있습니다. 뱀장어라고도 불리는 민물장어는 민물에서 7년에서 10년을 살다가, 산란기가 오면 자신이 태어났던 바다를 향해 수천 킬로미터의 긴 여정을 떠납니다. 이동하는 몇 개월간은 아무것도 먹지 않아 위와 장이 모두 퇴화하고, 몸무게가 5분의 1 남짓으로 줄어든다고 하지요. 고향으로 돌아온 민물장어들은 알을 낳고 곧 죽습니다. 아무도 민물장어들이 어떻게 오랜 세월을 거슬러 자신의 고향을 찾을 수 있는지를, 이 생명체는 도대체 왜 그렇게 고난으로 가득한 여정을 해야 하는지를 설명할 수 없습니다. 민물장어는 스스로를 깎고 잘라서, 성난 파도를 향해, 그저 말없이 자신의 운명을 완명해 나갈 뿐입니다. 그것은 자신을 알기 위한 고독한 실천이며, 자기 존재를 증명하는 괴로운 숙명입니다.

그리고 신해철이 노래한 것처럼, 그것은 인간에 관해서도 마찬가지입니다. 우리는 민물장어와 꼭 닮아 있는 존재입니다. 우리는 매 순간 성장하며, 자기를 바로 세우고자 노력하는 사람들입니다. 끝내 자기 자신에 대한 믿음을 잃지 않으려 발버둥 치며, "아무도 내게 말해 주지 않는, 정말로 내가 누군지 알기 위해" 애를 쓰는 사람들입니다. 우리는 누군가에게 책임을 지고 있고, 때로는 방황하기도, 또 때로는 자기 자신을 배신하는 실수를 저지르며 한평생의 삶을 살아갑니다.

그 모든 여정 속에 죽음이 깃들어 있음을 바라보는 일은, 나라는 존재에 대한 한층 더 깊고 진실한 인식이라고 믿습니다. 결국 모든 것이 끝장나 버린다는 인식이 우리가 삶을 아무렇게나 살아도 된다는 허무주의적인 태도와 연결되는 것은 아닙니다. 오히려 죽음은 인간 존재의 한계성을 매 순간 감각하게 함으로써, 나의 고독한 개체성이 이 세계와 얼마나 긴밀하게 연결되어 있는지를 일러 줍니다. 죽음 앞에선 나와 세계가 하나가 됩니다. 오로지 죽음만이 그런 역할을 담당할 수 있습니다. 앞서 얘기했듯, 고통과 죽음만이 인간을 진정 홀로이게 하니까요. 그래서 죽음 앞에서는 '나'와 '타인'이라는 구별 — 아니, 세상의 모든 구별 — 이 무의미해지며, 어쩌면 그것만이 내가 이 세계를 아무런 조건 없이 사랑하게 만드는 유일한 지평이 될 수 있으니까요.

인간은 죽음 앞에서 매몰차게 패배하지만, 그 패배의 깊이만이 우리를 이 세계와 깊은 차원에서 이어줄 수 있습니다. 법정 스님은 죽음 앞에 직면한 도반(道伴) 수연 스님이 주머니칼의 헐거운 나사를 조이고 있는 모습을 보고 이렇게 말했습니다.

"그에게는 내 것이네 남의 것이네 하는 분별이 없는 것 같았다. 어쩌면 모든 것을 자기 것이라고 생각했는지도 모른다. 그렇기 때문에 사실은 하나도 자기 소유가 아니다. 그는 실로 이 세상의 주인이 될 만한 사람이었다."

죽음을 정면으로 응시한다는 것

우리는 모두 민물장어와 같은 사람들입니다. 이 글을 쓰고 읽는 바로 그 순간에도, "부끄러운 게으름, 자잘한 욕심들"은 우리를 붙잡아 둘 게 분명합니다. 그러나 우리가 성실함을 잃지 않는 한, 정말로 자신이 누군지 알기 위한 우리의 여정은 계속될 것입니다.

그리고 죽음은 그 끝에서 우리의 모든 여정을 인도하고 있습니다. 삶에 대한 경건한 마음은 죽음에 대한 경건함과 다르지 않습니다. 삶의 모든 순간들에 깃들어 있는 죽음을 직면할 때, 우리는 진정 삶을 사랑할 수 있습니다. 나 자신에 대한 믿음은 '죽는 나의 운명'을 똑똑히 바라보는 일을 필요로 합니다. 죽음 앞에서 모든 것을 버리고 깎아냄으로써 마주하게 되는 "마음의 안식"은, 나와 인간의 불행한 운명을 긍정하는 최초의 약속입니다.

"집착을 완전히 버릴 수 있으려면 그저 불행을 겪는 것으로는 충분하지 않다. 아무런 위안이 없는 불행을 겪어야 한다. 위안이 있어서는 안 된다. 어떠한 위안이 나타나면 안 된다. 그럴 때 비로소 형용할 길 없는 위안이 위로부터 내려온다.
다른 사람이 나에게 진 빚을 면해 줄 것. 미래의 보상을 요구하지 않으면서 과거를 받아들일 것. 시간을 순간에 정지시킬 것. 이것은 죽음을 받아들이는 것이기도 하다."
— 시몬 베이유, 『중력과 은총』 (이제이북스)

철학자 시몬 베이유의 말은 '죽음이라는 상징'을 더없이 아름답게 들려주고 있습니다. 민물장어는 고향에 갈 채비를 하고, 우리 모두에겐 남은 날들이 그리 많지 않습니다. 다시, 길을 나서야 할 시간입니다. 고독하게, 죽음을 받아들이는 일의 한없는 위안을 느끼면서.

11. 희망
<둘! 셋! (그래도 좋은 날이 더 많기를)>: 방탄소년단

작사/작곡: Slow Rabbit
Pdogg
Rap Monster
SUGA
j-hope
"hitman" bang

꽃길만 걷자 그런 말은 난 못해

좋은 것만 보자 그런 말도 난 못해

이제 좋은 일만 있을 거란 말

더는 아프지도 않을 거란 말

그런 말 난 못해 그런 거짓말 못해

너넨 아이돌이니까 안 들어도 구리겠네

너네 가사 맘에 안 들어 안 봐도 비디오네

너넨 힘없으니 구린 짓 분명히 했을 텐데

너네 하는 짓들 보니 조금 있음 망하겠네

(Thank you so much) 니들의 자격지심

덕분에 고딩 때도 못한 증명 해냈으니

박수 짝짝 그래 계속 쭉 해라 쭉

우린 우리끼리 행복할게 good yeah i'm good

괜찮아 자 하나 둘 셋 하면 잊어

슬픈 기억 모두 지워 내 손을 잡고 웃어

괜찮아 자 하나 둘 셋 하면 잊어

슬픈 기억 모두 지워 서로 손을 잡고 웃어

그래도 좋은 날이 앞으로 많기를

내 말을 믿는다면 하나 둘 셋

믿는다면 하나 둘 셋

그래도 좋은 날이 훨씬 더 많기를

내 말을 믿는다면 하나 둘 셋

믿는다면 하나 둘 셋

하나 둘 셋 하면 모든 것이 바뀌길

더 좋은 날을 위해 우리가 함께이기에

무대 뒤 그림자 속의 나, 어둠 속의 나
아픔까지 다 보여주긴 싫었지만
나 아직 너무 서툴렀기에
웃게만 해주고 싶었는데
잘 하고 싶었는데

(So thanks) 이런 날 믿어줘서
이 눈물과 상처들을 감당해줘서
(So thanks) 나의 빛이 돼줘서
화양연화의 그 꽃이 돼줘서

괜찮아 자 하나 둘 셋 하면 잊어
슬픈 기억 모두 지워 내 손을 잡고 웃어
괜찮아 자 하나 둘 셋 하면 잊어
슬픈 기억 모두 지워 서로 손을 잡고 웃어

그래도 좋은 날이 앞으로 많기를
내 말을 믿는다면 하나 둘 셋
믿는다면 하나 둘 셋
그래도 좋은 날이 훨씬 더 많기를
내 말을 믿는다면 하나 둘 셋
믿는다면 하나 둘 셋

믿는다면 하나 둘 셋 믿는다면 하나 둘 셋
믿는다면 하나 둘 셋 믿는다면 둘 셋 say!

괜찮아 자 하나 둘 셋 하면 잊어
슬픈 기억 모두 지워 내 손을 잡고 웃어
괜찮아 자 하나 둘 셋 하면 잊어
슬픈 기억 모두 지워 서로 손을 잡고 웃어

그래도 좋은 날이 앞으로 많기를

내 말을 믿는다면 하나 둘 셋

믿는다면 하나 둘 셋

그래도 좋은 날이 훨씬 더 많기를

내 말을 믿는다면 하나 둘 셋

믿는다면 하나 둘 셋

괜찮아 자 하나 둘 셋 하면 잊어

슬픈 기억 모두 지워 내 손을 잡고 웃어

괜찮아 자 하나 둘 셋 하면 잊어

슬픈 기억 모두 지워 서로 손을 잡고 웃어

11. 희망
<둘! 셋! (그래도 좋은 날이 더 많기를)>: 방탄소년단

저는 지금 '성장'에서부터 '죽음'에 이르기까지 여러 키워드들을 통해서 '자기 자신을 믿는 일'에 대한 이야기를 이어가고 있습니다. 삶이 끊임없이 우리를 속일지라도, 우리에겐 단 한 번만의 삶을, 그 삶을 살아내는 스스로를 믿어야 할 충분한 이유가 있습니다. 거기엔 어떤 말을 덧붙일 필요도 없습니다.

그리고 페터 학스가 쓴 희곡 『부재중인 괴테에 대한 슈타인 씨 댁에서의 대화』의 한 구절처럼, 어쩌면 '삶이 인간을 사랑하지 않기 때문에 인간이 삶을 사랑하는 것'인지도 모르겠습니다. 삶은 허망하고 또 허망하지만, 우리는 그 허무 속에서도 끊임없이 한 발 한 발 나아가야 합니다. 세계와 부딪치고, 자신을 의심하며, 가끔은 철저하게 패배할지라도, 우리는 언제나 제 힘을 다 바치면서 다시금 새로운 날을 맞이할 수 있습니다.

그렇지만, 그럼에도 불구하고……. 우리를 비참하게 만드는 일들은 계속 우리를 주저앉게 만들 거예요. 어떤 책을 읽고, 어떤 음악을 듣고, 또 어떤 생각을 한들, 우리는 삶의 한가운데에서 앞으로도 자신을 믿지 못하고, 때로는 자신을 학대하며, 세상의 강퍅함과 잔인함에 치를 떨 가능성이 큽니다. 아니, 그 가능성은 100퍼센트입니다. 자신도 알지 못하는 이 세상의 잔혹함에 떠밀려, 어쩌면 나 자신의 게으름과 나태함에 떠밀려, 스스로를 조금씩 갉아먹고 파괴하거나, 한 번뿐인 삶을 그저 무력하게 흘려보내겠죠. 겉으로는 아무렇지 않은 듯 가면을 쓰고 연기하지만, 홀로 있을 땐 자신이 얼마나 보잘 것 없는지를, 자기가 바라던 스스로의 모습과 얼마나 멀리 떨어져 있는지를 절감하면서…….

"나는 굳세게 나 자신을 세워 나가지 못했어. 사람이 여리면, 여린 사람들은 환하게 빛나 보일 필요가 있어. 반짝거려야만 해. 나비 날개의 부드러운 색깔처럼. 종이 갓 위의 불빛처럼……. 여린 것만으로는 충분치 않아. 여리면서도 매력적이어야 하지. 그리고 나는, 나는 이제 시들어 가고 있잖아! 내가 얼마나 더 버틸 수 있을지 모르겠다."

— 테네시 윌리엄스, 『욕망이라는 이름의 전차』

테네시 윌리엄스의 희곡 『욕망이라는 이름의 전차』에 적힌 블랑시 두보아의 이 말이, 바로 우리 연약한 사람들을 묘사하는 한 마디가 아닐까 싶습니다. 작가 테네시 윌리엄스는 성공한 인물이었지만, (분명 그 스스로가 밀어붙인) 자신의 불행하고 극단적인 삶에 대하여 "나는 블랑시 두보아다"라고 쓸쓸하게 고백한 적도 있습니다.

'웃는 고통'과 '웃는 슬픔'의 아름다움

말할 것도 없이, 이 세상은 고통으로 가득합니다. 이미 이천 년도 더 전에, 석가모니는 인생은 고통 그 자체이며, 고통의 연속이라고 설파했습니다. 사람들은 모두 마음속 깊은 곳에서 눈물을 흘리며 자신만의 방식으로 고통의 신음소리를 내고 있는 것만 같습니다. 모두가 눈속임을 하면서 자기의 진짜 모습을 숨기고 있지만, 꽁꽁 감춘 내면의 신음과 비명은 어떤 식으로든 제 존재를 증명하려 듭니다. "무대 뒤 그림자 속의 나, 어둠 속의 나의 아픔까지 다 보여주긴 싫었지만", 그 아픔과 슬픔은 무대 위에 선 우리의 표정에 깊이 배어들어 있습니다. 그 사실을 나도 알고, 관객들도 알고 있습니다.

그렇지만……. 그처럼 내 안의 자아가 아프게 충돌하는 '인생 극장'에는, 어떤 반짝이는 가능성이 담겨 있습니다. 인생이라는 무대의 '앞과 뒤'를 나눈 방탄소년단의 〈둘! 셋! (그래도 좋은 날이 더 많기를)〉의 영리한 인간관은, 이미 1960년대의 사회학자 어빙 고프먼의 책들에서 선구적으로 제시되고 있습니다. 그의 책들에는 사람들이 자신의 약점과 한계를 슬며시 가리고, 끝내 자신을 미워하지 않기 위해, 즉 자존감을 지키기 위하여 어떤 말과 행동, 유머와 제스처를 보여주는지에 대한 사례들이 가득합니다.

예컨대 그의 대표 저서 중 하나인 『낙인(Stigma)』에는 장애를 가진 이들의 세계가 꼼꼼하게 펼쳐지고 있어요. 고프먼에 따르면, 그들은 자신의 장애로 인하여 '손상된' 정체성을 가진 존재입니다. 그들은 자신들이 이 세계에서 어떤 시선에 노출되고, 어떤 편견에 둘러싸여 있으며, 어떤 '낙인'이 찍힌 존재인지를 철저하게 인식하고 있어요. 그러나 그들은 그런 낙인 앞에서 절대로 무기력하게 무릎 꿇지 않습니다. 그들은 세상의 편견, 세상의 낙인에 맞서 자신들만의 다양한 '연기'와 '화법', 여러 가지 '전략'들을 (의식적으로, 또는 무의식적으로) 계발하곤 하죠. 그럼으로써 그들은 자신들을 '손상된 존재'라고 간편하게 구별 짓는 저 차가운 사회의 논리에 저항합니다.

모든 인간이 마찬가지입니다. 눈에 띄는 장애가 있든 없든, 우리는 모두 못생기고, 불완전하며, 상처 입은 존재입니다. 때로는 그 사실이 비통하기 그지없죠. 그렇지만 우린 모두 그 상처를 자신만의 방식으로 받아들인 뒤, 적극적으로(또는 무의식적으로) 스스로의 존엄성을 지켜 나갑니다. 그것은 하나의 '가면'이지만, 그 가면은 고통을 아름답게 승화시키면서 나를 한 단계 더 나아가게끔 만듭니다. 가면의 표정은 웃고 있습니다. 우리들은 그것이 '웃는 고통'이자 '웃는 슬픔'이라는 걸 알고 있습니다. 그럼에도 그 웃음은 그 자체로 빛나고 아름답습니다. 그런 웃음은 서로의 아픔을 치유할 수 있습니다. 그렇게 우리가 "서로 손을 잡고" 웃는 순간, 저는 '희망'이라는 단어의 연약한 얼굴이 우리 모두를 지켜주고 있는 것만 같습니다. SF 문학계의 전설로 남은 미국 작가 로버트 하인라인은 이런 사실을 잘 알고 있었던 것 같아요.

"사람들이 왜 웃는지 알아냈어요. 그건 상처받기 때문이에요. 상처받는 것을 멈추려면 웃는 수밖에 없으니까요."

— 로버트 A. 하인라인, 『낯선 땅 이방인』 (시공사)

살아가며 꺾이지 말고, 비탄도 눈물도 없이

우린 언제나 자신 안의 웅크린 고통을 껴안고 살아갑니다. 비참함이 없는 삶이란 존재하지 않습니다. 우리는 고통을 막무가내로 피하려고 하는 대신, 그저 하루하루 자신이 감당해야 할 비참함의 몫을 조금이나마 줄여 나가야 할지도 모르겠어요. 롤링 스톤즈의 명곡 〈You Can't Always Get What You Want〉의 제목과 노랫말 그대로입니다. 살면서 언제나 좋은 것, 원하는 것을 다 손에 넣을 수는 없습니다. 무언가를 새롭게 시작하기 위해선 과거의 인연과, 과거의 자신을 과감하게 떨쳐낼 수밖에 없죠. 누군가는 그런 나를 욕할 게 분명하고, 그중 몇 사람은 내 곁을 떠나갈 거예요. 그렇지만 또 우리 주위엔 새로운 친구가 생길 겁니다. 내 주위의 사람들이 나를 두고 "한 물 간 인간"이라거나 "형편없는 녀석"이라고 깔봐도 별 수 없습니다. 어차피 우리가 모든 사람에게 칭찬이나 칭송을 받으며 살 수는 없는 노릇입니다.

내 과거의 슬픔을 힘껏 흘려보내고, 지금 내 곁에 있어 주는 이의 손을 잡고 웃으며, 좋은 날이 나쁜 날보다는 좀 더 많기를 기도하는 것……. 그것이 '희망' 아닐까요? 그래서 방탄소년단의 〈둘! 셋!〉은 제게 희망의 송가라고 느껴집니다. 이 죄 많은 세상에서 우린 누군가에게 쌍X으로 남을 수밖에 없겠지만, 그럼에도 우리는 여전히 찬란한 존재들입니다. 무엇인가를 기억하는 일은 인간을 인간답게 만들어 주지만, 무엇인가를 망각하는 일은 우리를 더 높은 차원으로 나아가게 만들어 줍니다. '망각이 곧 축복'이라는 말은 니체가 거듭 강조했던 말이기도 하지요. 우리는 그저 "희망은 우리의 뼛속에서 곰처럼 잠잔다."는 무용가 마지 피어시의 말을 믿으면서, 자기 안에서 잠자고 있는 그 빛나는 무엇인가를 더듬어야 하는 존재에 가깝지 않을까 싶습니다.

그렇지만 우리가 희망이라는 말에 지나치게 사로잡힐 필요는 없을 것 같아요. 희망이란 개념은 언제나 반대편의 '절망'이라는 개념을 가정하고 있고, 인간이란 자주 자신의 불행과 고통을 과장하기 좋아하는 존재입니다. 우리들은 가끔 자신에 대한 죄의식과 후회, 모욕감과 수치감 따위에 사로잡혀 한 발자국도 움직이지 못하기도 하죠. 로마의 사상가였던 세네카는 "희망과 두려움 대부분이 우리 자신을 현재에 맞추는 대신 먼 장래에 투사하기 때문에 생기는 것"이라고 말했습니다. 그러니 희망이란 관념을 너무 과대평가할 필요는 없습니다.

어쩌면 희망을 말한다는 것은, 어떤 상황에서든 '지금 이 순간'의 나 자신을 믿는 일, 그리고 앞으로 좋은 날이 좀 더 많기를 바라는 소박한 마음과 다르지 않은 것 같습니다. 방탄소년단은 이 노래의 서두에서 앞으로 꽃길만 걷자는 말, 좋은 일만 있을 거라는 거짓말을 못하겠다고 말하고 있죠. 방탄소년단은 자신들의 말을 믿고 과거를 힘껏 잊어버리자고, 다만 앞으로는 나쁜 날보단 좋은 날들이 훨씬 많을 것임을 믿어보자고 노래하고 있습니다. 제가 생각하는 희망의 구절 그대로입니다.

이탈리아의 작가 프리모 레비는 아우슈비츠 수용소의 체험을 기록한 『이것이 인간인가』(돌베개)에서 "삶의 의미에 대한 믿음은 인간의 모든 힘줄 속에 뿌리박혀 있다. 이것이 인간 본질이 지닌 속성이다."라고 단언했습니다. 희망을 버리지 않는다는 것은, 그의 말대로 자신의 힘줄 속에 뿌리박혀 있는 삶의 의미를 추구하고, 또 다시 추구하는 일이라고 믿습니다. 그러면서 이 힘겨운 삶을 너와 내가 함께 버텨내고, 서로의 눈물과 상처까지 감당하려 애를 쓴다면 더할 나위 없겠죠.

그렇지만 희망에 관한 한, 우리 각자를 인도하는 정답이나 황금률 따위는 있을 수 없습니다. 희망은 그저 '나의 본질'을 향해 끊임없이 나아가는 태도입니다. 백 사람이 있다면, 거기엔 백 가지 희망의 얼굴이 존재할 거예요. 저는 독일의 예술가 캐테 콜비츠가 남긴 이 기록만큼 희망에 관하여 정확하게 묘사하는 표현을 본 적이 없습니다.

힘. 인생을 있는 그대로 파악하고, 살아가면서 꺾이지 않고, 비탄도 눈물도 없이 강인하게 자기 일을 꾸려가는 힘.

자신을 부정하지 말며, 도리어 일단 형성된 자신의 인간성을 더욱 자기 것으로 만들 것. 그것을 개선해 나갈 것. 기독교적인 의미에서가 아니라 오히려 니체적인 의미의 개선 말이다.

요행심, 사악함, 어리석음을 퇴치하고 더 넓은 관점에서 보았을 때, 우리 내부에 가치가 있다고 생각되는 것을 강화하라.

본질적인 인간이 될 것.

— 1917년 2월, 캐테 콜비츠의 일기

'홀로, 그리고 함께' 최선을 다한다는 것

자신의 파괴적인 본능을 어루만지면서, 세계의 현실 법칙을 받아들이고, 나아가 외부 세계에 자신의 존재 가치를 증명해 나가는 것은 모든 사람들의 과제입니다. 방탄소년단도 마찬가지입니다. 그들이 〈둘! 셋!〉의 노랫말에서 날카롭게 자각하고 있듯, 기획사에 소속된 보이 그룹, 즉 '아이돌'로서의 정체성에 관해 고민하는 것도 이런 맥락입니다. 아이돌의 한계에 대한 치열한 자기 성찰이겠지요.

1990년대에 엔싱크라는 보이 그룹으로 시작해, 현재는 솔로 가수와 영화배우로 활동하는 저스틴 팀버레이크는 언젠가 이렇게 말한 적도 있어요. "저는 그 많은 악담과 조롱을 견뎌야 하는 보이 그룹 멤버도 해 보았던 사람입니다. 제가 못할 게 뭐가 있겠어요?" 2016년, 그는 세계에서 가장 많은 싱글 판매량을 기록한 뮤지션으로 자리매김했습니다. 2018년 초엔 미국에서 가장 인기 있는 뮤지션이 선보이는 슈퍼볼 하프타임 공연을 도맡기도 했죠.

또 보이 그룹 테이크댓 출신의 로비 윌리엄스는 어떤가요? 그는 독립 후 로큰롤 음악을 동경하며 오아시스의 프론트맨 리엄 갤러거를 따라다니던 '애송이'로 여겨졌지만, 몇 년 후 자신의 힘으로 오아시스가 기록했던 단일공연 최다 관객 동원 기록을 뛰어넘으며 영국의 국민 가수로 등극하기도 했습니다.

방탄소년단의 앞길은 창창합니다. 그들이 전 세계적으로 승승장구하고 있다는 소식들이 쉬지 않고 들려옵니다. 하지만 그들 또한 때로는 흔들리고, 때로는 실수도 하며, 그들 나름의 길을 걸어가겠지요. 저스틴 팀버레이크와 로비 윌리엄스처럼, 일정한 팬덤 그 이상으로 우리나라를 대표하는 그룹이 될 수도 있을 겁니다. 지금 추세로만 보면 허황된 목표만도 아닙니다. 물론, 어쩌면 그들도 그렇고 그런 그룹들처럼 어느 순간 사라져 버릴지도 모릅니다. 중요한 것은 현재의 유명세와 인기가 아니라, 그들이 얼마나 순수하게 음악을 사랑하고, 지금처럼 자신의 정체성을 노래와 퍼포먼스로 표현할 수 있나 하는 것이겠죠. 오직 그것만이 본질입니다. 그들이 지금 아이돌로 불리고 말고는, 그들 자신의 아티스트적인 궤적과 아무런 관련이 없습니다.

수십, 수백만의 팬들이 보내는 굉장한 인기도 소중하지만, 문학과 철학이란 결국 '홀로 있는 법'을 가르쳐 주는 것일지도 모르겠습니다. 그리고 어쩌면 멤버들 각자가 (함께하면서도) 진정 홀로 서 있을 때, 남들에게 휩쓸리지 않는 자신만의 스타일과 개성을 찾아나갈 때, 우리는 오래도록 그들의 최고의 순간들을 볼 수 있을지도 모르겠습니다.

그런 좋은 날이 다가오리라 믿는 것, 그렇게 믿으며 지금 이 순간 강인하게 최선을 다하는 것, 그리고 서로 손을 잡고 함께 웃는 것. 그것이 '희망'이라는 단어가 품은 가장 담백한 얼굴일지도 모르겠습니다.

II.
사랑에 관하여

1. 나, 그리고 너
<바람이 분다>: 이소라

작사: 이소라
작곡: 이승환(The Story)

바람이 분다 서러운 마음에
텅 빈 풍경이 불어온다

머리를 자르고 돌아오는 길에
내내 글썽이던 눈물을 쏟는다

하늘이 짖는다 어두운 거리에
찬 빗방울이 떨어진다

무리를 지으며 따라오는 비는
내게서 먼 것 같아 이미 그친 것 같아

세상은 어제와 같고 시간은 흐르고 있고
나만 혼자 이렇게 달라져 있다

바람에 흩어져 버린 허무한 내 소원들은
애타게 사라져 간다

바람이 분다 시린 향기 속에
지난 시간을 되돌린다

여름 끝에 선 너의 뒷모습이
차가웠던 것 같아 다 알 것 같아

내게는 소중해 했던 잠 못 이루던 날들이
너에겐 지금과 다르지 않았다

사랑은 비극이어라 그대는 내가 아니다
추억은 다르게 적힌다

나의 이별은

잘 가라는 인사도 없이 치러진다

세상은 어제와 같고 시간은 흐르고 있고

나만 혼자 이렇게 달라져 있다

내게는 천금 같았던 추억이 담겨져 있던

머리 위로 바람이 분다

눈물이 흐른다

1. 나, 그리고 너
<바람이 분다>: 이소라

이소라의 〈바람이 분다〉는 슬픈 노래입니다. 듣는 이를 언제든 먹먹하게 만드는 노래입니다. 인문학으로 K-POP을 이야기하는 강연에서 이 곡을 청중들과 함께 꼭 감상하곤 했어요. 십여 년 전 삭발한 이소라가 눈을 감고 온몸으로 노랠 부르는 무대 앞에선, 넓은 강연장의 흐트러졌던 공기도 잠시 숙연해지는 것만 같았습니다. 그 몇 분간만은 다들 단정하고 굳은 표정으로 그녀의 목소리에 심취합니다. 그럴 도리밖에 없는 곡입니다.

세상엔 그리 어렵지 않게 사랑을 이뤄가는 것처럼 보이는 연인들이 있습니다. 제 주위에도 오랜 캠퍼스 커플 생활을 무난하게 마치고 결혼까지 성공한 커플들이 몇 쌍 있는데요. 지금은 다들 아이를 키우며 평온하게 가정생활을 이어가고 있어요.

꼭 사랑에 한정하지 않더라도, '불행'이라는 단어와는 잘 어울리지 않는 사람들이 있는 것처럼 느껴집니다. 억지로 밝으려고 해서 밝은 성격을 가진 게 아니라, 그냥 선천적으로 밝고, 티 없고, 여유로운 영혼을 지닌 것만 같은 사람들이요. 물론 그들도 가끔 인생에 치이고 힘겨워할 게 분명합니다. 그러나 그들은 금세 그것들을 떨쳐내고, 다시금 평화로운 자신의 삶의 리듬을 찾은 후, 그걸 부드럽게 유지해 나갑니다. 매우 자연스럽게 말이죠. 어떤 연유인지는 정확히 알 수 없어도 불행이라는 관념, 삶의 고독한 신음소리, 어떤 잔혹한 인생의 반전 등과는 어울리지 않는 따뜻하고, 복되고, 넉넉한 기운이 에워싼 것만 같은 사람들이 있습니다.

반면 태생적으로 세상을 고통스럽게 살아내는 것 같은 사람들도 있습니다. (저도 여기에 포함될 것 같습니다만) 비유컨대, 가끔씩 이소라의 노래들을 들으며 눈물을 흘리고, 치유를 받아야 하는 사람들 말입니다. 그들은 자주 사랑에 실패하고, 자기 자신에게 배신당하면서, 이 불행하고 죄 많은 세상을 허덕허덕 살아나가는 가녀린 영혼들입니다. 이런 사람들은 이소라 7집의 명곡 〈Track 9〉의 노랫말을 듣고 매번 가슴을 쓸어내리곤 하겠죠. "세상은 어떻게든 나를 화나게 하고, 당연한 고독 속에 살게 해. 세상은 어떻게든 나를 강하게 하고, 평범한 불행 속에 살게 해……."

그들에겐 삶에 새겨진 영혼의 그림자랄까, 구김살 같은 자국이 느껴집니다. 활짝 웃다가도, 금방 어딘가 어색하고 부자연스러운 표정을 지어버리곤 하니까요. 이들은, 김광석의 노래 〈그건 너의 자신을 사랑하지 않는 때문이야〉에 서글프게 그려지고 있듯, 타인들과 어울리며 웃고 떠들면서도 외로움을 떨쳐내지 못하는 사람들입니다. 그것은 슬픈 일입니다. 그들의 찡그린 웃음은 최금진 시인의 시 「웃는 사람들」에 묘사된 것처럼, 어쩌면 "가난한 아버지와 불행한 어머니의 교배로 만들어진 것"(『새들의 역사』, 창비)이기 때문일지도 모릅니다. 잔인한 진실입니다.

이소라의 목소리, 이소라의 노랫말은 바로 이들의 마음을 위로하고 매만져 줍니다. 노래방에서 이소라의 노래를 잘 부르는 사람은, 노래 실력이 뛰어난 사람이 아니라 전날 애인과 헤어진 사람이라는 농담을 들은 적이 있습니다. 이소라의 목소리가 가장 필요한 시간은 사랑하는 사람과 이별한 직후라는 말도 팬들에겐 아주 익숙합니다. 사랑에 실패한 지독한 아픔이 현실이 되어 내 살결에 녹아드는 순간, 이소라의 투명하면서도 서늘한 음성은 실연당한 나의 가슴에 사무칩니다. 어쩌면 이소라 자신이 그 아픔을 너무 잘 알기 때문인지도 모릅니다. 그녀가 실연할 때마다 앨범을 낸다는 이야기가 사실이든 아니든, 그녀가 〈제발〉과 같은 곡을 라이브로 부르면서 울컥하는 감정을 주체하지 못했던 장면은 워낙 유명하니까요…….

2004년 발표된 이소라 6집 《눈썹달》의 타이틀곡인 〈바람이 분다〉는 그런 그녀의 감성을 가장 압축적으로 표현한 아름다운 노래입니다. 앞서 우리 문인들이 선정한 20세기의 가장 아름다운 노랫말로 〈봄날은 간다〉가 꼽혔다면, 같은 설문에서 21세기의 노랫말로 꼽힌 곡은 바로 〈바람이 분다〉였습니다. 이소라가 직접 노랫말을 쓴 이 곡에서 사랑하는 이와 헤어진 화자는, 너무도 담담해서 더 슬프고 애타게 자신의 심경을 풀어 놓습니다.

나는 네가 아니었고, 너는 내가 아니었다는 것을. 그 사랑의 비극, 사랑의 본질을 풀어 놓습니다. 그것은 사랑의 태생적인 슬픔이기도 합니다.

우리는 어차피 남남이기 때문에

산울림은 우리 대중음악사에 길이 남은 전설적인 로큰롤 밴드입니다. 저도 오랜 팬인데요. 이 산울림의 노래 중에는 목 놓아 절규하는 곡이 그리 많지 않은데, 10집의 〈꿈이야 생각하며 잊어 줘〉는 보컬 김창완이 절망에 질린 채 내지르는 노래입니다. 특히 김창완 밴드가 몇 년 전 리메이크한 버전은 청자의 가슴을 미어지게 만듭니다. 저도 사랑 때문에 좌절하던 나날, 매일 몇 십 번을 듣고 또 들었던 노래여서 참 애틋합니다. 이 노래의 "어차피 우리는 남남이야."라는 한 마디가, 제 가슴을 끊임없이 때렸습니다.

어차피 우리는 남남입니다. 모든 사람은 남남이라는 이 쓸쓸한 정서가 이소라의 〈바람이 분다〉에도 관통하고 있습니다. 그것은 사랑의 가장 기본적인 전제인데, 우리가 사랑에 빠졌을 때는 가장 잊고 싶어 하는 진실이기도 하죠. 그러나 사랑의 좋은 날이 지난 후, 우리는 또 다시 벼락처럼 이 진실을 깨닫게 됩니다. 세상은 어제와 같고, 누구 하나 나를 위해 울어줄 사람이 없다는 것을……. 그 감정은 쓰라리고 절망적입니다. 사랑의 실연, 이별의 좌절감은 그 어떤 말로도 묘사하기 힘듭니다.

그러나 사랑에 대한 이야기를 시작할 때는 역시, "어차피 우리는 남남이야."라는 말로 시작할 수밖에 없다고 생각됩니다. 이 문장은 마치 '사랑의 뿌리'와도 같다고 생각됩니다. 앞으로 이어질 사랑에 관한 여러 인문적인 키워드들을 함축하고 있는 뿌리 말이죠. 내가 사랑하는 그대는, 결국 내가 아닙니다. 추억은 서로에게 다르게 적히고, 나의 잠 못 이루던 나날들은, 떠나간 그대의 마음에 사소한 흔적 하나 남길 수 없습니다. 그리고 나의 존재가 완전히 무너지는 것만 같은 이별에도 불구하고, 그런 것 따위는 아랑곳하지도 않은 채 바람은 무심히 불어오고, 세상은 어제와 전혀 달라지지 않았으며, 시간은 계속 흐른다는 그 사실 때문에⋯⋯.

　사랑은, 사랑이 됩니다.

　사랑에 관해선 수만 가지의 말들이 있겠지만, 그 어떤 말도 사랑에 신음하는 자를 구원할 수 없습니다. 사랑은 인간을 뼛속까지 고독하게 몰아넣습니다. 왜냐면 사랑은 인간에게 가장 근본적인 차원에서 "어차피 모두가 남남"이란 것을 일깨워 주는 사건이기 때문입니다. 사랑은 가장 내밀하게 나 자신을 공유하고, 나의 모든 것을 전적으로 약속했던 그 누군가마저 나를 영락없이 배신할 수 있음을 보여 줍니다. 사랑이 서로에게 차오를 때 나의 기쁨은 그의 기쁨으로 전염되지만, 사랑이 불우해지는 순간, 나의 아픔은 이 세상의 단 한 사람도 아프게 할 수 없습니다. 그 사실은 이 세계의 잔혹함과 다르지 않습니다.

"그대가 나를 닮기를 바란다고 내가 언제 말한 일이 있었던가?
내가 그대를 사랑하는 것은 그대가 나와 다르기 때문이다. 나는
그대 속에 나와 다른 것만을 사랑하는 것이다."

— 앙드레 지드, 반가(反歌) 중에서

그러므로 내가 누군가를 사랑한다는 것은, 사실 나와 절대적
으로 다르고, 또 절대적으로 개별적인 누군가를 사랑하는 것입
니다. 앞서 저는 인간의 보편성과, 이 보편성에서 길어 올릴 수
있는 책임의 덕목에 관하여 이야기했습니다. 사랑의 시작도 이
지점입니다. 나는 나와 닮은 면이 있는 누군가에게 끌리게 되고,
그에게서 나와 같은 마음을 확인하고, 상대가 나에게 맞는 '단
한 사람'이 될 수 있다는 확신을 품은 채 그와 사랑에 빠집니다.
그러나 사랑은 나에게 인간이 서로 얼마나 다를 수 있는지를 여
지없이 각인시키며 나를 지옥으로 내동댕이칩니다. 사랑에 실
패한 내 앞에 앙드레 지드의 말이 남습니다. 너는 사랑이라고 생
각했지만, 결국 너는 상대가 아니라 그저 너 자신에게 매혹되었
던 것일 뿐이라고. 사랑이란 너와 닮은 것이 아니라 다른 것에
직면하고, 그것을 품을 수 있어야 하는 일이라고. 그래서 사랑은
끝내 비극적인 것이라고…….

그렇지만 내가 나와 다른 상대의 모습을 포용할 수 있다고 하
더라도, 상대가 나에게 짐작조차 할 수 없는 이유로 관계의 끝을
고한다면, 퍼즐은 와르르 무너지고 맙니다. 애초에 그 퍼즐을 우
리가 함께 맞추고 있었다는 기대조차 나만의 착각이었다는 사
실을 깨닫기도 하고요. 사랑은 선하고 조화로운 이해와 공감의

영역이 아니라, 권력의 충돌과 파괴적인 혼돈이 지배하는 영역에 가깝다고 느껴질 때가 많습니다. 질투와 증오와 의심, 사소하고 중대한 배신과 기만, 소유와 통제와 간섭, 감정의 정체와 권태감, 묵묵히 쌓이는 실망들과, 지루함과 비참함, 끝내 찾아들지도 모르는 모멸감…….

아니, 저도 누군가에겐 사랑이 그리 어렵거나 혼란스러운 일이 아니라는 것을 인정합니다. 이 글의 서두에서 저는 삶의 어두운 면들이 그리 어울리지 않는 사람들에 관해 이야기했죠. 그러나 누군가 ― 꽤나 많은 사람들 ― 에게 사랑은 무자비하고 참혹하기 그지없습니다. 미국의 시인 T. S. 엘리엇은 "모든 인간관계는 사랑할 능력이 없는 사람과, 사랑받을 자격이 없는 사람 사이의 관계"라고 말했습니다. 모든, 이라는 말에는 머뭇거려지지만, 저는 대부분의 연애에 있어서 이 말의 정확함에 공감하지 않을 수 없습니다.

우리는 둘 사이의 어딘가에 있습니다. 전자가 되었다가, 후자가 되기도 합니다. 어느 국면에서 내가 전자인지 후자인지는 아무도 모릅니다. 물론 나 자신도 알 수 없습니다.

"사랑은 비극이어라, 그대는 내가 아니다"

너와 나 사이엔 건널 수 없는 강물이 흐릅니다. 그 강물 위로 무심하게 차가운 바람이 불 뿐입니다. 나는 영원히 '나라는 껍질' 속에 갇혀 있습니다. 나는 타인이 될 수 없고, 또 타인도 내가 될 수 없습니다. 내가 타인을 '내 사람'이라고 자신하는 순간, 사랑은 이미 상실과 실패의 그림자를 드리웁니다. 나의 단 한 번뿐인 삶의 여정 속에 만나는 수많은 이들 중 그 누구도 '내 사람'이 될 수 없으며, 나는 그저 묵묵히 내 길을 걸어가야 할 뿐입니다. 그것이 삶과 사랑의 숙명입니다. 우리는 자신의 과거와 운명의 짐을 끌어안고 홀로 이 삶을 버텨내야 하는 고독한 존재들입니다. 세상은 결코 로맨틱하지 않습니다.

그렇지만 나는, 적어도 내가 사랑에 충실했다면, 누군가와의 만남을 통해 '완전히' 달라져 있는 존재입니다. 내가 한때 사랑했던 타인에 대해선 말할 수도 없고, 말할 필요도 없습니다. 나는 변했습니다. 내가 강하다면, 나는 그 사랑의 경험을 통하여 '질적으로' 다른 존재가 되어 있습니다. 내가 누군가를 뜨겁게 사랑했다면, 나는 그 사랑의 시간을 통과하며 한층 더 깊은 영혼의 목소리를 지니게 되고, 훨씬 다채롭고 그윽한 내면의 빛깔을 얻게 됩니다. 사랑은 사랑하는 사람 자신의 마음의 힘이며, 자신을 힘껏 비워내서 누군가를 채워 넣는 고통스러운 배움의 과정입니다. 그것이 사랑이 우리에게 전하는 본질적인 메시지라고 생각합니다.

우리는 자신이 어떤 존재라고 규정하기를 좋아합니다. 살다 보면 그런 자기 규정이 필요한 순간들이 있기도 하죠. 그러나 사랑의 경험은 이 규정들을 모조리 박살내 놓으며, 인간의 자기인식이란 얼마나 연약하고 위태로운지를 일러 줍니다. 사랑의 깊이와 사랑의 강렬함은, 자신이 스스로에 대하여, 누군가가 누군가에 대해서 그럭저럭 찍어둔 채 살아가는 수많은 규정과 낙인들이 (어떤 한계 상황에선) 여지없이 깨질 수 있다는 것을 드러냅니다. 그래서 인간의 모든 자기 규정은 그 자체로 허물어지기 쉬운 근거들에 의해 유지되었음을 상기시키고, 내가 나를, 세상이 나를 설명하던 그 헐거운 규정들을 다 내려놓은 뒤의 '벌거벗은' 자신의 모습을 보여주죠. 사랑은, 나체와 무방비의 내가, 그럼에도 너로 인하여 얼마나 새롭게 충만해질 수 있는지 알려주었습니다. 벌거벗은 내 안에 무한히 채워졌던 '그대'라는 존재가, '하나 더하기 하나'는 '둘'이 아닌 '완전한 세계'일 수 있다는 것을 알려주었던 그대가……. 우리에겐 있었습니다.

사랑은 그 모든 순간들이 바람처럼 지나가며, 이 생(生)이 얼마나 허무하면서도 귀중한지를 알려줍니다.

그 결말이 어떻든 간에, 누군가를 깊숙하게 사랑했던 경험은 우리를 더 아름다운 사람으로 만들어준다고 확신합니다. 그러나 누군가가 아름다운 사람이 되었다고 해서 다음 사랑이 성공적일 거라고는 장담할 수 없습니다. 오스카 와일드는 "로맨틱한 사랑은 자기를 기만하는 것으로 시작해 타인을 기만하는 것으로 끝난다."고 말했습니다. 우리는 영원히 스스로를 속이는 사람에 가까울지도 모릅니다.

그러나 또 다시, 바람은 불어오고 불어 갈 겁니다.

2. 이름
<갖고 싶어>: 워너원

Party in My Pool
작곡: 정호현(e.one)

너의 이름까지 갖고 싶어

너의 눈빛 작은 손짓 하나까지

너의 기억까지 안고 싶어

너의 시간 모든 순간까지 다

갖고 싶어

숨겨왔던 마음이 자꾸만 새어 나와

너를 보면 마주 보면

어지러워 너무나 예쁜 걸

Wanna be your love

자꾸 나의 마음이 No

너를 보면 마주 보면

마음대로 안 돼

매일 하루의 끝에 시답지 않은 얘길 하고 싶은데

나의 계절의 끝에서 너와의 얘길 담고 싶어

네 마음을 갖고 싶어

갖고 싶어

I wanna be yours I wanna be yours Girl

아무도 비교할 수 없어 나만의 World

내 눈동자에는 너만 담고 싶어

지금 이 순간도 너를 갖고 싶어

바보처럼 혼자 속삭이다가

Be afraid 네 앞에 서면 자꾸 작아져 왜

너를 보면 마주 보면

내 옆자리엔 You 너였으면 해

너의 이름까지 갖고 싶어

너의 눈빛 작은 손짓 하나까지

너의 기억까지 안고 싶어

너의 시간 모든 순간까지 다

매일 하루의 끝에 시답지 않은 얘길 하고 싶은데

나의 계절의 끝에서 너와의 얘길 담고 싶어

네 마음을 갖고 싶어

너만 생각하면 내 심장이 떨려서 말하고 싶지만 이리 오래 걸렸어

Baby 너에게 해주고 싶은 말들이 너무나 많아

멈춰있던 내 심장을 네가 깨웠어

수백 번 다시 생각해도 내겐 오직 너

너도 내가 좋다면 지금 당장 말해줘

You know what I mean

너란 아이를 Dreaming

맘을 열어줘 내게 더 다가와

매일 하루의 끝에 시답지 않은 얘길 하고 싶은데

나의 계절의 끝에서 너와의 얘길 담고 싶어

네 마음을 갖고 싶어

2. 이름
<갖고 싶어>: 워너원

    우리는 사랑의 아픔을 잘 알고 있지만, 앞으로도 변함없이 누군가를 사랑할 것입니다. 자신을 다시 상처받기 쉬운 상태로 내몰겠죠. 열렬하게 사랑에 빠진 채, 나와 그 이외의 모든 인물들을 풍경으로 만들어 버릴 거예요. 사랑의 기쁨은 그 어떤 감정에도 비할 바 없이 우리를 가득 채우고도 남습니다.

    사랑이란 감정은 왜 이처럼 우리를 절절하게 사로잡을까요? 사랑에 관한 영원한 고전 중 하나인 플라톤의 『향연』에서 아리스토파네스가 묘사한 것처럼, '사랑이란 그 옛날 잃어버린 자신의 반쪽을 찾아서 하나의 완전한 몸이 되려는 욕망'이기 때문인지도 몰라요. 『향연』의 아리스토파네스에 따르면, 인간은 본래 두 개의 얼굴과 네 개의 팔다리를 지녔지만, 인간의 오만함을 참지 못한 제우스에 의하여 영영 반으로 쪼개져 버린 존재입니다. 플라톤이 기록해 둔 이 신화적인 이야기는 뮤지컬 「헤드윅」의 주제곡으로 쓰이며 많은 사람들을 울렸던 ⟨The Origin of Love⟩

의 모티브가 되기도 했죠.

이런 해석에 따른다면, 우리들은 본래 나 자신이었다가, 어느 순간 상실해 버린 '또 다른 나'를 찾으려는 원초적인 갈망에 시달립니다. 다시금 완전한 존재가 될 수 있게 나를 구원해 줄 누군가를 찾아 평생을 방황하는 것이죠. 그러니 설령 누군가가 나의 '잃어버린 반쪽'이 아니었음을 알게 되고 사랑의 슬픔에 허우적대다가도, 우리는 자신의 반쪽을 찾으려는 갈망을 포기할 수는 없습니다. 사랑에 울고불고, 죽네 마네 땅을 치다가도, 어느 순간 그 아픔을 싹 잊은 듯 다른 누군가와 뜨거운 사랑을 나누는 우리들의 모습은 퍽 자연스럽습니다.

그런 우리네 모습은 조금 짓궂게 느껴질 때도 있지만, 어쨌든 사랑은 다른 사랑으로 잊혀지고, 우리들은 모두 망각의 축복을 입은 채 살아갑니다. 어쩌면 우리는 결국 '이별까지도 사랑의 한 과정'이라는 것을 직감적으로 알고 있는지도 모르겠습니다.

너의 이름까지 갖고 싶다는 것

워너원의 〈갖고 싶어〉는 아름다운 노랫말의 연가(戀歌)입니다.

이 곡의 가사 중에서도 백미는, 노래를 시작하는 첫 구절입니다. "너의 이름까지 갖고 싶어."라는 한 마디 말이죠. 이 구절을 듣고 저는 누군가의 '이름'이 갖는 의미에 관하여 생각했습니다. 〈갖고 싶어〉의 화자는 너의 눈빛과 작은 손짓, 너의 기억, 너의 시간과 모든 순간을 갖기 이전에 가장 먼저 "너의 이름"을 갖고 싶다고 말합니다. 과연 사람들의 마음을 훔치기에 충분한 '철학적인' 사랑 노래라고 생각합니다.

우리가 흔히 누군가에게 사랑을 고백할 때 "난 너의 이름을 갖고 싶어."라거나 "난 너의 이름을 사랑해."라고 말하지는 않습니다. 이름을 사랑한다, 라는 표현은 자못 낯설게 느껴지는 게 사실입니다. 이름이 사랑의 대상이 된다는 발상부터가 조금은 어색하게 느껴집니다. 이름이란 사람이나 사물을 구별하기 위하여 붙이는 임의의 약속이니까요. 누군가의 얼굴이나 육체, 성품이나 취향, 그가 걸어온 과거 등등을 아끼고 사랑한다는 표현은 자연스럽습니다. 그러나 그의 이름을 사랑한다는 건 다소 의외에 가까운 것 같습니다.

그러나 이 예외적이고 어색한 표현에 삶과 사랑의 가장 중요한 진실이 담겨 있습니다. 누군가의 이름이야말로, 아니, 어쩌면 오로지 이름만이 앞서 말한 모든 것들, 너의 눈빛과 작은 손짓, 너의 기억, 너의 시간과 모든 순간, 즉 너의 전체를 아우를 수 있는 가장 정확한 표현이기 때문입니다. 너의 이름을 사랑한다는 건 너의 모든 것을 사랑한다는 표현입니다. 나아가 너의 그 모든 것들을 합친 것보다 너라는 존재를 더 사랑한다는 시적인 문장입니다.

왜냐하면, 오로지 너의 이름만이 너를 이 세상에 단단히 자리 매김할 수 있는 '유일한' 지표니까요. 나는 오직 나의 이름이고, 너는 오직 너의 이름입니다. '이름'은 우리가 일상적으로 생각하는 것보다 훨씬 더 깊고 중요한 의미를 지니고 있습니다.

생각해보면, 인간을 포함한 모든 생물과 무생물을 통틀어 변하지 않고 고정된 것이란 아무것도 없습니다. 고정된 것처럼 보이더라도, 단 한 순간도 쉬지 않고 꾸불꾸불 꿈틀꿈틀 변화를 거듭합니다. 세계의 진리는 '고정되어 있음'이 아니라 '만물이 변화한다는 것'입니다.

우리의 외모는 매 순간 바뀝니다. 안 그런 것 같아 보여도, 찰나의 순간만큼 달라지죠. 그 작은 순간들이 모여서 우리 모두를 언젠가 쭈그렁 노인으로 만든다는 것은 이 세계가 생명에게 부여한 절대적인 숙명과 같습니다. 우리의 손짓과 눈빛 또한, 일생에 단 한 번도 100퍼센트 일치하는 모양새로 반복되진 않습니다. 우리가 로봇이 아니라면, 아니, 설령 로봇일지라도 (절대적인 관점에서 본다면) 거기엔 지극히 미세한 오차가 있을 수밖에 없습니다.

누군가의 기억이나 성격이란 말할 필요도 없습니다. 기억은 시간의 흐름에 따라 다른 빛깔을 띠고, 이런저런 경험들을 거치면서 우리의 성격도 들쭉날쭉 변합니다. 불가(佛家)에선 의식과 무의식을 총합하면 한 순간에도 수천 가지의 생각거리들이 '나라는 존재'를 휘감고 있다고 말하는데, 그런 관점에 따른다면 인간의 내면에 '나'라는 실체(자아)가 떡하니 버티고 있다는 관념이야말로 오히려 허위에 가까울 거예요. 그래서 불교 철학에선 '공'(空)이라는 개념이 그토록 중시됩니다. '나'라는 자성(自性)은 존재하지 않으며, 세계의 모든 것은 텅 비어있는 본성을 지닌 채 서로 철저하게 연결되어 긴밀히 관계를 맺고 있을 뿐입니다. 그래서 불교에선 나를 비롯한 일체의 만물과 온 우주가 저 작고 하잘 것 없는 '티끌' 한가운데 머무른다는 장대한 화엄(華嚴)의 사상까지 등장하는 것입니다.

물론 우리 대다수는 평생에 걸쳐 나를 '나'로 인식하고, 너를 '너'로 인식하며 별 문제 없이 살아가지만요. 너의 모든 것을 사랑한다고 대담하게 고백하면서 말이죠. 사실 그 고백을 하는 순간에도 '너'는 변하고 있을 텐데.

우리에게 자신만의 이름이 없다면

사실 서구 철학의 눈으로 보았을 때도, 우리는 '나'라고 꼭 집어 말할 수 있는 인격이 존재하는지에 대하여 충분히 의문을 품을 수 있습니다. 왜냐면 나는 매 순간 변화하고 있기 때문이며, 바로 '0.1초 전의 나'와 '현재의 나' 사이에서도 (절대적인 관점에서 본다면) 어떤 '동일함'을 찾을 수는 없기 때문입니다.

현대 심리철학은 바로 이 문제에 천착합니다. 내가 만약 사고로 뇌를 크게 다쳐서 기억상실증에 걸리거나, 심지어는 어떤 정신적인 백지 상태가 되더라도, 나는 계속 나로 남을 것입니다. 주위에선 여전히 저를 '박지원'이라 부르겠죠. 반대로 내가 나의 뇌를 제외한 모든 육체를 인공적인 물질로 대체한다 하더라도, 제 주위의 사람들이 저를 저의 '이름'으로 불러주는 것은 변함이 없을 것입니다. 이런 관점에서 본다면, 나는 내 육신도 아니고, 나의 뇌도 아니며, 내 기억도 성격도 아닌 어떤 존재라고 보아야 마땅할 것입니다. 그렇다면 나는 무엇일까요?

나는 오직 나의 이름입니다. 여기서 이름이란 하나의 철학적인 은유에 가깝습니다. 갓 엄마의 뱃속에서 나온 한 마리 동물과도 같은 존재를 이 세상에 '한 사람의 개별적인 인격체'로 자리잡게 만드는 것은 바로 나의 이름입니다. 나의 이름이란 내 평생에 걸쳐 (다른 누군가가 아니라) 오직 '나'를 가리켜주는 '단 하나의 구체적인 고유어'입니다. 그렇듯 고유하게 나를 사람들과의 관계 속에 위치시키며, 사회적 존재로 성장시키고, 그 어떤 순간에도 내가 나라는 사실을 잊지 않게 만드는 것, 그것이 바로 이름입니다. 물론 '박지원'이라는 이름은 나라는 존재를 명명하는, 눈에 보이지 않는 하나의 약속에 불과합니다. 그렇지만 이름은, 마치 매 순간 정확히 북극을 가리키고 있는 나침반의 지침처럼, 어떤 물리적인 실체도 없이 일평생 나의 삶을 이 세계 안에 오롯이 정박하게 합니다. 이름은 인생이라는 허허벌판 위에 세워진 나의 항구적인 이정표입니다.

'이름 없는 인간의 비극'은 우라사와 나오키의 걸작 만화 『몬스터』의 주제이기도 합니다. 이 만화에선 실제 동구 공산 체제에서 폭력적으로 자행되었던 집단 양육 실험의 폐해가 주요한 모티브로 활용되었습니다. 작품 속의 아기들은 부모의 손을 떠나서 수수께끼의 고아원 '511킨더하임'에서 양육됩니다. 이들은 철저하게 통제된 환경 속에서, 사회적으로 '우수한' 존재가 되기 위한 실험용 인간으로 자라나게 되죠. 그들에겐 이름이 없습니다. 즉, 그들은 누군가의 애정에 입각한 '개별적인' 존재로 자리매김하지 못했습니다. 그 개별성의 부재, '이름의 부재'는 작품에서 끔찍하리만큼 황폐하고 황량한, 끝이 없는 사막으로 묘사

됩니다. 우리는 이 작품에서 '이름 없는 인간'이 어떻게 괴물('몬스터')이 되는지를 엿볼 수 있습니다.

『몬스터』는 이 사회와, 또 부모로부터 자신의 이름을 박탈당한 것을 뒤늦게 알아채 버린, 그래서 끔찍한 악마가 되어버린 한 천재적인 영혼의 고통에 찬 단말마입니다. 이 만화는 정말로 슬픈 이야기를 담고 있습니다.

'너의 이름'을 사랑하는 일에 대하여

어린 시절, 자신의 이름을 지어주고 '너는 이 세상에서 유일한 사람'이라는 것을 상기시켜주는 것은 보통 그의 부모입니다. 그렇지만 꼭 부모가 아니더라도 상관없습니다. 그게 누구든 자신이 '이 세상에서 고유하고 대체불가능한 사람'이란 것을 인식시켜주는 존재가 있어주기만 하면 됩니다. 꼭 혈육이 아니더라도 상관없어요. 그러나 단 한 사람이라도 '이름을 불러주는' 이가 곁에 남아 있어야 합니다. 이 세상에 태어나서 성장해가는 이에게, 누군가는 반드시 그런 헌신적이고 유일한 존재가 되어 주어야 합니다.

자크 프레베르의 아름다운 시 「어느 새의 초상화를 그리려면」에서 묘사되고 있는 것처럼, 사랑이란 누군가의 새가 되는 일과 같습니다. 사랑은 누군가의 새장을 그리는 일이며, 내가 아끼는 바로 그 새에 대하여 끊임없는 인내와, 용기와, 기다림과, 조심스러움의 미덕들을 두루 베풀어야 하는 일입니다. 〈갖고 싶어〉의 노랫말 그대로, 사랑은 내 계절의 끝에서 너와의 얘길 담는 일이며, 마침내 너의 그 모든 것들을 내 안에 품어내는 일입니다.

그러나 끝내 '너의 이름'까지 그 그림 속에 그려내진 못하겠죠. 너의 이름은 너의 미소와 표정, 눈빛과 기억, 너의 모든 아름다움과 슬픔을 합친 것보다 더 발견하기 힘든 어딘가에 고요히 머물러 있으니까요. 너의 이름은 너의 모든 것 그 이상이니까요.

그래서 사랑이란, 「어느 새의 초상화를 그리려면」의 마지막 구절처럼……. 어쩌면 그 그림 한 구석에 그저 '나의 이름'을 가만히 적어 두는 일일지도 모릅니다. 「어느 새의 초상화를 그리려면」도, 〈갖고 싶어〉도 사랑과 이름의 관계를 이처럼 아름답게 명상합니다.

3. 진실
\<Cheer Up\>: 트와이스

작사: Sam Lewis
작곡: 블랙아이드필승

매일 울리는 벨벨벨 이젠 나를 배려해줘

배터리 낭비하긴 싫어

자꾸만 봐 자꾸자꾸만 와 전화가 펑 터질 것만 같아

몰라 몰라 숨도 못 쉰대 나 때문에 힘들어 쿵

심장이 떨어진대 왜

걔 말은 나 너무 예쁘대 자랑하는 건 아니고

아 아까는 못받아서 미안해 친구를 만나느라

shy shy shy

만나긴 좀 그렇구 미안해 좀 있다 연락할게 later

조르지 마 얼마 가지 않아 부르게 해줄게 Baby

아직은 좀 일러 내맘 갖긴 일러 하지만 더 보여줄래

CHEER UP BABY CHEER UP BABY

좀 더 힘을 내

여자가 쉽게 맘을 주면 안 돼

그래야 니가 날 더 좋아하게 될 걸

태연하게 연기할래 아무렇지 않게

내가 널 좋아하는 맘 모르게

Just get it together and then baby CHEER UP

(I need you)

안절부절 목소리가 여기까지 들려

땀에 젖은 전화기가 여기서도 보여

바로 바로 대답하는 것도 매력 없어

메시지만 읽고 확인 안 하는 건 기본

어어어 너무 심했나 boy 이러다가 지칠까 봐

걱정되긴 하고

어어어 안 그러면 내가 더 빠질 것만 같어

빠질 것만 같어

답장을 못해줘서 미안해 친구를 만나느라

 shy shy shy

만나긴 좀 그렇구 미안해 좀 있다 연락할게 later

조르지 마 어디 가지 않아 되어줄게 너의 Baby

너무 빨린 싫어 성의를 더 보여 내가 널 기다려줄게

CHEER UP BABY CHEER UP BABY

좀 더 힘을 내

여자가 쉽게 맘을 주면 안 돼

그래야 니가 날 더 좋아하게 될 걸

태연하게 연기할래 아무렇지 않게

내가 널 좋아하는 맘 모르게

Just get it together and then baby CHEER UP

나도 니가 좋아 상처 입을까 봐 걱정되지만 여자니까 이해해주길

속마음 들킬 까봐 겁이나 지금처럼 조금만 더 다가와

그리 오래 걸리진 않아 Just get it together and then baby CHEER UP

Be a man, a real man gotta see u love me like a real man

Be a man, a real man gotta see u love me like a real man

3. 진실
<Cheer Up>: 트와이스

사랑이 시작되려면, 누군가가 먼저 마음을 열고 자신 앞의 한 사람에게 다가서야 합니다. 그런데 너무 쉽게 마음을 열면, 상대가 내 진심을 가볍게 생각하고 멀어져 버릴 수도 있을까요? 어쩌면 그럴지도 모르겠습니다. 또는, 그러지 않을지도 모르겠습니다.

중요한 것은 그게 아닐지도 모르겠습니다…….

사실 트와이스의 <Cheer Up>라는 곡에 대해서 저는 그리 우호적인 편이 아니었습니다. 개인적으로 저는 이 곡을 통해서 조금은 뒤늦게 트와이스에 빠져들었던 팬에 속하는데요. 처음 그들에게 반했던 곡인만큼, <Cheer Up>의 사랑스럽고 밝은 퍼포먼스를 트와이스의 여느 곡들보다 더 좋아하면서도, 이 곡의 노랫말이 지닌 보수적이고 구시대적인 성격이 항상 마음에 걸리곤 했습니다. 트와이스의 여성 팬들 중 적지 않은 분들도 저와 비슷하게 생각하고 계신 것으로 알고 있습니다.

'그 끔찍한 상처에도 불구하고'

인문학 강연에 참석한 청중들과 이 노래를 감상하고 이야기를 나눌 때마다, 저는 테일러 스위프트의 〈Blank Space〉를 꼭 함께 들곤 했습니다. 테일러 스위프트는 미국의 1989년생 여성 싱어송라이터인데, 말 그대로 전 세계를 들썩이게 만드는 아티스트이죠. 전 세계적으로 4천만 장 이상의 앨범을 팔아 치우고, 그래미 어워드를 열 차례나 수상한 이력을 갖고 있습니다. 아마 이 가수를 모르시는 분은 별로 없으시겠죠? 팬이 많은 만큼 안티도 꽤나 많고, 사생활이 이런저런 구설에도 자주 오르지만, 적어도 그녀의 독보적인 음악성에 대해서만큼은 의심을 품는 사람이 거의 없습니다.

그중에서도 〈Blank Space〉는 압권입니다. 저는 이 노래를 그야말로 듣고 또 듣고 있습니다. 이 곡의 노랫말은 제가 알고 있는 젊은 여성 아티스트의 목소리 중에서 가장 단호하고, 편견에 거리낌이 없으며, 가장 당당하고 또 용감합니다. 〈Blank Space〉의 여성 화자는 자신 앞에 나타난 한 남성에게 당차게 말을 겁니다. "만나서 반가워, 어디서 왔니? 그런데 있지, 난 네게 믿을 수 없을 만큼 멋진 것들을 보여줄 수 있어."라고 스스럼없이 자기 마음을 표현하죠. 이어 그녀는 담백한 태도로 "너와의 만남은 내 실수로 남을지도 모르겠지만, 어때, 나랑 사랑을 시작해 볼래?"라고 말하며 상대를 유혹합니다. 한번 두고 보자고, 우리의 사랑이 영원히 계속될 수 있는지 없는지를……

그렇지만 이렇게 자신만만한 그녀는, 자신이 사랑으로 "끔찍한 상처(nasty scar)"를 입을 것을 이미 알고 있습니다. 이 사랑 또한 "고통과 울음, 엄청난 폭풍, 질투, 잠깐의 백일몽"으로 끝나버릴 것을 알고 있어요. 그럼에도 불구하고 그녀는 다음과 같이 말합니다. 너와 나는 아직 젊고 무모하니까, 그 끝이 숨 막히고 고통스러울 걸 알더라도, 다시 한 번 함께 저 멀리까지 가 보았으면 좋겠다고. 다만 이번 사랑이 끝나고 나면 나에게 말해주길 바란다고. 네게도 우리 사랑이 그 끔찍한 고통을 견딜 만한 가치가 있었는지를.

이런 날 보고 내 전 남자친구들은 미쳤다고 말하지만. 그런 시선 따위는 상관없다고. 왜냐면 내게는 널 받아들일 수 있는 "텅 빈 공간(blank space)"이 있으니까. 나의 그 '블랭크 스페이스', 내 마음속의 여백은, 과거의 고통에 연연하지 않고, 다시 한 번 자신을 끔찍한 상처 앞에 나를 전적으로 내던질 수 있는 '힘'이란 것을 아니까. 난 새로운 것을 받아들이기 위해 지나간 것을 털어낼 수 있는 사람이니까. 나는 매 순간 새롭게 태어날 수 있는 사람이니깐.

이 가사를 처음 듣고 약간은 소름이 돋았습니다. 오래 전 도올 김용옥 선생은 비틀즈의 명곡 〈Let It Be〉에 대해 해설하며 이 친구들은 노자의 무위(無爲) 사상을 노래하는 '서양의 철학가'라고 (그 특유의 흥분이 섞인 하이톤으로) 지극하게 예찬했던 적이 있습니다. 마치 〈Let It Be〉를 처음 들었던 도올 선생처럼, 〈Blank Space〉를 처음 들은 직후, 제 안에도 그간 즐겁게 공부했던 니체와 노자, 베르그송과 들뢰즈 등등 여러 철학자들의 말들이 주마등처럼 스쳐갔습니다. 그것도 거창하고, 무겁고, 추상적인 노랫말이 아니라, 그저 솔직하고 당당한 사랑의 곡에 그런 생각거리를 담았다는 사실이 더 대단하게 느껴졌습니다.

'남자는 배, 여자는 항구'라는 어떤 여성관

반면, 〈Cheer Up〉의 화자는 어떤가요. 서양과 동양, 미국과 한국이라는 문화권의 차이는 있겠지만, 역시나 매우 아쉽게 느껴지는 건 사실입니다.

〈Cheer Up〉의 화자는 여자가 남자에게 먼저 쉽게 마음을 주면 안 되니, 네가 날 더 좋아할 수 있도록 태연하게 연기를 계속할 거라고 말합니다. 내가 너를 좋아하는 걸 모르게, 내 진짜 속마음을 들키지 않게 행동할 거라고, 홀로 가슴을 졸이면서 말이죠. "나도 네가 좋아. 상처 입을까 봐 걱정되지만, 여자니까 이해해 주길⋯⋯." 이런 생각을 하며 도리어 그녀는 자신의 남자친구에게 "좀 더 힘을 내."라고 말합니다. 자신에게 천천히 다가와 달라고, 조급해 하지 말고 좀 더 오랜 애정과 성의를 보여 달라고 차근차근 주문합니다. 그러면 언젠가 난 네 여자가 될 거니까. 나도 네가 좋으니까.

화자의 마음이 이해는 되면서도, (체감컨대) 저 먼 구석기 시대에 만들어진 흘러간 옛 유행가 같다는 생각을 지울 수가 없었습니다. 우리나라 가요로 친다면, 제가 알기에는 1970년대와 1980년대의 곡들 중에 이런 가사들이 참 많았습니다. 남자가 먼저 자신에게 흠뻑 반해서 오랫동안 변함없이 잘해주길 기다리고, 자신의 속마음을 솔직하게 표현하지 못한 채, '여자가 쉽게 보여선 안 된다'는 부모님의 전통적인 가르침을 실천하는 화자들…….
"남자는 배, 여자는 항구"라면서 자신의 마음을 꾹꾹 억누르는 그녀들. 남자를 기다리고, 인내하고, '어느 순간까진' 자신을 다 보여주지 않으며 태연한 척 연기하는 그녀들…….

단지 풋풋하고 부끄럼 많은 〈Cheer Up〉의 화자를 두고 너무 가혹하게 이야기하는 것인지도 모르겠습니다. 트와이스라고 언제나 〈Cheer Up〉의 정서와 유사한, 보수적인 노래만 불렀던 것도 아닙니다. 그녀들은 물론 — 이 책에도 여러 싱글들이 소개되고 있지만 — 테일러 스위프트의 〈Blank Space〉와 유사한 '당차고 적극적인' 노래들도 즐겨 부르고 있죠. 테일러 스위프트 또한 〈Love Story〉처럼 한 여자가 백마 탄 왕자를 기다린다는 내용의 곡을 발표하고 불러왔던 것도 사실입니다.

어찌 됐든, 결국 한 사람이 감당할 수 있는 건 오직 자기의 진실뿐입니다. 이소라가 〈바람이 분다〉에서 노래한 것처럼, 사랑이 비극인 이유는 결국 '그대는 내가 아니기' 때문입니다. 제아무리 서로에 대하여 뜨거운 연정을 품고 있다고 하더라도, 두 사람이 제각기 느끼는 사랑의 속도와 온도의 차이는 필연적으로 발생할 수밖에 없습니다. 슬프게도, 어느 일방의 사랑이 식는 일 역시 막을 수 없습니다. 여자가 쉽게 마음을 열든 어렵게 마음을 열든 간에 남자의 마음이 떠나는 일은 막기 힘들고, 이는 물론 성별을 바꾸어도 마찬가지일 거예요.

상처받기 두려워서, 내가 여자니까, 남자에게 나를 더 좋아해 줄 것을 기대하는 이런 〈Cheer Up〉의 모티브는 극단적인 '사이

비' 진화심리학자들이 들으면 얼씨구나 할 것입니다. 진화심리학의 관점에선, 인간은 오랜 세월 동안 동물이라는 정체성을 벗어나지 못한 채 진화했으므로, 인간의 마음을 알려면 그 진화의 과정을 알아야 한다고 주장합니다. 성(性)을 바라보는 진화 심리학의 대체적인 의견에 따르면, 여성은('포유류 암컷'은) 임신을 통해 자기 새끼의 양육을 우선시하는 '본능'을 가지고 있고, 남성은('포유류 수컷'은) 자신의 유전자를 퍼뜨리기 위해 더 젊은 여자, 더 많은 여자들과 성관계를 하는 일에 힘쓰는 '본능'을 가지고 있습니다.

진화심리학의 가정에 따르면, 여성들은 남성의 재력과 야망을 봅니다. 자신과 가족을 안정적으로 먹여 살릴 수 있어야 하기 때문입니다. 반면 남성들은 신체적 매력을 중시하며 죽을 때까지 정절을 지킬 수 있는 아내를 원합니다. 아내는 내 아이를 쑥쑥 잘 낳아주어야 하고, 그 아이가 내 아이라는 의심을 할 필요가 없어야 하니까요.

진화심리학을 지나치게 신봉하는 일군의 학자들은, 남성들은 미인을 얻기 위해서 자신의 값어치를 올리려 애쓰고, 여성들은 그런 남성의 눈에 들기 위해서 화장과 몸치장에 힘쓴다는 것이 '자연적인' 진화의 결과라고 말합니다. 이러한 진화심리학의 과감한 가정에 따른다면, 남자들의 마음을 붙잡으려는 '여성의 본능'은 마치 '자연의 이치'와도 같습니다. 남자들은 언제든 다른 여자에게로 떠나가 버리거나, 좀 더 어리고 아름다운 여자에게 눈길을 돌릴 가능성이 크니까요. 그리고 아직도 꽤나 많은 사람들이 그럴 듯한 상식으로 여기는 '여성적인 태도', '여자의 마음'이란 고정관념이 〈Cheer Up〉 같은 깜찍한 히트 넘버에서 이처럼 은근히 재생산되고 있습니다. 그것도 무려 2010년대 후반에, 명백하게 시대착오적으로 말이죠.

사랑이란 '나의 선언'이자 '나의 진실'이므로

남성('포유류 수컷')과 여성('포유류 암컷')의 진화론, 동물적 본능, 성별 구애(求愛) 전략 따위의 개념들에 전적으로 양보하기엔, 사랑은 훨씬 더 고귀하고 아름다운 일이라고 믿습니다. 사랑에 실패하는 상처는 성별을 떠나 언제든, 누구에게든 끔찍합니다. 언제나 상대를 좀 더 사랑하는 사람이 사랑 앞에서 더 약하고 무력한 사람이 된다는 것은, 슬프지만 분명한 현실인 것 같습니다. 그럼에도 불구하고 사랑은 자신을 취약하고 깨지기 쉬운 위치에 내어놓는 일입니다. 누군가를 있는 힘껏 사랑하면서 자기를 약자로 위치시키는 일은 두렵고 겁이 나지만, 그처럼 상처받는 일을 두려워하지 않는 진실한 마음의 힘이 우리를 더 멋진 사람으로 만들어 준다는 사실만은 변하지 않습니다.

상처를 받은 그 순간만큼은 믿기 힘들더라도, 결국은 그 힘이 한 사람을 구원합니다.

상대가 내 진심을 잘 받아들여 주었든 아니면 가볍게 여겼든 간에, 내 안에 상대에 대한 진심이 있었다는 것만이 중요합니다. 오직 그것만이 내가 알 수 있고, 나를 배반하지 않고, 나를 더 성장하게 할 수 있는 유일한 '진실'입니다. 사랑이란 상대를 향한 선언이기 이전에 나 자신에 대한 선언이자 예언과 같기 때문입니다. 내가 깊고 넓게 사랑하는 만큼, 내가 더 깊고 넓은 사람이 될 수 있습니다. 우리는 누군가를 사랑함으로써 좀 더 나은 사람 즉, '자신의 사랑에 걸맞은' 더 아름다운 사람이 될 수 있습니다. 그리고 우리가 한 사람을 사랑한다는 것의 어려움과 그 행위의 한없이 깨지기 쉬움을, 그 당찬 선언과 약속의 위태로움을 알고 있다면……. 이 서늘한 바람으로 가득한 세상 속에서, 누군가를 깊이 사랑해 보았던 사람이야말로 그런 긴장감을 홀로 견뎌 낸 강인한 사람입니다.

다시 한번 글의 처음으로 돌아가 보겠습니다. 쉽게 마음을 열면, 상대가 내 진심을 가볍게 생각하고 멀어져 버릴 수도 있을까요? 어쩌면 그럴지도 모르겠습니다. 또는, 그러지 않을지도 모르겠습니다. 쉽게 마음을 열었다고 일찍 시들어버린 채 도망가 버리는 사람이 있다면, 그런 사람에게 마음을 뺏기지 않은 것이야말로 다행스러운 일이라는 생각도 듭니다.

그렇지만 상대가 도망가고 말고는 중요하지 않습니다. 우리가 영원히 보듬어야 할 것은, 다시 한번 힘을 내렴, 이라고 말을 건네야 할 것은 오로지 자기 자신입니다. 때때로 한없이 상대에게 의존하고 싶고, 한없이 약해지는 것이 누군가에게 반해버렸을 때 자연스레 갖게 되는 마음이라지만, 사랑의 진실은 결국 타인이 아니라 자신 안의 힘, 상처를 두려워하지 않고 '다시 한번'을 기약할 수 있는 그 밝고 뜨거운 에너지에 있다고 믿습니다.

4. 운명
<DNA>: 방탄소년단

작사/작곡: Pdogg
    "hitman" bang
    KASS
    Supreme Boi
    SUGA
    Rap Monster

첫눈에 널 알아보게 됐어
서롤 불러왔던 것처럼
내 혈관 속 DNA가 말해 줘
내가 찾아 헤매던 너라는 걸

우리 만남은 수학의 공식
종교의 율법 우주의 섭리
내게 주어진 운명의 증거
너는 내 꿈의 출처
Take it take it
너에게 내민 내 손은 정해진 숙명

걱정하지 마 love
이 모든 건 우연이 아니니까
우린 완전 달라 baby
운명을 찾아낸 둘이니까

우주가 생긴 그 날부터 계속
무한의 세기를 넘어서 계속
우린 전생에도 아마 다음 생에도
영원히 함께니까

이 모든 건 우연이 아니니까
운명을 찾아낸 둘이니까
DNA

I want it this love I want it real love
난 너에게만 집중해
좀 더 세게 날 이끄네
태초의 DNA가 널 원하는데

212

이건 필연이야 I love us
우리만이 true lovers

그녀를 볼 때마다 소스라치게 놀라
신기하게 자꾸만 숨이 멎는 게
참 이상해 설마
이런 게 말로만 듣던 사랑이란 감정일까
애초부터 내 심장은 널 향해 뛰니까

걱정하지 마 love
이 모든 건 우연이 아니니까
우린 완전 달라 baby
운명을 찾아낸 둘이니까

우주가 생긴 그 날부터 계속
무한의 세기를 넘어서 계속
우린 전생에도 아마 다음 생에도
영원히 함께니까

이 모든 건 우연이 아니니까
운명을 찾아낸 둘이니까
DNA

돌아보지 말아
운명을 찾아낸 우리니까
후회하지 말아 baby
영원히
영원히
영원히
영원히

함께니까

걱정하지 마 love
이 모든 건 우연이 아니니까
우린 완전 달라 baby
운명을 찾아낸 둘이니까

La la la la la
La la la la la
우연이 아니니까

La la la la la
La la la la la
우연이 아니니까
DNA

4. 운명

<DNA>: 방탄소년단

사랑에 빠진 너와 나는 운명일까요?

우리는 자신이 사랑해 마지않는 그와 그녀를 나의 운명적인 짝이라 단언하곤 합니다. 심정은 충분히 이해합니다. 그 심정을 이해하는 것과는 별개로, 방탄소년단이 부른 <DNA>의 노랫말을 과학적으로 '옳다구나' 긍정할 수는 없겠지만 말이죠. 물론 제가 긍정한들 부정한들 사랑에 빠진 연인들은 자기들의 사랑을 "수학의 공식, 종교의 율법, 우주의 섭리," 그리고 "내게 주어진 운명의 증거"라고 확신하며 달콤한 순간을 누릴 것입니다.

사실 사랑은 이성과 논리보단 직관과 감정의 영역에 가까우니, 사랑과 운명의 관계를 무조건 부정하는 태도가 썩 옳다고 단정할 수만도 없겠습니다. 우주가 생겨난 그날부터, 무한의 세기를 넘어서 너를 사랑하겠다는 <DNA>의 선언은, 그 자체로 사랑의 광활한 신비를 어렴풋이 담고 있는 것 같기도 합니다. 신카이 마코토의 애니메이션 <너의 이름은> OST의 노랫말들이 떠오르네요. "우리의 전전전세(前前前世)부터, 나는 너를 찾기 시작했어.", "운명이나 미래라는 말이 수없이 가로막아도, 우린 그 말들이 닿지 않는 곳에서 사랑을 해."와 같은 표현들은 〈DNA〉의 정서와 꽤나 유사한 것 같습니다.

한 인간의 본성(이라는 게 있다면)이 우리 몸속의 유전적인 정보, 즉 DNA로 결정되는가, 아니면 태어난 이후의 환경에 따라 달라지는가에 관해선 수많은 연구들이 쌓여 있습니다. 그만큼 관심이 뜨겁고 논란의 여지가 많은 주제니까요. 최근의 추세는 유전적인 영향이 무시할 수 없을 만큼 크지만, 환경에 의해 변할 수 있는 여지도 분명히 존재한다, 정도로 다소 평화롭게(?) 절충되어 있습니다. 우리는 부모와, 부모의 부모와, 또 그 부모의 부모로부터 대대로 물려 내려오는 유전자의 절묘한 합성본입니다. 우리는 그 유전적인 바탕과 기질을 토대로, 그러나 자신의 유전자가 특징짓는 한계에만 전적으로 얽매이지는 않은 채, 한 평생 스스로의 운명을 만들어 갑니다.

우리의 조상들도 마찬가지였겠죠. 농경시대 이전, 우리 선조들은 사냥과 채집 등으로 식량을 구하면서 동굴과 동굴을 오가는 원시적인 삶을 살았습니다. 이 시절의 결혼은 한 아이의 아버지가 누군지 확인하기도 쉽지 않은, 그러니까 집단혼에 가까운 형태를 띠었다고 해요. 바야흐로 인간이 농사를 짓고 정착 생활을 시작하자, 자식의 부계(父系)를 확인하기 위하여 현재와 같은 결혼 제도가 정착되었다는 게 정설이죠. 부계 사회의 가부장적인 성격이 짙어지고, 집단 공동체의 각 씨족에서 비롯된 가문의 영향력이 막강해짐에 따라, 두 집안의 남녀가 서로의 얼굴도 모른 채 맞절을 하고 초례를 치르던 시대도 있었습니다.

지금은 자유연애와 일부일처제가 르네상스를 맞은 시대이며, 집단혼과 같은 결혼 방식은 대개 야만적인 것으로 여겨집니다. 아마 사랑에 관한 한 우리의 삶의 양식이 과거로 돌아가기란 쉽지 않을 것입니다. 누군가가 우리에게 얼굴도 성격도 모르는 사람과 결혼하라고 명령한다면 우리는 로미오와 줄리엣처럼 세상을 향한 전면전을 선포할지도 모를 일입니다.

그러나 어떤 방식의 연애와 결혼 제도로 한 남녀가 짝을 이루었든 간에, 우리의 조상들도 어느 빛나는 한 순간, 인생의 '화양연화'와 같은 시절, 누군가와 평생을 기약하며 첫날밤을 치르고 가족을 이루었을 것입니다. 두 사람이 자신의 의지와 욕망에 따라 하나로 결합했던 그 밤에는, 인류의 수수께끼와도 같은 태곳적의 신비가 서려 있습니다. 비록 지금보다 선택의 폭이 좁았다고 할지라도 그 또한 하나의 운명적인 결단이었습니다.

그들은 어쩌면 선택의 폭이 너무나도 넓어져 오히려 부자유의 덫, 선택불가능의 역설에 빠져버린 현대인보다 '사랑'이라는 감정에 더 충실했을지도 모르죠. 그들은 "내 혈관 속 DNA가 말해 줘. 내가 찾아 헤매던 너라는 걸."과 같은 (과학적 지식을 빌린) 멋진 표현을 하지 못했을지라도, 사랑이 서로의 혈관 속 DNA가 우연히 만나 춤추는 일임을, 그저 자신들의 뜨거운 심장 박동과 떨림으로 체현했던 것일지도 모릅니다. 그들은 그렇게 신비로운 삶을 살다 죽었고…….

그리고 우리들이 태어났습니다.

사랑, 우연을 필연으로 완성하는 일에 관하여

지금 사랑하는 연인은, 이 광활하고도 삭막한 세계 위에서, 우연히 만났습니다. 우리의 사랑은 운명의 명령이 아니라 우연의 명령에 가깝습니다. 그러나 그 우연을 "태초의 DNA", 죽음마저도 뛰어넘은 필연의 차원으로 만드는 것은 사랑하는 두 연인의 몫입니다.

영국의 피터 배커스라는 젊은이가 외계 생명체의 수를 계산하는 드레이크 방정식을 사용해 애인을 만날 확률을 산출했던 적이 있습니다. 그의 연구 결과에 따르면, 3,000만 명의 영국 여자 가운데 자신의 이상형은 단 26명뿐이었다고 합니다. 그가 런던에서 하룻밤 외출로 24~34세의 독신 여성을 만날 확률은 0.0000034%였다고 하는데, 이는 바꿔 말하면 28만5000분의 1의 확률로, 은하계에서 지적 생명체를 발견할 확률의 100배 정도 되는 극소한 수치였다고 하네요. 그러니 어쨌든 지금 자신의 사랑에 만족하는 이들은, 수만에서 수십만 분의 1이라는 확률을 뚫고 이상형을 찾은 셈입니다. 이렇게 쓰고 보니 '역시 운명이다, 혹은 기적이다'라는 생각이 드는 것도 사실입니다.

그러나 프랑스 철학자 알랭 바디우의 생각은 전연 다릅니다. 그는 일흔 넷의 나이에 자신이 평생에 걸쳐 쌓아 온 철학적 공력을 '사랑'과 엮어 책을 출간했는데요. 책의 제목은 『사랑 예찬』입니다. 『사랑 예찬』(도서출판 길)에 따르면, 두 연인이 만나서 사랑에 빠졌다는 것만으로 그 사랑의 기적, 혹은 운명을 이야기하는 것은 사랑에 대한 모독과 다르지 않습니다. 사랑이란 본질적으로 '시간'과 '지속성'을 생명으로 하기 때문입니다.

『사랑 예찬』은 현대 철학계의 크고 우뚝한 나무와도 같은 노학자의 일관된 철학 세계를 엿볼 수 있으면서도, 싱그럽고 가슴 벅찬 사랑의 문장들로 가득한, 그야말로 놀라운 책입니다. 제목 그대로 사랑을 한없이 예찬하는 철학서입니다. 사랑을 예찬하는 철학서라니, 잘 어울리지 않는 조합이라고 생각하고 계실지도 모르겠어요. 그러나 사랑도 철학입니다. 아니, 오직 사랑만이 철학일지도 모릅니다. 플라톤은 이미 『국가』에서 "사랑으로 시작되지 않은 것은 결코 철학에 이르지 못할 것"이라고 말한 바 있습니다. 바디우가 추구하는 그대로입니다.

알랭 바디우에 따르면, 사랑은 결코 운명으로부터 시작되는 것이 아닙니다. 이 세상에 정해진 운명이라고 일컬을 수 있는 불변하고 확정된 형식은 어디에도 없습니다. 바디우는 평생에 걸쳐 그처럼 폐쇄적이고 단정적인 모든 관념을 철학적인 허위이자, 악(惡)이라고까지 강조해 왔습니다. 그러나 중요한 것은 이제부터입니다. 바디우는 말하기를, 사랑이란 내가 알지 못했던 누군가와의 만남이라는 '완벽한 우연'을 '하나의 운명'으로 만들어가는 과정과 다름 아닙니다. 사랑은 우연으로 시작했지만, 그 우연을 필연으로 만들어가는 두 사람의 끈기 있는 모험입니다.

사랑은 끈기만도 아닙니다. 또 모험만도 아닙니다. 끈기와 모험의 절묘하고도 위태로운 만남입니다. 그런 과정의 순간들 속에서, 마치 하나의 필연처럼 두 사람만의 세계가 활짝 열립니다. 사랑은 그 새로움을 두 사람이 함께 경험하는 것이며, 이러한 새로움을 지속적으로 구축하려는 위태로운 노력입니다. 두 사람의 지속적인 노력은 혼자서는 결코 이룩할 수 없는 무한(無限)의 지평을 약속하니까요. 이것이 바디우의 철학에서 '사랑'과 '진리'가 갖는 공통점입니다. 나(주체)는 타인을 향해서 자신을 열어두고, 서로를 충실하게 탐색하며, 나와 그가 동시에 변화할 수 있음을 믿을 때에만 '사랑/진리'의 달콤한 열매를 손에 넣을 수 있습니다. 예외는 없습니다.

연애가 시작되는 순간의 황홀함은 존재하지만, 그것은 두 사람의 운명적인 결합과는 아무런 관계가 없습니다. 운명적인 사랑은 불현듯 찾아오는 것이 아니라, 함께 고통을 견디면서 완성해나가는 일입니다. 그 고통을 알랭 바디우는 '다리 절기(boiterie)'라는 비유로 묘사합니다. 사랑의 운명은 더 이상 내가 홀로 살아가던 그때처럼 '완전하게' 걷지 못하게 합니다. 사랑은 나 개인의 자유를 제한하는, 둘 사이의 절뚝거리는 걸음입니다. 그러나 이 '다리 절기'야말로 사랑을 지속적으로 실행할 수 있는 동력입니다. 운명적인 사랑이란, 두 사람이 함께 '평생을 절뚝거리며' 살아내는 것입니다. 누구 한 사람이라도 포기해 버리면 사랑은 거기서 끝이 나죠. 제풀에 지쳐버리는 사람도 속속 등장합니다. 그러므로 사랑의 운명은 그처럼 위태롭고도 어마어마한 긴장감으로 가득한 일입니다.

어쩌면 평생에 걸쳐, 운명을 '찾아낼' 우리니까

이미 오래 전 정해진 운명을 통해서 너와 내가 사랑에 빠질 수 있었다는 〈DNA〉의 선언은 뜨겁고 낭만적입니다. 사실 모든 사랑은 이와 같은 담대한 '선언'에서 시작됩니다. 알랭 바디우도 사랑의 선언이란, "선언되고 다시 선언되며, 여전히 다시 선언 되도록 예정된 무엇"이라고 말하고 있죠. 우리는 이 쿨하고 자 유로운 21세기에도 여전히 '영원한 관계'의 지평을 그리워합니 다. 사랑에 빠진 두 사람은 너와 나의 이 만남이 평생토록 이어 지길 간절히 바랍니다. 그래서 둘은 선언하고, 약속하고, 그 선 언과 약속을 반복하며 서로를 다잡습니다.

너와 내가 만난 것은 내 혈관 속 DNA 때문은 아닙니다. 그 러나 또 알 수 없습니다. 우리의 먼 조상들이 사랑의 신비를 말 없이 체험하고 육화하던 그 순간들이, 우리의 DNA 속 어딘가 에 각인되어 있을지도 모르니까요. 그렇지만 아직 우리의 운명 은 우리 앞에 도래하지 않았습니다. 너와 나를 이 세상에 존재케 했던 태곳적 신비로운 과거를 찾는 일은, 한 순간에 이루어지는 게 아니라 우리가 평생을 걸어야 할 일에 가깝습니다. 그러므로 〈DNA〉의 노랫말은 "운명을 찾아낸 우리니까"가 아니라 "운명 을 찾아낼 우리니까"가 되는 게 더 좋겠습니다. 너와 내가 만난 것은 수학의 공식, 종교의 율법, 우주의 섭리, 꿈의 출처 때문은 아닙니다. 그러나 너와 내가 이 사랑에 끊임없이 충실할 수 있 다면, 우리는 둘만의 절대적인 공식과 종교적 율법, 우주적인 섭 리, 그리고 꿈의 지평을 새롭게 만들어 나갈 수 있습니다.

너와 내가 운명처럼 만났더라도, 너와 나 사이의 운명은 아직 발견되지 않았습니다. 따지고 보면, 이것이 더 매혹적인 일 아닌 가요?

5. 에로스
<에너제틱 Energetic>: 워너원

작사: 후이
  우석
작곡: Flow Blow
  후이

너와 나의 입술이 점점

느껴지는 이 순간 속에 뜨거운 공기

온몸에 전율이 와

이제 너와 내가 써 내릴 Story

i don't know why

나도 모르게

더 빠져 들어가

숨 막히게 Baby

I don't know why

지금 이 순간

멈출 수 없는 기분 No No No No

Make me feel so high

미치겠어 날 멈출 순 없어

You make me feel so high

I'm so crazy 너가 나를 본 순간

막 끌려 더 날 당겨줘 Baby

I'm feelin so energetic

오늘 밤 둘이 Out of control Yeah

I'm feelin'so energetic

내 심장이 멈추는 그 순간까지

너를 지켜줄게 사라지지 않게

한 순간의 작은 약속들은 아냐

이젠 말해 내게 Baby

You tell me how to feel

Uh 1 2 3 & 4 니 옆의 딴 놈들이 거슬려 좀

Who am I 오직 너만을 지키는 킬러

말 그대로 난 좀 죽여줘 Yeah

Uh 너를 품에 안고 비상해
걱정은 버려 지하에
뭐를 하든 간에 하나라는 수식어가
맴돌 거야 너와 나의 귓가에

Make me feel so high
미치겠어 날 멈출 순 없어
You make me feel so high
I'm so crazy 너가 나를 본 순간
막 끌려 더 날 당겨줘 Baby
I'm feelin'so energetic
오늘 밤 둘이 Out of control Yeah
I'm feelin'so energetic

I'm feelin'good
I wanna touch
멈출 수 없는 이 기분은 마치 Freedom
I'm feelin'good
I wanna touch baby
어서 내게 와줘 Tonight Yeah

Alright
Oh Oh Work your body
다가와서 즐길 시간이 Let's dance
아껴둔 너의 신발이 더러워지더라도
움직여 빨리 Hurry up

(You make me feel so high)

질문은 나중에 해

딴 남자들은 넘보지 말게

(날 멈출 순 없어)

누가 봐도 So 쿨하게

이제 시작해 You know I mean

막 끌려 더 날 당겨줘 Baby

I'm feelin' so energetic

너와 단둘이 Out of control Yeah

I'm feelin' so energetic

5. 에로스
<에너제틱 Energetic>: 워너원

　사랑은 철학의 영역이지만, 또한 엄연히 본능의 영역이기도
합니다. 사랑의 출발은 상대를 향한 관능적인 열망에 가깝습니
다. 그 사실을 외면하거나 가볍게 여겨선 안 되겠죠. 사랑이란
자신의 욕망을 발견하고, 탐구하며, 그 욕망을 활화산처럼 분출
하는 일입니다. 사랑은 서로의 욕망이 맞부딪칠 때 뿜어져 나
오는 두 사람의 강렬하고도 아름다운 육체적 에너지입니다. 앞
선 챕터들까지 사랑에 관해서 다소 진중하게 이야기했다면, 이
번에는 워너원의 <에너제틱>과 함께 사랑의 에로스적인 욕망에
대하여 이야기해 보려 합니다.

　앞서 이야기했지만, 너와 나의 사랑을 만드는 것은 운명이나
섭리가 아닙니다. 내 핏줄의 DNA도 아니고, 가문 대 가문의 거
래도 아닙니다. 우리 현대인들이 살아가는 세상은 개인주의와
자유주의가 지배하는 세상이니까요. 순수하게 이상적인 차원에
선, 한 개인의 연애를 가로막을 수 있는 경계는 아무것도 없습니

다. 제가 영국 왕실의 공주님과 '영화 같은' 연애를 하고 결혼에 골인하는 것도 가능합니다! 원칙적으로 모든 가능성은 열려 있습니다. 그 어떤 신분이나 관습, 국경이나 전통도 개인의 자유와 선호에 기반을 둔 '낭만적 사랑'을 가로막지 못합니다. 남녀를 떠나서, 사랑에 관한 신데렐라적인 스토리는 여전히 무미건조한 사회를 살아가는 대중들의 호응을 얻는 게 사실입니다.

그러나 동시에 우리는 등가(等價) 교환과 거래를 권장하는 시장 경제 체제에 살고 있으므로, 나를 '연애 시장'에 내어놓은 후 선택하고 선택을 받지 않으면 안 됩니다. 요즘 교실에는 "10분 더 공부하면 미래의 배우자 얼굴이 바뀐다." 같은 장난스러운 급훈도 걸려 있다고 하잖아요. 10대들의 재기가 넘치는 이런 풍자는, 사랑과 결혼이라는 '로맨틱한' 영역도 철저하게 몸값과 거래의 시스템 안에 포섭되어 있음을 날카롭게 보여줍니다. (즉, 안타깝게도 제가 영국 왕실과 연을 맺을 가능성은 제로에 수렴한다는 말입니다.) 무작정 사랑의 추상적인 아름다움, 사랑에 관한 동화와도 같은 이상론만 설파하는 게 가장 어리석은 교육입니다. 아이들은 언제나 어른보다 먼저 이 사회를 움직이는 진짜 동력을 직감적으로 파악해 내곤 합니다.

그리고 어떤 시장 경제적인 감각, 자본주의의 원리가 점점 더 우리를 맹렬하게 포위하고 있다는 것은 명백합니다. 드라마는 오로지 드라마일 뿐이며, 드라마 각본과 같은 스토리들이 (우리나라뿐만 아니라, 전 세계적으로) 점점 더 희귀해지고 있다는 사실이 각종 연구와 분석을 통해 드러나고 있습니다.

결국 이 치열한 '먹고사니즘'의 정글 속에서 어떻게든 '내 짝'

을 찾아야 하는 게 젊은이들의 숙명적인 과제가 되었습니다. 내 안의 외로움과 매혹적인 에로스의 열망은 들끓는데, 그런 감정을 대신 해결해 주거나 책임져 줄 존재는 어디에도 없습니다. 다른 이에게 피해를 끼치지 않는 한 우리 모두는 자신의 의지에 따라 자유롭게 행동할 수 있고, 또 그래야만 마땅하다는 시대적 감각이 있습니다. 더욱이 나의 사랑은 누가 절대로 대신 치러줄 수 없습니다. 부모가 점찍어주는 연인을 만난다는 건 요즘 세상에 얼마나 유아적으로 보이겠습니까?

우리는 저마다 고독하게, 또 너무 티 나지 않게 촉수를 바삐 움직이며, 나와 어울리고 내가 매력을 느낄 만한 사람을 찾아 헤맵니다. 영화 〈노팅 힐〉에서처럼 내가 헌책에 둘러싸여 부스스한 일상을 보내고 있을 때 아름다운 여배우가 들어오고, 그 여배우와 사랑에 푹 빠지게 되는 일은 결단코 없습니다. (그것은 몇 년간 〈노팅 힐〉의 휴 그랜트처럼 '헌책 속의 삶'을 살아 보았던 제가 자신 있게 말할 수 있습니다.)

먼 옛날과 달리 모든 관습과 전통이 사라진 자리에 '나 자신'이 남은 이때, 사랑에 관하여 우리가 첫 번째로 주목해야 하는 것, 주목할 수밖에 없는 것은 자신의 성적인 에너지입니다. 다시 말하자면, 현대적 사랑의 출발은 분명 현존하는 '나의 몸'입니다. 누군가를 섹시하다고 느끼는 것은 나의 육체를 휘감는 달콤한 감각이자 우리의 마음을 뒤흔드는 맹렬한 유혹입니다. 그 유혹은 결코 죄가 아닙니다. 그 감각은 나를 살아있게 만들며, 뜨겁고 펄떡이게 만듭니다. 성적 관심이 생기지 않는 누군가에게는 결코 느낄 수 없는, 생생한 날것으로서의 에너지이자, 우릴 잡아끄는 원초적이고 신비로운 본능입니다. 워너원의 〈에너제틱〉은 이런 사랑의 관능적인 본질을 솔직하면서도 직선적으로 예찬하는 노래입니다.

사랑을 얘기하면서 본능을 강조하는 것은 왠지 사랑에 대한 모독 같기도 하고, 무언가 '동물적'이고 저급한 느낌을 줍니다. 그러나 인간의 에로스야말로 어쩌면 사랑의 가장 중요한 비밀이 담긴 키워드일지도 모릅니다.

에로스가 우리에게 묻고 있는 것

인간의 에로스적인 교감은 '동물적'인 행위이고, 또 우리의 '동물적 몸'을 사용합니다. 여기서 동물적인 몸이란 언제든 부패할 수 있고, 반나절만 씻지 않아도 냄새가 나며, 끊임없이 분비물을 내뿜는 우리의 육체를 가리킵니다. 그렇지만 누군가와 사랑을 나눌 때, 바로 그 몸이 나의 영혼을 가장 고결하고 순수한 지평으로 이끌어 줍니다. 그것이 몸의 역설적인 이중성이며, 우리의 몸이 자신에게 선사해 주는 희열로 가득한 선물입니다. 나를 지탱하는 '동물로서의' 내가 '동물로서의' 너와 육체적으로 결합한 순간, 우리는 가장 높고 맑은 '정신의 차원'으로 함께 고양됩니다. 바로 그 순간, 우리는 〈에너제틱〉의 노랫말처럼 "너를 품에 안고 비상"하며, "뭐를 하든 간에 하나라는 수식어"를 누릴 수 있게 되지요.

〈에너제틱〉의 화자는 이런 감정을 온몸으로 느끼고 있습니다. 그는 "너와 나의 입술이 점점 느껴지는 이 순간 속 뜨거운 공기"를 감각하며 파르르 전율을 느낍니다. 그리곤 그 육체적 합일을 통하여 "이제 너와 내가 써 내릴 스토리"를 예감하게 되죠. 순수한 전율이 먼저이고, 스토리는 그 뒤에 따라 옵니다. 사랑에 관한 한, 두 사람의 모든 스토리는 이처럼 육체적인 에너지를 공유하는 지점으로부터 시작될지도 몰라요.

몸이 내뿜는 뜨겁고 밝은 에너지는 자아의 모든 껍데기들을 벗겨놓습니다. 두 사람이 하나로 결합될 때, 그들을 얽어매는 사회의 제도, 도덕과 규범과 관습, 경쟁과 억압의 논리는 잠시 비켜서고, 대신 서로의 살결과 숨결에서 느껴지는 부드러움이 둘 사이의 공기를 가득 채웁니다. 이때 인간은 자신 앞의 한 사람을 완전히 믿을 수 있고, 서로가 서로에게 얼마나 아름다운 존재인지를 실감할 수 있습니다. 그리곤 사람들이 왜 이처럼 충만한 순간을 누리지 못하는지, 왜 그렇게 서로를 미워하고 배척하는지를 생각하며 고개를 갸웃하게 되죠. 비틀즈의 존 레넌이 아내 오노 요코와 함께 네덜란드 암스테르담에서 일주일 동안 '평화를 위한 침대 퍼포먼스(Bed In For Peace)'를 펼친 것도 이런 맥락입니다. 그들은 사랑하는 연인과 누리는 이 평화로운 감정이 세상의 모든 전쟁과 폭력을 끝낼 수 있다고 역설했습니다.

레넌과 요코가 예찬했던 에로스적인 사랑은, 어떤 의미에선 인간을 겸허하게 돌아보게끔 합니다. 우리는 자신 안에 — 즉, 모든 사람들 안에 — 가득 담겨있는 평화로운 에너지를 느끼면서 인간이 높게 쌓아올린 문명, 그 풍요롭고 화려한 체제와 시스템이 왜 인간을 오히려 불행하게 만드는지를 물을 수 있습니다.

에로스의 욕망은 인간의 삶에 관하여 '가장 근본적인 층위에서' 의문을 제기합니다. 정신분석학의 창시자 지그문트 프로이트는 일찍이 이런 문제에 주목했습니다. 그는 현대 문명이 인간의 자연스러운 성적 욕망과 얼마나 멀어졌는지를 탄식했고, 그의 사상은 20세기의 우뚝한 성취로 자리매김했습니다. 알베르트 아인슈타인은 프로이트를 일러 "당신에 비하면 나는 놀라운 물고기를 낚기 위해 매달린 작은 벌레에 불과합니다."라고 칭송했습니다.

프로이트는 1909년 미국 매사츠세츠 주의 대학 강연에서 이렇게 말했습니다.

"우리의 문명화된 규범은 대부분의 사람에게 삶을 아주 어렵게 만듭니다. 그 결과 그것은 현실로부터의 피신을 조장하고, 과도한 성적 억압으로 인해 문화적인 나머지 이득을 얻지 못하게 함으로써 신경증을 야기합니다. 우리의 원초적인 동물적 속성을 무시할 정도로, 우리 자신을 과대평가해서는 안 됩니다. 또한 개인의 행복과 만족이 우리 문명의 목적 중에서 제외될 수 없다는 것도 잊어서는 안 됩니다."
― 지그문트 프로이트, 『끝이 있는 분석과 끝이 없는 분석』(열린책들)

무엇이 진정한 '진보'인가

우리의 문명은 에로스를 경시합니다. 워너원이 노래하는 인간의 에너제틱한 사랑을 기껏해야 젊은이들이 즐기는 한때의 불장난 정도로 바라보는 시선이 있습니다. 사회는 이런 사사로운 욕망을 억누른 채, 더 열심히 공부하고, 열심히 노동하고, 더 열심히 목표를 향해 달릴 것을 촉구하고 또 촉구합니다. 그것은 고도의 산업사회에 살아가는 모든 개인을 갈급하게 밀어붙이는 명령이며, 문명화 된 우리 사회의 도덕적 규범입니다. 사랑이든 에로스든, 일단 네가 번듯한 사람이 된 후에 만끽하라는, 네가 성공하면 널 찾는 상대가 줄을 설 거라는 식의 '교훈'은 우리에게 무척 익숙합니다. 프로이트 역시 앞선 강연에서 이 문제에 대하여 "어떠한 해결책도 없기 때문에, 사회는 치료 불능의 신경증 환자의 제물이 되어가고 있는 것 같다."고 비관적으로 말하고 있습니다.

자연스러운 에로스가 억눌린 자리에, 끝없는 콤플렉스, 스스로에 대한 혐오와 불신, 즉 신경증이 남습니다. 지그문트 프로이트는 인간이 태어나면서부터 성에 집착하는 존재라는 입장을 견지했고, 모든 신경 쇠약과 신경증은 성적이라고 파악합니다. 문명 세계에 의해 욕망을 억압받는 인간은 해소하지 못한 자신의 성적 에너지('리비도')를 배출할 통로를 찾게 되는데, 그 대표적인 예가 '꿈'입니다. 따라서 꿈속의 대상물은 언제나 현실에서 이루지 못한 욕망과 소망의 의미를 띠게 되지요. 나아가 그는 우리가 저지르는 아주 빈번한 실수들과 실언들, 잘못 쓰기와 잘못 읽기, 물건을 잃어버리거나 깨뜨리는 모든 사소한 일들이 우리의 억압된 욕망이나 콤플렉스에서 유래되었다고 말합니다.

무엇이 진정한 도덕이며, 자기 자신에 대한 배려일까요? 프로이트는 인간 무의식의 거대한 심연을 들여다보며, 인간이 손쉽게 나눠놓은 도덕과 비도덕의 굴레를 깨뜨립니다. 그는 인간이 결코 우주의 중심적인 존재도, 이성적이고 합리적인 존재도 아니라고 진단했습니다. 인간은 결코 '만물의 영장'을 자처할 만큼 지혜롭지도 완전하지도 못하다는 게 그의 주장입니다. 프로이트의 사상을 절묘하게 압축한 그 자신의 말은 다음과 같습니다. "인간은 자신들이 생각하는 것보다 더 도덕적이다. 그리고 자신들이 상상하는 것보다 훨씬 더 비도덕적이다."

지그문트 프로이트는 후대의 제반 인문학 분야와 학자들에게 강력한 영향을 미쳤는데, 그중에서 대표적인 이로는 허버트 마르쿠제를 꼽을 수 있습니다. 독일 프랑크푸르트 학파의 일원이었던 마르쿠제는 그의 책 『에로스와 문명』(나남출판)에서 인간의 에로스적인 본능이 가진 힘을 역설하며, 에로스의 가치를 되살리는 일만이 인간에게 더 나은 미래를 약속할 수 있다고 강조합니다. 프로이트는 인간의 문명이 계속되는 한 에로스적 욕구는 더욱 억눌릴 수밖에 없다는 비관론에 기웁니다. 마르쿠제는 다릅니다. 마르쿠제는 현대 사회의 과잉억압적인 특성을 비판하며, 우리가 '쾌락 원칙'과 '현실 원칙'에 대해 근본적으로 다시 성찰해야 한다고 주장합니다. 그는 신경증은 인간을 고립시키는 반면, 에로스적인 승화는 서로를 결합시킨다고 말하며 에로스의 문화 건설 능력을 강조했습니다. 그러므로 마르쿠제에 따르면, 이 지구 위의 누구도 굶기지 않을 정도의 생산 능력을 갖춘 우리 문명은 "다형의 성적 흥분의 회복을 통해 일을 놀이로 변형시키기 위한 본능의 기초를 창조해야 한다."는 것입니다.

마르쿠제는 "진정한 문명은 가스나 증기나 회전 무대에 있는 것이 아니다. 그것은 원죄의 자국이 감소되는 데에 있다."는 프랑스 시인 샤를 보들레르의 말을 빌려옵니다. 마르쿠제에 따르면, 진정한 진보의 가능성은 오직 우리의 마음속에 들끓는 죄책감과 자기혐오가 감소되는 지점에 있습니다. 한 사람 한 사람의 자연스러운 욕망을 억누름으로써 하늘을 찌르는 마천루와 최첨단 공장들을 건설하는 게 좋은 문명이 아닙니다. 왜냐하면 인간에게는 세계의 "모든 것이 자신 안에 가능성으로서 자기 존재의 친밀한 조화"를 꿈꿀 수 있는 평화로운 본능이 있으며, 그런 본능에 주목하는 이들만이 누구에게도 "조종되거나 지배되지 않고 해방된 세계의 경험을 상기"할 수 있기 때문입니다.

요컨대, 에로스는 우리를 구원할 수 있습니다. 오직 에로스만이. 워너원의 〈에너제틱〉에 담긴 밝고 강렬한 성적 에너지를 단순히 넘겨버릴 게 아닌 이유입니다.

우리는 모두 뜨거운 몸을 지니고 있을 뿐

물론 지그문트 프로이트는 인간의 전 생애를 지배하는 성 충동과 성적 욕구의 힘을 다소 지나치게 강조했습니다. 또 그의 이론이 여러모로 남성중심적인 측면을 품고 있는 것도 사실이죠. 그는 생전에 칼 구스타브 융과 알프레드 아들러 등 많은 제자들의 비판을 받았으며, 후대의 정신과 의사들 또한 그의 연구가 임상적으로 심각한 결함을 품고 있다는 의문을 제기합니다.

우리가 프로이트의 모든 학설을 완전히 신봉할 필요는 없습니다. 다만 프로이트가 꽃피운 사상은, 인간 안에 담긴 에로스의 흔적이 얼마나 중요한지를 우리에게 상기시켜 줍니다. 여기엔 반론의 여지가 없습니다. 에로스의 흔적에는 인간의 가장 내밀하고 원초적인 본능을 되돌아보게 만드는 힘이 있습니다. 에로스의 힘은, 장 자크 루소가 『에밀』의 연인에 부친 "그는 남자였고, 그녀는 여자였다. 그것이 그들 명예의 전부였다"는 문장에서 시적으로 묘사되는 힘입니다. 개그 대부 이경규는 낚시 버라이어티에서 "여기서는 재산도, 나이도, 학벌도 필요 없어. 고기 잘 잡는 사람이 왕이야."라고 자주 말하곤 하는데, 에로스는 마치 이 프로그램의 낚시처럼, 사랑에 빠진 두 사람을 '세상의 왕'으로 만드는 잠재력을 갖고 있습니다. 서로에게 끌리고 당기는 그 아름다운 욕망의 감정 앞에선, 세상이 정해 둔 그 모든 가격과 조건과 지표들은 잠시 그 중요성을 잃습니다.

이때 에로스는 세상이 정해 둔 모든 등가 교환을 무너뜨리며, 사랑을 '몸값'과 '거래', '연애 시장'의 시스템 안에서 구출합니다. 이런 말이 우리가 무작정 아무나와 육체적인 사랑을 나누어야 한다는 뜻은 아닙니다. 대신 인간은 자신의 육체가 전해 주는 소리와 반응들, 그 아름다운 이야기에 더 귀를 기울이고 진솔해야 한다는 의미이며, 어떤 경우엔 그 무한한 깊이의 욕망이 절대로 양보되거나 미뤄져서는 안 된다는 의미입니다. 〈에너제틱〉의 화자처럼, 자신을 억누르지 않고 발현할 때만 찾을 수 있는 서로의 진실이 있고, 오직 그런 순간에만 발견될 수 있는 나 자신의 비밀이 있다는 뜻입니다.

저는 영국 왕실과 연을 맺지 못하겠지만, 그건 아무런 상관이 없습니다. 그들도 저도 뜨거운 몸을 지닌 한 사람의 인간일 뿐이며, 이것이 우리들 명예의 전부입니다. 에로스의 '에너제틱'한 관점에서 본다면 그렇습니다.

6. 언어
<Who Am I>: UV

작사/작곡: UV

1972년 9월 31일 날씨 흐림
나는 여자친구가 있다
그리고 내 여자친구는 남자친구가 있다
내가 아닌

오늘 우연히 너를 보았어
나와 있을 때와 다른 행복한 너의 미소
인정해줄게 너와 그 사람
내가 첫 번째가 아닌 너의 두 번째란 것을

순서는 상관없어 누가 먼전지
그저 같은 마음으로 나도 키스해주면 돼

나에게 넌 소중한 첫 번째 Girl friend
이렇게 난 소소한 두 번째 Secret lover
Your boy friend

헤어지라고 매일 기도해
너는 나와 다를 거야 왜냐면 넌 불교니까
같은 영화 두 번 보는 네가 걱정돼
나는 상관 안할 테니 결말만은 말하지마

나에게 넌 소중한 첫 번째 Girl friend
이렇게 난 소심한 두 번째 Secret lover

언젠가 날 떠나도 이해해
Girl friend / I need you a girl
하지만 우린 영원히 사랑해 Je te promets

Secret lover / I'm Boy friend

Secret lover / 나도 Boy friend

두 두 번 두 번 두 번 두 번째

나는 뭔데 그럼 나는 뭔데

Who am I Tell me baby

Hey girl Hey boy Hey girl Hey boy I love you

You are girl friend I'm your boy friend

암요 나는 보이 프렌드에요

암요 아무렴요

누군가 나에게 사랑이 뭐냐고 묻는다면

과연 누가 사랑할 자격이 있나 싶습니다

6. 언어
<Who Am I>: UV

사랑과 언어에 관한 이 글은, 크리스마스를 몇 시간 앞둔 춥고 어두운 밤에 적습니다.

UV가 2011년 유희열, 정재형의 피처링으로 내놓았던 발라드 싱글 〈Who am I〉는 그 자체로 훌륭한 철학적인 우화이자 잠언과도 같습니다. 이 곡을 처음 들었을 때, 저는 과연 유세윤(그리고 뮤지)은 정말이지 천재라고 생각했습니다.

그리고 〈Who am I〉를 접했던 순간과 같은 놀랍고 흥미로운 경험들이 쌓여, 제가 이렇게 아이돌의 곡들과 인문학을 연결시키는 책을 기획하게 된 것인지도 모르겠어요. 우리가 쉽게 지나칠 수도 있는 유행의 코드들에는 가볍게 지나치기에는 아쉬운, 비범하고 반짝이는 무언가가 숨어있다는 걸 발견하면서 말이죠. 당대를 선도하는 대중문화에는 언제든 번뜩이는 삶의 지혜와 통찰이 잠복해 있을 가능성이 큽니다. 하물며 뼛속까지 대담하고 얼얼하게 한 시대를 풍미했던 유세윤의 행보라면…….

나에게 넌 소중한 첫 번째 Girlfriend
이렇게 난 소심한 두 번째 Secret lover
언젠가 날 떠나도 이해해 Girlfriend
하지만 우린 영원히 사랑해 Je te promets (약속해)

이 곡은 일견 아주 단순하고 웃기는, 그야말로 '병맛 코드'의 가벼운 곡입니다. 양다리를 걸치는 애인을 둔 한 남자의 '찌질한' 고백이죠. 이 남자는 자신은 괜찮으니, 너의 숨겨진 연인이요 너의 두 번째 사랑, 즉 '세컨드'로 머무르겠노라 선언합니다. 그러면서도 그는 금방 오락가락한 모습을 보여줍니다. 그는 곧이어 그녀의 두 번째 사람으로 남는 괴로움을 절절하게 토로하기도 하니까요.

"헤어지라고 매일 기도해, 너는 나와 다를 거야, 왜냐면 넌 불교니까."라거나, "같은 영화 두 번 보는 네가 걱정돼. 나는 상관 안할 테니, 결말만은 말하지 마."와 같은 구절들은 UV의 노래답게 유쾌하고 익살스럽습니다. 그러나 그 장난 같은 표현들 너머로, 〈Who am I〉에는 듣는 이들의 마음을 찌르는 날카로운 질문 하나가 숨어 있습니다.

그것은 바로 '사랑이라는 언어는 과연 어떻게 정의되는가?'라는 질문입니다.

사랑의 현실과 이상이 맞부딪칠 때

유세윤은 이 곡에서 한참 동안 갈팡질팡합니다. 순서는 상관
없고 그저 같은 마음으로 날 사랑해 주면 된다느니, 네가 첫 번
째 사람과 헤어지라고 매일 기도한다느니, 언젠가 네가 나를 떠
나도 이해한다느니 등등의 횡설수설을 이어가죠, 아마 화자 자
신도 자기 마음을 잘 모르는 것만 같군요. 그렇지만 〈Who am I〉
의 화자는 결국 노래의 제목 그대로, "그럼 나는 뭔데, 나는 누군
데?"라고 절규합니다. 차분하게 자신을 되돌아보는 일로 시작되
지만, 결국 잔인한 자학과 자괴의 몸부림으로 끝나고 마는 슬픈
곡입니다.

누군가의 '전적인 애인'이 되지 못하는 한 사람은, 자신의 자
존감과 존재의 정당성을 완전히 상실해 버리고 맙니다. 실로 비
참한 기분일 거라고 쉽게 짐작할 수 있죠. 그 비참함이야말로 이
노래 말미의 폭발적인 절규를 예감케 하는 부정적인 에너지입
니다. 그는 자신을 속이려고 부단히 노력했고, 열심히 연기도 해
보았습니다. 누가 먼저인 게 중요하냐면서 짐짓 아무렇지도 않
은 척을 계속했죠. 그렇지만 결국 그는 정확히 '인지부조화'의
미로에 빠지고 말았습니다. 자신이 믿는 바대로 치열하게 행동
했으되, 그는 결국 자신의 신념이 자신을 배반하는 꼴을 맞닥뜨
리고 맙니다. 그리곤 그 꼴을 인정하고 싶지 않아 고집을 부리며
전전긍긍하고 있죠. 그는 두 번째 사랑으로도 충분하다고 자신
을 무장했지만, 사랑에 관해선 '두 번째' 사랑이란 게 애초에 성
립조차 할 수 없다는 진실을 온몸으로 체감하고 있습니다. 그리

곧 곧 무너져 내리고 맙니다.

그런데 사랑이란 정말로 '두 번째'를 허용하지 않는 것일까요? 그렇다면 왜? 〈Who am I〉를 듣는 우리는 여기서 질문 하나를 던질 수밖에 없습니다. 우리는 사랑을 무엇으로 정의내리고 있나요?

누군가에게 사랑이란 단어의 정의를 묻는다면, 우리는 보통 이렇게 대답하겠죠. 누군가를 위해서 끝없이 희생하고 헌신하는 일, 자신의 모든 것을 다 내어주고 싶은 진심어린 감정, 어떤 사람이나 존재를 한없이 아끼고 귀중하게 여기는 마음……. 이런 근사한 말들이 아닐까요?

누군가에게 '사랑은 한 마디로 무엇인가요?'라고 묻는다면, 그 질문에 대하여 '오직 내 거!', 즉 '나만의 독점적인 한 사람에 대한 마음'이라고 답하는 이는 한 사람도 없을 거예요. 여기서 중요한 것은 '독점적'이라는 관념입니다. 우리는 사랑이라는 언어를 정의내릴 때 '오로지 나 혼자만의 것'이란 독점의 요소를 개입시키지 않습니다. 우리들 모두 사랑이 그보단 훨씬 더 '아름답고 고귀한' 감정이라고 확신하고 있으니까요.

그렇지만 현실적으로 사랑을 구성하는 가장 중요한 특질은 '독점성'이라고 해야 마땅할 것입니다. 내가 그(그녀)에게 헌신하는데, 그(그녀)는 양다리를 걸치고 있다면, 즉 두 사람에게 헌신하고 있다면, 나는 좌절감의 수렁에 빠져 "그럼 나는 뭔데?"라고 토해내지 않을 수 없는 것입니다.

'사랑의 이상'과 '사랑의 현실'이 서글프게 엇나가는 지점입니다. 그리고 이 곡에서 뮤지가 읊는 마지막 내레이션은, 이런 엇나감을 실로 무서우리만큼 정확하게 표현하고 있습니다.

누군가 나에게 사랑이 뭐냐고 묻는다면
과연 누가 사랑할 자격이 있나 싶습니다.

누군가 우리에게 사랑이 뭐냐고 묻는다면

세상 연인 대부분이 다 그럭저럭 '사랑'을 하고 있습니다. 열
렬하게 사랑을 고백하고, 그 사랑을 받아주며 만나고 헤어짐을
반복하죠. 그러나 그런 사랑들이 과연 본질적인 차원에서 '사랑'
이라 이름붙일 수 있는 것일까요? 사랑이라는 언어로 포장되었
지만, 결국 그것은 독점적인 소유욕과 배타적인 애정의 갈구에
더 가까운 것은 아닐까요?

아니 그보다 더 정확한 질문은, 과연 '사랑의 본질'은 무엇일
까요?

낭만적 연애에 바탕을 둔 일대일의 로맨틱한 사랑과 근대적
관점의 일부일처제가 서양에서 출발하여 우리에게 당도한 역사
는 불과 이삼백 년밖에 되지 않습니다. 근대 이전에는 '사랑'이
라는 관념은 물론이요, '여자친구'와 '남자친구', '양다리'와 '바
람', '세컨드' 같은 말들도 지금과는 꽤나 다르게 통용되었습니
다. 오히려 한 사람이 배우자 외의 '세컨드'들을 두는 게 제도적
으로 장려되기까지 했습니다.

그렇다면 그 시대엔 연인 간의, 또는 부부 간의 사랑이란 것

이 지금보다 훨씬 약하거나, 아니면 아예 존재하지 않았던 것일까요? 누구도 그렇다고 단정할 수는 없을 것입니다. 특히 사랑에 관한 '이상적인' 정의에 따른다면 더욱 그렇습니다. 누군가를 아끼고 귀중하게 여기는 마음이 굳이 한 사람에게 한정될 필요는 없으니까요.

그렇지만 현대를 사는 우리에게 그러한 '사랑의 본질'을 들이댄다면 우리들은 혼란에 빠질 수밖에 없을 것입니다. 이 시대와 이 사회에 통용되는 사랑이라는 개념의 가장 중요한 특질이란 '독점성'과 '상호 평등성'이기 때문입니다. 예컨대 김동률이 이소은과 함께 부른 〈욕심쟁이〉의 노랫말처럼 말이죠. 김동률과 이소은은 이 곡에서 서로에 대한 풋풋한 바람들을 줄줄이 이야기합니다. 그리고 이 모든 자잘한 욕심들의 끝에는 명백히 '내가 잘해 주는 만큼 나에게 더 잘해 주기'가 있습니다. 지극히 현실적인 우리네 마음입니다.

우리는 내 마음속 사랑과 헌신을 무한대로 퍼줄 사람을 찾아 끝없이 헤맵니다. 그렇지만 거기엔 한 가지 전제가 있습니다. 너도 나만큼은 반드시 퍼주어야 한다는 게 그것입니다. 너의 마음이 두 사람, 세 사람을 향한다거나, 또는 너에게 먼저 열심히 퍼준 내 성에 차지 않는다면, 사랑에 관한 이상적인 정의들은 모두 빛을 잃고 맙니다.

UV의 〈Who Am I〉는 이와 같은 사랑의 현실적인 지점들을 훌쩍 뛰어넘어, 곧바로 사랑이라는 '언어의 이상', 사랑의 본질에 다가가려다가 미끄러지고 마는 한 남자의 심경을 보여줍니다. 그는 "아무렴, 괜찮아요. 난 너의 두 번째이지만, 우린 서로 영원히 사랑할 수 있어요."라고 말하다가, 한 순간 급격하게 "그러면 너의 첫 번째가 되지 못한 나는 뭔데? 나는 너의 남자친구라고 부를 수 있는 존재니?"라고 절규해 버리는 사람입니다.

병맛이지만, 결코 병맛이 아닙니다. 이 남자는 우리의 자아 정체감을 결정하는 가장 중요한 요소, 즉 사랑이라는 '개념의 힘', '언어의 힘'이야말로 참으로 시대적이고 상대적이란 사실을 유감없이 보여 줍니다. 누구도 양다리를 걸친 그 누군가를 전적으로 사랑할 수 없습니다. 사랑이란 말이 이미 그렇게 굳어져 버렸으니까요. 언어가 특정한 세계와 그 세계 속에 사는 인간의 심성을 좌우한다는 철학적 명제는 UV를 통해 다시 한 번 확인됩니다. '사랑'이란 언어의 절대적인 순수함을 믿고 좇다가 절망한 〈Who Am I〉의 한 남자는 이렇게 묻고 있습니다.

누군가 나에게 사랑이 뭐냐고 묻는다면
과연 누가 사랑할 자격이 있나 싶습니다.

'언어의 힘'을 끝까지 밀고 나간다는 것

깊이 생각하지 않는다면, 우리는 모두 사랑할 자격이 있습니다. 다 그렇게 저렇게 자신의 애인과 사랑하면서 삽니다. 양다리를 걸치지 않고, 바람을 피우지 않고 말입니다.

그런데 그게 정말 사랑 맞니? 그게 정말 네가 누군가를 사랑할 수 있는 자격이니? 라고 다시 한번 근본적으로 묻는 일이 가능합니다. 그것이 바로 언어가 지니는 본질적인 힘이자, ⟨Who Am I⟩란 곡이 담아내고 있는 힘입니다. 그처럼 하나의 언어가 지닌 근원을 파헤치는 일은 철학의 영역이기도 합니다. 언어는 그 본질을 끝까지 따져 물었을 때, 생각보다 훨씬 더 강력한 힘으로 우리들을 몰아붙입니다. 이런 맥락에서 영국 작가 윌리엄 해즐릿은 "영원히 지속되는 것은 오직 언어뿐"이라고 말했습니다. 언어는 우리를 배신하지 않습니다. 우리 자신이 우리들을 배신할 뿐입니다. 그리고 우리가 그럭저럭 살아가는 '현실'이 우리들을 연약하고 갈팡질팡하게 만들 때, 높은 이상을 품은 '언어'는 차갑고 우뚝하게 그런 인간의 풍경을 내려다보고 있을지도 모릅니다.

연인 간의 사랑보다 한 걸음 더 높은 사랑의 차원을 이야기한다면……. 진정 어떤 대가도, 기대도, 희망도 없이 온 인류를 '사랑'했던 한 사람이 이 글을 쓰기 2017년 전에 태어났습니다. 그는 이 세계의 태초에 언어("말씀")가 있었다고 선언했습니다. 그리고 자신의 삶과 죽음으로써 언어가 지닌 폭발적이고 본질적인 힘을 증언했어요. 그는 언어의 순수함을 한 순간도 속이지 않고 오로지 자신 안의 언어 — 신의 언어 — 에 충실했던 존재였습니다.

그렇지만 우리는 예수 그리스도가 아닙니다. ⟨Who Am I⟩의 한 남자처럼, 언어의 현실과 이상이 맞부딪치는 어느 순간, 모든 걸 놓아버리고 절망하게 될 수도 있는 나약한 존재입니다. 안타까운 일이지만 별 수 없는 노릇입니다.

이 글을 읽으시는 분들 모두 지난해 즐거운 크리스마스를 보내셨길 바랍니다.

7. 아름다움
<Beautiful>: 워너원

작사: 텐조(Tenzo)
    우직(Wooziq)
작곡: 텐조(Tenzo)
    키비

바보같이 아쉬움 많은 노래가 하늘에 닿기를
눈물 속에 밤새운 내 기도가 마음에 닿기를

어렸어 내가 이럴 줄은 몰랐어
당연한 거라 그땐 생각했었어
내게 남겨준 미소가 아직도 이 가슴속에 남아있어

솔직히 나 아직은 받는 사랑이 필요한가봐
홀로 남은 시간이 길어질수록 두렵고 그래
그때가 그립고 너무 보고 싶고 그래 Yeah

I miss you so much 이제서야 느껴 우리 공간
I miss you so much 이렇게 눈물이 나는데 왜 난
몰랐을까

So Beautiful Beautiful
그 누구보다 아름다울 너니까
아프지 마 울지 마 널 향한 노래가 들린다면
다시 돌아와

Oh 그리워 그리워 거울 속에 혼자 서있는 모습이
낯설어 두려워 네가 필요해
이제야 느끼는 내가 너무 싫어 다시 돌아와

기억은 바다처럼 넓은 창고라고
그 안에서 하루 종일 헤매도
혼자 느끼는 이 외로움마저
유일한 너의 흔적이라고
억지로 눈 감은 채 견디고 있어 오늘도

I miss you so much 이제서야 느껴 우리 공간

I miss you so much 이렇게 눈물이 나는데 왜 난

몰랐을까

So Beautiful Beautiful

그 누구보다 아름다울 너니까

아프지 마 울지 마 널 향한 노래가 들린다면

다시 돌아와

Oh 그리워 그리워 거울 속에 혼자 서있는 모습이

낯설어 두려워 네가 필요해

이제야 느끼는 내가 너무 싫어

Yeah 이렇게 너처럼 예쁜 꽃을 안고

네 앞에 다시 서고 싶어

Yeah 그 시절보다 더 멋진 모습을 하고

네 앞에 나타나고 싶어 Yeah

익숙했던 시간들을 손끝으로 그려

돌지 않는 시계처럼 제자리서 울어

반짝이던 널 천사 같은 널

아름다운 널 맘껏 안아보고 싶어

꼭 다시 보고 싶어

So Beautiful Beautiful

어디선가 울고 있진 않을까

떠나지마 가지마 사랑한단 거짓말

어떤 말이든 좋으니까

Oh 그리워 그리워 (그리워)

멀어지던 너의 마지막 그 말 (그리워)

낯설어 두려워 네가 필요해

이제야 느끼는 내가 너무 싫어

바보같이 아쉬움 많은 노래가 하늘에 닿기를

당신 향해 밤새운 내 기도가 마음에 닿기를

7. 아름다움
\<Beautiful\>: 워너원

사랑의 감정은 전폭적이고 전인격적입니다. 사랑은 한 사람의 모든 걸 쏟아 붓게 하고, 모든 것을 걸게끔 만듭니다. 그래서 사랑하는 상대 앞에 자신의 영혼을 모조리 내보이게 만드는 일이기도 하죠. 사랑은 한 사람 앞에서 벌거벗고 서 있는 나 자신입니다. 그런 면에서, 사랑의 감정은 언제나 조금은 잔인합니다.

즉, 사랑은 한 사람의 '바닥'을 보여줍니다.

그런데 누군가의 바닥이란, 그 사람의 먼 과거에서부터 층층이 쌓여 온 멀리 있는 어떤 것입니다. 내 인격의 바닥은 나도 가늠할 수 없는 저 깊은 곳에 자리하고 있습니다. 내 몸과 달라붙어 있지만, 도저히 손에 닿지 않을 만큼 멀게만 느껴지고, 그 근원을 나도 잘 알지 못하는 내 안의 심연입니다. 그러니 그것은 '나라는 바다'를 가장 밑바탕에서 지탱하고 있는 고요하고 컴컴한 '심해(深海)'와도 같습니다. 평소에는 타인은 물론 나 자신의 눈에도 쉽게 띄지 않더라도, 어쩌면 바로 그것이 내 모든 행동과, 나라는 정체성의 근원이라는 것을 내가 은밀하게 직감하고 있는……. 내 영혼 깊은 곳의 인격적 무늬입니다.

저는 이 무늬가 치명적이라고 생각합니다. 마치 SF 영화에서 감옥에 갇힌 죄수들의 손목 위에 새겨놓은 그 지워지지 않는 낙인처럼, 또는 천형(天刑)처럼, 나는 이 무늬를 숨길 수도 없고, 고칠 수도 없으며, 벗어날 수도 없다는 사실을 삶의 어느 순간 깨닫게 됩니다. 그리고 저는 사랑의 아름다움에 대하여 바로 이처럼 '서로의 멀리 있는 서로'를 껴안는 일, '서로의 컴컴한 심해를 헤엄치는 일'이라고 묘사하고 싶습니다. 서로의 심연을 건드리고 찾아가는 일에서 오는 그 떨림의 과정이, 곧 사랑입니다. 어쩌면 바로 그것만이 사랑의 아름다움이라 불리기에 마땅할지도 모르겠습니다.

'너의 아름다움', 그리고 '너의 없음'

사람들은 대개 사랑이 그 어떤 감정보다 직접적이고 솔직한 것이라고 생각합니다. 저도 어떤 면에선 동의합니다. 저는 에로스적인 사랑, 즉 서로의 살결을 욕망하고, 내 몸에 차오르는 뜨거운 에너지를 느끼는 것이 사랑의 중요한 면이라고 줄곧 얘기해 왔습니다. 그렇지만 그런 육체적인 감각만을 주목하고 그것이 사랑의 전부라고 말한다면, 아마도 지금 사랑에 빠져있는 두 사람이 먼저 '그건 절대 아니야'라고 거부하지 않을까요?

몸이 먼저 반응하고, 이제 둘의 스토리가 만들어질 단계입니다. 에로스에서 시작된 사랑은 멈출 줄 모르고 돌진하면서 상대의 모든 것을 알아내려 애를 씁니다. 상대의 몸짓 하나하나의 원인을 따지려 들고, 그 몸짓이 잉태된 영혼의 향기, 상대의 인격 깊은 곳에 숨은 '저 멀리 있는 근원'이 무엇인지를 궁금해 하겠죠. 그리고 서로의 육체가 불길처럼 맞부딪칠 때 두 사람이 보여주는 몸짓과 눈빛 하나까지도, 알고 보면 '저 먼 곳에서' 거슬러 오는 게 분명합니다.

그래서 두 사람 사이에 사랑의 본능이 뜨겁게 불타오르는 시간이 지나가면, 우리에겐 상대방을 좀 더 차분하고 명료하게 인식하는 단계가 찾아옵니다. 상대방이 어떤 사람인지, 내가 나의 미래를 걸어도 되는 사람인지를 몇 발짝 거리를 두고 바라보게 되는 순간 말이에요. 그 순간 내가 정직함을 갖추었다면, 나는 상대에게 거리를 두는 동시에, 나 자신에 대해서도 거리를 두고 숨을 고르게 됩니다. 그가 나에게 하나의 환상 속의 존재였던 것과 마찬가지로 나 또한 그에게 약간의 신기루와 비슷하게 다가 갔겠구나, 라는 것을 깨달으면서 자기 자신이 정말로 어떤 사람인지를 잠시 되돌아보게 되겠죠. 사랑의 아름다움은, 바로 이 순간 사랑하는 두 사람이 서로를 깊이 알기 위해 다가가는 의지의 아름다움이며, 동시에 나 자신을 깊이 알아가고자 하는 자기응시의 미덕이기도 합니다.

그래서 사랑의 아름다움은 필연적으로 '부재(不在)'라는 관념을 전제로 둔 아름다움입니다. 너를 정말로 제대로 바라보기 위해선, (내가 잘 안다고 확신했던) '너의 없음'을 인식하는 과정이 요구됩니다. 서로의 좀 더 깊은 모습, 좀 더 정확한 모습을 들여다

보기 위하여, 서로가 알던 서로와 잠시 이별하는 일이 필요하죠. 그 이별이란 내가 익히 알고 껴안으며 사랑을 나누던 너의 안에, 즉 너의 훨씬 더 깊은 곳에 내가 모르던 네가 존재하고 있다는 사실을 깨닫는 일입니다. 이 과정에서 어떤 연인은 실제로 헤어지겠죠. 꼭 헤어질 필요까지는 없을 수도 있습니다.

다만 두 사람의 사랑이 깊어지기 위해선 어떤 식으로든, 정신적이고 상징적인 차원에서라도 반드시 '헤어짐'이 필요합니다. 그때서야 우린 비로소 상대의 진면목을 바라볼 수 있으니까요. 그런 헤어짐을 겪은 후 상대에게서 느껴지는 아름다움이란, 나의 욕망과 나의 바람, 나의 기준에 맞춰 평평하게 수정된 아름다움이 아닙니다. 상대라는 인격이 형성되어 온 그 오랜 시간, 심지어는 상대가 태어나기 이전으로 거슬러 올라갈지도 모르는 그 시간을 관조함으로써 발견할 수 있는, 그 또는 그녀의 '있는 그대로의' 아름다움입니다.

이 단계에서 우리는 상대의 영혼의 깊이를, 그 고유한 모양새를 비로소 제대로 알아볼 수 있습니다. 우리는 무언가를 잃었을 때에만, 그래서 내가 다시 비워진 상태에서만, 내가 잃었던 무언가의 진짜 아름다움을 느낄 수 있는 법입니다. 저는 이것이 세상에 사랑의 기쁨을 예찬하는 곡의 수만큼이나 이별의 슬픔을 노래하는 곡의 수가 많은 이유 중 하나라고 생각합니다. 지금 내가 사랑하는 사람과 정말로 헤어지진 않더라도, 그와 헤어진 후 '그의 부재'로 인하여 겪게 될 고통과 후회와 절망을 들으면서, 우리는 이별의 상실감을 '대신' 체험합니다. 사랑하는 사람들은 이별 노래를 통해 '네가 없다는 부재의 감각'을 간접적으로 경험하며, 바로 그러한 상실의 감각이 자신들의 사랑을 더 두텁고 뚜렷하게 만들어 준다는 것을 무의식적으로 실감합니다.

설령 이별 노래들을 들으면서 지금 나의 연인이 아니라 오래전 헤어진 옛 애인들을 생각한다고 반박하더라도, 그 또한 말릴 수는 없는 노릇입니다.

'사랑'은 곧 '이별'의 다른 이름이므로

워너원의 〈Beautiful〉은 바로 이런 이별의 노래입니다. 화자는 상실의 고통에 몸부림치고, 헤어진 연인을 그리워합니다. 너와 헤어진 이후에야 너의 아름다움을 알게 되었다면서, 이 노래가 들린다면 부디 내게 돌아와 달라는 독백을 삼키고 있죠. 그는 홀로 남은 밤, 상대를 떠나보낸 자신의 어리석음을 자책하고 또 자책합니다. 너에 대한 한없는 사랑을 너와 헤어진 후에야 간신히 알아챈 자신을 미워합니다. 세상 새로울 것도 없는 이별 이후의 몸부림이지만, 언제든 우리의 마음을 치는 아픈 노랫말입니다. 상대방이 내게 얼마나 빛나는 존재인지, 아름다운 존재인지를 흠칫 알아챈 그 순간 상대방은 이미 내 곁에 없다는 모티브는……. 비단 연인 관계를 넘어 우리의 모든 소중한 관계들을 관통하는 운명의 목소리입니다. 네가 가장 소중한 순간은, 네가 나의 곁에 없다는 것을 깨달은 순간입니다.

그러니 다르게 표현한다면, 우리의 사랑은 '작은 이별'들을 통해서만 유지될 수 있습니다. 서로 잘 맞지 않는 부분을 인지하고, 화를 내고, 다투는 과정은 사랑의 중요한 절차입니다. 이런 절차를 통해 우리는 서로에게 맞지 않는 부분을 조금씩, 그렇지만 과감하게 버려나갈 수 있습니다. 이 과정은 나의 일부였던 어떤 나를 버리게 하고, 상대의 일부였던 그의 무엇인가를 버리게 합니다. 평화롭게 하지만 가끔은 치열하게, 우리는 자신이 사랑하는 사람과 함께하는 시간 동안 작고 사소한 이별들을 유도하고, 격려하며, 서로의 자아를 함께 다듬어 나갑니다. 여기서 '사랑의 과정'은 곧 '이별의 과정'이기도 합니다. 조각가가 세심하고 오랫동안 돌을 깎듯, 나는 나 자신의 고유한 본성을 유지하면서도 동시에 내 모습을 상대에게 맞춰나가야 합니다. 가장 이상적인 연애의 차원에선, 너로 인해 나를 깎아내는 그 힘겨운 과정을 겪어낸 후 숨겨진 나 자신의 모습이 더 아름답게 발현될 수 있을 것입니다. 너 또한 나로 인해 더욱 아름답게 빚어질 것이고요. 이런 면에서 사랑은 예술과도 많이 닮아 있습니다. 결국, 서로의 아름다움을 찾아가는 오랜 단련의 길이라는 점에서 말이죠.

이런 단련의 과정을 겪어내지 못하는 연인들은 헤어지게 됩니다. 아직 '시간의 힘'으로 빚어지지 않은 서로의 '멀리 있는 서로'를 아프게 인지하면서, 즉 서로가 좀 더 근본적인 차원에서는 다른 존재라는 것을 깨달으면서요. 눈앞에 보이는 상대방과 사랑에 빠지는 일은 쉽습니다. 그러나 상대방 안에 숨겨진, 겉으로 봐선 쉽게 알아채기 힘든 상대방까지 사랑하는 일은 어렵고 괴롭습니다. 어쨌든, 상대와 내가 생각보다 더 다른 존재였다는 걸 깨달았다는 점에선 차라리 이게 낫습니다. 서로를 깎아내는 일이 불평등하거나, 아예 서로를 깎아내리려는 시도를 포기하는 것은 거의 언제나 사랑의 관계를 멍들게 합니다. 전혀 싸우지 않고 꾹 참는 연인이나 부부가 제일 위험하다는 건 이런 뜻일 거예요.

〈Beautiful〉의 화자는 거울 속에 혼자 서있는 모습이 낯설어 두렵다고 합니다. 표면적으로는 너와 내가 아닌 나 홀로 이 곳에 남겨진 게 낯설다는 말이겠지요. 그러나 내가 지금 '거울' 앞에 서 있다는 건, 나는 그저 외로움의 감정 자체에 흠뻑 빠져있는 것이 아니라, 바깥의 시선으로 '외로움에 빠진 나'를 바라보고, 그처럼 '외로움에 빠진 나 자신'에게 괴로워하고 있다는 이중적인 의미를 띱니다. 즉, 나는 지금 너와의 만남으로 인하여 내가 완전히 달라져 버린 것을 '이제야 발견하게 되었다는 사실'을 아파하는 것입니다. 나는 너를 잃어서 괴롭고 아프지만, 그보다 더 괴로운 것은 '그것을 뒤늦게 깨달은 나 자신'에 대한 분노와 자책, 그리고 공허함의 감정입니다. 나는 너와 사랑을 나누기 이전의 내가 현재의 나 자신과 전혀 다른 사람임을 알아채고 있습니다. 나의 외로움을 유일한 너의 흔적으로 느끼며, 나는 지금 거울 앞에 홀로 서 있을 뿐입니다.

나는 너의 미완(未完)의 예술입니다. 나는 서로가 서로를 다듬어 내던 그 공간, 우리 공간을 '이제야 느낀다.'고 표현합니다. 또 나는 자신의 기억이 "바다처럼 넓은 창고"이고, 그 안에서 하루 종일 헤매고 있다고 말하고 있죠. 나는 사랑을 통해 비로소 나의 '넓이'와 '깊이'를 발견했습니다. 나는 너와의 사랑, 그 "익숙했던 시간들" 덕분에 발견해낼 수 있던 나의 아름다움을 인식하고 있습니다. 그래서 "너처럼 예쁜 꽃을 안고", "그 시절보다 더 멋진 모습을 하고" 네 앞에 다시 서고 싶다고 말하고 있는 거죠. 그러나 이미 시계는 멈추었습니다. 〈Beautiful〉의 떠나간 그이가 나의 고백에 응답하여 돌아올지, 돌아오지 않을지는 아무도 알지 못합니다. 그것은 이미 나의 영역이 아니라, 그의 영역입니다. 나는 그것에 대하여 명백하게 무력하며, 절대적으로 무력해야 마땅합니다. 세상에는 내 욕망에 맞춰 억지로 되는 일이 있어선 안 됩니다. 그런 욕망은 거의 언제나 사악함으로 귀결됩니다. 그녀는 나의 아름다움을 빚어냈지만, 서로 헤어진 이상 이제 그 아름다움은 그의 것이 아니라 오로지 나의 것일 뿐입니다.

그러나 그이가 돌아오지 않더라도, 그이를 통해 발견한 나의 깊이, 나의 '멀리 있는 나'는……. 앞으로 나를 더 아름답게 해 주리라 믿어도 됩니다. 내가 사랑의 힘을 믿을 수 있다면.

"당신을 아는 것이 당신을 사랑하는 것"

제가 아는 한 시인은 남편과 싸움을 벌인 뒤에 창작욕으로 불타오른다고 합니다. 남편과 한바탕 하고 나서 정신없이 시를 쓰는 일에 빠져든다는 것이죠. 이 부부는 제가 아는 그 어떤 부부보다도 멋진 결혼 생활을 이어가고 있습니다. 그러나 어쨌든 그들도 가끔씩 핏대를 올리며 싸운다는 것이고, 모든 싸움이 그렇듯 그 싸움의 한복판에선 상대가 굉장히 미울 게 분명합니다.

물론 싸우는 것 그 자체가 아름답진 않습니다. 싸우지 않고도 상대를 더 잘 이해할 수 있다면 그보다 더 좋은 일은 없을 것입니다. 그러나 적어도 상대와 나 자신을 더 명료하게 이해하고, 상대의 근원까지 만지려는 그 마음은 분명 아름다움에 가깝지 않을까 생각합니다. 시인이 부부 싸움 뒤에 시를 쓰는 것은 이런 면에서 그 자체로 의미가 있는 일이 아닐까란 생각도 들었습니다.

그처럼 우리들 사랑의 바탕에는 '앎'이 있습니다. 상대를 모르는 사람은 상대를 사랑할 수 없는데, 한 사람의 인격이란 언제나 수심이 수백 킬로미터가 넘는 깊은 바다를 품고 있죠. 그 심해를 탐험할 용기가 없던 사람들은 뒤늦게 〈Beautiful〉을 부르면서 자신을 연민하곤 할 거예요.

사랑의 아름다움이란……. 그런 두려움과 머뭇거림을 뚫고, 상대와 자기 자신을 그 뿌리까지 알고자 하는 치열함이라고 믿습니다. 이 점에 관해선, 팝의 역사를 수놓았던 B. B. 킹과 스티비 원더가 노래했듯 '당신을 아는 것이 당신을 사랑하는 일(To know you is to love you)'이라는 말이 참 정확하다고 생각합니다. 에리히 프롬의 『사랑의 기술』(문예출판사)에서 인용된 파라켈수스의 문장은 사랑의 아름다움에 부치는 더할 나위 없는 전언입니다. 워너원이 부르는 〈Beautiful〉의 화자는 아직 이별의 아픔에서 벗어나지 못했겠지만, 저는 그에게 오직 이 말을 들려주고 싶었습니다.

아무것도 모르는 자는 아무것도 사랑하지 못한다.
아무 일도 할 수 없는 자는 아무것도 이해하지 못한다.
아무것도 이해하지 못하는 자는 무가치하다.
그러나 이해하는 자는 또한 사랑하고 주목하고 파악한다.

한 사물에 대한 고유한 지식이 많으면 많을수록 사랑은 더욱더
위대하다.
모든 열매가 딸기와 동시에 익는다고 상상하는 자는 포도에 대해
아무것도 모른다.

8. 감정
<TT>: 트와이스

작사: Sam Lewis
작곡: 블랙아이드필승

이러지도 못하는데 저러지도 못하네 그저 바라보며

매일 상상만 해 이름과 함께 쓱 말을 놨네

아직 우린 모르는 사인데 아무거나 걸쳐도 아름다워

거울 속 단 둘이서 하는 fashion show

이번에 정말 꼭꼭 내가 먼저 talk talk 다짐뿐인걸

매번 다짐뿐인걸

콧노래가 나오다가 나도 몰래 눈물 날 것 같아

아닌 것 같아 내가 아닌 것 같아

I love you so much

이미 난 다 컸다고 생각하는데

어쩌면 내 맘인데 왜

내 맘대로 할 수 없는 건 왜

밀어내려고 하면 할수록 자꾸 끌려 왜

자꾸 자꾸 끌려

I'm like TT Just like TT

이런 내 맘 모르고 너무해 너무해

I'm like TT Just like TT

Tell me that you'd be my baby

어처구니없다고 해 얼굴값을 못한대 전혀 위로 안 돼

미칠 것 같애 이 와중에 왜 배는 또 고픈 건데

하루 종일 먹기만 하는데

맴매매매 아무 죄도 없는 인형만 때찌

종일 앉아 있다가 엎드렸다 시간이 획획획

피부는 왜 이렇게 또 칙칙 자꾸 틱틱거리고만 싶지

엄만 귀찮게 계속 왜, 왜, 왜, 왜, 왜

콧노래가 나오다가 나도 몰래 짜증날 것 같애

화날 것 같애 이런 애가 아닌데

I love you so much

이미 난 다 컸다고 생각하는데

어쩌면 내 맘인데 왜

내 맘대로 할 수 없는 건 왜

밀어내려고 하면 할수록 자꾸 끌려 왜

자꾸 자꾸 끌려

I'm like TT Just like TT

이런 내 맘 모르고 너무해 너무해

I'm like TT Just like TT

Tell me that you'd be my baby

혹시 이런 나를 알까요 이대로 사라져 버리면 안돼요

이번엔 정말 꼭꼭 내가 먼저 talk talk

다짐뿐인 걸 매번 다짐뿐인 걸

이미 난 다 컸다고 생각하는데

어쩌면 내 맘인데 왜

내 맘대로 할 수 없는 건 왜

밀어내려고 하면 할수록 자꾸 끌려 왜

자꾸 자꾸 끌려

I'm like TT Just like TT

이런 내 맘 모르고 너무해 너무해

I'm like TT Just like TT

Tell me that you'd be my baby

8. 감정
<TT>: 트와이스

 '어쩔 줄 모르다'라는 우리의 감정은 참 흥미로운 것 같습니다. 어쩔 줄 몰라 하면서 끙끙대는 모습이야말로 지극히 인간적이라는 생각이 듭니다.

 내 마음의 갈피를 잡지 못하겠다는 감정의 스펙트럼은 우리 삶에서 아주 다채롭게 적용됩니다. 그 감정은 큰 일 작은 일을 가리지 않습니다. 대학 전공이나 직장, 혹은 앞으로 평생을 살지도 모를 집 등을 고르면서 "아, 진짜 어쩌지…….", "내가 뭘 원하는지 나도 정말 모르겠다.", "나는 아무래도 선택장애가 있는 것 같아." 이렇게 망설이게 되는 경우가 정말 많습니다. 나이를 먹는다 해서 달라지는 것도 전혀 아닙니다.
 아주 사소한 일에서도 마찬가지입니다. 셔츠를 하나 점찍어 두었는데 빨간 색과 오렌지 색 둘 다 너무 마음에 들어 하나를 포기하기가 괴로울 때, 오늘따라 짜장면과 짬뽕 사이에서 마음을 정하기가 유독 힘들 때, 지금 당장 공부를 시작해야 하는데도 휴대폰만 계속 들여다보는 자기 자신을 발견할 때……. 우리는 한참 동안 깊은 고뇌에 잠깁니다. 내가 왜 이렇게 생겨먹었는지를 한탄합니다. 그 순간만큼은 정말 'ㅠㅠ', 'ㅜㅜ', 'ㅠㅠㅠㅠ' 같은 이모티콘을 쓰지 않을 수 없습니다. 자신의 결정 장애나 의지 박약을 탓하면서 말입니다.

그렇지만 어쩌겠어요. 모든 사람들이 비슷합니다. 이 글을 쓰는 저도 마찬가지이고요. 제가 느끼기엔 이런 일들을 아주 대범하게 쓱싹 해치워 버릴 수 있는 사람은 체감컨대 열에 한둘도 되지 않습니다.

그리고 무엇보다도, 이런 감정은 사랑과 연애의 범주에 들어오면 한없이 증폭되기 마련입니다. 나한텐 별로 마음도 없는 듯하고, 내 취향도 아닌 듯했던 그 아이 앞에서 쩔쩔매는 나 자신을 발견할 때에 이런 마음은 극에 달합니다. 아니, 도대체 내가 왜? 내가 뭐가 아쉽다고? 근데 짜증나게 걔는 왜 계속 생각나는 거고, 이럴 때 왜 또 배는 고픈 것임?

물론 오직 인간만이 어쩔 줄 모르겠는 심경에 시달리진 않을 겁니다. 반려견들은 가끔 엉뚱한 상황에서 어쩔 줄 모르고 당황해 버리는 듯해서 참을 수 없는 귀여움을 연출합니다. 사람의 음식을 탐내선 안 된다는 걸 뻔히 알면서도 그 유혹을 떨치지 못한 채 애잔한 눈빛으로 힘없이 주위를 서성인다든지, 자신을 괴롭히는 작고 사나운 고양이 앞에서 '도대체 이 존재를 어떻게 해야 할지 알 수가 없다.'는 듯 멍하게 허공을 바라본다든지, 하는 장면처럼.

그렇지만 '내 감정을 나도 정말 모르겠다.'는 식으로 표현되는 생각, 나 자신에 대한 '어쩔 줄 모름'의 의식은 오직 인간만이 갖고 있습니다. 동물들은 그냥 본능적으로, 그리고 온몸으로 어쩔 줄 몰라 합니다. 수컷 우두머리가 차지한 암컷을 탐내다가, 수컷한테 얻어맞고 무리에서 쭈글쭈글 방출당해 버린 낮은 서열의 사자는 어쨌든 간에 자기 자신을 속이지 않고 용감하게 제 할 일을 해치운 것입니다. 얻어맞은 육신은 아프겠지만, 거기에 '부끄럽다'거나 '괴롭다'는 감정이 개입할 여지는 없습니다.

인간은 행동하는 대신 생각하고 또 생각합니다. 꾹 참거나 주저합니다. 자신의 어쩔 줄 모름에 대하여 또 다시 어쩔 줄 몰라 합니다. 인간의 세계는 마음 가는 대로 일을 저지르는 '동물의 왕국'과는 많이 다를 수밖에 없습니다. 사람들은 누구나 평생에 걸쳐 자기 자신을 속이면서, 사회적인 규범과 관습에 자신을 맞춰 갑니다. 인간이 사회적인 동물이란 말은, 곧 인간은 거짓말하는 동물이란 말과 거의 동의어라고 봐도 무방합니다. 우리는 참고 거짓말하는 데 익숙해진 존재들입니다. 그래서 가끔은 그런 자신의 모습에 답답하고 분통이 터지게 되며, 때로는 굳이 그럴 필요가 없을 때조차 우리를 소심하고 머뭇거리게 만들기도 하죠.

『멋진 신세계』와 '불행해질 권리'에 대하여

왜 내 마음인데 내 마음대로 안 굴러가고, 왜 있는 그대로 솔직하게 표현할 수 없는 건데? 그런 감정을 느끼는 순간마다 우린 자기 자신을 끔찍하게 미워하기도 하고, 때로는 '나는 별 수 없이 이런 사람이야.'라고 자신의 성격을 쉽게 단정해 버리기도 하고, 또 때로는 〈TT〉와 같은 노래를 만들어 사람들과 함께 부르고 또 듣기도 하는 것입니다. 어느 여성 화자의 이와 같은 '어쩔 줄 모름', 자기부정과 혼란스러움을 노래한 곡의 조상 격으로는 심수봉이 1972년 발표한 〈여자이니까〉가 있겠습니다. "사랑한다 말할까, 좋아한다 말할까, 아니야, 아니야, 말 못해, 난 여자이니까……."

그렇지만 결국은 매 순간 어쩔 줄 몰라 하고, 거기서 괴로움을 느끼고, 그 괴로움을 노래하는 존재가 인간입니다. 생각해 보면 우리가 정말로 솔직하고 과감하게 행동하는 때가 그토록 적은 게 놀랍지 않나요?

불안과 두려움을 느끼고, 짜증스럽고, 자신을 학대하고, 끝없이 주저하는 이런 감정들이야말로 우리를 비로소 '인간'으로 만들어 줍니다. 올더스 헉슬리의 『멋진 신세계』는 암울하고 디스토피아적인 미래를 배경으로 이런 '인간적인 감정'에 대한 생각거리를 던져 줍니다. 암울한 디스토피아라고 했지만 보기에 따라선 전혀 다를 수도 있습니다.

『멋진 신세계』의 사람들은 더 이상 '어쩔 수 없음'을 토로하지 않습니다. 이 세계에선 태어날 때부터 자신의 성향에 맞게 직업이 정해지고, 누구와도 쉽게 잠자리를 가질 수 있고, 혼자 고독하게 책을 읽는 일 따위는 전혀 권장되지 않으며, 달콤한 마약이 국가에서 제공되는 동시에 값싼 오락거리들은 넘쳐납니다. 이 세계에선 애초에 〈TT〉와 같은 노래가 성립될 수 없습니다.

그냥 내가 막 끌리는 그, 혹은 그녀와 곧바로 잠자리를 할 수 있거든요.

사람들은 지극히 행복하게 삶을 즐깁니다. 극소수의 불평분자를 제외하곤 말입니다. 체제에서 동떨어진 먼 야생에서 자란 덕택에 자신도 모르게 어느 순간 체제를 위협하는 불온한 이방인이 되어버린 존은, 끝내 그 세계와의 전쟁을 결심합니다. 존은 세상을 철저하게 인공적으로 통제하며 '멋진 신세계'를 관리해 나가는 총통과 이런 대화를 나눕니다.

> "하지만 저는 안락을 원하지 않습니다. 저는 신을 원합니다. 시와 진정한 자유와 선을 원합니다. 저는 죄를 원합니다."
> "그러니까 자네는 불행해질 권리를 요구하고 있군 그래."
> "그렇게 말씀하셔도 좋습니다. 불행해질 권리를 요구합니다."
> "그렇다면 말할 것도 없이 나이를 먹어 추해지는 권리, 매독과 암에 걸릴 권리, 먹을 것이 떨어지는 권리, 이가 들끓을 권리, 내일 무슨 일이 일어날지 몰라서 끊임없이 불안에 떨 권리, 장티푸스에 걸릴 권리, 온갖 표현할 수 없는 고민에 시달릴 권리를 요구하겠지?"
> "저는 그 모든 것을 요구합니다."
>
> — 올더스 헉슬리, 『멋진 신세계』 (문예출판사)

'멋진 신세계'는 비약적으로 발전한 과학 기술의 힘을 빌린, '체제'의 철저한 통제와 세뇌로써 유지됩니다. 멋대로 살아갈 자유는 빼앗겼더라도 어쨌든 제한된 환경에서만큼은 '모든 것이

가능해졌으므로', 사람들의 사소한 고민과 아픔과 불안감은 사라질 수 있었습니다. 이런 세상에 사는 사람들은 〈TT〉의 노랫말처럼 "이러지도 못하는데 저러지도 못하네. 그저 바라보며 매일 상상만……." 하는 괴로움을 알지 못할 겁니다. "내 맘인데, 내 맘대로 할 수 없는 건 왜?"라고 묻거나, "밀어내려고 하면 할수록 자꾸 끌려."라고 고백할 일도 없을 것이고요.

동물원에 갇혀 지내는 것과 본질적으로 차이가 없다는 점만 참아줄 수 있다면, 그런 세상에 사는 것도 그리 나쁘지 않을지 모르겠습니다.

헉슬리가 우울하게 예견한 대로, 우리의 후손들은 정말 그렇게 살 가능성도 있습니다. 많은 이들이 먼 미래에 만약 디스토피아가 온다면, 절대적인 국가 권력이 우리 욕망을 억누르는 조지 오웰의 『1984』식의 세계가 아니라, 과학 기술과 결합되어 '우리가 무제한적인 욕망을 누리게끔 부채질하는' 올더스 헉슬리식의 세계에 가까울 것이라고 예견하기도 합니다.

〈TT〉, 인간적인 너무나 인간적인

그러나 이렇게 우울한 디스토피아 이야기로 글을 마무리하면 안 될 것 같습니다. 다시 미래에서 과거로 훌쩍 달려가 보면 어떨까요.

이안 감독의 영화 〈센스 앤 센서빌리티〉는 제인 오스틴의 소설 『이성과 감성』을 스크린으로 옮긴 작품입니다. 엠마 톰슨과

케이트 윈슬렛의 환상적인 명연기로 많은 관객들의 사랑을 받았고, 엠마 톰슨은 직접 소설을 시나리오로 옮기는 작업을 맡아 아카데미의 각색상을 수상하기도 했죠. 『이성과 감성』에는 아마 인류의 문학사를 통틀어 '가장 어쩔 줄 몰라 하는' 인물 중 한 사람일 열일곱 소녀 매리언 대시우드가 등장합니다. 500여 페이지가 넘는 이 소설은, 결국 분별력 있는 이성과 열정적인 감정이 서로 적절하게 보완될 때 행복한 삶이 가능하다는 결말을 전해 줍니다.

> "덜 얻는 것도, 더 잃는 것도 없다. 다른 하나가 지나가고 나면 또 다른 하나가 오기 마련이니까. 잃을 것이 없으므로 구하라, 그러면 얻으리라."

영화 〈센스 앤 센서빌리티〉의 결말에서 매리언의 짝이 된 브랜던 대령이 읽는 시 구절입니다. 이 구절은 인생과 사랑의 위기 순간, 자기 자신을 잘 모르겠다면서 어쩔 줄 몰라 하고, 본인의 감정을 꾹꾹 억누르며 참고 견디는 우리들의 감정을 위로해 줍니다. 매리언 대시우드처럼, 우리는 사랑의 열병 앞에서 뜨겁게 어쩔 줄 몰라 하되, 그저 거기에 너무 집착하지만 않으면 됩니다. 왜냐면 모든 것은 지나가고, 당장의 선택이 못내 아쉬울 수도 있겠지만, 인간은 결코 무엇도 잃지 않을 거니까요.

그런 감정이 우리를 인간으로 만들어 주는 것이니까요. 천재들이 몽땅 달라붙어도 풀지 못할 어려운 문제들을 척척 풀어내고, 매 순간 기계 같은 평정심을 유지하는 것은 컴퓨터와 인공지

능의 몫으로 남겨 두도록 합시다. 온몸으로 마구 들이대면서 자기의 본능을 '솔직하게' 표출하는 일은 동물의 세계에 양보하도록 합시다. 우린 좀 더 어쩔 줄 몰라 하고, 그러면서도 가끔은 멋지게 결단하는 용기를 발휘해 본다면 좋지 않을까 싶습니다.

심수봉의 노래처럼 여자이니까 말 못하는 게 아니라, 인간이니까 말을 못하는 것입니다. 매리언의 귀엽고 자유분방한 매력을 닮은 트와이스의 멤버들이 부르는 〈TT〉는 우리 모두의 말 못하는 한탄을 담아 낸 '인간적인 너무나 인간적인' 노래입니다.

9. 구원
<Save Me>: 방탄소년단

작사/작곡: Pdogg
　　　　　Ray Michael Djan Jr
　　　　　Ashton Foster
　　　　　Samantha Harper
　　　　　Rap Monster
　　　　　SUGA
　　　　　j-hope

난 숨 쉬고 싶어 이 밤이 싫어

이젠 깨고 싶어 꿈속이 싫어

내 안에 갇혀서 난 죽어있어

Don't wanna be lonely

Just wanna be yours

왜 이리 깜깜한 건지 니가 없는 이 곳은

위험하잖아 망가진 내 모습

구해줘 날 나도 날 잡을 수 없어

내 심장소릴 들어봐 제멋대로 널 부르잖아

이 까만 어둠 속에서 너는 이렇게 빛나니까

그 손을 내밀어줘 save me save me

I need your love before I fall, fall

그 손을 내밀어줘 save me save me

I need your love before I fall, fall

그 손을 내밀어줘 save me save me

그 손을 내밀어줘 save me save me

오늘따라 달이 빛나 내 기억 속의 빈칸

날 삼켜버린 이 lunatic, please save me tonight

(Please save me tonight, please save me to-

night)

이 치기 어린 광기 속 나를 구원해줄 이 밤

난 알았지 너란 구원이

내 삶의 일부며 아픔을 감싸줄 유일한 손길

The best of me, 난 너밖에 없지

나 다시 웃을 수 있도록 더 높여줘 니 목소릴

Play on

내 심장소릴 들어봐 제멋대로 널 부르잖아

이 까만 어둠 속에서 너는 이렇게 빛나니까

그 손을 내밀어줘 save me save me

I need your love before I fall, fall

그 손을 내밀어줘 save me save me

I need your love before I fall, fall

그 손을 내밀어줘 save me save me

그 손을 내밀어줘 save me save me

고마워 내가 나이게 해줘서

이 내가 날게 해줘서

이런 내게 날걸 줘서

꼬깃하던 날 개줘서

답답하던 날 깨줘서

꿈속에만 살던 날 깨워줘서

널 생각하면 날 개어서

슬픔 따윈 나 개 줬어

(Thank you, '우리'가 돼 줘서)

그 손을 내밀어줘 save me save me

I need your love before I fall, fall

그 손을 내밀어줘 save me save me

I need your love before I fall, fall

"자기 자신에 대해서 분명하고 절실한 인식을 가지기 바란다.
절대 연애를 해서는 안 돼. 우정이라든가 이성에 의한 감정의
고조는 애정과 관계가 있지만 애정 그 자체는 아니다. 진정한
애정은 인간의 영혼과 더불어 성숙되는 것이다."

― 다이허우잉, 『사람아 아, 사람아』(다섯수레)

9. 구원
<Save Me>: 방탄소년단

사랑은 인류의 영원한 테마이며, 불멸의 키워드입니다. 여기서 사랑이란 어떤 면에선 구원의 다른 이름입니다. 『사람아 아, 사람아』의 작가 다이허우잉은 진짜 애정은 인간의 영혼과 더불어 성숙하는 것이라며, 절대로 (가볍고 하찮게) 연애를 해서는 안 된다고 적었지만…….

내가 성숙하고 성숙하지 못하고를 떠나서, 나를 구원해 줄 누군가를 기다리는 마음은 자연스러운 인간적 감정인 것 같습니다. 영혼의 성숙은 오랜 시간을, 때로는 평생을 필요로 하지만, 우리의 가슴은 나날이 새롭게 불타오르며 뜨겁게 약동합니다. 영혼이 성숙하길 기다렸다간 생의 반짝이는 시절을 놓친 채 홀로 외롭게 말라비틀어져 버릴 것 같은 두려움이 우리 모두에게 있습니다.

그러나 구원과도 같은 존재가 내게 다가온다 한들, 내가 그 존재의 은총을 받아들일 수 있는지의 여부는 또 다른 문제입니다. 인간은 대개 무언가에 짓눌리고 번민하는 존재여서 자신의 구원을 쉽게 움켜잡지 못하는 경우도 많습니다. 주요섭의 단편 소설『사랑 손님과 어머니』가 문학적으로는 가장 간명하고 극적인 케이스가 아닐까 싶네요. 도스토예프스키의 『백치』에도, 또 가즈오 이시구로의『남아 있는 나날』에도 무언가에 홀리듯 자신의 구원을 발로 걷어차 버린 문제적 인물들이 등장해서 독자를 가슴 아프게 만듭니다. 그들은 모두 소설의 말미에서 자신의 구원을 움켜잡지 못한 대가를 엄정하게 치르고 있습니다.

"그와의 만남에 그녀는 수줍어 고개 숙였고,
그의 소심함에 그녀는 떠나가 버렸다."

양조위와 장만옥이 주연했던 왕가위 감독의 영화 〈화양연화〉의 시작을 여는 한 마디입니다. 1960년대 홍콩에 살고 있는 주인공 남녀는 결혼한 유부남이요, 유부녀입니다. 이들은 불행하게도 각자의 배우자가 서로 불륜을 저지르는 사이라는 것을 알아버립니다. 양조위와 장만옥은 자신들의 감정을 무섭게 절제하면서도, 서로에게 천천히 빠져듭니다.

그러나 그들은 자신들의 사랑이 불륜으로부터 잉태된 것임을 너무도 민감하게 의식합니다. 그 사랑이 그들을 배신한 배우자에 대한 복수인지 아닌지 끊임없이 의심합니다. 양조위는 이 관계가 자신들을 구원하지 못하리라고 결론을 내리며, 장만옥에게 이별을 고합니다. 그들은 결국 포기합니다.

양조위는 몇 년의 시간이 흐른 뒤, 캄보디아를 찾아 앙코르

와트의 '태고의 벽' 구멍에 자신의 사랑을 털어놓습니다. 맹렬한 사랑의 감정, 그 짧고 위태로웠던 화양연화의 계절은 지나갔어도, 저 오랜 세월을 거쳐낸 고대의 벽은 우뚝합니다. 수 천 년이 지나도 우뚝할 겁니다. 두 남녀가 결국 손에 넣지 못한 미완의 사랑은 덧없지만, 덧없어서 더 아름답습니다. 한 남자의 애끓는 비밀이 담긴 구멍엔 시간이 지난 뒤 잡초가 무심히, 또 무성히 자리하고 있을 뿐입니다.

"사라져 버린 세월은 한 무더기 벽과 같다. 먼지 쌓인 유리벽처럼……. 볼 수는 있어도 만질 수는 없다. 그는 줄곧 과거의 모든 것에 사로잡혀 있었다. 만약 그가 먼지 쌓인 벽을 깨뜨릴 수만 있다면, 그는 이미 사라진 세월로 되돌아갈 수 있으리라."

영화가 끝날 때 화면에 띄워지는 문구입니다. 인간은 구원을 갈구하면서도, 때로는 자신을 가로막은 '먼지 쌓인 벽'을 깨뜨리지 못하는 존재이기도 합니다. 그렇지만 그것은 사랑을 통한 구원이 불가능하다는 뜻은 아닐 거예요. 영화 〈화양연화〉는, 다만 구원 앞의 한 인간이 얼마나 깨지기 쉽고 연약해질 수 있는지를 서글프게 묘사하고 있을 뿐입니다. 양조위의 가슴엔 영원히 감추고 싶은 비밀 하나가 남았습니다.

다시, 어쩌면 다이허우잉이 옳았을지도 모르겠다는 생각이 드는 건 어쩔 수 없습니다.

"내일은 악마에게 맡겨 버려도 상관없지……."

방탄소년단의 〈Save Me〉는 사랑을 통해서 나라는 존재를 한 단계 더 높은 곳으로 끌어올리려는 우리 모두의 간절함이 녹아 들어 있는 곡입니다. 그야말로 절절한 바람이자, 하염없는 애원 입니다. 네가 날 구원해주지 않는다면 나는 아무것도 아닌 무가 치한 존재에 불과하다는, 위태롭고 연약한 순애보입니다.

다이허우잉이 옳고 그르고를 떠나서, 외로움은 비참합니다. 외로움은 인간을 영혼의 가장 어두운 심연으로 내리꽂습니다.

저는 가끔 생각합니다. 다른 어떤 감정이 아니라, 나의 외로 움이 언젠가는 나를 잠식하고 무너뜨리는 날이 올지도 모르겠 다고요. 나를 전혀 알지 못하는 누구라도 붙잡고, 밤새 내 이야 길 털어놓고, 내가 얼마나 비루하고 볼품없는 인간인지를 숨기 지 않으며, 내 몸과 마음을 누군가에게 완전히 떠맡기고 싶은 순 간들이 있습니다. 그것은 영화 〈은교〉에서 은교가 이런 말을 내 뱉는 심경과 비슷한 것 같습니다. "여고생이 왜 남자랑 자는지 알아요? 외로워서 그래요, 외로워서."

외로우니까 사람이라지만, 그 외로움은 때때로 우리를 파괴 적인 욕망과 자학의 길로 밀어 넣습니다. 주위에 사람이 아무리 많더라도, 내 벌거벗은 진짜 내면을 알아주는 이 하나 없다는 진 실은, 가끔씩 사람의 가슴을 미칠 듯이 뒤흔들고 산산조각 냅니 다. 그런 '밤의 충동'을 이기지 못하는 사람들은 여지없이 사고 를 칩니다. 예컨대 영국 배우 휴 그랜트처럼 부와, 명성과, 아름 다운 아내까지 모든 것을 손에 넣었던 '세상에서 가장 섹시한 남자'가, 어두운 길거리에서 남의 눈을 피해 매춘부와 오럴 섹스를 즐겼던 것처럼……. 1995년의 이 사건은 헐리웃 역사상 가장 충격적인 스캔들 중 하나로 남아 있습니다.

작가 김훈은 "오랜 시간을 돌아보니, 결국 저 홀로 고독하지 못하는 사람이 사고를 치고 문제를 일으키는 것 같더라."고 말한 적이 있습니다. 저는 이 말에 전적으로 공감합니다. 외로움은 인간의 헤아릴 수 없는 깊이의 바닥을 보여주고, 그 바닥 중에서도 더 깊숙한 바닥을 찍게 만드니까요.

방탄소년단의 〈Save Me〉는 그 컴컴한 바닥에서 부르는 '밤의 노래'입니다. 이 노래는 어떤 면에서 싱어송라이터 크리스 크리스토퍼슨이 1970년에 만들고, 새미 스미스를 비롯한 많은 가수들이 부른 곡 〈Help Me Make It Through The Night〉의 정서와 매우 유사합니다. (글래디스 나이트Gladys Knight가 부른 1972년 BBC의 실황 버전을 꼭 찾아보세요. 가슴이 미어지는 보컬을 만날 수 있습니다.) 이 곡의 화자는 이 밤을 홀로 보내야 하는 것을 슬퍼하면서, 내가 이 밤을 무사히 보낼 수 있도록 도와줄 누군가를 간절하게 찾고 있습니다. 그녀는 아침이 밝아올 때까지 내 곁에 누워 내 외로움을 달래줄 사람을 찾으면서 이렇게 노래합니다.

나는 옳고 그름에 대해서는 개의치 않아.
그걸 이해하려고 노력하지도 않을 거야.
오늘 밤 내 곁에 있어줄 사람이 필요해.
내일은 악마에게 맡겨 버려도 상관없지.
I don't care what's right or wrong

And I won't try to understand

Let the Devil take tomorrow

Oh, tonight I need a friend

내일은 악마에게 맡겨 버려도 상관없다는 단호함이 저를 설레게 만듭니다. 자신과 가장 잘 맞는 짝을 신중하게 고르고 또 고르는 태도, 언젠가 나타날 그 짝을 위하여 나를 더 좋은 사람으로 가다듬는 자세도 물론 중요합니다. 그러나 가끔은 〈Save Me〉의 노랫말처럼 아무런 조건도 걸지 않고, 내가 나일 수 있게 해 주며, 나를 하늘로 훨훨 날 수 있게 해 주는 존재가 까만 어둠 속에서 불현듯 내 손을 잡아 주리라는 기대를 버릴 수 없습니다.

우리를 구원하는 사랑에 관하여

저도 물론 '사랑의 구원'을 꿈꾸는 마음이 헛되고도 헛되다는 가르침을 모르는 바는 아닙니다. 그런 훈계들은 우리를 꼼짝 못하게 포위하고 있죠. 사람은 자신을 꼼꼼하게 사랑한 이후에만 타인을 사랑할 수 있다는 것, 누군가에게 무조건적인 사랑을 기대하는 심리는 미성숙한 어린아이의 마음이라는 것 등등의 말들은, 물론 진리에 가깝습니다.

그렇지만 이 험난한 세상 속에서, 결함투성이인 나를 아무런 조건 없이 끌어안아 주고, 보호해 줄 사람이 있다는 믿음은 왠지 우리를 안도케 합니다. 그리고 그런 믿음을 단지 유아적인 판타지라거나 외로움의 토로라고 몰아붙이기엔 조금 억울한 면이 없지 않습니다. 그 '무조건적인 사랑'에는 분명 사랑의 아름다운 가능성이 담겨 있습니다. 그러한 구원적인 사랑에는 바로 '단지 그대가 받아들여졌다'는 은총의 향기가 어려 있기 때문입니다. 세상의 수많은 기준들과 잣대들, '객관적인' 딱지들이 모두 지나간 이후의 그 자리에, "너란 구원이 내 삶의 일부며 아픔을 감싸줄 유일한 손길"이라는 따뜻한 느낌이 대신 자리합니다. 그것은 절대적인 신에 대한 감각과 다르지 않습니다.

"지금 그 이름을 묻지 마십시오. 아마도 훗날 알게 될 것입니다. 지금 당장에 어떤 것을 추구하려고도, 완성하려고도, 의도하려고도 하지 마십시오. 단지 그대가 받아들여졌다는 사실을 받아들이십시오. 그때 우리는 은총을 체험합니다."

— 폴 틸리히, 『잠언록』

디즈니의 〈미녀와 야수〉야말로 이런 '사랑의 구원성'을 가장 극적으로 구현한 작품이 아닐까 싶습니다. 나는 세상 누구도 눈길을 주지 않는 '괴물'입니다. 나는 운명의 장미꽃이 시들기 전에, 내 추악한 외모에도 불구하고 나를 사랑해 주는 이를 만나야지만 비로소 나의 불행한 운명을 이겨낼 수 있습니다. 누군가는 나를 알아봐 주어야 하고, 내게 먼저 마음을 열어 주어야 합니다. 내가 나를 사랑하든 말든, 내 손을 잡아주어야 합니다. 그 누군가는, 세상의 기준으로 봤을 땐 분명 저열하고 추하기 그지없는 "망가진 내 모습" 앞에서 '눈을 딱 감을 수 있어야' 합니다. 세상의 눈이 아닌, 오직 그만의 눈으로 날 바라봐 주어야 합니다. 그러므로 그에게는 한 순간 세상을 이겨낼 수 있는 강인함과 용기가 필요합니다.

이런 순간을 맞이한 그는, 작품의 주제곡 〈Beauty And The Beast〉의 노랫말처럼, (나와의 만남을 통하여) 세상의 어떤 기준이 자신에겐 별 의미가 없다는 걸 깨닫고, 자신 안의 기준이 변할 수 있다는 사실을 받아들일 수 있는 존재입니다. 여기서 사랑의 구원이란, 삶의 존재론적인 양식 및 세계관, 가치관을 온몸으로 변화시키고 이동시키는 일을 가리킵니다.

도스토예프스키의 『죄와 벌』은 이런 면에서 사랑의 힘을 통한 구원과 부활의 서사로 손꼽을 수 있습니다. 이 작품의 에필로그는, 소설 전반의 톤과 어울리지 않게 아주 로맨틱하기까지 하죠. "사랑이 그들을 부활시킨 것이다. 두 사람의 마음은 서로 삶의 끊임없는 샘을 간직하고 있었다."와 같은 문장이 등장할 정도니까요! 마치 이 세계의 진리를 꿰뚫은 듯 오만함에 사로잡혀 살인까지 저지른 라스꼴리니꼬프와, 세상의 시선으로 보았을 땐 가장 비천하고 무지한 존재일 매춘부 소냐는, 끝끝내 서로를 구원할 수 있었습니다. 둘은 절대로 탁월하거나 완벽한 사람이 아니었습니다. 다만 세상의 그 손쉬운 낙인과 편견 따위를 깡그리 무시할 수 있을 정도의 담대한 마음을 가진 사람이었을 뿐입니다.

우리가 사랑하고, 사랑받는다는 것은

그러므로, 구원은 용기입니다. 저 오랜 시간의 먼지 쌓인 벽을 무너뜨릴 수 있는.

우리의 육체와 감정만 덧없는 것이 아닙니다. 앙코르와트의 벽도 언젠가는 무너질 수밖에 없습니다. 어쩌면, 우리에겐 사랑만이 남습니다. 세상과 시간의 흐름 속에 스며든 사랑이 아니라, 때로는 세상을 힘차게 거부하고 떨쳐낼 수 있는 단단하고 강인한 사랑만이.

프랑스 철학자 가브리엘 브리셀은 "사랑받는다는 것은 '당신은 죽지 않아도 된다'는 말을 듣는 것을 뜻한다."고 말했습니다. "내 안에 갇혀서 죽어있던 나"에게 다가와서, 내게 이 세상을 뛰어넘는 새로운 기준, 영생(永生)의 가능성을 보여주는 사람을 찾는 일, 그것이 바로 사랑입니다. 사랑은 때때로 죽음을 뛰어넘는 지평을 우리에게 약속합니다. 적어도 사랑의 결단이 위대하게 느껴지는 그 어떤 순간에는.

화양연화는 과거의 어느 빛바랜 시간이 아니라, 우리에게 아직 다가오지 않은 그 결단의 순간이라 믿습니다.

10. 우정
<언제나 그대 내 곁에>: 김현식

작사: 김현식
작곡: 송병준

구름 저 멀리 해를 가리고 그대 홀로 있을때
내게 말해요 그댈 위로 할게요

해는 저물어 밤이 오고 홀로 이 밤 지샐 때
내게 말해요 그대 친구 될게요

세상은 외롭고 쓸쓸해 때로는 친구도 필요해
그대 멀리 떠난다 해도
난 언제나 그대 곁으로 달려갈래요

해는 저물어 밤이 오고 홀로 이 밤 지샐 때
내게 말해요 그대 친구될게요

언제나 그댄 내 곁에
언제나 그댄 내 곁에

10. 우정
<언제나 그대 내 곁에>: 김현식

  사랑에 관해서 한없이 진지한 이야기들을 계속 이어왔던 것 같습니다. 사랑과 운명, 사랑의 아름다움, 사랑의 진실과 사랑의 구원……. 그러다 보니 '사랑을 하려거든 목숨을 바쳐라'와 같은, 옛 시절에 유행했던 비장한 맹세의 문장이 생각나기도 하네요. 작가 노희경은 '지금 사랑하지 않는 자, 모두 유죄'라고 못박아두기도 했고, 성경에서는 '내가 너희를 사랑한 것 같이 너희도 서로 사랑하라.'는 가르침이 거듭 반복되고 있습니다. 우리는 사랑이 얼마나 중차대하고 절박한 일인지에 대하여, 동서고금의 온갖 문헌과 기록들을 끌어다가 며칠 밤을 새우면서 이야기를 이어갈 수도 있습니다.

  그렇지만 사랑은 이처럼 절박하고 무거운 것만은 아닐지도 모르겠습니다. 저는 어느 스님이 "사랑은 유별난 게 아니라, 그저 상대의 비위를 맞춰 주는 일"이라고 덤덤하게 말했던 것을 기억합니다. 아니, 아무리 그래도 남에게 잘 보이려 맞춰 주는 일을 곧바로 사랑이라 칭하다니, 사랑의 값어치를 너무 떨어뜨리는 건 아니냐는 의심이 들 법도 합니다. 그래도 저에겐 이 정의가 꽤나 소중하게 느껴집니다. 사랑이라는 거창한 관념에 얽매일 게 아니라, 그저 작은 일에서부터 내 앞의 상대를 세심히 배려하고, 오랫동안 그런 자세를 잃지 않고, 상대를 위해 나를 조금은 더 희생하는 태도와 실천이 사랑 그 자체라는, 소박한 사랑론이 말이죠.

생텍쥐페리가 "친구란 무엇보다 비판하지 않는 사람이어야 한다."고 말했던 게 생각납니다. 상대를 있는 그대로 받아들이지 못한다거나, 특정한 삶의 방식이나 욕심을 상대에게 강요한다면, 그들은 결코 오래 두고 사귈 수 있는 벗이 되지 못할 거예요. 이런 면에서, 사랑은 우정의 다른 얼굴이기도 합니다. 바람직한 사랑은 언제나 우정을 닮아 있으며, 우정의 향기를 진하게 내뿜고 있다고 생각합니다. 이때 사랑이란 다른 사람들이 아니라 오직 한 사람을 위해 문을 가만히 열어 놓는, 그래서 오랫동안 사귄 편안한 친구를 향해 느껴지는 '우애'와 꼭 닮아 있는 것만 같습니다.

서른둘의 나이에 세상을 떠난 김현식이 1988년 발표한 〈언제나 그대 내 곁에〉의 노랫말처럼, 사랑은 그대 힘들 때 그대의 친구가 되어 주고, 언제나 서로의 곁에 머물러 주는 일일 것입니다. 다른 거창한 것을 이야기할 게 아닙니다. 사랑은 그저 그대가 외로울 때 그대의 곁으로 달려가 주는 일일지도 몰라요.

사랑과 우정, 그 영원한 줄다리기

사랑과 우정은 가깝게 느껴지기도 하지만, 둘 사이의 거리는 때때로 끝없이 멀게만 느껴지는 것도 사실입니다. 이것은 우리가 흔히 생각하는 사랑과 우정 사이의 안타까운 거리감이겠죠. 〈언제나 그대 내 곁에〉가 나온 지 4년 뒤에 발표된 피노키오의 〈사랑과 우정 사이〉 같은 노래는 결국 사랑의 단계로 넘어가지 못하는 어느 애매한 관계의 슬픔을 잘 묘사하고 있습니다. 사랑보단 멀고, 우정보다는 가까운……. 어느 두 사람의 행복했던 기억이 있습니다. 하지만 그 행복은 곧 깨질 수밖에 없는 운명이었으니, 왜냐면 그 우정에 가까웠던 행복 안에는 상대에게 숨겨 온 '한 사람의 진심'이 있었기 때문입니다, 마침내 그 관계가 사랑으로 진전될 수 없음을 알았을 때, 그때 너를 사랑했던 나는, 네가 아니라 '나 자신에 대한 미움'을 뼈저리게 느낄 수밖에 없습니다. 슬프게도 사랑에 실패한 사람들은 언제나 자신을 탓하게 되고, 또 그래야 마땅합니다. 사랑의 감정은 내 진심이 어떠한들 네 안에서 억지로 애쓴다고 생길 수 있는 게 아니니까요.

이처럼 사랑과 우정의 줄다리기를 그린 곡들은 시대를 불문하고 대중음악에서 아주 손쉽게 찾아볼 수 있습니다. 둘도 없는 이성 친구이지만, 섣불리 고백했다가 영영 멀어져 버릴 것만 같은 두려움을 고백한 노래들이 그 얼마나 수두룩한가요. 예컨대 1994년 드라마 〈서울의 달〉 주제곡으로 큰 인기를 끌었고, 몇 년 전엔 〈응답하라 시리즈〉의 로이 킴 버전으로 널리 알려진 〈서울 이곳은〉의 노랫말처럼 말이에요. 성인이 된 이후의 남녀 관계에 관해서라면 "언제나 선택이란 둘 중에 하나, 연인 또는 타인뿐인 걸"이라는 정서와 인식이 꽤나 자연스럽습니다. '연인 또는 타인'이란 이분법은, 물론 언제나 옳은 것은 아니겠지만, 다분히 그럴듯하게 느껴지는 게 사실입니다. 남녀가 아예 친구가 될 수 없다는 게 아닙니다. 둘 중 한 사람이 서로에게 이성적 호감을 느끼는 순간, 그 관계는 대개 애매해져 버리기 십상이라는 것이죠.

"너무나 사랑하고 있고요. 당신과 얘기하면 정말로 즐거워요. 그래도 언제까지나 친구로 지내요. 열정보다는 친구로……." 십여 년 전 중남미 코스타리카에서 가장 유행했던 노래 가사 중 한 토막이라고 해요. 제목은 〈우리는 친구, 그뿐〉입니다. 사랑은 친구와 나누는 우정과는 달리, 참으로 가파르고 뜨겁습니다. 그것은 서로가 서로에게 매몰되는 감정이며, 사랑하는 시간 동안 잠시 나를 잊고 내려놓아야 하는 고통스러운 의식입니다. 사랑의 열정은 우리를 쉽사리 지치게 만들고, 사랑이 품게 되는 강렬한 애증은 한 사람에게 상처를 남기기도 쉽습니다. 우리가 흔히 쓰는 '사랑의 포로'라는 표현은 그 얼마나 적절하게 느껴지는지요. 친구 사이의 우정이 모두 연인 간의 사랑으로 자연스레 연결될 수 있었다면, 우리들 마음이 지금보다 훨씬 더 평화로워졌을 게 분명합니다. 그러나 사랑과 우정은 언제까지나 가깝고도 먼 관계를 유지할 것 같아요. 친구와 연인 사이의 길목에서 방황하는 어느 두 사람의 이야기는 앞으로도 무수히 반복되겠죠.

서로에게 이상순 같은 '파트너'가 되어준다는 것

그러나 사랑과 우정 사이의 거리가 좀 더 가까워질 필요가 있다는 의견에는 귀를 기울일 필요가 있지 않을까요? 무엇보다도 사랑의 열정에 흠뻑 취했던 단계를 지나, 이미 어느 정도 원숙한 사랑의 관계로 접어든 두 사람에게 들려주고 싶은 말입니다.

독일의 사회학자인 울리히 벡과 그의 아내 엘리자베트 벡-게른샤임이 공동 저술한 『사랑은 지독한 — 그러나 너무나 정상적인 — 혼란』은 현대인의 사랑에 관하여 꼼꼼하게 분석한 책입니다. 우린 모두 영원히 변하지 않을 사랑의 가치를 믿습니다. 서로에 대한 헌신과 배려, 진실함, 책임감 등은 시대를 불문하고 소중히 가꾸어 가야 할 사랑의 미덕들로 남아있겠죠. 그러나 그 불변의 가치가 구현되는 방식은 끊임없이 변화합니다. 19세기와 20세기의 사랑이 다르고, 20세기와 21세기의 사랑도 다를 수밖에 없습니다. 세계는 그만큼 빠르게 변하고 있는 게 사실이니까요.

그리고 벡 부부에 따르면, 지금 이 시대에 살아가는 우리들의 '사랑'은, 자본주의와 개인주의의 논리가 극단적으로 강조되는 사회적 성격을 떼어 놓곤 생각할 수 없습니다. 1990년대 후반 이후로 전 세계적으로 평생직장의 개념, 고정된 가족 모델, 전통적인 남녀의 역할 구분 등이 점점 희미해지고 있습니다. 모든 것은 무서우리만큼 유동적이고 불확실합니다. 세상은 개인에게 빠르게 변화하고, 유연하게 적응할 것을 요구합니다. 그러면서도 현재를 즐기라는 달콤한 말도 잊지 않고요.

물론 우리는 여전히 사랑을 꿈꿉니다. 삶의 안정성과 모든 전통과 관습들이 급격히 무너져 내리고 있고, 특히 우리나라에선 연애, 결혼, 출산을 포기했다는 삼포 세대가 득시글거리는 지독한 혼란의 시기에도, 나와 평생을 함께 할 '단 한 사람'을 찾으려는 우리들의 노력은 계속되고 있습니다. 앞서 에로스의 장에서 저는 현대인을 포위한 자본주의 체제의 위력, 모든 것이 등가 교환의 거래 관계로 포섭되어가는 사회의 분위기에 대하여 길게 이야기한 바 있습니다. 신분과 계층 따위를 뛰어넘는 '낭만적인 사랑'은 점점 더 희귀해지는 추세입니다. 연애와 결혼에 관해서 남자가, 또는 여자가 이러저러해야 한다는 식의 역할 구분도 점점 힘을 잃고 있습니다. 벡 부부는 말합니다. 이런 시절의 사랑이란 '함께 사는 방법'을 찾아나가는 두 사람의 치열하고 성실한 과정이어야 한다고. 아무것도 고정된 것이 없으니, 서로의 생각을 조율할 수 있고, 합의할 수 있으며, 정직하고 또 신뢰할 수 있는 평등한 두 사람의 파트너 관계가 요구된다고. 즉, 사랑은 지금보다 우정을 더 닮아 있어야 한다고.

"사람들은 다시 함께 사는 방법을 찾아내야 할 것이다. 더 이상 어떤 규칙도, 과거로부터 물려받은 어떤 지침도 없으며, 따라서 일어날 가능성이 있는 모든 것은 관련 당사자들에 의해 합의되어야 한다. (……) 우정과 같은 재미없는 개념도 부활되어야 한다. 사랑처럼 매혹적이고 위험한 것이 아니라 정직하게 생각을 나누는 두 사람 사이에서 의도적으로 추구되는, 따라서 더 오래 지속되는 신뢰할 만한 파트너 관계로서의 우정 말이다."

— 울리히 벡, 엘리자베트 벡-게른샤임,

『사랑은 지독한 — 그러나 너무나 정상적인 — 혼란』(새물결)

　　사랑이 누군가에게 반해버리고 서로에게 열렬히 빠져드는
일임을 부정하는 것은 아닙니다. 그러나 그런 낭만주의적인 사
랑만을 강조하기엔 이미 많은 것이 변해 버렸습니다. 외롭게 남
겨진 개인들의 시대에 사랑을 찬양하는 대중문화는, 벡 부부의
표현에 따르면 '신흥 종교'처럼 넘실댑니다. 그 종교는 우리에게
'사랑을 멈추지 말라.', '그래도 사랑은 아름다운 것.' 같은 메시
지를 끊임없이 전파하고 있죠. 동시에 우리들이 점점 '사랑의 열
정'에 대해서 회의적이고 조심스러운 태도를 보이는 것도 사실
입니다. 사람들은 더 이상 넋을 잃고 사랑에 열광하지 않습니다.
낭만적 사랑에 관하여 그럴 듯한 장식들을 아무리 덧붙인들 소
용없습니다. 삶의 생존과 경쟁에 지친 사람들이 (나조차도 아끼기
힘든데) 남을 지극히 사랑하기란 그토록 힘든 법입니다.

　　제주도에서 올라온 이효리의 통찰이 참 정확하지 않았나요?
많은 시청자들이 그녀의 남편 이상순이 보여준 자상함과 인내
심에 반했지만, 이효리는 우리에게 톡 까놓고 말합니다. 이상순
이 그처럼 여유롭게 아내를 감싸줄 수 있었던 것은 분명 매우 제
한된 노동의 강도, 넉넉한 여가 시간, 그리고 물질적인 풍요로움
이 있기에 가능한 일이었다고요.

　　이 사회 속의 우리들, 평범한 너와 나는 이효리와 이상순이
아닙니다. 이 힘겨운 시대를 버텨내는 두 사람이 서로가 서로에
게 사랑을 약속했다면, 우리 시대의 사랑은 우정을 좀 더 닮아

가야 할 것입니다. 둘 중 하나가 '이효리처럼 된다면'(즉, 물질적으로 전혀 부족함이 없는 사람이 된다면) 더할 나위 없겠지만, 현실적으로 그게 힘들다면, 사랑의 관계를 이뤄가는 두 사람은 서로를 향하여 '이상순처럼 되도록'(끊임없이 상대를 향한 자상한 배려를 갖추도록) 노력해야 합니다. 즉, 사랑은 상대를 섣불리 비판하지 않고, 있는 그대로의 모습을 인정하며, 서로의 시간과 공간을 존중하고, 그와 내가 함께 변화해 나가는 일이라는 인식이 필요합니다. 이때 사랑은 세심한 인내와 배려의 다른 표현입니다. 아무것도 정해지지 않고 확실치 않은 이 시대에 두 사람의 룰을 만들어나가는 일은 서로에 대한 더 큰 신뢰를 요구하고, 서로의 목소리에 더 깊은 주의를 기울이는 태도를 요청합니다.

　나는 누군가의 연인이며 배우자이지만, 동시에 나는 나만의 직업적인 삶과 사회적인 자아의 실현을 멈추지 않는 존재입니다. 시대가 그런 자아를 요구하고, 그 시대에 살아가는 우리들의 내면 또한 마찬가지입니다. 특히 벡 부부는 '여성의 지위 상승과 사회 진출'이야말로 현대 사회의 사랑을 둘러싼 저 모든 혼란과 소란에 중요한 영향을 미치는 요소라고 말하고 있어요. 과거 수천 년 동안 이어져 왔던 남성 중심의 가부장주의가 뿌리째 흔들리고 있습니다. 남성이 집안의 가장이자 사회의 우두머리로 군림하던 시대는 급속한 해체를 겪으며 남녀 사이의 갈등을 일으키고 있습니다.

　우리들의 부모님 세대와 우리 세대의 '여성의 삶'엔 실로 큰 차이가 존재합니다. 여성들은 말하고 있습니다. 한 사람의 여성인 나는 남성으로서의 너를 사랑하지만, 나는 누군가의 아내이

자 부모이겠지만, 나는 여전히 '나 자신'으로 남아서 내 능력을 발휘해 나갈 것이라고요. 아마도 일방적으로 한 사람의 삶을 '가족'이라는 정체성 안에 가둬놓았던 과거의 모델은 더 이상 반복되지 않을 게 분명합니다. 그러므로 함께 사는 한 남자와 한 여자가 서로 평등하게 합의하고, 각자의 다양한 삶과 취향에 맞추어 서로를 배려해야 하는 시대가 찾아왔습니다.

즉, "사랑은 유별난 게 아니라, 그저 상대의 비위를 맞춰주는 일"이란 사랑론이 더 설득력이 있는 시대가 말이죠.

물론 사회 체제도 언제까지고 개인에게 무자비한 경쟁과 변화만을 강조해선 안 됩니다. 사회의 힘은 강력하지만, 결국, 한 사회는 평범한 대다수의 사람들이 원하고 꿈꾸는 방향으로 바뀌어나갈 수 있습니다. 지금도 분명 조금씩 바뀌고 있고, 그런 점진적인 변화는 앞으로도 멈출 리 없습니다. 벡 부부의 통찰은 다음과 같습니다.

"현대적 삶의 이면에 자리 잡고 있는 논리는 외톨이를 전제하고 있다. 시장 경제는 가족, 부모 되기, 파트너 관계에 대한 욕구를 무시하기 때문이다. 사적 개인으로서의 삶을 전혀 존중하지 않고 노동 시장이 아주 유연하기를 바라는 사람은 시장을 앞세워 가정 파탄을 조장하고 있는 셈이다. 결혼이 '여자는 집에서 살림을 하고 남자는 바깥에서 일을 한다.'와 동의어인 이상 일과 가족이 양립할 수 없다는 사실은 은폐될 수 있었다. 그러나 이제 부부가 가사도 나누어 맡아야 하게 되자 이러한 사실이 커다란 소동을 일으키며 표면 위로 떠오른 것이다. 시장 논리에 따라 평등을 요구하는 것은 파트너들을 라이벌과 개체로 만들어 현대 생활에서 좋은 것을 놓고 서로 경쟁하게 하는 효과를 낳는다."

— 울리히 벡, 엘리자베트 벡-게른샤임,

『사랑은 지독한 — 그러나 너무나 정상적인 — 혼란』

"세상은 외롭고 쓸쓸해, 때로는 친구도 필요해"

프리스턴대 철학과의 알렉산더 네하마스 교수는 우정이라는 관념의 다소 불명확한 특성 때문에, 지금까지 우정에 대한 문학적·학술적 관심이 소홀했던 측면이 있었다고 지적합니다. 그러나 그는 우정이란 우리의 일반적인 생각보다 훨씬 더 중요한 가치라고 말하고 있습니다. 그는 시간의 흐름에 따라 천천히 쌓이는 우정의 가치를 아래와 같이 표현했습니다.

"우정은 우리를 그냥 도와주는 정도가 아니라, 우리가 되고 싶어 하는 바를 이루도록 길을 인도한다. 우리가 다른 사람이 아닌 바로 우리 자신이 되는 데 결정적인 역할을 하는 것이다."

— 데이비드 에드먼즈 外, 『철학 한 입』(열린책들)

우린 어쩌면 '사랑'의 격렬하고 극적인 성격에 주목해, 오랫동안 '우정'이 지니는 힘을 경시하고 있었는지도 모릅니다. 그러나 김현식의 〈언제나 그대 내 곁에〉의 노랫말이 잔잔하게 전해주고 있듯, 사랑과 우정의 거리는 생각보다 더 가까울지도 몰라요. 점점 더 그런 '사랑론'의 세상이 오는 것만 같습니다. 아리스토텔레스의 말처럼 우정은 하룻밤 사이에 생기는 게 아니며, 우정의 형성에는 시간의 흐름이 절대적으로 중요합니다. 사실, 사랑도 마찬가지입니다. 세상은 외롭고 쓸쓸하지만, 우리에겐 내가 홀로 있을 때 달려와 줄 누군가가 있습니다. 그 누군가가 나와 이야기가 잘 통하고, 내 뾰족한 모습을 참아주고, 내 못난 영혼까지 자상하게 품어줄 수 있는 파트너라면 참 행복하겠죠. 마치 이효리와 함께 사는 이상순 같은.

그렇지만……. 저도 〈언제나 그대 내 곁에〉를 열창하면서 내 사랑을 받아주지 않는 누군가를 간절히 그리워해 본 적이 있습니다. 그 사람이 힘들고 외로울 때 그이의 곁으로 곧장 달려가고 싶었건만, 그는 이런 제 마음에 부담스럽고 불편한 감정을 느낄 뿐이더군요. 사랑과 우정은 닮아 있지만, 사랑이 곧 우정은 아닙니다. 저는 그저 자신을 미워했을 뿐입니다.

11. 상상력
<너의 의미>: 산울림

작사: 김한영
작곡: 김창완

너의 그 한 마디 말도
그 웃음도
나에겐 커다란 의미

너의 그 작은 눈빛도
쓸쓸한 그 뒷모습도
나에겐 힘겨운 약속

너의 모든 것은 내게로 와
풀리지 않는 수수께끼가 되네

슬픔은 간이역의 코스모스로 피고
스쳐 불어온 넌 향긋한 바람

나 이제 뭉게구름 위에 성을 짓고
너 향해 창을 내리 바람 드는 창을

11. 상상력
<너의 의미>: 산울림

지금까지 저는 사랑이라는 키워드가 지닌 여러 빛깔과 무늬들에 대하여 이야기했습니다. 사랑은 수만 가지의 얼굴을 지녔고, 그 얼굴만큼 다양한 방식으로 우리를 땅바닥 위에 때려눕히거나, 혹은 하늘로 높이 솟구치게 해주곤 합니다. 대중음악 시장에는, 굳이 아이돌에 한정하지 않더라도 앞으로 사랑을 칭송하거나, 사랑에 절망하는 노래들이 넘칠 겁니다. 우리는 일평생 사랑의 노래들을 귀에 꽂은 채 흥얼거리고, 가끔은 마이크를 잡고 열창하면서 늙어갈 게 분명하고요. 지금으로부터 수백 년 전의 사람들도 그러했고, 이 시간 이후로 수백 년 후에도 아마 크게 다르진 않으리라 확신합니다.

사랑 타령을 이렇게도 즐기는 우리들 모습을 보노라면, 인간에 대하여 "사랑한다고 말하는 것을 정말로 사랑하는 존재"라고 쏘아붙이던 닥터 하우스의 말이 참으로 정확하게 느껴지기도 합니다. (하우스는 동명의 메디컬 드라마의 주인공이자, 냉소적인 인격의 화신입니다.) 인간은 사랑이라는 관념을 지극히 사랑하는 것 같습니다. 어쨌든 자애로운 아가페의 바탕에 달콤한 에로스의 유혹까지 버무려진 이 단어는, 우리가 태어난 직후부터 죽을 때까지 내내 우리들 곁에 머물면서 그 위력을 발휘하곤 합니다. 사랑이라는 관념을 둘러싼 그 축복어린 감정을 한두 마디 말로 정의하기란 불가능에 가깝습니다. 크리스마스 시즌엔 항상 챙겨보고 싶은 〈러브 액츄얼리〉의 크리스 커티스 감독이 영화에 부쳤던 아래의 말이, 어쩌면 사랑의 감정을 가장 잘 묘사하는 것 같기도 합니다.

> "로스앤젤레스에서 영화를 찍고 있을 때였어요. 공항에서 짐을 찾으려고 한 시간 정도 서 있어야 했는데 정말 볼거리가 많았어요. 평범한 사람들이 따분한 얼굴로 서 있다가 사랑하는 사람을 만나면 갑자기 애정과 관심이 듬뿍 담긴 얼굴로 변하는 거예요. 바로 그 순간, 그 사람들의 표정에서 사랑하는 이에 대한 감정이 고스란히 드러나는 거죠. 저는 바로 이런 진실을 표현하고 싶었어요. 모든 사람들 한 명 한 명이 특별한 사랑 이야기를 가슴 속에 담고 있다는 것을 깨달으며 현실로 돌아가길 바랍니다."

모든 이들의 가슴 안에는 저마다의 사랑 이야기가 담겨 있는데, 이 이야기들을 생각할 때 우리는 절로 부드러움과 따스함으로 간질이는 마음을 느낄 수 있습니다. 사랑은 너와 나, 분리된 두 사람이 만들어 가는 험난한 합일의 여정이고, 그렇기에 괴롭고, 슬프고, 위태롭습니다. 동시에 바로 그런 역설적인 본질 때문에 우리를 끝없이 매혹합니다. 내가 누군가에게 사랑받는다는 느낌은 세상 무엇을 다 주어도 포기하고 싶지 않은 감각입니다. 『레 미제라블』을 쓴 빅토르 위고는 "행복은 자기도 모르게 스스로의 힘으로 사랑받고 있다는 확신"이라고 말했습니다. 사랑은 먼 바다 위에 떨어진 섬처럼 고립된 두 사람을 하나로 이어주는 아름다운 경험이며, 내가 애써 치장하지 않아도 충분히 가치 있음을 알려주는 평화로운 위안입니다.

그러므로 사랑은 나를 한없이 작게 만들면서도, 또 한없이 크게 만듭니다. 우리는 누군가를 사랑하며 자신이 바람이 부는 세상 한가운데 철저하게 홀로 분리되어 있음을 상기합니다. 그건 외로운 일입니다. 그렇지만 이와 함께, 네가 내 안에 그토록 크게 자리한 것처럼, 내가 너의 가슴 속에 그토록 크게 자리할 수 있다는 것도 확신할 수 있습니다. 있는 그대로의 나, 알고 보면 참으로 보잘 것 없는 내가 누군가에게 그토록 크고 중요한 존재가 될 수 있다니……. 그래서 프로이트는 누구든지 사랑을 하게 되면 겸손해진다고 말했습니다. 프로이트는 사랑을 하는 사람은 (사랑에 빠진 대상에게) '나르시시즘의 일부분을 저당 잡히게 되는 것'이라고 표현했어요. 그는 『문명 속의 불만』에서 사랑에 빠진 사람에게 반드시 나타나는 특성으로 "겸손함과, 나르시시즘의 제한, 자기 손상"을 꼽았습니다. 깊이 사랑하는 이 앞에서 나의 자아를 뻣뻣하게 내세우는 일은 불가능합니다. 사랑에 몰입할 때 나는 상대를 향하여 눈 녹듯 사라져 버리는데, 그건 자신의 힘을 쭉 빼고 주도권을 상대에게 넘기는 것과 같으니 누구에게든 두려운 일임에 틀림없습니다. 그렇지만 어느 순간, 우리는 사랑하는 그이의 안에 '오롯이 담긴 내 모습'을 발견하고 내가 그에게 얼마나 중요한 사람인지를 깨닫습니다. 이것은 실로 황홀한 경험입니다. 그때 나는 사랑을 통해 내 존재가 훨씬 더 크고 풍성하게 확장되고 탄탄해지는 일을 발견합니다. 즉, 나는 타인을 사랑함으로써 결국 나 자신을 사랑할 수 있습니다. 그러니 우리가 사랑 앞에서 겸손해지지 않을 도리가 없습니다.

한 마디로, 사랑은 자기를 버리면서 더 큰 자기 자신을 만나는 일입니다. 정말로 멋지지 않나요? 과연 사랑은 그토록 오랜 세월 동안 우리를 두근거리게 만들기에 부족함이 없는 단어인 것 같습니다.

사랑과 상상의 관계에 대하여

모든 사랑의 경험은, 너로 인해 내가 뒤흔들리고, 또 너로 인하여 내가 차오르는 경험입니다. 너의 존재로 하루하루 나를 채워나가는 일이고, 나의 비워진 마음속에 네가 단단하게 묶어둔 닻을 확인하는 일입니다. 사랑에 빠진 나는 너라는 절대적인 존재 앞에서 한없이 작아지고 약해집니다. 나는 나의 주도권을 포기했고, 나의 굳건했던 자아는 치명적으로 손상되었습니다. 나는 이제 너를 받아들일 준비가 되었습니다.

어떻게 이런 일이 가능할까요? 한 마디로 말해서, 내가 너에 대해서, 사람이 서로에 대하여 '상상'할 수 있기 때문입니다. 상상력은 사랑의 수수께끼를 풀어주는 마법의 단어입니다. 상상하는 일은 오랫동안 굳어버리고 닫혀있던 나 자신을 시원하게 무너뜨리는 일과 같습니다. 상상력은 이 고독하고 엄혹한 세계에서 나의 생명력을 뻗어내기 위해 필요한 '마음의 지도'입니다.

무라카미 류의 소설 『식스티 나인』에는 '상상력이 권력을 쟁취한다.'는 캐치프레이즈가 발랄하게 약동하는데요. 1969년을 휩쓸었던 일본 대학생들의 혁명은 실패했습니다. 그렇지만 인간을 가축처럼 다루는 사회 체제에 반항하는 인간의 노력은 결코 끝나지 않습니다. 이 작품은 그런 반항에 충실했던 어느 고등학생의 유쾌한 투쟁기입니다. 작가는 소설에서 '우리 삶은 결국 축제'이며, '즐겁게 살지 않는 것은 죄'라고 단언합니다. 내가 더 즐거운 삶을 믿고, 나의 꾸밈없는 욕망을 믿는 한, 즉, 내가 언제든 무엇인가 새로운 것을 상상하는 한, 나에겐 이 지루한 체제를 전복할 수 있는 에너지가 남아 있습니다. 나는 무언가를 터무니없이 상상하면서 더 나은 미래를 꿈꿉니다. 철학자 로제 카이와의 말처럼 "규칙을 부정하는 것은 동시에 새로운 탁월성을 지닌 미래의 기준, 새로운 놀이의 기준을 준비하는 것"일 테니까요.

그런데, 사실 상상력은 권력 이전에 사랑을 쟁취합니다. 단언컨대 상상력이 없으면 사랑도 없습니다. 인간은 오로지 '상상하는 일'을 통해서만 사랑의 기쁨과 행복을 누릴 수 있습니다. 왜 그럴까요?

사랑에 빠졌을 때 우리는 자신의 모든 감각과 주의를 그이에게 집중하게 되고, 그의 일거수일투족을 속속들이 해석하며 홀로 곱씹게 됩니다. 그러지 않으려고 해도 그냥 저절로 그렇게 되어버리곤 하죠. 아이유의 〈좋은 날〉에 생생히 묘사되는 감정처럼, 혼자 애간장을 태우면서 너의 모든 행동들에 온갖 이유와 논리들을 다 갖다 붙이면서 말이에요. 그럴 땐 너의 지극히 사소한 말과 표정 하나조차도 나에게 다가와선 커다란 의미를 지니게 됩니다. 너의 사소함은, 다른 이들에겐 여전히 사소할 뿐입니다. 중요한 것은 그것이 '나에게 다가왔다'는 사실일 뿐이죠. 이때 사랑은 너라는 존재를 향해 내가 지닌 따스한 생명력을 불어넣는 한 편의 이야기가 됩니다. 그 이야기의 근원은 나의 상상력이며, 사랑은 그처럼 두 사람이 '너와 나의 의미'를 함께 증폭시키며 한 편의 이야기를, 시를, 희곡을 쓰는 일입니다. 작가가 이야기의 대상을 오랫동안 관찰하며 대상이 지닌 수천 가지 의미를 끌어내듯, 나는 내가 사랑하는 너의 모든 것을 끄집어내 증폭시키고 있습니다. 그럼에도 서로에게 여전히 풀리지 않는 서로의 신비로움과 향기로움은 남아 있을 거예요. 그러니 두 사람이 쓰는 사랑의 이야기는 끝이 없을 것입니다. (물론 〈좋은 날〉은 나 홀로 이야기를 쓰고 있는 서글픈 짝사랑의 노래이지만…….)

요컨대, 사랑은 서로를 상상하는 일입니다. 산울림의 곡이자, 최근엔 아이유가 김창완과 함께 불러 다시 큰 인기를 끌었던 〈너의 의미〉는 한 편의 짧은 시처럼 사랑과 상상의 관계를 아름답게 들려줍니다.

상상한다는 것은 실제로 경험하지 않은 현상이나 사물을 마음속으로 그리는 일을 일컫습니다. 그래서 사랑은 오로지 상상이 될 수밖에 없으며, 상상이 되어야 합니다. 앞서 〈갖고 싶어〉와 '이름'에 관한 챕터에서 살펴본 것처럼, 너는 여기 내 앞에 있지만, 동시에 너는 내 손에 잡히지 않고 끊임없이 미끄러질 수밖에 없는 존재입니다. 모든 것은 변하고, 나는 너를 끝내 완전히 파악할 수는 없습니다. 너는 내게 영원한 물음표이며, 반짝이는 물음표입니다. 그것은 설령 너와 내가 차고 넘치도록 사랑을 나누고 있고, 심지어는 육체적으로 하나가 된 순간마저도 마찬가지입니다. 이소라가 〈바람이 분다〉에서 노래한 것처럼 인간은 영영 '너', 그리고 '나'로 분리되어 있고, 두 사람이 하나가 되는 일은 불가능하니까요. 모든 사람은 혼자입니다. 그러나 우리의 상상력은 그 '하나가 되는 세계'의 빛나는 가능성을 열어놓습니다. 우리는 오직 그 가능성을 붙잡으며 사랑을 체험해 나갑니다.

왜냐면 인간이란 자신의 상상력을 바탕으로 미래를 꿈꾸는 존재이며, 나는 나를 깨끗하게 비움으로써, 나의 상상력을 온전히 너에게 집중함으로써 너의 의미를 가장 충만하게 받아들일 수 있기 때문입니다. 나는 너를 아름답게 명상하면서 우리의 사랑을 더 높고 아름다운 차원으로 이끌어 올립니다. 모든 사람은 혼자이지만, 두 외로운 영혼이 서로를 깊이 명상하고 상상할 때 비로소 탄생하는 지점이 있고, 아마도 우린 그 지점에 대해 사랑이라 이름 붙여도 좋을 거예요.

사랑의 상상력에 관해선, 모든 것이 극적입니다. 사랑에 빠진 나는 물론 내가 사랑하는 상대를 향하여 촉각을 곤두세우며, 동시에 상대가 그토록 사랑해 주는 나 자신에 대한 촉각을 곤두세우게 됩니다. 독일의 극작가 베르톨트 브레히트의 아름다운 비유에 따른다면, 누군가가 나를 사랑해 주고 내가 누군가를 사랑한다면, 그때 나는 떨어지는 빗방울도 조심할 수밖에 없습니다. 외부 세계의 가장 여리고 희미한 공격조차 '너의 의미'로 가득 채워진 나를 파괴할 수 있으므로. 나의 파괴는 곧 너의 파괴이며, 그것은 이 세계의 파탄이므로.

내가 사랑하는 사람이
나에게 말했다.
"당신이 필요해요."

그래서
나는 정신을 차리고
길을 걷는다.
빗방울까지도 두려워하면서
그것에 맞아 살해되어서는 안 되겠기에.

너를 상상함으로써, 너를 가장 잘 만질 수 있으므로

그래서 어쩌면, 행동이 아니라 상상력이 진정한 우리 자신입니다.

인간이 타인을 향해 상상하는 일을 멈추는 순간, 그를 모조리다 알았다고 확신하는 순간, 두 사람의 사랑은 끝났다고 봐도 무방합니다. 행동, 물론 중요하죠. 하지만 헤어지기 일보 직전의 커플 또한, 적어도 행동의 차원에선 서로에게 얼마든지 충실할 수 있습니다. 그것은 일종의 싸늘함이 배어 있는 충실함입니다. 그 차가운 충실함은 사랑과는 별 관계가 없겠죠.

어느 과학자는 올바로 질문을 던지는 일이 올바로 대답하는 일보다 더 중요하다고 말했는데, 여기서 질문이 곧 상상이고, 대답은 행동과 같습니다. 앞에서 사랑은 연인을 향해 던지는 끊임없는 물음표라고 말했잖아요. 진정 좋은 질문을 던지는 일은 정해진 답을 내놓는 일보다 훨씬 어렵다는 것을 우리는 잘 알고 있습니다. 더욱이 사랑에 매혹된 두 사람에 관해서라면, 정해진 대답은 아무것도 없고, 대신 서로의 답을 찾아가는 끊임없는 과정이 계속될 뿐이라는 게 정확한 표현인지도 모르겠습니다.

그래서 〈너의 의미〉의 노랫말대로, 사랑의 상상은 간이역의 코스모스처럼 피어오르는 슬픔을 느끼는 일입니다. 영원히 해소되지 않는 '너'라는 물음표 앞에서 "뭉게구름 위의 성"을 짓는 동시에, 내 안에 그저 "너를 향한 작은 창"을 만들어 두는 일입니다. 김창완이 아이유와 함께 노래를 끝마친 후 "근데 넌 누구냐?"라고 장난스럽게 물었던 것처럼, 사랑의 상상이란 네가 누구인지를 정겹도록 묻고 또 묻는 일입니다. 그 대답은 사실 너에게 있는 것이 아니라 나에게 있습니다. 내가 사랑하는 너라는 존재는 결국 내가 상상하는 너, 내가 끝없이 풍부한 의미를 불어넣는 너에 더 가까우니까요. 나는 너를 통해서만, 즉 '너를 상상하는 일'을 통해서만 사랑에 충실할 수 있습니다. 너를 묘사하며, 그때 내 안에 차오르는 슬픔을 느끼며, 역설적으로 나의 나르시시즘은 훨씬 더 풍요롭게 승화됩니다. 비록 그 과정에 고통이 없다고는 말할 수 없겠지만, 너를 상상하는 일을 통하여 나의 자기애는 '구름 위의 성'처럼 근사해지고, 폭신해지고, 부드러워집니다.

프랑스의 철학자 가스통 바슐라르는 그의 저서 『물과 꿈』에서 '사물의 소리를 주의해서 듣는 사람의 상상력'에 대하여 이야기합니다. 바슐라르에 따르면, 우리는 누군가에 대해 상상할 때 비로소 그 사람과 비로소 역동적인 교감(correspondance)을 나눌 수 있습니다. 바슐라르는 내가 너에 대한 상상력을 발휘하는 순간, 나의 나르시시즘은 내면의 확실성을 바탕으로 너에 대한 '애무(la caresse)의 승화'를 실현할 수 있다고 말합니다. 즉, 너를 훌륭하게 상상하는 일은 너를 애무하는 일과 같습니다.

그러니 사랑의 상상력이란, 너의 의미를 통해 나 자신을 더 확실하게 가다듬고, 나아가 너를 조심스레 만지면서 너의 삶에 스며드는 일입니다. 바슐라르의 표현에 따르면, 그런 상상은 우리에게 하나의 '우주적인 나르시시즘'을 선사합니다. 이때 너를 상상하는 일은 내 안에 너의 존재를 채우면서 나를 풍성하게 만드는 동시에, 너를 애무하고 너와 나를 꽃처럼 활짝 피어나게 만드는 우주적인 일입니다.

"그때 나르시스는 '나는 있는 그대로의 나를 사랑한다.'라고는 더 이상 말하지 않으며, '나는 나를 사랑하는 자로서 존재한다.'고 말한다. 나는 열정적으로 자신을 사랑하므로 열렬한 존재인 것이다. 내가 사람들 눈에 띄게 되기를(paraître) 바란다면, 나의 장식(la parure)을 늘려야만 하는 것이다. 따라서 인생에는 이미지들로 덮여지는 것이다. 인생은 자라나고, 존재를 변형시키고 순결함을 취하여 꽃을 피게 하며 상상력은 가장 먼 은유로 열려 갖가지 꽃의 삶에 참가하는 것이다. 이러한 꽃의 역학(dynamique)과 함께 현실의 삶은 새롭게 비약한다."

— 가스통 바슐라르,『물과 꿈』 (문예출판사)

'너의 의미'에 대하여 상상하는 능력은, 사랑하는 이들을 구원합니다. 나는 너를 궁금해 하고, 너에게 질문을 던지고, 너를 상상함으로써 너를 가장 부드럽게 애무합니다. 사랑의 아름다운 이미지입니다. 이것은 산울림과 아이유의 〈너의 의미〉가 노래하는 그대로이기도 합니다.

12. 사랑
<널 내게 담아>: 트와이스

작사/작곡: 정호현(e.one)
최현준(e.one)

잠이 오지 않는 오늘 밤에

나 우두커니 앉아 반짝이는 저 하늘 보며

하나 둘씩 별 헤는 이 밤에 and all day

바람결에 스륵 눈 감아

사랑스런 네 숨결 부드러운 목소리로

내 맘에 스며들어 날 비춰주는 너

내 맘이 꼭 이런 걸

포근히 내 품 안에 담고 싶은 너야

내 눈을 바라봐

네게만 다 보여줄게 두 눈에 비친 세상을

예쁜 네 마음에 담을 수 있게 영원히

같은 시간 속에서 너와 나 단둘이서

내가 널 감싸줄게

내 눈을 바라봐

네게만 다 보여줄게 두 눈에 비친 세상을

널 혼자 두지는 않을 거야 알잖아

같은 시간 속에서 너와 나 단둘이서

내가 널 감싸줄게

널 내게 담아

같은 시간에 우리 단둘이 같은 얘기를 하고

같은 곳에서 숨을 쉬며

하나 둘 씩 추억이 닮아가

and all day

하루의 끝에 네가 있어

내 옆에 있다는 것 그것만으로도 너무 충분해

이유 없이 내 맘이 편해져 숨을 쉴 때 마다 꼭
포근히 내 품 안에 담고 싶은 너야
내 눈을 바라봐

네게만 다 보여줄게 두 눈에 비친 세상을
예쁜 네 마음에 담을 수 있게 영원히
같은 시간 속에서 너와 나 단둘이서 내가 널 감싸줄게
널 내게 담아

저 반짝이는 별이 돼줄게
어디서든 널 비추는 언제나 널 밝혀주는
너와 나 꼭 단둘이 늘 함께인 걸 우리
언제나 네 옆에만
내 눈을 바라봐

네게만 다 보여줄게 두 눈에 비친 세상을
예쁜 네 마음에 담을 수 있게 영원히
같은 시간 속에서 너와 나 단둘이서 내가 널 감싸줄게
내 눈을 바라봐

네게만 다 보여줄게 두 눈에 비친 세상을
널 혼자 두지는 않을 거야 알잖아
같은 시간 속에서 너와 나 단둘이서 내가 널 감싸줄게
널 내게 담아

12. 사랑
<널 내게 담아>: 트와이스

　트와이스의 그 많은 싱글 넘버들 중에서도 제가 가장 애틋하게 생각하는 한 곡을 꼽으라면, 저는 아마도 정규앨범 《twiceta-gram》에 수록된 〈널 내게 담아〉를 선택할 것 같습니다. 저는 이 곡의 노랫말과 함께 사랑에 관한 긴 여정을 마무리하려 합니다. 이소라의 〈바람이 분다〉로 시작한 후, 지금까지 많은 노래들을 통해서 누군가가 누군가를 사랑하는 일의 어려움과 슬픔, 그리고 기쁨과 아름다움을 이야기했던 이 장을⋯⋯.

　제가 사랑에 관하여 가끔은 한없이 무거운 느낌으로 말했던 것을 저도 잘 알고 있습니다. 아니, 어쩌면 내내⋯⋯. 안타깝게도 그런 느낌은 저라는 사람의 성향이며 또 한계이기도 한 것 같아요. 어쨌든 저에게는 사랑이란 단어가 꽤나 어렵고 버겁게 느껴진다는 것이 정직한 고백입니다. 그렇지만 사랑은 결코 그처럼 무겁고 괴롭기만 한 감정이 아닐 가능성도 큽니다. 또 그렇게 무겁고 괴로워서는 안 되는 일일지도 몰라요. 책의 맨 앞머리에 인용했던 니체의 문장으로 되돌아간다면, 우리들의 모든 아름답고 가치 있는 감정들은, 한 사람의 부드럽고도 가벼운 마음 안에 포근히 깃들어 있습니다. 니체의 그 말이 진리에 가까웠기 때문에, 그간 제가 항상 사랑에 실패하고, 그 실패를 반복해 왔는지도 모르겠습니다.

그렇지만 저도 모르게 제 개인적인 이야기를 너무 많이 적고 있군요! 저는 단지 트와이스의 〈널 내게 담아〉를 들으며, 이 곡의 노랫말이야말로 '사랑'이란 한 단어를 가장 잘 묘사하는 것 같다는 느낌을 적어 두고 싶었을 뿐입니다.

사랑은 너를 내 품 안에 담는 일입니다. 내가 널 감싸 주겠다고, 우리 두 눈에 비친 세상을 네 마음 안에 담아 주겠노라고 말해 주는 일입니다. 오로지 그것이 전부일지도 모르겠어요.

운명과 에로스, 구원과 상상과 아름다움이란 단어들……. 모두 좋은 말이지만, 어떤 의미에서 그 단어들은 너무 뜨겁고, 너무 열렬하며 또 너무 거창합니다. 사실 사랑을 나누는 관계에서 가장 중요한 것은 그런 단어들 이전에, 사랑스러운 네 숨결을 사랑스럽다고 느끼고, 부드러운 네 목소리가 나의 마음에 스며드는 것을 느끼며, 네가 내 곁에 있다는 그것만으로 정말 충분하다고 느끼는 일……. 그런 일들에 더 가까울 것이 분명하니까요.

어쩌면 사랑이란 너를 통하여 '이유 없이 내 마음이 편해진다는 걸' 흐뭇하게 실감하는 것과 같지 않을까요? 거기에 아무 말을 덧붙일 필요도 없이, 그리고 어떤 욕심을 더 부릴 필요도 없이, 그저 덤덤하고 자연스럽게 서로에게 싱긋 웃어 주면서 말이에요.

"널 혼자 두지는 않을 거야. 알잖아?"

철학자 발터 벤야민은, 누군가를 아무 희망 없이 사랑하는 사람만이 그 사람을 제대로 알 수 있다고 말했습니다.

벤야민은 너를 향한 '희망'이라는 관념에 깃들 수 있는 나의 은근한 욕심, 어느 순간 내가 사랑하는 너를 '내가 바라는 너'로 빚어내고자 하는 나의 그 끈끈한 욕망에 대하여 잘 알고 있었는지도 모릅니다. 그래서 한 사람을 있는 그대로 사랑하는 일이 얼마나 어려운지를, 상대가 내 뜻대로 되어 주길 바라는 마음이 얼마나 크고 또 위험한지를……. 아마 벤야민은 잘 알고 있었던 것 같아요.

오스카 와일드의 『도리언 그레이의 초상』에 등장하는 헨리 워튼 경은, 사랑에 충실한 사람은 사랑의 사소한 면밖에 알지 못한다고, 사랑에 충실하지 않은 사람이라야 사랑의 비극이 무엇인지 제대로 알 수 있다고 말하기도 했습니다.

그도 마찬가지 아니었을까요? 사랑하는 일 그 자체에 지나치게 충실한 나머지 저도 모르게 영혼이 무거워져 버린 사람은, 절대 트와이스처럼 누군가를 향해 "같은 시간 속에서, 너와 나 단둘이서, 내가 널 감싸 줄게, 널 내게 담아."라는 고백을 할 수 없습니다. 사랑을 지나치게 고결하고 무겁게 생각하는 사람은 자신의 마음을 그처럼 싱그럽고 산뜻하게 표현하지는 못할 거예요.

사랑이 스며든 평화로운 시간 속에서, 너는 내 안에 담겨 있습니다. 나는 네 안에 담겨 있고요. 너와 나는 여전히 너와 나이지만, 우리는 서로의 품 안에서 함께 서로를 잔잔히 비추어 주고 있습니다. 하루의 끝에는 서로가 있고, 우리의 추억도 하나 둘씩 닮아가고 있네요. 그리고 나는 너에게 말해 줍니다. "널 혼자 두지는 않을 거야. 알잖아."

이런 정경이 사랑이 아니라면 우리는 무엇에 사랑이라고 이름 붙일 수 있을까요? 〈널 내게 담아〉의 지혜로운 화자는 네가 어떤 사람인지 알기 위해 너를 속속들이 분석하거나 관찰하려 들지 않습니다. 너에 대하여 이러저러하다고 단정하지도, 판단하지도 않습니다. 너는 그저 내 안에 포근하게 담겨 있고, 나는 그런 너를 부드러이 바라보고 있을 뿐이에요.

나는 너에 대해서 더 이상 말하고 설명하지 않습니다. 나는 너를 향한 나의 섣부른 희망과 욕심들을 버렸습니다. 그럼으로써 나와 너는 부드럽고 신비스러운 '둘이자 하나, 하나이자 둘'의 관계를 이어갈 수 있습니다. 〈널 내게 담아〉의 화자는 『도덕경』의 다음과 같은 글귀를 몸소 실천하고 있는 것만 같습니다. "아는 사람은 말하지 않고, 말하는 사람은 알지 못합니다. 입을 다물고, 문을 꽉 닫습니다. 날카로운 것을 무디게 하고, 얽힌 것을 풀어 주고, 빛을 부드럽게 하고, 티끌과 하나가 됩니다. 이것이 '신비스런 하나됨'입니다."

〈널 내게 담아〉의 그녀는 역시, 이 글을 적는 저보다 훨씬 나은 것 같기도 하군요.

자신을 잠시 잊어버릴 수만 있다면

그러므로 사랑하는 일이란 그저 고요하게 상대 곁에 머무르는 일인지도 모르겠습니다. 말없이 그냥 상대를 따뜻하게 껴안아 주면서요. 이런 순간의 고요함이란, 우리가 아름다운 존재 앞에 서면 갖게 되는 본능적인 태도에 가깝지 않을까 싶습니다.

"나는 사랑하고 있을까? 그래, 나는 기다리고 있으니까." 괴테는 『젊은 베르테르의 슬픔』에서 이렇게 적었습니다. 사랑한다는 것은 상대를 자신의 마음속에 담아둔 채, 언제까지나 상대를 고요히 기다리는 태도에 가까운 것 같기도 해요. 내게 엄습하는 조급하고 성마른 욕심들, 너라는 존재에 대한 확신들을 잠시 미뤄둔 채……. 어쩌면 사랑은 밖을 향하는 것이 아니라 자신의 안쪽을 들여다보는 것이며, 무언가를 드러내고 요구하는 것이 아니라 나 자신을 부드럽게 누르고 인내하는 일에 더 가까운 건 아닐까요?

사랑은 그저 누군가를 오래도록 묵묵히 기다려주는 것이라는 진실을, 저도 아프게 깨닫고 있습니다. 과연 쉽지 않은 일입니다. 많은 사람들이 그 기다림을 견디지 못해서 실패하고, 슬퍼하고, 괴로워합니다.

라이너 마리아 릴케는 〈오르페우스에게 바치는 소네트〉에서 누군가를 사랑하는 사람은 말을 멈추고, 자신의 노래를 잊고, 그런 말과 노래를 흘려보내야 한다고 말했습니다. 릴케에 따르면, 사랑하기 위해서는 '잊어버리는 방법'을 배워야 합니다. 불쑥 나오려는 자신의 목소리를 끊임없이 비울 수 있어야 합니다.

그리고……. 이 소네트에는 다시 '바람'이 등장하는군요. 신의 숨결과도 같은 바람이. 사랑에 관한 이 장의 첫 챕터에서, 이 소라의 노래와 함께 이야기했던 바람이.

어디선가 바람이 불어오고, 나는 다시금 네 앞에 서 있습니다. 너와 나는 언제까지나 너와 나라는 고립된 존재로 남아 있겠지만, 그게 무슨 상관일까요? 네가 내 안에 포근히 담겨 있다면 나는 오직 그것만으로 충분합니다. 릴케의 소네트를 옮기며 사랑에 대한 오랜 이야기를 마치겠습니다.

"젊은이여, 네가 사랑을 하고, 그래서 목소리가 불쑥 나온다 해도
그것은 아니다. 네가 한 노래를 잊는 법을 배워야 한다.
그것은 흘러 사라진다.
진실 속에서 노래하는 것, 그것은 다른 숨결이다.
아무것도 원치 않는 숨결. 신 안에서의 나부낌. 바람이다."

— 라이너 마리아 릴케, 『두이노의 비가』(열린책들)

III.
우리가 함께 살아가는 세계에 관하여

1. 생명
<아모르 파티>: 김연자

작사: 이건우
　　　신철
작곡: 윤일상

산다는 게 다 그런 거지 누구나 빈손으로 와
소설 같은 한 편의 얘기들을 세상에 뿌리며 살지
자신에게 실망하지 마 모든 걸 잘할 순 없어
오늘보다 더 나은 내일이면 돼 인생은 지금이야

아모르 파티
아모르 파티

인생이란 붓을 들고 서 무엇을 그려야 할지
고민하고 방황하던 시간이 없다면 거짓말이지
말해 뭐해 쏜 화살처럼 사랑도 지나갔지만
그 추억들 눈이 부시면서도 슬프던 행복이여

나이는 숫자 마음이 진짜
가슴이 뛰는 대로 가면 돼
이제는 더 이상 슬픔이여 안녕
왔다 갈 한 번의 인생아

연애는 필수 결혼은 선택
가슴이 뛰는 대로 하면 돼
눈물은 이별의 거품일 뿐이야
다가올 사랑은 두렵지 않아

아모르 파티
아모르 파티

말해 뭐해 쏜 화살처럼 사랑도 지나갔지만
그 추억들 눈이 부시면서도 슬프던 행복이여

나이는 숫자 마음이 진짜

가슴이 뛰는 대로 가면 돼
이제는 더 이상 슬픔이여 안녕
왔다 갈 한 번의 인생아

연애는 필수 결혼은 선택
가슴이 뛰는 대로 하면 돼
눈물은 이별의 거품일 뿐이야
다가올 사랑은 두렵지 않아

"오늘날에는 누구나 자신의 소망과 가장 소중한 생각을 감히 말한다. 그래서 나도 지금 내가 나 자신에게 이야기하고 싶은 것, 이 해에 처음으로 내 마음을 스쳐가는 생각, — 앞으로의 삶에서 내게 근거와 보증과 달콤함이 될 생각에 대해 말하고자 한다. 나는 사물에 있어 필연적인 것을 아름다운 것으로 보는 법을 더 배우고자 한다. — 그렇게 하여 사물을 아름답게 만드는 사람 중 하나가 될 것이다. 네 운명을 사랑하라 Amor fati : 이것이 지금부터 나의 사랑이 될 것이다! 나는 추한 것과 전쟁을 벌이지 않으련다. 나는 비난하지 않으련다. 나를 비난하는 자도 비난하지 않으련다. 눈길을 돌리는 것이 나의 유일한 부정이자 도리인 것이다! 무엇보다 나는 언젠가 긍정하는 자가 될 것이다!"

— 프리드리히 니체, 『즐거운 학문』 (책세상)

1. 생명
<아모르 파티>: 김연자

생명의 기본 명제는 아모르 파티(Amor Fati)입니다. 아모르 파티는 '운명애(運命愛)', 즉 자신에게 주어진 삶과 운명을 사랑한다는 뜻의 라틴어 어구입니다. 글머리에 옮긴 것처럼, 니체가 자신의 저서인 『즐거운 학문』에서 인용한 뒤 더욱 널리 알려졌죠. 모든 생명 있는 존재들은 끝끝내 이 명제에 충실한 채 평생을 살아간 뒤 자신의 삶을 마무리합니다. 아모르 파티란 말에는 우리가 거역할 수 없는 인생의 소명이 실려 있습니다.

김연자의 <아모르 파티>는 2013년 처음 발표되었지만 아는 사람만 알고 소리 소문 없이 사라질 뻔했던 곡이었습니다. 그러다 SNS를 중심으로 재조명되며, 실로 기념비적인 역주행을 거친 후 지난 한 해 대중음악계를 풍미했지요. EDM과 트로트가 절묘하게 섞인 이 노랜 그야말로 우리들의 마음을 뒤흔드는 명곡입니다. 김연자 선생님이 한국과 일본을 넘나들면서 40여 년 동안 쌓아올린 공력이 현대적인 리듬과 사운드에 실려 신명나게 전해지고 있죠.

〈아모르 파티〉라는 노래의 뒤늦은 대중적 인기, 그 눈부신 역주행과 함께할 수 있었다는 사실은 왠지 감동적입니다. 대중문화에는 그 문화를 향유하는 세대와 세대 간의 두꺼운 벽, 서로간의 코드의 차이가 엄연히 존재합니다. 그러나 가끔은 그 벽을 허물 수 있는 보편성과 완성도를 갖춘 작품이 자기 존재를 만천하에 입증하곤 합니다. 물량 위주의 마케팅이나 막대한 홍보비, 억지스러운 차트 밀어 넣기 따위를 통해서가 아니라, 대중 한 사람한 사람이 전염되듯 어떤 작품에 자연스럽게 반해 버리는 순간이 있습니다.

저 또한 작년에 〈아모르 파티〉를 얼마나 많이 돌려 들으며 혼자 막춤을 추거나 어깨를 들썩였는지 모릅니다. 특히 인생사가 제 마음대로 안 풀려 서러워질 때면 어김없이 이 노래를 재생하곤 했었죠. 노래를 한 20번쯤 반복해서 듣다가 난데없이 눈가와 목구멍에 뜨거운 기운이 올라온 적도 자주 있었습니다. 여느 사람들처럼, 저의 추억들도 결국 저에게는 "눈이 부시면서도 슬프던 행복" 그 자체였으니까요

"나이는 숫자, 마음은 진짜"라는 사실을 모르는 것은 아니었습니다. 그러나 그 당연한 상식도 이 노래의 애틋한 선율과 트로트적인 풍취에 실려 더 새롭고 힘차게 저의 마음을 때렸던 것 같아요. 고통도 인생의 한 부분이며, "눈물은 이별의 거품일 뿐"이라는 것 또한 잘 알고 있었습니다. 이 노래를 들으며 그것을 다시금 되새길 수 있었을 따름입니다. 고된 운명이지만, 저는 제 운명을 사랑하지 않을 수 없습니다. 제가 맞닥뜨린 삶을 부정하

지 않고, 추한 것에서 최대한 눈을 돌리며, 언제나 '긍정하는 자'로서 내 앞의 고통까지 끌어안지 않을 수 없습니다.

우리는 자신에게 주어진 이 삶이 "왔다갈 한 번의 인생"이라는 것을 알고 있습니다. 그러니 우리가 다가올 사랑을 두려워할 이유는 없습니다. 그것은 곧 다가올 고통을 두려워할 이유가 없다는 말과 같습니다. 그 또한 시간이 흐르면 자연스레 지나갈 것이며, 모든 것은 반짝이는 추억이 될 게 분명하니까요.

운명은 나를 강하게 만들어 줄 거예요. 내가 그 운명을 사랑할 용기만 갖고 있다면. 운명을 아름답게 만들 수 있는 법을 알고 있다면.

니체가 <아모르 파티>를 들을 수 있었다면

김연자의 〈아모르 파티〉는 말 그대로 대중들이 주목하고, 대중들이 띄운 노래입니다. 그래서인지 여러 SNS 채널들에서 이 노래에 부쳐진 대중의 찬사들에도 혀를 내두르게 됩니다. 저는 때때로 이곳저곳을 들러 사람들의 〈아모르 파티〉 감상기를 하나하나 찾아 읽기도 합니다. 그럴 때면 '마음을 치는 노래 앞에서 우리들 한 사람 한 사람이 느끼는 감정은 이렇게나 다르지 않구나.'라는 생각이 들며 왠지 모를 훈훈함에 잠기게 되죠. "인생은 아모르 파티를 알기 전과 후로 나뉜다.", "이 노래가 제 인생을 바꾸어 주었습니다. 사랑합니다.", "갓모르 파티 듣고 3개월 동안 막혀 있던 저희 집 하수구가 뚫렸습니다." 등의 펄떡펄떡 살아 숨 쉬는 댓글들을 보면 제 감동도 배가 되는 기분입니다.

이처럼 신나고 익살스러운 댓글들만 있는 것만 아닙니다. 예 컨대 유튜브에서 많은 추천을 받은 어느 분의 다음과 같은 말씀 은 이 노래에 담긴 은근한 서러움을 잘 표현하고 있습니다. "분 명 신나는 노래일 텐데 저는 들을 때마다 울어요. 이래저래 다 엉망진창 되어버린 삶을 살아가는 사람인지라 위로 받는 느낌 이네요. 감사합니다." 저는 이 말에 완전히 공감합니다. 왜냐면 제가 〈아모르 파티〉에 대하여 느끼는 마음 또한 이 감상을 남긴 분과 하나도 다르지 않거든요.

"아모르 파티를 듣지 못하고 죽은 니체가 불쌍할 뿐이다."라 는 어느 재기 넘치는 분의 말씀은 또 어떤가요. 이 노래의 모티 브를 제공했던 니체는 위대한 철학자로 이름을 남겼고, 저 또한 그의 철학이 제게 강력한 영향을 미쳤다는 걸 인정하지 않을 수 없지만, 니체는 자신의 삶을 망쳐버린 채 외롭고 극단적인 생활 을 거듭했습니다. 그는 끝내 불우한 만년을 보내고 쓸쓸하게 죽 음을 맞이했죠. 니체는 운명애를 강조하고 또 강조하지만, 그는 자신의 운명을 아끼고 사랑하는 법을 알지 못했습니다.

우리는 한 사람이 '인생을 긍정하는 사상을 지니는 것'과 그 가 '인생을 긍정하는 삶을 직접 살아내는 것'을 전혀 별개의 차 원이라고 봐야 마땅합니다. 전자와 후자 중에서 무엇이 더 위대 하다거나, 무엇이 더 힘겨운 일인지를 따지는 것은 무의미합니 다. 모든 삶은 숭고합니다. 그가 책을 단 한 글자도 읽지 않은 사 람이더라도, 그는 어느 철학자보다 더 지혜롭고 선한 삶을 살아 갈 수 있습니다. 그가 선택한 삶의 방식이나, 그를 둘러싼 여러

세간의 평가 따위는 (특히, 니체적인 관점에선) 무의미하고 또 무의미할 뿐입니다. 모든 운명이 숭고하지 않다는 식의 철학이나 인생론은 모두 뜬소리의 거짓말에 불과합니다.

한 사람의 삶과 운명보다 더 중시해야 하는 무언가가 있다고 말하며, 자신이 올바른 길을 보여주겠다고 나서는 모든 가르침과 모든 진리는, 단언컨대 틀렸습니다. 가장 틀렸습니다. 니체에 따르면 그렇습니다. 니체는 니체 나름으로 치열하게 살다 죽었고, 우리는 우리 나름으로 치열하게 '아모르 파티'를 실천하고 있습니다. 적어도 '갓연자' 선생님을 따라서 〈아모르 파티〉를 부르고, 눈물을 흘리며 춤을 추는 그 순간엔.

"이제는 더 이상 슬픔이여, 안녕"

역사학자 에릭 홉스봄은 20세기의 역사를 '극단의 시대(Age Of Extremes)'란 한 마디로 명쾌하게 정리했습니다. 어떤 측면에서든 인류의 진보가 가장 넘실대던 바로 그 시절에, 인간들은 이상적인 세계를 건설한다는 허울 좋은 미명으로 서로를 가장 무참하게 살상했습니다. 어째서 이런 일이 벌어졌던 것일까요? 슬로베니아 출신의 철학자 슬라보예 지젝은 20세기의 시대적 본질에 대하여, 『실재의 사막에 오신 것을 환영합니다』에서 이렇게 풀이하고 있습니다.

19세기가 유토피아적인 혹은 '과학적인' 기획과 이상, 미래를 위한

계획들을 꿈꾸었다면, 20세기는 사물the thing 그 자체를 전달하는 것, 갈망하던 새로운 질서를 직접 실현하는 것을 목표로 한다."
— 슬라보예 지젝,『실재의 사막에 오신 것을 환영합니다』(자음과모음)

니체가 외로움에 몸을 떨면서 고뇌의 밤을 보내던 19세기를 지나서, 20세기는 전쟁과 파시즘, 핵폭탄과 홀로코스트가 전 세계에 광적으로 몰아닥친 시기였습니다. 인간성의 어떤 극한을 엿볼 수 있는 시대였습니다. 20세기는 자신들이 생각하는 정의로운 질서, 보편적인 진리, 지상의 유토피아를 이 땅에 폭력적으로 이식하려는 군인과 정치인과 사상가들, 말 그대로 '행동파'들의 열망으로 가득했던 시절이었죠. 지난 100여 년간 우리 사회도 식민과 해방, 동족 전쟁, 독재와 민주화를 거치는 그 숨 가쁜 역사를 가파르게 통과해 왔습니다.

지금은 21세기입니다. 시대는 바뀌었습니다. 이제 그 누가 어떤 위대한 질서를 꿈꾸든 간에, SNS에서 김연자의 〈아모르 파티〉에 열광하며 한 마디 '드립'을 고민하는 우리들을 외면할 수는 없습니다. 우리 한 사람 한 사람을 뛰어넘는 정의로운 무언가 the thing가 있는 게 아닙니다. 우리 한 사람 한 사람이 바로 그 무언가the thing입니다. 어느 한 순간도 인간이 '생명 없는' 존재로 전락해선 안 된다는 게 20세기가 남긴 역사의 쓰라린 교훈입니다. 매 순간 고민하고, 사랑하고, 아파하는 우리 생명의 다채로운 목소리만이 유일한 'the thing'입니다. 그런 생명의 얼굴은 언제든 웃음을 잃지 않고, 즐거움과 슬픔이 뒤섞인 삶을 긍정하며, 자신과 타인이 자유로운 존재임을 확신하는 무언가the thing입니다.

이런 점에서, 우리는 움베르토 에코의 『장미의 이름』에서 윌리엄 수도사가 남긴 말에 귀를 기울일 만합니다.

"인류를 사랑하는 사람의 할 일은, 사람들로 하여금 진리를 비웃게 하고, 진리로 하여금 웃게 하는 것일 듯하구나. 진리에 대한 지나친 집착에서 우리 자신을 해방시키는 일……. 이것이야말로 우리가 좇아야 할 궁극적인 진리가 아니겠느냐?"

— 움베르토 에코, 『장미의 이름』(열린책들)

모든 생명은 평생 자신을 아끼고, 자기만의 길을 찾아 꾸물꾸물 길을 걸어갑니다. 결코 자신의 아픔에 지지 않으면서, 이 고통 많은 세상에서도 내 곁에 있는 이들과 같이 깔깔대면서 말이죠. 우리가 살아가는 이 세계는 수없이 많은 생명들이 내뿜는 '아모르 파티'로 가득한 곳입니다. 저마다 다양하게 못생기고, 흠도 많고, 상처투성이의 존재이지만, 그래도 자기 운명을 기어이 긍정하며 삶을 꿋꿋이 살아나가는 생명들이 내뿜는…….

도겐(道元) 선사는 말했습니다. 모든 것이 불성(佛性)의 체현이라 할지라도, 우리는 꽃을 좋아하고 잡초는 좋아하지 않는다고.
그는 또 말했습니다. 우리가 사랑해도 꽃은 지고, 우리가 사랑하지 않더라도 잡초는 자란다고.

저는 그의 이 말보다 더 '생명'의 본질과 잘 어울리는 비유를 찾을 수가 없습니다.

2. 영혼
<POWER>: 엑소

작사: JQ
　　김혜정(makeumine works)
작곡: James Matthew Norton
　　Hayden Chapman
　　Greg Bonnick

머뭇거리지 마 Move on 자 시간이 없어

너의 미래는 바로 상상에 달렸어

두려움 따윈 버려 우린 그래도 돼

모든 열쇤 너에게 있는데

잠들지 않아도 꿈꾸던 널 잊지 않기를 바래 바래

오늘 우리 함께 신나게 한번 불태워볼까

꼭 하나 된 Feeling feeling So turn me up

We got that power power 네가 나를 볼 때

서로 같은 마음이 느껴질 때

Power power 더 강해지는 걸

Turn the music up now

We got that power power 이 음악을 통해

같이 한목소리로 노래할 때

Power power 더 강해지는 걸

Turn the music up now

Power power

Turn the music up now

고민은 이제 그만 Stop 시간은 가 지금도 Tik Tok

We take a shot 떠나자

We got bang bang pow wow

이어폰 타고 흘러 나오는 멜로디로 시끄러운 소음

덮고 볼륨은 Up! High!

We got that power everytime

잠들지 않아도 꿈꾸던 널 잊지 않기를 바래 바래

오늘 우리 함께 신나게 한번 불태워볼까

꼭 하나 된 Feeling feeling So turn me up

We got that power power 네가 나를 볼 때

서로 같은 마음이 느껴질 때

Power power 더 강해지는 걸

Turn the music up now

We got that power power 이 음악을 통해

같이 한목소리로 노래할 때

Power power 더 강해지는 걸

Turn the music up now

지쳐버리는 그날이 오면 기억해 Babe

아름다웠던 우릴 다시 일어날 수 있는 그 힘은

네 안에 있다는 걸

We got that power power 이 음악을 통해

같이 한목소리로 노래할 때

Power power 더 강해지는 걸

Turn the music up now

Power power

Turn the music up now

We got that

We got that

"언젠가 그 사람은 자기의 영혼을 찾으러 황야로 나갔대요. 그리고 자기만의 영혼이란 없다는 것을 깨달았대요. 자기는 엄청나게 큰 영혼의 일부를 차지하고 있을 뿐이라는 것을 깨달았다는 거죠. 황야는 아무 소용도 없었다는 거예요. 그건 자기가 갖고 있는 작은 영혼은 나머지 영혼과 합쳐서 전체가 되지 않으면 아무 소용도 없기 때문이라나요."

— 존 스타인벡, 『분노의 포도』 (혜원출판사)

2. 영혼
<POWER>: 엑소

엑소의 〈Power〉를 들으면서, 저는 우리가 함께 어울려 살아가는 세계를 생각합니다.

모든 생명 있는 존재들은 자신에게 주어진 단 한 번뿐인, 그리고 고통어린 인생을 용감하게 버텨 나갑니다. 그 용감함에는 우리를 하나로 이어주는 비밀이 숨어 있습니다. 그 비밀은 사람들의 영혼과 영혼을 잇는 생명의 신비이자 고요한 숨결로 우리 곁에 머무릅니다.

1939년 출간된 존 스타인벡의 『분노의 포도』는 20세기 초 미국의 어느 농부 일가를 그린 사회소설의 고전입니다. 고향 오클라호마를 쫓기듯 떠난 톰의 가족들은 황금의 땅 캘리포니아에 도착하지만, 그들을 기다린 것은 또 다른 굶주림과 가난이었습니다. 캘리포니아를 찾아서 고향을 떠나 온 모두가 좌절하고 절망하며, 누군가는 타인에 대한 잔학한 욕망을 서슴없이 드러내곤 합니다. 하지만 그 척박한 환경에서도 인간으로서의 존엄과 품위를 잃지 않는 이들이 있습니다.

오히려 그런 궁핍함 속에서 자신보다 더 힘든 사람에 대한 연민의 손길을 잃지 않는 누군가를 바라보며, 우리는 인간성에 대한 깊은 감동을 받게 됩니다. 자비롭고도 굳센 의지를 지닌 톰의 어머니는, 이 작품에서 어떤 정신적인 버팀목과도 같은 역할을 맡고 있습니다. 제가 고등학생 때 옛 문고판으로 읽은 이 소설에서 톰의 어머니가 보여준 그 조용하고도 강인한 생명력과 품격을 잊을 수 없습니다. 그녀는 자신이 품은 실천의 힘에 대하여 이렇게 말하고 있어요.

"할 수 있을까가 아니라 하겠느냐가 문제 아닌가요? 할 수 있을까를 말하고 있다간 우린 아무것도 못하고 말아요. 캘리포니아에도 못 가고, 아무것도 못해요. 하지만 하겠다 마음먹으면 할 수 있어요. 우린 한다면 하는 거예요."

— 존 스타인벡, 『분노의 포도』 (헤원출판사)

기도를 하는 일에 관하여

그리고 저는 2016년에 방영된 SBS 〈세상에 이런 일이〉 현희 씨의 방송을 생각합니다. 프로그램이 방영된 후 수많은 커뮤니티와 각종 SNS 채널들, 그리고 제가 속했던 여러 '단톡방'에서도 이 이야기가 계속해서 올라 왔습니다. 하나같이 인간에 대한 신뢰를 상기하게 하는 선한 내용이었고, 현희 씨를 돕는 성금으로 수억 원이 넘게 모였다는 소식도 접했습니다.

저는 현희 씨를 보면서, 우리의 영혼과 영혼을 잇는 힘에 대하여 생각하게 되었습니다. 저는 그 힘을 찾는 일을 '기도'라는 단어로 표현하고 싶었어요.

유전 질환인 신경섬유종이라는 병 때문에 정말이지 끔찍한 얼굴을 지녔던 33세 여성 심현희 씨를 대하면서 드는 감정은, 일종의 숙연함 같은 것입니다. 눈과 코와 입을 찾아볼 수 없는, 몇 년간 집 밖을 나가지 못하는, 인간으로서의 삶을 거의 포기할 수밖에 없는 그녀를 보면서, 우리는 한 사람이 지닌 비극적인 운명의 깊이와 너비에 깜짝 놀라게 됩니다. 하늘과 바다를 처음 보고 놀라워했던 그때처럼, 우리는 다시 유약하고 무력한 어린아이가 됩니다.

저는 종교를 갖고 있지 않지만, 이처럼 내가, 그리고 인간이 알고 보면 정말이지 무력한 존재라는 사실을 깨닫는 행위는 어쩌면 '기도하는' 삶의 자세가 아닐까 싶습니다.

나 자신은 물론 소중합니다. 내 주위의 부조리함으로 인해 지치고 아파하는 나 자신을 돌보는 일도 중요하죠. 그러나 나와 같은 '보통 사람들'이 부대끼는 사회의 경계 너머에서, 경계 너머이지만 우리와 아주 가까운 어딘가에서, 비참한, 단 한 번뿐인 삶을 감내해야 하는 누군가의 존재는 우리의 시야를 비상하게 깨워 놓습니다.

이 '시야의 확장'은 우리를 약간은 고요하고 허탈하게 만들어 줍니다. 겸허하게 만들고, 세계의 더 깊은 곳을 들여다보게끔 합니다. 그것이 기도가 아닐까 싶습니다. 이 기도는 '나보다 더 아픈 사람을 통해, 그들을 동정하며, 오히려 자신의 삶을 위로한다.'는 식의 자기위로와는 아무 관계가 없습니다. 인간에게는 자신보다 더 불행한 사람을 바라보며 자기의 처지를 연민하고, 자기 행복을 찾으려는 못된 습성이 있습니다. 그 또한 인간적인 감정이지만, 제가 여기서 말하는 영혼의 가치와는 멀리 떨어진 감정일 거예요.

인간의 영혼에 관한 한, 나의 기도는 그저 우리 인간이 맞이하는 '운명의 얼굴'을 똑바로 바라보게 합니다. 현희 씨를 바라보는 일은, 내가 겪고 있는 힘든 상황을 극복하게 하는 힘을 주는 것이 아니라, 내가 겪고 있는 이 괴로운 상황의 '위치'를 심리적으로 재조정하게끔 만듭니다. 나의 그 개별적인 아픔이 결국은 인간의 보편적인 지반 위에 놓여 있다는 무의식적인 안도감을 줍니다. 이 안도감은 내가 더 잘 살아야 한다는 쪽으로 귀결되는 게 아니라, 이 세상의 아픔을 조금이나마 더 줄이고자 하는 선한 마음으로 귀결됩니다.

우리 모두의 운명을 관조한다는 것

그래서 인간의 영혼을 조용히 관조하는 일은, '냉소는 가장 좋지 못한 것'이라는 사실을 다시금 일깨워 줍니다. 이것은 우리들의 양심에 대해 생각하게 합니다. 타인의 비탄을 바라보며 가슴을 졸이는 일은, "양심이란 결국 고통을 겪고 싶지 않은 나약한 자들의 변명"이라는 회의주의적 냉소를 극복하게 합니다. 왜냐면 그 나약함이야말로 인간 문명의 가장 탄탄한 기반이라는 사실을 다시 확인시켜 주기 때문입니다.

내가 현희 씨처럼 된다면? 이라고 묻는 건 자기연민이지만, 우리가 인간일 수 있는 것은 그 자기연민으로부터 시작하여 '내 안위와 관계없이 인간에 대해 품는 연민' 덕분입니다. 그것이 바로 휴머니즘입니다. 『분노의 포도』의 한 구절처럼, '자기는 엄청나게 큰 영혼의 일부에 지나지 않았다는 것을 깨닫는 일'입니다.

"어차피 이런 사연에 잠깐 슬퍼하다가 또 다시 얼굴 꾸미고 고치는 데 열을 내지 않을 것 아니냐, 본질은 싸구려 감성 팔이다."라는 식의 극단적인 시각도 있습니다. 특히 인터넷을 중심으로 이런 식의 냉소주의가 유행하고 있는데, 이런 식의 날선 비난은 본질적으로 인간에 대한 실망감과 조급함의 표출이라고 봅니다. 그런 극단주의는 오히려 '순결함'에 대한 강박과 다르지 않습니다. 즉, 그들이 인간에게 실망하는 만큼, 인간에게 기대하는 잣대가 높다는 방증이지요. 그들은 인정하지 않겠지만.

그런 비난에 맞서, 우리는 그저 조용히 인간성을 향하여 기도하는 자세만 유지하면 됩니다. 그러다가도 다시 지금껏 해 오던 대로 자신을 꾸미고 멋을 내겠죠. 뭐 어떤가요. 자신이 살던 대로 살더라도, 문득 또 다시 세계의 '엄연한 비극적 풍경'을 상기하고, 그저 관조할 수 있으면 됩니다. 그것은 우리 모두를 이어주는 영혼의 가치를 믿는 입니다. 종교적으로는 묵상이라고 할 수 있겠죠. 그것이 쌓이면 내 삶이 조금 더 검소해지고 단순해질 수도 있습니다.

그러나 검소하고 단순해지기 위해 기도를 하는 건 아닙니다. 기도란 '무엇을 위해' 하는 수단이 아닙니다. 인간을 하나로 잇는 영혼을 바라보는 일은, 즉 기도는 그 자체로 목적에 가까울 것입니다.

요컨대, 기도란 내가 발 딛고 서 있는 인간적 운명과 인간성에 대한 관조입니다. 멀리 있는 타인의 아픔을 듣고, 상상하고, 공감하는 일입니다. 멀리 있는 타인의 아픔의 깊이를 가늠하고, 그 앞에서 내가 얼마나 작은지를 인식하는 일입니다. 불교의 초기 경전인 법구경에는 다음과 같은 문장이 있습니다. "인기척 없는 빈집에 들어가 / 마음을 가라앉히고 / 바른 진리를 관찰하는 수행자는 / 인간을 초월한 기쁨을 누린다." 아마 우리 영혼을 묵상하는 일은 이렇게 빈집에 들어가서 이 세상을 조용히 바라보는 일과 다르지 않을 것입니다.

우리는 저 큰 영혼의 일부분이기에

독일 작가 게오르그 뷔히너는 희곡 『당통의 죽음』에서, 어느 비참한 이의 입을 빌려 "인생을 가장 잘 즐기는 사람이 가장 잘 기도하고 있는 것"이라고 썼습니다. 틀린 말이 아니라고 생각합니다. 그러나 여기엔 『단순한 기쁨』을 쓴 피에르 신부의 말을 덧붙여야 할 겁니다. 그는 이 세상엔 오직 '자신을 숭배하는 자'와 '타인과 공감하는 자' 사이의 구분이 있을 뿐이라고 말하며, 타인을 향한 사랑과 공감이 얼마나 즐거운지를 모르는 건 인생의 비극이라고 했죠. 이들에 따르면, 타인을 아끼고 사랑하며 그들과 진정으로 교감하는 일이야말로 가장 좋은 기도라는 것입니다.

그리고 엑소는 〈Power〉를 통해 "같이 한 목소리로 노래할 때, 네가 나를 볼 때. 서로 같은 마음이 느껴질 때 우린 더 강해질 수 있다는 것"을 이야기했습니다. 존 스타인벡은 『생쥐와 인간』에서 "곁에 가까운 이가 하나도 없는 사람은 바보가 된다. 같이 있는 사람이 어떤 사람인가 하는 건 중요치 않다. 그저 같이 있어주면 되는 것이다."라는 말을 남기기도 했습니다.

내 마음 깊은 곳에 내가 모르는 사람들이 살고 있습니다. 그 사람들을 만나가는 일이 기도입니다. 그리고 우리는, 〈Power〉의 노랫말처럼 "아름다웠던 우리가 다시 일어날 수 있는 힘은 우리 자신 안에 있다는 것"을 알고 있습니다. 우린 그저 우리와 운명의 짐을 나눠진 한 사람이 그 '힘'과 '열쇠'를 찾는 일을 도울 수 있을 뿐입니다.

같이 한 목소리로 노래하면서, 우리가 저 큰 영혼의 일부분임을 확인하면서.

3. 연대
<다시 만난 세계>: 소녀시대

작사: 김정배
작곡: Kenzie

전해주고 싶어 슬픈 시간이 다 흩어진 후에야 들리지만
눈을 감고 느껴봐 움직이는 마음 너를 향한 내 눈빛을

특별한 기적을 기다리지 마 눈앞에선 우리의 거친 길은
알 수 없는 미래와 벽 바꾸지 않아 포기할 수 없어
변치 않을 사랑으로 지켜줘 상처 입은 내 맘까지
시선 속에서 말은 필요 없어 멈춰져 버린 이 시간

사랑해 널 이 느낌 이대로 그려왔던 헤매임의 끝
이 세상 속에서 반복되는 슬픔 이젠 안녕
수많은 알 수 없는 길속에 희미한 빛을 난 쫓아가
언제까지라도 함께 하는 거야 다시 만난 나의 세계

특별한 기적을 기다리지 마 눈앞에선 우리의 거친 길은
알 수 없는 미래와 벽 바꾸지 않아 포기할 수 없어
변치 않을 사랑으로 지켜줘 상처 입은 내 맘까지
시선 속에서 말은 필요 없어 멈춰져 버린 이 시간

사랑해 널 이 느낌 이대로 그려왔던 헤매임의 끝
이 세상 속에서 반복되는 슬픔 이젠 안녕
수많은 알 수 없는 길속에 희미한 빛을 난 쫓아가
언제까지라도 함께 하는 거야 다시 만난 우리의

이렇게 까만 밤 홀로 느끼는 그대의 부드러운 숨결이
이 순간 따스하게 감겨오는 모든 나의 떨림 전할래
사랑해 널 이 느낌 이대로 그려왔던 헤매임의 끝
이 세상 속에서 반복되는 슬픔 이젠 안녕
널 생각만 해도 난 강해져 울지 않게 나를 도와줘
이 순간의 느낌 함께 하는 거야 다시 만난 우리의

3. 연대
<다시 만난 세계>: 소녀시대

2016년 말에 터진 최순실 게이트와, 이 게이트로부터 박근혜 전 대통령의 탄핵에 이르는 일련의 과정은 우리 현대 정치사에 길이 남을 분수령입니다. 연인원 천만 명이 넘는 국민들이 거리로 쏟아져 나와서 결국 부정하고 부패했던 대통령을 끌어내렸습니다. 이미 1987년에 국민의 힘으로 군부 독재를 몰아내었던 과거의 감동을 되새기듯, 우리 국민들은 다시 한 번 폭발적인 에너지와 성숙한 민주적 역량을 보여 주었습니다.

몇 개월 동안 단 한 건의 폭력 사태 없이 대규모 평화 시위가 진행되었다는 사실에 우리들은 무한한 자부심을 가져도 좋을 것입니다. 전 세계가 우리 사회를 주목하고 찬탄을 금하지 못했습니다. 미국의 「뉴욕타임스」는 이번 사태에 대하여 "비교적 짧은 역사의 한국 민주주의가 얼마나 높은 수준으로 진화했는지 보여준다."고 논평했고, 독일의 유력 언론 「디 차이트」는 한 걸음 더 나아가 "어떻게 하면 최고 권력의 부정과 무능을 평화적이고 규율을 지키면서 바로잡을 수 있는지 보여주는 귀중한 본보기"라면서 "오히려 민주주의 역사가 긴 유럽과 미국이 한국의 민주주의를 배워야 할 것"이라고 극찬하기도 했죠.

이러한 격동의 정치 개혁을 촉발시킨 지점은 여럿 꼽을 수 있겠지만, 그중에서도 이화여자대학교 학생들의 학내 투쟁이 중요한 도화선이 되었던 것을 부정할 수 없습니다. 2016년 9월, 학교의 비민주적인 운영과 공권력의 일방적인 탄압에 대하여 지속적으로 시위를 진행하던 이화여대 학생들은, 동시에 비선실세 의혹을 받던 최순실의 딸 정유라의 부정 입학 문제를 제기합니다. 이화여대 총학생회는 전국 대학가 최초로 〈대한민국, 최순실의 꿈이 이루어지는 나라입니까〉라는 제목의 시국선언을 발표하기도 했죠. '국정농단' 사태는 그 직후부터 들불처럼 번지기 시작했고, 그 이후의 이야기는 굳이 되풀이하지 않아도 될 것입니다.

당시 대학 내에서 집회를 열던 이대생들도 자신들의 투쟁이 그처럼 거대한 운동으로 연결되리라곤 예상하지 못했을 거예요. 최순실 게이트가 터지기 전, 꽤나 많은 사람들이 이화여대의 학내 투쟁에 대하여 다소 비판적이고 냉소적인 시선을 보냈던 것도 엄연한 사실입니다. 저는 지금 모든 대학생들이 각각의 이슈에 대하여 벌이는 투쟁들이 언제나 옳다고 말하려는 것은 아닙니다. 다만 몇몇의 학생들이 세상의 압력에도 불구하고 서로 어깨를 맞댄 채 꿋꿋이 자신들의 목소리를 내려던 시도가 없었다면, 이 땅의 엄청난 부패와 비리가 만천하에 드러나는 일도 훨씬 더 어려웠을 것이라는 사실을 지적하고 싶을 뿐입니다.

그것은 순수한 '연대'가 지닌 아름답고 강한 힘입니다. 인류
사에 연대의 미덕이 없었다면, 세계는 여전히 노예제 사회에 머
물러 있을 것이라고 저는 단언할 수 있습니다. 권력을 쥔 소수의
사람들은 절대로 자신의 힘을 양보하거나 자기 치부를 드러내
는 법이 없습니다. 두 손을 맞잡고 싸우면서 피 흘린 이들이 있
었기에, 인간은 그나마 이만큼의 자유와 평등을 누릴 수 있게 된
것이죠. 우리들 평범한 시민은 '개돼지'가 아닌데, 사회엔 우리
들을 '개돼지'처럼 여기는 일군의 권력자들이 존재합니다. 어느
고위 공직자는 대중을 개와 돼지처럼 여긴다는 망언을 '실제로'
입에 담았습니다! 영화 〈내부자들〉의 시나리오는 과연 '픽션'이
아니었던 것입니다.

그러나 우리는 개돼지가 아니므로, 연대할 수 있습니다. 연대
하면서 더 나은 세상, 더 나은 미래를 꿈꿀 수 있습니다. 연대야
말로 정의로운 사회, 인간의 생명과 영혼에 대한 신념을 밀고 나
갈 때 필요한 가장 기본적인 가치니까요.

〈다시 만난 세계〉와 소녀시대에 관하여

그리고 이 장에서는 하나의 노래가 맞이할 수 있는 참으로 영
광스러운 순간을 이야기하려 합니다. 이미 많은 언론에서 다루
기도 했지만, 이화여대 학생들이 학내에서 집회를 벌이던 그때
소녀시대의 〈다시 만난 세계〉를 목청껏 불렀다는 것이 크게 화
제가 된 바 있죠. 2016년 여름의 한국일보의 기사에 따르면 그

내용은 다음과 같습니다.

2016년 7월 30일 낮 12시 서울 서대문구 이화여대 본관 1층. 학교가 직장인을 대상으로 한 평생교육 단과대학인 미래라이프대학 설립을 추진하는 것에 반발해 본관 점거 농성을 벌이던 이화여대생들도 경찰에 맞서 노래를 불렀다. 민중가요가 아닌 걸그룹 노래였다. '이 세상 속에서 반복되는 슬픔 이젠 안녕······.' 소녀시대가 지난 2007년 발표한 데뷔곡 〈다시 만난 세계〉다. 학생들의 집단 농성으로 교수 등이 갇혀 있다는 학교 측의 요청으로 본관을 점거하고 있는 학생들을 끌어내려 출동한 경찰 앞에서 이화여대생 200여명은 서로 팔짱을 끼고 〈다시 만난 세계〉 1절을 합창했다. 흔한 걸그룹의 사랑 노래로 치부됐던 〈다시 만난 세계〉가 사회적으로 재발견된 순간이다."

— 양승준 기자, 〈'다만세'가 '밀레니얼 세대' 투쟁가 된 이유〉,
「한국일보」(2016. 8. 16.)

이 기사에선 왜 학생들이 과거 운동권이 집회 현장에서 즐겨 부르던 민중가요 대신에 소녀시대의 〈다시 만난 세계〉를 불렀는지를 조망하고 있습니다. 한국일보 양승준 기자는 "깃발 아래 모여 민중가요로 민주화 역사의 아픔을 곱씹으며 연대감을 확인하는 건 옛 말"이라면서 "선정적이며 상업적이라고만 여겨졌던 걸그룹 노래가 1980~2000년대 초반에 태어난 '밀레니얼 세대'의 삶에 깊숙이 스며들었다는 뜻"이라고 풀이합니다. 젊은 학생들은 우리 사회의 '운동권'이 지니는 과잉된 정치색, 또는 구습(舊習)과 폐단을 명징하게 인식하고 있었습니다. 기사에 따르면, 당시 이화여대생들은 시민단체 등 외부와의 '연대'를 거부하고, 학생증까지 확인하며 자신들만의 농성장을 꾸렸다고 합니다.

과연 아이돌의 노래라고, 걸그룹 노래라고 가볍게 생각하던 기성세대의 선입견을 상쾌하게 전복하는 사건입니다. 이 기사에는 〈다시 만난 세계〉의 노랫말을 쓴 김정배 작사가의 말이 실려 있기도 합니다. 그는 소녀시대 멤버들의 데뷔곡에 '평범한 사랑 이야기'를 쓰고 싶진 않았다면서 "이제 막 시작하는 그룹으로서 앞으로 어떤 어려움이 와도 피하지 말고 헤쳐 나가라는 메시지를 주기 위해 만든 노래"라고 이 노래의 의의를 밝혔습니다. 김 작사가는 〈다시 만난 세계〉에 대하여 "고등학생이나 대학생 때는 새로운 세상에 대한 두려움이 굉장히 높은 시기라 생각해 청취자에게 공감과 용기를 주기 위해 만든 노래"라고 말하기도 했습니다.

그리고 시간이 흐른 뒤, 소녀시대 멤버들이 자신들의 데뷔곡을 '떼창'하던 저 대학생들의 영상을 보고 감격하며 뿌듯해 했다는 소식도 전해졌습니다. 정말이지 따뜻한 에피소드였죠. 어떤 음악은 이처럼 가수에게도, 팬들에게도 오래도록 남아 끊임없이 힘과 영감을 불어넣어 줍니다. 오랜 세월이 지난 후에라도 언제든 서로를 '다시 만나게' 합니다. 그 시절의 애틋함과 설렘을 담아서, 우리는 한때 다 같은 무언가에 감동했던 사람들이란 걸 되새기게 하면서.

<아침이슬>과 김민기에 관하여

연대의 가치를 애써 과장하거나 강제하는 노래는, 언젠가는 시대와 대중의 외면을 받습니다. 그게 아니라 예술가 자신의 영혼에 충실하면서 맑은 감성을 솔직하게 드러내는 노래는 언제든 다시 발견되며 사람들을 연대하게 합니다. 대중가요의 '메시지'는 그 곡을 쓰는 이나 곡을 부르는 이가 일방적으로 완성하는 것이 아닙니다. 어떤 곡을 동시대 사람들과 함께 들으며 그 곡에 진솔하게 자신의 고민을 투영할 수 있거나, 하나의 노랠 통해서 자신들이 맞닥뜨린 세계의 감각을 다른 이들과 공유해 나가는 대중이 비로소 노래의 메시지를 완성시킵니다.

그중에서도 가장 극적인 노래는 <아침이슬>이 아닐까요? 이 곡을 쓰고 부른 김민기는 제가 개인적으로 가장 존경하는 '어른' 중 한 분입니다. 과거 이 땅의 민주화에 기여한 문화 예술계 인사들이 다들 한 자리씩 차지하며 떵떵거리거나, 최악의 경우엔 도저히 눈 뜨고 지켜보기 힘든 추문에 얽히면서 한 해 한 해 늙어가고 있지만, 그는 지금도 묵묵하게 작은 극단 '학전'을 이끌면서 청소년을 위한 예술에 전념하고 있습니다. 미련하리만큼 묵묵하게.

1971년 발표된 <아침이슬>은 시대의 명곡입니다. 어느 시인은 70, 80년대 대학을 다녔던 이들에게 양희은과 김민기가 부른 <아침이슬>은 그들 시대의 애국가나 다름없었다고 말했어요. 정작 김민기는 1987년 고(故) 이한열 열사의 장례식과 6월 항쟁에서 100만 명이 동시에 이 곡을 부르는 것을 보고 소름이 끼치고 무서워 하늘을 제대로 쳐다볼 수도 없었다며, "내가 만든 노래들은 이미 내 노래가 아니다"라는 생각을 밝히기도 했습니다.

그런데 더 흥미로운 것은 김민기가 이 곡을 만들게 된 배경입니다. 김민기는 음악평론가 강헌이 〈아침이슬〉을 쓰게 된 배경을 묻자 이렇게 대답했습니다. 강헌이 쓴 글을 옮깁니다.

"되는 일도 없고, 너무 가난해서 괴로웠다고. 매일매일 먹고살 것을 마련해야 하는데, 아르바이트비도 너무 짜서 사는 게 너무 괴로웠다고. 그러던 어느 날 학교 근처에서 술을 마셨는데, 통금 때문에 어딘가 들어가야 해서 우왕좌왕하다가 그냥 필름이 끊어져 버렸다고. 다음날 눈을 떠보니, 돈암동 어느 야산 공동묘지에 자기 혼자 자고 있었다고. 태양은 저만치 '묘지 위에 붉게 타오르고', 자신은 술에 취해 자다가 '한낮의 찌는 더위에' 깼다고. 깨어보니 너무 창피해서 일어나 어디론가 가야 하는 자신의 마음을 담은 노래였다고 들려주었다."

— 강헌, 『전복과 반전의 순간 Vol.1』(돌베개)

1970년대의 서슬 퍼렇던 박정희 정권은 이 노래를 당연히 금지곡으로 지정했고, 김민기는 이후 불온한 사상범이 되어 끊임없는 고문과 취조를 받게 됩니다. 정권의 논리는 어불성설의 수준이었는데, 예컨대 〈아침이슬〉의 노랫말에서 "긴 밤 지새우고……."는 당시 박정희의 독재를 공고히 했던 유신 체제를 묘사한 것 아니냐, "묘지 위에 붉게 타오르는 태양"은 북한의 김일성을 가리킨 것 아니냐 등등의 끼어 맞추기를 거듭했다고 하죠.

그럼에도 〈아침이슬〉은 사람들 입에서 입으로 꾸준하게 퍼져나가, 정권 말기인 1975년부터 1980년대까지는 사람들이 많은 곳에서 이 노랠 부르는 것만으로도 시위로 간주될 정도가 되었습니다.

이 노래는 결국 한 젊은 영혼의 정직한 자기 고백일 뿐이었습니다. 그 영혼의 티 없는 맑음이 엄혹했던 시대와 만나서 불멸의 명곡이 되었습니다. 물론 노랫말의 일관되고 정연한 이미지, 단조와 장조가 절묘하게 어울린 선율, 음악 전체에 흐르는 절제된 감정과 화성 등 노래 자체가 지닌 완성도가 없었다면 이 모든 이야기는 성립될 수 없었겠지요.

요컨대, 노래는 노래일 뿐입니다. 하지만 노래하는 이의 실존적인 고민과 오직 그 자신만의 개별적인 감성이 가장 투명하게 드러날 때, 어느 우연한 순간 하나의 노래는 수백만 대중의 마음을 울릴 수도 있고, 뭇 사람들의 뜨거운 열망을 담아 광장에서 합창될 수도 있습니다. 그런 순간에, 우린 어떤 예술 작품이 가진 가장 폭발적인 잠재력과 신비로움을 확인할 수 있습니다.

연대가 그 빛을 잃지 않는 순간

모든 연대가 순수하고 근사한 것만은 아닙니다. 저는 이것을 아프게 인정해야 할 것 같습니다. 아름다운 것들이 언제나 그렇듯, 연대의 미덕도 어떤 시점엔 그 반짝임을 잃고 뿌옇게 흐려질 수 있습니다. 우리는 젊은 대학생들이 운동권 및 시민단체 등 외부와의 '연대'를 왜 그렇게 힘껏 거부했는지를 똑똑히 들여다봐야 합니다.

개인적인 이야기라 긴 말은 않겠지만, 저 또한 대학 시절부터 누구보다 시위에 자주 나갔던 사람 중 한 사람입니다. 그렇지만 제 기억에 가장 뚜렷하게 남아있는, 제 생애 첫 집회의 기억은 그리 긍정적인 것은 아니에요. 저는 사학 재단의 부패와 비리로 인하여, 학교 교사들과 학생들이 쩍 갈라지는 학내 분규를 겪었던 어느 고등학교를 졸업했습니다. 제가 고등학교 1학년 때인 그해 여름에 수천 명의 학생들이 대오를 이뤄 서초동 법원으로 몰려갔던 기억은 지금도 선연합니다.

법원 집회 당일, 아니면 그 전날이었을까요. 아무튼 간에 무언가 학생들을 들끓게 만든 발표가 있었고, 교실은 거의 순식간에 무중력의 아수라장으로 변했습니다. 수업 시간이었는데 모두가 흥분한 채 교실과 복도를 뜀박질로 오고 갔습니다. 그리고 마침 우리 교실엔 오래 전 비리 재단으로부터 '낙하산'으로 임명된 '군인 출신의 국어 교사'가 있었는데 — 당시 제가 다닌 학교엔 그런 군인 출신 선생들이 여럿 있었습니다 — 그는 평소에도 학생들에게 거의 바보 취급을 받았던 무능한 교사였습니다. 그는 허둥지둥 학생들에게 자리에 앉으라고 소리치고 있었어요. 바로 이때 제 기억에서 지워지지 않는 일이 벌어졌습니다. 어딘가에서 등장한 몇 명의 선배들이 그 교사의 뺨을 때리고 발길질을 하며, 그에게 욕을 퍼붓던 일이 말이죠.

학교의 아노미 상태를 틈타 벌어진 교사에 대한 린치 현장은 17살의 어린 저에게 충격적인 장면으로 새겨져 버렸습니다. 당시 저는 학생 측의 집행부까진 아니었지만, 학교 게시판을 통하여 학생들이 시위에 참가해야 할 필요성을 역설하는 등 꽤나 사태에 열을 올렸던 학생 중 한 명이었거든요. 저는 정의로운 분노가 넘실대는, 어떤 공적 질서가 무너진 공백 상태에서 발생했던 노골적인 폭력을 엿보았고, 그것이 제 마음속 어떤 면을 아주 정확하게 찌르고 휘젓는다는 사실을 알게 됐습니다. 그 장면은 끝내 잊히질 않습니다.

저는 여전히 연대의 가치를 믿고, 사람들이 대의를 위해 함께하는 것이 아름답다고 생각합니다. 그렇지만 저는 정권이 바뀌면, 정치가 바뀌면, 체제가 바뀌면 유토피아와 같은 세상이 올 것이라는 신념을 믿지 않습니다. 저는 거창하게 울려 퍼지는 정의로운 이념의 언어들을 믿지 않고, 집단이 집단의 이름을 둘러멘 채 자신들의 대의와 정당성을 무작정 강변하는 일을 신뢰하지 않습니다.

저는 연대의 힘을 믿습니다. 저는 오직 '예술을 닮아 있는' 연대와 연대감을 믿을 뿐입니다. 자신의 어두운 민낯을 들여다보면서, 어느 한 사람의 영혼에도 상처주지 않으며, 지속적으로 '우리 편'에 대해 반성하고 또 반성하는 연대를……. 그런 연대에 "특별한 기적" 따위는 존재하지 않습니다. 이 거칠고 험난한 세상 속에서, "수많은 알 수 없는 길속에 희미한 빛"을 매번 새롭게 좇으려는, 서로 간의 "부드러운 숨결"이 가득할 뿐입니다.

〈다시 만난 세계〉를 들으며 성장했던 이들이, 한 세대를 훌쩍 뛰어넘어 우리 나이든 이들에게도 하나의 가능성을 보여 주었습니다. 소녀시대는 이 곡이 남긴 유산에 대하여 충분히 자랑스러워해도 좋을 것입니다.

4. 시간
<Touchdown>: 트와이스

작사: MAFLY
작곡: Krissie Karlsson
    Karl Karlsson
    Nicki Karlsson
    EJ Show

시간아 10, 9, 8 달려봐 10, 9, 8, 7, 6
내게로 5, 4, 3 빠져봐 5, 4, 3, 2, 1
Touchdown

넌 날 그냥 지나칠 수 없을 걸
Let's go Let's go Let's go
내 미모에 돌아설 수 없을 걸
Let's go Let's go

주위를 맴돌다 딴청도 피다가
눈치만 눈치만 눈치만
느낌만 느낌만 느낌만

넌 정말 푹 빠질걸 너를 향한
윙크 한 방에 심장이 가빠와
숨이 찰 걸 나만 빤히 또 바라볼 걸

넌 자꾸 멈추지마 널 마주한 미소 한 번이
1, 2, 3, 4, 5, 너를 미치게 해

시간아 10, 9, 8 달려봐 10, 9, 8, 7, 6
내게로 5, 4, 3 빠져봐 5, 4, 3, 2, 1
Touchdown

10, 9, 8, 다가 와 10, 9, 8, 7, 6, 나를 봐
5, 4, 3, 잡아 봐 5, 4, 3, 2, 1
Touchdown
Touchdown
Touchdown

널 끌어당긴 나라는 이 블랙홀
Let's go Let's go Let's go
빠져나갈 수는 없어
Let's go Let's go
네 눈이 네 눈이 가슴이 가슴이
흔들려 흔들려 흔들려
그대로 그대로 그대로

이건 신들의 장난
널 어쩌나 내게 묻지마
초침이 한 칸씩 줄 때 마다
너는 점점 나를 찾을 걸

넌 장담하지 좀 마
나를 외면할 수 있다고
1, 2, 3, 4, 5, 너만 괴롭게 해

시간아 10, 9, 8 달려봐 10, 9, 8, 7, 6
내게로 5, 4, 3 빠져봐 5, 4, 3, 2, 1
Touchdown

10, 9, 8, 다가 와 10, 9, 8, 7, 6, 나를 봐
5, 4, 3, 잡아 봐 5, 4, 3, 2, 1
Touchdown
Touchdown
Touchdown

네 모든 게 내게로 빠지는 단 한 순간
잠깐의 찰나 눈빛 또 손짓
작은 하나까지 너를 위한

비밀 아닌 Sign

시간아 10, 9, 8 달려봐 10, 9, 8, 7, 6
내게로 5, 4, 3 빠져봐 5, 4, 3, 2, 1
Touchdown
10, 9, 8 네 맘을 10, 9, 8, 7, 6
말해 봐 5, 4, 3 날 가져봐 5, 4, 3, 2, 1
Touchdown

4. 시간
\<Touchdown\>: 트와이스

트와이스의 〈Touchdown〉은 시간의 힘을 믿는 노래입니다. '시간'이라는 눈에 보이지 않는 관념을 자신의 손으로 휘어잡고, 자기를 향해 끌어당기려는 마음이 드러난 깜찍한 노래입니다. 그래서 저에겐 무척 멋지게 들리는 곡입니다.

'터치다운'은 흔히 미식축구에서 상대방의 진영을 향해 전진한 후, 마침내 상대팀의 가장 후방에 위치한 골라인을 넘어 점수를 따는 일을 가리킵니다. 어떤 목표를 달성하거나 특정한 고지에 상륙했을 때 쓰이는 표현이기도 하고요. 지난해 여름 트와이스가 일본에서 첫 데뷔 쇼케이스를 가졌을 때의 명칭도 '터치다운 인 재팬(Touchdown In Japan)'이었잖아요. 일본 도쿄 체육관에서 펼쳐진 이 쇼케이스의 오프닝 곡이 〈Touchdown〉이기도 했습니다.

이 곡의 화자는 끊임없이 자신만의 '카운트다운'을 반복하고 있군요. 너는 아직 나에게 빠져들지 않았습니다. 너라는 사람을 향한 나의 '터치다운'은 꽤나 요원해 보이는 게 사실입니다. 그러나 화자는 네가 나한테 반하는 건 '시간문제'일 뿐이라고 자신합니다. 그녀는 시간이 어서 달려가기를, 그래서 네가 다가와 내 손을 잡아 주기를 기다리고 있습니다. "네 모든 게 내게로 빠지는 단 한 순간"을 말이죠.

그녀는 너를 기다리지만, 지금은 네가 아닌 '시간'과의 싸움을 벌이고 있습니다. 달려야 할 것은 시간뿐입니다. 시간만 빨리 지나가면 만사가 OK입니다. 왜냐면 나는 그대와 나의 행복한 결말을 당차게 믿고 있기 때문입니다.

한 사람의 여성이 자신의 사랑과 떨리는 마음 앞에서 시간의 흐름을 뒤흔든다는 설정은, 아이유 2집의 타이틀곡이었던 〈너랑 나〉 같은 곡이나, 호소다 마모루의 애니메이션 〈시간을 달리는 소녀〉 등의 작품과 비슷합니다. 오래 전 황진이가 남겼다는 시조도 생각나네요. '동짓달 기나긴 밤의 시간을, 이불 아래 서리서리 접어두었다가, 나의 사랑하는 임이 오신 날 밤 굽이굽이 펴리라…….' 어쨌든 이런 화자들은 각자의 두근거림 앞에서 자신에게 주어진 시간을 매만지고, 왜곡하며, 자신만의 카운트다운을 거듭합니다. 〈Touchdown〉를 노래하는 화자는 그중에서도 가장 강력한 확신을 품고 자신의 사랑을 손에 넣으려 하고 있습니다.

나를 사랑해 주는 아름다운 사람 앞에선 1시간이 1초처럼 흘러갑니다. 뜨거운 난로 위에서는 1초가 마치 1시간처럼 느껴지기 마련이고요. 굳이 이 말이 아인슈타인의 표현임을 상기하지 않더라도, 우리는 하루하루의 일상에서 이와 같은 시간의 상대성을 너무도 명확하게 인식하고 있습니다. 하루 24시간은 만인에게 공평하게 주어져 있는데, 그 시간을 어떻게 활용하고, 시간을 어떻게 체감하는지는 그야말로 천차만별입니다.

우리가 아무리 애달프고 조급하다 해도 시간이 단 0.1초라도 더 빨리 흘러가는 일은 결코 일어날 리가 없습니다. 그렇지만 우리가 무언가에 푹 빠져있는 어떤 순간에는, 시간이 정말 무서울 정도로 빠르게 흘러갑니다. 시간이란 우리 삶을 지탱하는 객관적인 외부의 조건인 동시에, 철저하게 주관적이고 상대적인 관념이기도 합니다. 영원의 관점에서 보자면, 수십 년이나 수십 초나 별다른 차이가 없습니다. 지나고 보면 모두 순간이고, 과거의 한 점에 불과한 것을……. 눈 깜짝하는 찰나에 자신이 늙어 있다는 것을, 자신의 한 인생이 저물어 있다는 것을 발견해 버린 어르신들의 고백을 흘려들을 수 없는 이유가 여기 있습니다.

지금 이 순간에도 시간은 무심히 지나가고 있습니다. 시간이라는 관념의 무심함과 엄정함이 가끔은 아찔하게 느껴질 때가 있습니다. 이 글을 읽는 분들 모두 마찬가지이리라 믿습니다.

시간이라는 숙명 앞에서

시간은 눈에 보이지도 않고, 손에 잡히지도 않으며, 우리가 어찌할 수 없는 차원에서 매 순간 이 세계를 가득 메운 채 흐르고 있습니다. 1초, 또 1초. 묵묵하고 무심하게. 그래서 시간은 신비로운 관념입니다. 아우구스티누스는 『고백록』에서 이런 문장을 남겼습니다.

아무도 내게 묻지 않는다면 나는 시간이 무엇인지를 안다.
누가 내게 그것이 무엇이냐고 묻는다면 나는 모른다.

철저하게 객관적인 이 세계의 시간은, 우리 안으로 고요하게 흘러들어 와선 완전히 주관적으로 변형되곤 합니다. 아르헨티나 작가인 호르헤 루이스 보르헤스는 시간에 관한 에세이에서 '시간은 존재의 핵심'이며, '우리들의 의식을 한 국면에서 다른 국면으로 옮기게 만들어 주는 지속의 힘'이라고 적기도 했어요. 시간은 우리들과 대립하는 동시에 하나로 겹쳐지는 묘한 관념입니다. 시간을 둘러싼 객관과 주관, 외부와 내부의 출렁거림이 지속적으로 반복되며 한 사람의 운명이 완성됩니다. 시간은 강처럼 흘러가고, 우리 또한 강처럼 흘러갑니다.

어떤 숙명론적인 관점에서 본다면, 사실 우리를 보편적으로 구속하는 것은 다른 어떤 외부적인 강제도 관념도 아닙니다. 우린 오직 시간의 노예일 뿐이에요. 인간 위에 군림하면서 인간에게 절대적인 명령을 내릴 수 있는 것은 오로지 시간뿐입니다. 제아무리 시간을 주관적으로 체감한다고 한들, 시간의 엄정한 명령을 거역할 수 있는 인간은 단 한 사람도 없으니까요. 하이데거는 '시간은 인간의 영혼 속에 존재하며, 그 밖의 어디에서도 자신은 그것을 보지 못한다.'고 말하기도 했어요. 그의 존재론은 우리의 영혼과, 그 영혼을 뒤흔드는 시간의 근원성이 팽팽하게 맞부딪치는 지점에 서 있습니다.

그래서 저는 트와이스의 〈Touchdown〉을 사랑할 수밖에 없습니다. 이 곡은 시간이라는 굴레 속에서 우리가 영원히 '카운트다운'을 하면서 살아가는 존재라는 걸 일깨워 줍니다.

무언가를 이루고자 하거나 무언가를 원하는 사람들은 모두 '카운트다운'을 해야 합니다. 우리들은 몇 시간이나 며칠. 때로는 몇 달, 또 때로는 몇 년의 시간을 세면서 자신의 목표들을 이뤄가야 하는 존재입니다. 삶은 영원하지 않습니다. 우리들의 한정된 시간 동안, 내가 나의 두 손에 움켜쥐고 정말로 '내가 이루었다.', '나의 것이다.'라고 말할 수 있는 것들은 참으로 얼마 되지 않습니다.

〈Touchdown〉의 노랫말처럼, 시간의 숙명은 마치 "신들의 장난"에 가깝습니다. 인간은 왜 이처럼 시간이 쏜살같이 달리는지를 누구에게 따져 물을 수도 없습니다.

그래서 우리는 결단하면, 그저 자신의 결단을 확신하고 카운트다운을 시작하는 수밖에 없습니다. 언제든, 또 무엇에 대해서든 '5, 4, 3, 2, 1' 카운트다운을 하면 그만입니다. 카운트다운을 세기 전의 과거에 사로잡힐 이유는 없습니다. 시간의 엄정함 앞에서, 언제까지고 머뭇거리며 자기 연민과 자신에 대한 의심에 빠져 있을 여유도 없습니다. "초침이 한 칸씩 줄 때마다 너는 점점 나를 찾을 걸"이란 노랫말 그대로, 우리는 그저 시간의 힘을 믿는 수밖에 없습니다. 지금 자신이 마주한 현재에 두 발을 딛고 과감하게 결단한 후, 언젠가는 이루어져 있을 나의 미래를 믿고, 그저 행동하는 수밖에 없습니다.

시간을 낭비하는 것은 자신을 낭비하는 것과 다를 바가 없습니다. 실존 철학의 관점에서는, 이 세계에서 가장('오로지') 무섭고 불안한 존재는 자기 자신일 뿐이니까요.

우리가 미래를 믿을 수만 있다면

시간은 인간이고, 인간은 시간입니다. 그리고 자신의 아름다움을 믿는다는 것은 내 앞에 펼쳐진 '시간을 믿는 일'과 다르지 않습니다. 묵묵히 자신의 길 위에 시간의 더께를 쌓는 것이야말로 단 한 번뿐인 생(生)의 푸른빛을 영속시킬 수 있는 유일한 탈출구일지도 모릅니다.

인간은 쉽게 지루해 하고 반복을 싫어하는 존재입니다. 아인슈타인이 앞에서 말했던 '1시간을 1초로 만드는' 아름다운 사람도, 얼마간의 세월이 흐른 뒤엔 '1시간을 5시간으로 만드는' 사람이 되어버리는 일이 흔한 게 사실이죠. 인간은 그리 인내심이 많은 동물이 아닌 것은 분명합니다. 매번 새로운 것, 자신과 더 어울리는 것을 찾는다는 핑계로, 자신이 차곡차곡 세어 왔던 시간의 카운트다운을 허물어뜨리곤 합니다.

물론 타성에 젖어 있던 삶을 과감하게 멈춰 세운 뒤, 진정 자신의 가슴을 뛰게 만들어 주는 새로움을 찾는 건 언제든 권장할 만합니다. 내 삶이 내 것이 아닌 것 마냥 지지부진하던 일상을 한번쯤 냅다 내동댕이치는 일, 반드시 필요합니다. 그런데 내동댕이친 다음에는 뭘 할 것이냐 묻는다면, 그 다음 우리들은 또 다시 어떤 일을 반복하고 또 반복하는 인내의 과정으로 스스로를 밀어 넣는 수밖엔 없습니다. 인생이란 게 알고 보면 습관과 반복의 연속이라는 사실도 참 괴롭고 무겁게 다가옵니다.

우리네 일상의 차원에선, '시간'은 '반복'과 거의 비슷한 개념입니다. 우리들은 보통 뭔가를 새롭게 시작하며 설레어 하는 인간의 역동성에 주목하지만, 어쩌면 우린 모두 허리를 굽힌 채 자신이 하던 일을 끝없이 반복하는 시지프스 같은 존재에 더 가까울지도 모르겠어요. 막상 한 사람이 엄청나게 새로운 일에 착수하는 시간은 그의 전체 인생에서 손에 꼽을 정도입니다. 새로움을 만끽하는 순간은 잠시이고, 그 직후부터 우린 어김없이 반복, 또 반복해야 할 뿐이죠. 심지어는 매번 새로운 것을 창조해야 하는 예술가들도 마찬가지입니다. 화가는 빈 캔버스 앞에서 며칠 몇 달을 보내야 하고, 작가는 엉덩이를 붙이고 오랫동안 뭔가를 써나가는 일을 반복하지 않으면 안 됩니다.

일단 새로운 무언가를 시작하자고 결심하는 일은 어렵지 않습니다. 그 결심 이후 꾸준하게 내가 선택한 일을 반복하고 또 반복하는 것은 과연 만만치가 않습니다. '작심삼일(作心三日)'이란 말이 괜히 나온 게 아닙니다.

결국 다시 한 번 '카운트다운'의 문제입니다. 내가 고된 시간, 고된 반복을 버틸 수 있는 힘은 나의 미래에 대한 흔들림 없는 확신에서 비롯됩니다. 하이데거가 그의 저서 『존재와 시간』에서 강조했던 것처럼, 시간성의 가장 근원적이고 본래적인 특성은 '장래'이자 '도래'라고 할 수 있습니다. 내가 나의 미래를 당차게 기약할 수 있다면, 나는 담백하게 자기 자신을 쏟아낼 수 있는 나만의 일을 찾은 뒤, 그저 묵묵하게 그 일을 반복하면 그 만입니다. 시간을 뛰어넘을 수 있는 존재는 없고, 반복의 고난에 서 도망칠 수 있는 인간은 없습니다.

이와 관련해선 16개 언어를 구사하는 헝가리의 전설적인 인물 롬브 커토의 담담한 조언이 더없이 정확하게 느껴집니다. 아주 단순한 가르침입니다. (물론 이 말을 충실하게 따른다 해도, 우리들 대부분이 롬브 커토나 그의 책을 우리말로 옮긴 번역가 신견식처럼 10여 개의 언어를 구사하긴 무리이겠지만…….)

"우리는 한번 넘어졌다고 자전거를 벽에 기대어 세워 두지 않고, 눈밭 위에서 한번 넘어졌다고 스키를 부러트리지 않는다. 비록 고통스러운 멍 때문에 그 기억이 오랫동안 남아 있겠지만 말이다. 이러한 고난이 점점 줄어들고 새로 익히는 기술이 주는 즐거움은 점점 더 커질 것을 알기 때문에 계속 해나가는 것이다."

— 롬브 커토, 『언어 공부』 (바다출판사)

시간의 힘, 그리고 시간의 아름다움

그러므로 시간이 쌓이는 일을 믿는다는 것은, 나 자신을 믿고, 나아가 타인을 믿는 일과 다르지 않습니다.

시간이 쌓이는 일을 믿는다는 것은, 내가 지금 이 험한 세상을 살아내는 일이 그 자체로도 충분히 의미가 있고, 누가 알아주지 않더라도 내 안에 단단하게 성장해 나가는 나 자신을 믿는 일입니다. 내 안에서 시간이 쌓이지 않는다는 것은, 내가 나 자신의 미래를 기약하지 못한다는 불안감의 표현과 다르지 않습니다.

내가 나를 믿는다면, 내가 나의 미래를 향해 확실하게 결단할 수 있다면, 난 그저 '카운트다운'을 시작하기만 하면 됩니다. 언젠가 내가 움켜쥘 수 있는 '터치다운'의 순간을 기다리면서.

다른 존재에 귀를 기울이고, 소통하고, 이해하는 일 역시 무엇보다도 '오랜 시간'을 필요로 하는 일입니다. 시간을 믿지 않는 이들에게 이런 건 모두 불필요하고 소모적인 행위로 비춰집니다. 그들은 끊임없이 짧은 순간의 쾌락을 좇으며, 새로운 관계에 자신을 내맡길 뿐입니다. 그들은 한 사람의 말과 마음에 오랫동안 주목하며 그를 깊이 알아가는 일엔 별 관심이 없습니다. 한 사람이 긴 시간에 걸쳐 조금씩 성장하고, 더욱 매력적인 존재가 될 수 있다는 사실에도 흥미가 없죠. 그들에겐 이런 긴 시간의 흐름이 지루한 '슬로우 모션' 같이 느껴질 거예요.

그래서 시간을 믿지 않는 사회, 공동의 시간이 쌓이지 않고 모래처럼 흘러내려 버리는 사회는 깊은 '듣기'와 '공감'이 들어설 여지가 사라진 사회입니다. 순간이 지배하는 사회는, 내가 그리고 남이, 즉 인간이 미래에 더 낫게 변화할 수 있으리라는 가능성이 차단된 사회입니다.

너와 내가 함께 발견해 나가는 오랜 시간을 신뢰하는 사람들은, 결코 인간과 인간성을 냉소하거나 함부로 낙인찍을 수 없습니다. 시간의 힘에 주목하는 개인과 사회는, 흠결이 있는 누군가에게 조바심을 내지 않고, 속단하지 않고, 다양성을 인정하며,

그들이 인내심 있게 자신만의 운명을 찾아갈 수 있는 길을 열어줍니다.

이런 의미에서 시간은 하나의 예술과도 같습니다. 잔잔한 인격의 향기를 통해서 자연스레 '시간의 향기'를 느끼게끔 해주는 사람들을 대할 때, 우리들은 그의 인격 뒤에 숨겨진 오랜 고난과 인내의 그림자를 어렵지 않게 눈치 챌 수 있습니다. 누구에게든 공평하게 주어졌더라도, 아무에게나 자신의 아름다움을 남겨놓진 않는다는 것이 시간의 다소 엄정한 미학입니다.

> "그러나 다시 한 번 말하거니와, 인내심을 가져라. 시간이 제 갈 길을 다 가도록 해주어라. 운명은 많은 우회로를 거치고 나서야 목적지에 도달한다는 것을 아직도 확실히 깨닫지 못했는가."
>
> — 주제 사라마구, 『눈먼 자들의 도시』(해냄출판사)

시간은 우리를 속이지 않고, 무섭도록 정직합니다. 무언가를 자발적으로 선택한 이상, 우리들은 〈Touchdown〉의 화자처럼 10부터 1까지 헤아리고 또 헤아리며, 하나의 카운트다운이 완결되길 기다릴 수 있을 뿐입니다. 그때 나의 기다림은 한 걸음 더 성장한 자신을 기다리는 일과 다르지 않습니다.

그러므로 오랫동안 기다리고, 오랫동안 함께하며, 오랫동안 사랑하는 사람들은 그 자체로 깊은 흠모를 받아 마땅합니다. 메디컬드라마 주인공인 닥터 하우스의 한 마디가 시간의 힘을 신뢰하지 못했던 제 마음을 아프게 칩니다.

"누군가의 곁에서 이 닦는 걸 30년 넘게 지켜봐. 부모님처럼 말이지. 그런 다음에 희생을 요구해봐. 그게 진짜 관계를 아는 방법이야."

— 〈닥터 하우스〉, 시즌3 에피소드14 중에서

5. 뿌리
<팔도강산>: 방탄소년단

작사/작곡: Pdogg
        Rap Monster
        SUGA
        j-hope
Yo once again

Bighit Represent

우리는 방탄소년단

Let Go

서울 강원부터 경상도 충청도부터 전라도 /

마마 머라카노! (What!) 마마 머라카노! (What!) /

서울 강원부터 경상도 충청도부터 전라도 / 우리가 와불따고 전하랑께 (What!)

우린 멋져부러 허벌라게

아재들 안녕하십니꺼 내카모 고향이 대구 아입니꺼

그캐서 오늘은 사투리 랩으로 머시마, 가시나 신경 쓰지 말고 한번 놀아봅시더

거시기 여러분 모두 안녕들 하셨지라 오메 뭐시여! 요 물땜시 랩 하것띠야?

아재 아짐들도 거가 박혀있지 말고 나와서 즐겨~ 싹다 잡아불자고잉!!

마 갱상도카모 신라의 화랑 후예들이 계속해서 자라나고

사투리하모 갱상도 아이가 구수하고 정겨운게 딱 우리 정서에 맞다 아이가

아따 성님 거거 우리도 있당께 뭣좀 묵엇단까? 요 비빔밥 갑이랑께

아직 씨부리잠 세발의 피이니께 쯤따 벼~ 개안하게 풀어블라니까

가가 가가? 이런 말은 아나? 갱상도는 억시다고? 누가 그카노

머라케샸노 갱상도 정하모 아나바다 같은거지 모 니가 직접와서 한번봐라

아 대따 마 대구 머스마라서 두 말 안한다카이!!

하모하모 갱상도 쬑인다 아인교!! 아주라 마!! 우리가 어다 남인교!!

시방 머라고라? 흐미 아찌아쓰까나 전라도 씨부림맴시 아구지 막혀브러싸야

흑산도 홍어코 한방 잡수믄 된디 온몸 구녕이란 구녕은 막 다 뚫릴 턴디

거시기 뭣시기 음 괜찮것소? 아직 팔구월 풍월 나 애가겼쏘

무등산 수박 크기 20키로 징사여~ 걸만 봐도 딱 가시내 올릴 방탄여

서울 강원부터 경상도 충청도부터 전라도 /

마마 머라카노! (What!) 마마 머라카노! (What!) /

서울 강원부터 경상도 충청도부터 전라도 / 우리가 와불따고 전하랑께 (What!)

우린 멋져부러 허벌라게

(Talk)

아 이 촌놈들 난 Seoul state of mind

난 서울에서 나서 서울말 잘 배웠다 요즘은 뭐 어디 사투리가 다 벼슬이다만

그래 인정할게 악센트들이 멋은 있다 하지만 여긴 표준인 만큼 정직해

처음과 끝이 분명하고 딱 정립된 한국말의 표본으로 정리되지

Only ours goes with English, yall never understand it

Okay 솔직히 솔직해질게

경상도 사투리는 남자라면 쓰고 싶게 만들어 전라도 말들은 너무나 친근해

한번 입에 담으면 어우야 내가 다 기쁘네

Why keep fighting 결국 같은 한국말들

올려다 봐 이렇게 마주한 같은 하늘 살짝 오글거리지만 전부다 잘났어

말 다 통하잖아? 문산부터 마라도

서울 강원부터 경상도 충청도부터 전라도 / 마마 머라카노! (What!) 마마 머라카노! (What!) /

서울 강원부터 경상도 충청도부터 전라도 / 우리가 와불따고 전하랑께 (What!) 우린 멋져부러 허벌라게

서울 강원부터 경상도 충청도부터 전라도 / 마마 머라카노! (What!) 마마 머라카노! (What!) /

서울 강원부터 경상도 충청도부터 전라도 / 우리가 와불따고 전하랑께 (What!) 우린 멋져부러 허벌라게

"모든 사람은 지구상의 구체적인 장소에서 구체적인 시간에
어떤 민족에 속하는 부모에게서 태어나 구체적인 기후조건
아래서 그 나라 언어를 모국어로 삼아 크잖아. 어느 인간에
게도 마치 대양의 한 방울처럼 바탕이 되는 문화와 언어가
스며있어. 또 거기엔 모국의 역사가 얽혀 있고. 그런 것에서
완전히 자유로워진다는 것은 불가능한 일이야. 그런 인간이
있다면 그건 종이쪽처럼 얄팍해 보일 거야."

— 요네하라 마리, 『프라하의 소녀시대』 (마음산책)

5. 뿌리
<팔도강산>: 방탄소년단

　'시간'은 다소 절대적인 성격이 짙은 관념입니다. 인간은 누구나 자신에게 주어진 시간의 그림자에서 옴짝달싹할 수가 없습니다. 시간은 인간을 구속하고 닦달합니다. 시간 앞에서 우린 모두 한 사람의 도망자 같은 존재에 가깝습니다. 우리를 죽음 앞으로 몰아세우는 시간의 힘은, 마치 자기 소유의 노비를 쫓는 '추노(推奴)'의 족쇄처럼 강력합니다.

　1973년에 개봉한 영화 〈빠삐용〉에서, 주인공 빠삐용은 살인 누명을 쓰고 감옥에 갇힌 죄수입니다. 그는 10년이 넘는 시간 동안 불굴의 의지로 거듭 탈옥을 시도합니다. 빠삐용은 자신이 무죄라는 사실을 뼛속까지 확신하는 사람이죠. 그럼에도 불구하고, 그의 꿈속에 등장해서 그에게 유죄 평결을 내리는 재판관의 한 마디는 빠삐용을 묵묵히 수긍하게 만들었습니다. 그가 유죄인 이유는 다음과 같습니다.

시간은 이처럼 우리를 포위하면서 마치 죄인처럼 만들곤 하지만……. 우리는 방탄소년단의 〈팔도강산〉과 함께 조금 여유를 되찾아 보면 어떨까 싶습니다. 우리는 다 함께 시간의 운명을 짊어진 존재이지만, 동시에 저마다 다양한 얼굴과 다양한 성격을 꽃피운 채 서로의 독특한 매력에 감탄할 수 있는 존재입니다. 우린 말 그대로 각양각색의 사람들입니다.

저는 방탄소년단이 이 땅의 사투리를 노래하는 유쾌한 〈팔도강산〉을 들으면서, 한 사람을 키우고 길러 주는 '공간의 힘'에 대해 생각합니다. 그리고 자신이 자라온 특정 공간을 주의 깊게 들여다보고 그 아름다움을 발견할 수 있는 사람의 '뿌리의 힘'에 관해 생각하게 됩니다.

여기서 제가 말하는 '뿌리'라는 단어는, 앞에 인용했던 요네하라 마리의 "대양의 한 방울처럼 바탕이 되는 문화와 언어"를 가리키는 표현입니다. 우리들은 자신을 지탱하는 뿌리를 통해서 고유한 인격을 형성하고, 그 위에서 나만의 독특한 꽃과 열매를 밀어 올리기 마련입니다. 뿌리가 없는 인간은 없습니다. 뿌리는 나의 사회적 정체성을 형성하는 근원이며, 내 영혼에 개별적이고 다채로운 빛깔을 더해 주는 원초적인 감성입니다.

서양의 근대적인 인간관은 한 사람을 철저하게 고립된 원자로 여기는 경향이 강했습니다. 누군가가 어떤 지역에서, 어떤 사람들 사이에서 태어났든 간에, '인간이라면' 반드시 지켜야 할 의무와 그가 보장받아야 할 권리를 강조했죠. 이런 맥락에서 독일 관념론 철학의 집대성을 이룬 임마누엘 칸트는 인간 내면 속의 양심이 저 밤하늘에 빛나는 별과 같다고 비유했습니다. 그는 모든 인간은 자신의 존엄한 '이성'이 부과한 '정언적인 명령'에 따라야 한다고 역설했고, 인간성의 미덕이 누구에게도 예외 없이 보편적이라는 사실을 강조했습니다.

마치 시간이라는 관념의 무거움처럼, 인간이라는 관념도 무겁고 절대적인 것입니다. "네 의지의 준칙이 언제나 보편적인 입법의 원리가 될 수 있도록 행위하라."라는 칸트의 유명한 말은 이런 의무의 무거움을 잘 보여줍니다. 인간은 이성을 갖고 있으므로, 언제 어디서나 보편타당하게 사고하고 행동해야 할 의무가 있습니다. 그 의무는 인간이 짊어진 '별처럼 빛나는' 족쇄입니다.

그리고 이런 관점에서는 한 인간의 '뿌리', 그의 문화적인 바탕이란 그다지 주목할 만한 것이 못됩니다. 독일 사람이든, 아프리카 초원의 유목민이든, 에스키모 인이든 간에 그들을 구별하는 것들은 의미가 없습니다. 오직 그들이 다 같은 '인간'이라는 사실이 중요할 뿐입니다. 그들은 모두 자유롭고, 평등하며, 인간으로서의 존엄성을 지닌 인간일 뿐이죠. '인간'이란 말 앞에선 그 모든 차이와 개성들이 부차적일 뿐입니다.

이런 사상을 오용했던 서구의 백인들은 자신들이 전 세계의 '미개한' 사람들에게 '인간의 가치'를 전파할 사명을 지녔다고 믿었습니다. 그들은 (적어도 겉으로는) '정의'와 '도덕'의 기치를 내걸고 지구 곳곳에 식민지를 건설했습니다. 제국주의의 불행한 시작이었죠.

우리 모두의 '뿌리'에 관하여

인간으로서의 보편성, 인간 이성과 '인권'이라는 관념은 인류가 길어 올린 소중한 유산입니다. 그렇지만 인간이 제아무리 보편적인 존재더라도, 우리는 어떤 한 사람이 자신의 공동체적 뿌리 없이 백짓장 상태에서 '인간'으로 자란 것은 아니라는 사실을 인정할 필요가 있습니다. 어쩌면 우리는 각자가 성장했던 특정한 맥락과 문화에 좀 더 주목해야 하는 건 아닐까요?

정치철학자 알래스데어 매킨타이어는 인간을 고립된 존재로 파악하고 한 사회의 문맥과 전통을 무시했던 (칸트 식의) '정의론'에 반대합니다. 그의 표현에 따른다면, 우리 인간은 '나는 무엇을 해야 하는가?'라는 물음에 대답하기 위하여 먼저 '나는 어떤 이야기의 일부인가?'에 답할 수 있어야 하는 존재입니다. 그 '이야기'는 우리의 정체성이 형성된 '공동체의 이야기'에 속한 것일 테고요. 매킨타이어는 이에 관해 『덕의 상실』에서 다음과 같이 상술합니다.

"우리 모두가 우리의 상황들을 하나의 특수한 사회적 정체성의 담지자로서 파악한다는 것이 중요하다. 나는 누군가의 아들 또는 딸이고, 누군가의 사촌 또는 삼촌이다. 나는 이 도시 또는 저 도시의 시민이며, 이 동업조합 또는 저 직업집단의 구성원이다. 나는 이 씨족에 속하고, 저 부족에 속하며, 이 민족에 속한다. 그렇기 때문에 나에게 좋은 것은 이러한 역할들을 담당하는 누구에게나 좋아야 한다. 이러한 역할의 담지자로서, 나는 나의 가족, 나의 도시, 나의 부족, 나의 민족으로부터 다양한 부채와 유산, 정당한 기대와 책무들을 물려받는다. 그것들은 나의 삶의 주어진 사실과 나의 도덕적 출발점을 구성한다. 이것은 나의 삶에 그 나름의 도덕적 특수성을 부분적으로 제공한다."

— 알래스데어 매킨타이어, 『덕의 상실』 (문예출판사)

우리는 어떤 특정한 문화권에서 태어나서, 그 고유한 문화를 바탕으로 자신을 돌봐 주는 여러 관계들에 둘러싸인 채 유년 시절을 보내곤 합니다. 자신과 비슷하게 태어나고 자라나는 벗들과 함께 성장의 시간들을 통과하며 소중한 추억을 쌓게 되고요. 내가 한국이라는 땅에 태어난 건 완전한 우연이었지만, 어쨌든 나는 이 땅에 뿌리를 박고 한 사람의 어른이 되어 갑니다.

좋든 싫든, 나는 한국인으로서의 특질을 내 안에 고스란히 간직하고 있습니다. 외면적으로는 말할 것도 없고, 내면적으로도 수천 년간 이 땅에 스며든 집단 무의식에 꽤나 강력한 영향을 받은 게 사실입니다. 나는 이 땅 위의 사람들과 좋은 점도 닮아 있고, 나쁜 점도 닮아 있습니다. 나는 그들의 장점과 단점을 내 몸에 흠뻑 머금고 있습니다. 적어도 유년기의 어느 순간까진.

말하자면, 나의 뿌리는 한국입니다. 동시에 나의 뿌리는 내가 태어난 한국 내에서도 특정한 권역이며, 권역 안의 도시이며, 도시 안의 마을입니다. 물론 나를 구성하는 뿌리가 어떤 지역이나 집단에 속해 있다고 해서, 나의 영혼과 나의 감성이 내가 속한 지역 및 집단의 구성원들과 전적으로 유사하단 것은 아닙니다. 한 개인으로서의 나는 집단과 공동체에서 본질적으로 자유로운 존재이며, 자유로워야 마땅합니다. 한 사람의 보편적인 인간으로서, 나는 오직 나 자신만의 독특한 개성을 추구해야 하는 고독한 존재입니다. 그게 먼저인 것은 맞습니다.

그렇지만 나는 내가 품은 개성의 독특한 색깔이 내 주위의 '나를 닮은 사람들'로부터 영향을 받게 된다는 것을 인정하지 않을 수 없습니다. 나의 뿌리는, 어떤 측면에선 나의 움직임을 일정하게 구속하고 나를 더 멀리 뛰어나가지 못하게 가둬 두는 나의 한계입니다. 답답하고, 결함도 많지요. 그래서 미울 때도 많습니다.

하지만 그 뿌리는 나를 저 땅 속 깊은 곳에서부터 단단하고 안정감 있게 지탱해 주는, 내 정신의 터전이기도 합니다. 나는 넓은 세계의 극히 일부분에 정박한 채 성장해 왔지만, 내 발 밑에 자리매김한 나의 구체적인 터전은 나를 더 특별하고도 풍성한 사람으로 만들어 줄 수 있습니다. 뿌리 깊은 나무는 쉽게 흔들리지 않으며, 더 높고 멀리까지 자신의 무성한 가지와 열매를 퍼뜨릴 수 있는 법이니까요.

나의 뿌리를 돌아보는 일은, 내가 더 아름다운 감성을 가다듬고, 내가 더 '나답게' 살아가는 일에 도움이 될 수 있습니다. 자신만의 뿌리가 아예 존재하지 않는 사람은, 요네하라 마리의 표현을 빌면, 아마도 '종이쪽처럼 얄팍해 보일 것'이 틀림없습니다. 저는 그렇게 생각합니다.

그들의 진실함과 '쿨함'이 있었기에

〈팔도강산〉은 방탄소년단 멤버 자신들의 고향과, 고향에 대한 자부심을 신명나게 털어놓는 곡입니다. 많은 팬 분들이 자신이 '최애'하는 리스트 중 하나라고 자신 있게 추천하는 노래이기도 하죠. 그만큼 이 그룹의 자유분방한 면모, '흥탄소년단'으로서의 솔직한 에너지가 여실히 전달되는 매력적인 곡입니다. 어깨춤이 들썩이는 노래입니다.

우리는 하나의 언어가 한 사람에게 미치는 강력한 영향력을 잘 알고 있습니다. 그리스어를 모국어로 쓰는 사람, 이집트어를 모국어로 쓰는 사람, 그리고 한국어를 모국어로 쓰는 사람은 각자의 언어적인 세계관을 통해 사유하고, 외부의 사물을 인식합니다. 그 방식과 색깔엔 분명한 차이가 있죠. 인간은 하나의 언어공동체 속에서 자라며 그의 모국어를 습득합니다. 즉, 모국어는 우리를 지탱하는 가장 강력한 '뿌리' 중 하나라고 말할 수 있습니다.

방탄소년단의 〈팔도강산〉은 그런 모국어 중에서도 '사투리'에 대해 이야기하고 있잖아요. 사투리는 모국어처럼 강력하게 특정 공동체를 구속하진 않습니다. 사투리는 하나의 모국어란 기반 위에서 각기 다른 지역적 기반을 풍성하고 다채롭게 드러내 주는 '고향의 언어'입니다.

저마다 독특한 억양을 지니면서 억세고 구수하면서도, 과연 서로의 차이를 매력적으로 드러내는 말이 사투리입니다. 그들 노랫말처럼 '문산부터 마라도까지', 말이 다 통하잖아요? 우린 하나로 이어져 있으면서도, 이렇듯 서로의 적절한 거리를 유지한 채 자신만의 뚜렷한 개성을 길러온 사람들입니다.

우리들은 〈팔도강산〉이 노래하듯 서로 다른 고향에서 자라왔다는 사실을 편안하게 인정하고, 자신이 자라온 공동체가 성취했던 가장 빛나는 전통을 자랑스러워 할 수 있습니다. 우린 자신이 태어나서 자라온 지역의 역사와 문화에 애착을 갖고, 동시에 타 지역의 여러 전통과 문화를 즐길 수 있는 사람들입니다. "가장 지역적인 것이 가장 세계적인 것이다."라는 로컬 운동의 표어처럼, '팔도강산' 방방곡곡엔 우리가 소중히 간직해야 할 아름다운 것들로 가득합니다.

저는 이 곡이 드러내는 "살짝 오글거리지만" 솔직하고 유쾌한 자기응시의 자세가 방탄소년단이 가진 최고의 미덕이라고 생각합니다. 뉴욕의 아시아 문화 전문 저널리스트 디바 벨레즈는 방탄소년단에 대하여 "BTS는 서양 시장에 진출하려는 노력 없이 자신들의 방식으로 경계를 넘어버린 그룹 (……) 그들의 진실함과 진정한 쿨함이 팬들과 연결 고리를 만들어냈다."(**김나랑 에디터, 보그코리아, 2018. 1. 26.**)고 쓴 바 있습니다. 바로 이 〈팔도강산〉이야말로 이런 분석과 잘 어울리는 곡이 아닐까요? 이 곡은 멤버 서로간의 차이를 자신들의 방식으로 풍성하게 인식하고, 그런 인식을 하나의 이야기로 완성한 작품이니까요.

살짝 오글거리지만 뭐 어떤가요? 사투리를 쓰는 일, 자신이 자라온 고향에 애정을 갖고 그것을 훈훈하게 자랑하는 일이 '쿨'하지 못하거나 촌스러운 게 아닙니다. 그런 자연스러운 애착의 감정이나 자신의 '있는 그대로의' 모습을 숨기려 들고, 그것을 하나의 이야기로 만들어내지 못하는 것이 촌스러운 일입니다. 굳이 외국에 진출하기 위하여 한국어와 한국 문화를 꽁꽁 숨기려드는 일이 오히려 더 촌스러운 일이죠. 많은 K-POP 전문가들이 입을 모으고 있지만, 이런 '쿨함'과 '촌스러움'의 경계 지점은 사실 어떤 그룹의 활동을 오랫동안 지켜보는 팬들 자신이 가장 민감하게 인식하고 있습니다.

"말 다 통하잖아? 문산부터 마라도"

물론, '지역'에 대한 이야기는 다분히 조심스러워야 하는 게 사실입니다. 불과 한 세대 전만 해도 우리 사회엔 출신 지역에 따른 차별과 편견이 심각했던 게 분명하니까요. 지금이라고 해서 완전히 사라지진 않은 것도 틀림없습니다.

때때로 한 사람의 '뿌리'를 지나치게 강조하는 시각은 보편적인 '인간'을 바라보는 눈을 가로막기도 합니다. 특히 우리 같은 단일민족의 국가에선, '가족'이나 '인맥', '출신 지역'과 같은 폐쇄적인 연대성이 비정상적으로 번져나가곤 했던 경험들도 무시할 수 없습니다. 나와 조금이라도 다른 존재를 배척하고 차별하는 순혈주의의 전통이 이 땅에도 역사적으로 굳건했습니다. 안타깝게도 아직까지 그런 분위기를 우리 사회 곳곳에서 쉽게 느낄 수 있죠.

그러나 방탄소년단과 그들의 팬들은 그저 이런 부끄러운 모습에 대하여 그저 "말 다 통하잖아? 문산부터 마라도."라고 한 마디만 해 주면 됩니다. 그리고 자신의 지역을 아끼고 사랑하는 만큼, 우리나라 다른 지역의 개성과 매력에도 활짝 열린 마음으로 찬탄할 수 있으면 됩니다.

우린 모두 보편적인 인간입니다. 또 우린 모두 한국인이죠. 우리는 팔도강산 곳곳에서 자기 지역의 아름다운 전통을 발견하고 노래할 수 있는 사람들입니다. 각자의 다양성을 인정하면서도, 함께 더욱 보편적인 것을 꿈꿔나갈 수 있는 사람들입니다.

칸트도 옳고, 요네하라 마리도 옳습니다. 우린 다르면서도 같은 사람들이고, 같으면서도 다른 사람들입니다. 그리고 우리는 '쿨한' 사람들입니다. 그들이 얼마 전 해외 시장을 공략하기 위하여 굳이 영어로 곡을 쓰진 않겠다고 말했을 때, 앞으로도 한국어를 기반에 둔 음악을 계속해나가겠다고 이야기했을 때, 우린 이 그룹에 대하여 자랑스러워할 만한 이유가 하나 더 늘게 된 셈입니다.

6. 교감
<Wanna Be (My Baby)>: 워너원

작사/작곡: 원택(I Take)
　　　　　탁(TAK)

Oh Oh Oh Wanna be my baby Wanna be my baby

이런 느낌 처음인 걸 혹시 이게 사랑일까
뭐든지 다 해주고 싶어 (네가 원하는 거 말이야)

마음 깊숙이 들어가서 남김없이 다 알고 싶어
너만 아는 콤플렉스까지도 Yeah (Yeah)

Uh널 내 마음속에 저장 이제 내가 보여줄 차례야
받은 게 많아서 줄 것도 많어 흐르던 땀만큼 추억도 많어

Wanna Wanna 내 옆에 있어줘
Come on Come on Welcome to the my world

한순간도 눈을 뗄 수 없게 해줄게 미리 약속할게 Hey!

이게 뭐야 두근거리는 감정이 느껴져 What!
Wanna be my baby Wanna be my baby
한순간도 쉴 틈 없이 너만 생각해 Yeah!
Wanna be my Wanna be my Wanna be my baby

말로 다 설명 못해 자꾸만 웃게 돼
이 감정 어디서 왔는지 (알수록 더 미소 짓게 돼)

이미 연결된 우리 사이 매일 새로운 나의 순간
꿈보다 더 꿈속인 것 같아 Baby 큐!

Oh 또 놀라고 또 놀라 매일매일 늘어가 느낌표 (First time)

처음으로 느껴지는 감정 주체할 수 없어 소리 질러 함성

Oh Yes! 이 느낌은 마치 끝판을 깨도 끝나지 않는 게임

난 멈출 수가 없어 준비가 됐다면 박수 쳐

이게 뭐야 두근거리는 감정이 느껴져 What!

Wanna be my baby Wanna be my baby

한순간도 쉴 틈 없이 너만 생각해 Yeah!

Wanna be my Wanna be my Wanna be my baby

Wanna be my baby Wanna be my baby

너에게 원하는 한 가지 이대로만 내 옆에 있어줘

내가 원하는 건 정말 단순하단 말야

진짜 바라는 건 하나뿐 이란 말야

그건 바로 너야! 너 너 너! 오직 너야 너야! 너 너 너!

이게 뭐야 두근거리는 감정이 느껴져 What!

Wanna be my baby Wanna be my baby

한순간도 쉴 틈 없이 너만 생각해 Yeah!

Wanna be my Wanna be my Wanna be my baby

(Wuh Oh Oh Woo Wuh Oh) Wanna be my baby

(Wuh Oh Oh Woo Wuh Oh) (Wuh Oh Oh Woo Wuh Oh Oh)

Wanna be my baby

Wanna be my baby

"어린 시절에 간직했던 아름답고 신성한 추억은 가장 훌륭한 교육이 될 겁니다. 인생에서 그런 추억을 많이 간직하게 되면 한평생 구원받게 됩니다.

그런 추억들 중에 단 하나만이라도 여러분의 마음속에 남게 된다면, 그 추억은 언젠가 여러분의 영혼을 구원하는 역할을 하게 될 겁니다."

— 도스토예프스키, 『까라마조프네 형제들』

6. 교감
\<Wanna Be (My Baby)\>: 워너원

저는 이 〈교감〉의 챕터를 쓰는 일을 미루고 또 미루었습니다. 왜냐하면 여기서 조금은 괴롭고 아픈 이야기를 해야 하기 때문입니다.

워너원의 〈Wanna Be (My Baby)〉는 참 멋진 곡이잖아요. 워너원 멤버들이 공식 팬덤인 워너블(Wannable)을 비롯한 자신들의 팬들에게 바치는 이 '팬송'은, 워너원의 노래들 중에서도 제가 가장 즐겨 듣고 있는 한 곡입니다. 워너원의 매력에 가장 깊숙이 빠지게 된 곡이라 개인적으로 의미도 깊고, 주위 사람들에게 추천도 많이 했던 노래였어요.

이 곡에선 워너원이 '워너원으로서' 첫 발을 내딛는 풋풋한 감정이 깔끔한 일렉트로 팝 장르에 실려 상큼하고 청량한 멜로디로 전달되고 있죠. 편곡도 세련되고, 콘서트 현장을 편집한 뮤직비디오도 따뜻하게 느껴집니다.

좀 더 나아간다면, 11명 멤버 각자에 대한 팬덤이 주축을 이루면서도 '하나의 팀'이란 정체성이 강조되는 그룹의 태생과 본질을 잘 응축한 노래라고 생각하고 있어요. 어찌 보면 〈Wanna Be (My Baby)〉의 퍼포먼스를 펼치는 멤버들이 가장 즐겁고 신나 보이는 것도 자연스런 일이고, 워너원의 팬들 또한 이 곡에 대한 무한한 애정을 품고 있는 게 당연한 일에 가까운 것 같습니다. 한 마디로, 우리들 모두가 반할 수밖에 없는 노래입니다.

저는 이 책의 서문에서 서태지와 아이들에 관한 이야기를 길게 했습니다. 이 그룹 최전성기의 결실이라고 할 수 있는 2집 앨범, 그리고 그 앨범의 수록곡 〈우리들만의 추억〉 역시 자신의 팬들에게 감사함을 고백하며 '함께함'의 의미를 되새기는 팬송에 가까웠습니다. 어찌 보면 국내 가요계 팬송 역사의 시초라고 부를 만한 노래이기도 하죠.

〈Wanna Be (My Baby)〉나 〈우리들만의 추억〉처럼 어느 뮤지션이나 아티스트의 소박한 진심이 담겨있는 곡들은, 제겐 마치 선물처럼 그 자체로 애틋하게 느껴집니다. 꼭 팬송의 형태가 아니더라도, 진솔하게 그들 자신의 이야길 풀어놓고, 이를 통해서 팬들이 절로 따스한 추억에 젖게 되는 곡들을 들을 때도 마찬가지에요. 예컨대 스웨덴의 전설적인 팝 그룹 아바(ABBA)의 〈Thank You For The Music〉, 김동률과 서동욱이 함께 했던 전람회 마지막 앨범의 〈우리〉, 그리고 빅뱅의 지난 앨범에 수록된 〈Last Dance〉 같은 곡들을 들을 때면 왠지 조금은 뭉클한 감정이 되곤 합니다.

한 아티스트가 소탈하고 또 솔직하게 그들의 마음을 표현하는 이런 노래들은, 넓은 의미에서 모두 자신의 팬들에게 들려주는 하나의 '메시지'입니다. 그들이 자신들의 시간과 자신들의 추억을 기리는 일은, 그들을 아끼고 사랑해 주는 팬들을 기리는 일과 다르지 않습니다. 그리고 도스토예프스키가 『까라마조프네 형제들』의 대단원을 마무리하며 남긴 글머리의 말처럼, 언젠가 그들과 우리들이 교감했던 시간, 그 특별한 추억은 우리 영혼을 구원할 수 있습니다. 티 없이 누군가를 좋아하고, 응원하고, 그와 희로애락을 함께했던 경험은 세상에서 가장 훌륭한 교육임이 틀림없습니다. 그런 추억들 중에 단 하나만이라도 우리들의 마음속에 남게 된다면.

누군가의 오랜 팬으로 살아간다는 것

저는 샤이니의 종현이 스스로 목숨을 끊었다는 소식을 접한 후 이 글을 쓰고 있습니다. 그리고 어느 누군가의 '팬'이 되는 일에 대하여 생각하고 또 생각하고 있습니다.

그의 팬 분들이 얼마나 숨이 멎을 듯 공허한 마음에 시달렸을지 생각하면 제 마음도 아파집니다. 저는 그를 그리 잘 알진 못했습니다. 평소에 라디오를 워낙 많이 듣는데요. 매일 자정에 그가 진행했던 라디오 프로그램에서 그의 목소릴 자주 접하면서, 참 진중하고, 자신만의 감성이 돋보이는 친구구나, 라고 생각했던 정도입니다. 그리고 저 안타까운 소식을 접한 후에야 뚜렷이 다가오는 것이지만, 그가 묵묵하게 자신의 삶을 버텨내고 있었다는 느낌도…….

전 종현에 대해서는 잘 모르지만, 여기서는 다만 저 자신도 오랫동안 누군가의 팬으로서 살아왔다는 이야기를 할 수 있을 뿐입니다. 그리고 이젠 제가 마음 깊숙이 좋아했고, 그의 노래를 수천수만 번은 따라서 불렀을 저의 '워너비'와 함께 저 또한 한 해 한 해 나이를 먹고 있다는 이야기를 할 수 있을 뿐입니다.

어느 누군가를 오래도록 좋아하다보니, '그'에 대한 제 감정은 마치 내 손바닥 위의 손금처럼 제 마음속 어딘가 자연스레 각인되어 있는 듯해요. 이제 저의 '팬심'은 과거 10대, 20대의 열렬했던 감정과는 조금 다릅니다. 그때보단 더 옅어진 게 사실이지만, 대신 '그'라는 사람에 대하여 훨씬 더 친근하고, 푸근하고, 편안해진 기분이 들어요. 내 영혼이 가장 빛나던 한때, 나의 많은 시간을 바쳤던 나의 가수, 나의 뮤즈와 소소하게 여생을 함께하는 느낌이랄까요? 말로 잘 표현하긴 힘들지만, 어릴 땐 정말로 저 멀리 우뚝하고 완벽했던 '영웅' 같던 그가 지금은 마치 오래된 삶의 선배이자, 따뜻한 이웃, 혹은 친구 같을 때도 있습니다.

그가 무사히 이 세월을 겪어나가고 있음에 감사하며……. 그의 뒤에서 걸어가는 내 삶 또한 큰 탈 없길 바라면서. '아, 당신도 그리 완벽하진 않았고, 또 울퉁불퉁 헤매는 사람이었지만, 그래서 내겐 더 애틋하고 인간적으로 느껴지는군요.' 가끔은 이런 생각도 하면서 말이죠. 한 번 '필'에 꽂히면 몇날 며칠을 주야장천 그의 음악을 돌려 듣다가도, 꽤나 오랫동안 잊어 버리고 하루하루를 살아가는 게 사실입니다. 그러다 가끔 그에게 좋은 소식이 들리면 못내 흐뭇해지고, 가끔 그가 비난을 받거나 실수를 저질렀을 땐 마음이 아프고……. 그러나 또 다시 그의 생활은(그리고 저의 생활도) 잔잔한 리듬을 찾게 됩니다. 그는 성실하게 자신만의 세계를 계속 구축해 나가고 있습니다. 이미 나이가 40이 넘었어도, 50이 넘었어도.

그럴 땐 그의 오랜 팬이라는 사실이 못내 기쁘고 뿌듯합니다. 서태지와 아이들과 핑클도 제가 학창시절을 보내던 그 즈음 저의 삶을 반짝이게 만들어 주었던 가수였지만, 무엇보다도 이승환과, 먼저 세상을 떠난 신해철이 제게는 가장 대표적인 '그'였던 것 같습니다.

한때 제가 그를 가장 좋아하던 시절의 그 사람보다, 현재의 제가 더 나이 들고 '늙은 사람'이 되어 있습니다. 이렇게 '나이 든 팬'이 느끼는 감정을 한 마디로 말한다면, 그는 지금 저의 '워너비'가 아니라는 거예요. 그가 더 이상 나의 우상이나 아이콘 같은 존재는 아니라는 사실을 저는 잘 알고 있습니다. 대신 저는 그 사람이 저와 전혀 다를 바가 없는 '한 사람'이라는 걸 알게 되었습니다. 그이는 저처럼 열심히 달리고, 팬들에게 더 나은 음악을 들려주기 위해 노력했던, 그저 자신에게 충실했던 한 사람이었습니다. 그는 이제 저와 함께 살아가는 오래된 벗과 같은 존재에 가까우며, 또 앞으로도 마찬가지일 거예요. 이 감정은 어떤 아쉬움이나 상실감 같은 게 전혀 아닙니다. 오히려 잔잔한 감동을 선사하는 따뜻한 축복처럼 느껴집니다.

종현이 자신의 팬들에게 시간의 힘이 평화롭게 배어든 이런 감정을 전해주지 못했던 점, 저는 그것이 너무도 안타까울 뿐입니다. 그의 아픈 선택은 종현 자신에게도 비극이었지만, 그의 팬분들에게도 삶의 일부가 떨어져나간 것과 같다는 것을 잘 알기 때문입니다.

　저 또한 신해철의 갑작스런 죽음을 듣고 얼마나 큰 상실감을 느꼈었는지요. 돌이켜 보면 아찔한 시간이었습니다. 저는 종현을 잘 알지 못하지만, 제 감정에 대입하여 이런 생각을 하면서, 그리고 제 주위에서 종현을 무척 좋아하던 몇몇 동생과 후배들이 토로하고 있는 충격을 접하며……. 그의 팬 분들의 마음에 젖어드는 기분이 되었습니다.

너의 빛나는 눈과 맑은 얼굴을 보면

　이렇듯 고인이 된 이에 관하여 책에 적는 일이 실례가 되는 것은 아닌지 못내 두렵고 죄송스러운 마음이 듭니다. 그럼에도 어느 누군가의 팬에 대하여 이야기하는 부분에선 이런 말들을 꼭 적어 두고 싶었습니다.

　종현의 팬 여러분께서도 힘을 내고 있으시리라 믿습니다. 행복은 너무나 멀리 있고, 삶은 고통의 연속이고, 연속이며, 또 연속이지만, 우리는 진심이 담긴 아름다움으로 많은 사람들에게 힘을 나눠주는 일, 그리고 '자신의 행복을 타인에게 덜어 주는 일'의 소중함을 알고 있습니다. 우리가 팬이 되었던 '그' 덕택에. 그리고 '그' 또한 팬 분들의 행복을 너무나 간절히 바라고 있는 것을 잘 알고 있기에.

　지금 제 책에서 주로 이야기하는 그룹이든 아니든, 어느 누군가를 좋아하는 팬 분들은……. 여러분의 '그 사람'이 팬들에게 보여주는 완벽한 퍼포먼스에, 그의 웃음에, 그의 에너지에 열광하는 동시에, 그의 마음속 어둠과 아픔, 그의 외로움, 누군가에게 의지하고 싶어 하는 절박한 신음소리까지 들어줄 수 있었으면 합니다. 한 사람이 밝은 에너지를 뿜어내기 위해선, 꼭 그만큼의 힘겨운 시간을 겪어내야 하는지도 몰라요. 우리들은 앞으로 그들의 명랑함과 쾌활함을 함께 누리는 만큼, 그가 무엇을 참고 있고, 견뎌내고 있는지도 열심히 들여다 볼 수 있었으면 합니다.

그들은 한 사람의 가수 이전에 한 사람의 인간이니까요. 우리 자신과 너무나도 다를 바가 없는. 그들 또한 우리만큼 깨지기 쉽고 여린 존재라는 것을 잊지 말았으면 합니다. 가끔 우리가 너무 완벽한 그의 모습을 기대했던 건 아닌지 되돌아보며, (그들이 우리에게 말해주듯) '당신은 그 자체로 아름답다'고 차분한 응원의 메시지도 건네면서요.

그들은 대중들의 '워너비'이지만, 언제나 단순한 '워너비'를 넘어서 있는 존재입니다. 그것을 알기 위해 때때로 우리에겐 긴 시간이 필요한 법이겠지만……. 우린 그저 『제인 에어』에서 지혜로운 헬렌이 제인 에어를 바라보며 건넸던 한 마디를 되새기면 어떨까 싶습니다. 헬렌의 이 한 마디 말이야말로 우리가 어느 누군가를 좋아하게 되는 근본적인 이유이며, 그가 우리 팬들에게 온 몸으로 전해 주는, 어떤 변하지 않는 메시지가 아닐까 싶습니다.

난 네 빛나는 눈이나 맑은 얼굴을 보면 네가 성실한 사람이란 걸 알 수 있어.

진심으로 종현, 고인의 명복을 다시 한 번 빌고 싶습니다. 그리고 그의 팬 분들의 아픔을 위로하고 싶습니다. 조금 더 먼저 누군가의 팬이었고, 누군가를 잃었던 한 사람으로서 말입니다. 내가 마음을 오랫동안 쏟았던 그와 함께 천천히 늙어가는 일이 얼마나 소중한지를 생각하며, 그렇지만, 결국 우리 모두가 한줌의 행복을 움켜쥐기 위하여 얼마나 분투해야 하는지를……. 다시금 아프게 되새기면서요.

샤이니의 노래는 그리 잘 알지 못하지만, 샤이니 미니 앨범 4집 〈Sherlock〉에 수록된 팬송 〈늘 그 자리에〉는 예전부터 종종 들었던 곡이었습니다. 종현이 직접 노랫말을 쓰기도 했었죠. 종현이 썼던 것처럼, '힘들어서 포기하고 싶을 때, 약한 맘에 도망치고 싶을 때…….' 우리는 '서로의 눈빛과 맑은 얼굴이 참으로 큰 힘이 될 수 있다는 사실'을 압니다. 왜냐면 '우리 사이엔 끈이 있고', 우리들의 이야기와 추억은 언제까지나 이어져 있을 걸 알기 때문입니다.

그런 확신이 너와 내가 나누는 교감의 시작입니다. 하나의 보이지 않는 끈으로 연결되어 있다는 확신. 어떤 가수의 팬으로서든, 내 일상을 함께 나누는 주위의 사람들에 대해서든 말이죠. 우리는 이처럼 좋은 음악과 좋은 음악인을 통해서, 자신을 다잡고 더 좋은 삶을 배워갈 수 있습니다. 아름다운 이야기는 아름다운 이야기를 낳고, 예술과 삶은 조화롭게 연결되며 서로를 넘나들 수 있습니다. 우리가 그 노랫말을 함께 나눈 기억을 잊지 않는다면.

그리고 워너원은, 이제 막 활동을 시작한 아이돌 그룹입니다. 그들이 자신의 첫 팬송에서 노래한 것처럼, 그들과 우리들 마음에서 오래도록 〈Wanna Be (My Baby)〉가 들리게 되길 바라봅니다. 누군가의 마음에 오랫동안 남는 사람이 된다는 것은 생각보다 더 힘겹고 버거운 일일 것이라는 것을, 그들도 우리들도 언젠가는 알게 될 거예요. 그렇지만 시간이 우리를 더 멋진 곳으로 데려다 줄 것이라고 믿습니다.

7. 관계
<거북이>: 트와이스

작사/작곡: 정호현(e.one)

처음엔 아무 느낌 없었는데
매일 티격 대면서 우리 싫지는 않았나 봐
가끔 빤히 나를 바라볼 때면
어색해질까 봐 괜히 딴청만 부렸어

네가 나를 좋아하는 거 다 알아 근데 그거 알아
너보다 내가 너를 좀 더 좋아하는 것 같아
I mean it 내 마음이 너보다 앞서가
Oh no Oh no Oh no 항상

늘 이렇게 곁에 내 옆에 있어 줄래
조금 느리면 뭐 어때 나 이렇게 기다릴게
풍선처럼 커지는 맘이 펑 펑 터지진 않을까
내 맘이 자꾸 막 그래 널 보면 막 그래

토끼와 거북이처럼

요즘 따라 자꾸만 더 멋져 보여
한 번씩 연락 없으면 괜스레 서운해져
혹시 내가 너무 앞서간 걸까
조급해지면 난 괜한 투정을 부려

네가 나를 좋아하는 거 다 알아 근데 그거 알아
너보다 내가 너를 좀 더
좋아하는 것 같아 I mean it 내 마음이
너보다 앞서가 Oh no Oh no Oh no 항상

늘 이렇게 곁에 내 옆에 있어 줄래
조금 느리면 뭐 어때 나 이렇게 기다릴게
풍선처럼 커지는 맘이 펑 펑 터지진 않을까

내 맘이 자꾸 막 그래 널 보면 막 그래

I'm in love with you
조금만 더 서둘러줘 우린 할 일이 많은데

늘 이렇게 곁에 내 옆에 있어 줄래
조금 느리면 뭐 어때 나 이렇게 기다릴게
풍선처럼 커지는 맘이 펑 펑 터지진 않을까
내 맘이 자꾸 막 그래 널 보면 막 그래

항상 내 마음이 앞서
토끼와 거북이처럼

"하지만 그때 이래로 나는 이른바 '세상이라는 건
어느 한 개인이다.'라는 철학 같은 것을 갖게 되었
습니다."

— 다자이 오사무, 『인간실격』 (시공사)

7. 관계
<거북이> : 트와이스

세상에는 얼마나 많은 관계들이 있을까요? 아니, 그전에 관계란 무엇일까요?

관계라는 두 글자는 일상적으로 널리 쓰이는 말이지만, 놀라울 만큼 광범위한 것들을 한 몸에 담고 있는 단어입니다. 관계는 마치 우주와도 같은 관념입니다. 따지고 보면, 관계라는 말에는 그 관계에 참여하는 우리들 각각의 인격적 빛깔과 무늬가 담겨 있고, 또 그 빛깔과 무늬가 타인의 그것과 얽혀가며 빚어지는 수만 갈래의 감정들이 함축되어 있으니까요. 실로 변화무쌍한 마음들이 이 단어의 무대 위에서 함께 춤을 추며 리듬과 장단을 맞추곤 하죠.

관계라는 말은 비유컨대 구약 성서의 창세기에 등장하는 '노아의 방주'와 비슷한 것 같습니다. 방주 신화에서, 신은 타락한 인간들을 벌하기 위하여 대홍수를 예고합니다. 그리곤 자신에게 순종하는 단 한 사람의 인간. 노아를 향해 모든 동물들과 공중의 새들을 암수 일곱 쌍씩 방주에 태우란 명을 내립니다. 노아의 방주는 그들을 태운 뒤 40일간의 홍수를 버텼습니다. 그때 방주 안은 잠시 땅 위의 온갖 동물들이 거처했던 '하나의 세계'와도 같았을 거예요. 수많은 생명들이 한 자리에 모이고 섞여있던 '멜팅 팟'이었겠지요. 관계라는 관념은 자신 안의 '텅 빈 공간'에 지극히 폭넓고 다채로운 것들을 품고 있다는 측면에서 거대한 방주와도 같습니다.

한 사람과 다른 한 사람이 만나고 어울리며, 비로소 하나의 관계가 성립됩니다. 우리가 흔히 누군가와 관계를 맺는다 함은 이처럼 그 사람과 생활과 감정을 밀접하게 공유하는 것을 일컫습니다. 물론 학교의 교사와 학생이 맺는 관계에서 보듯, 한 사람이 여러 사람들과 동시에 관계를 맺을 수도 있습니다. 한 나라의 국민과 이웃 나라의 국민처럼 여러 사람들과 여러 사람들이 관계를 맺고 있는 일도 가능합니다. 국민 대 국민과 같은 관계는 일대일의 직접적인 관계에 비한다면 아주 느슨한 관계에 속할 거예요. 그러나 서로 간의 특정한 역사적 맥락이 존재하고 상대에게 감정적으로 얽혀있는 한, 그 또한 넓은 의미의 관계라고 부를 수 있습니다.

사실 사람만이 관계의 대상이 되는 것도 아닙니다. 한 사람이 자신이 키우는 동물이나 식물과 정말이지 귀중한 관계를 맺을 수 있고, 또는 그가 특별히 사랑하는 사물이나 작품, 캐릭터나 장소 등등과도 얼마든지 가능합니다. 내 마음에 영향을 주고 내 기억에 오래도록 남아있을 수 있다면, 우린 그 무엇과도 관계를 형성할 수 있습니다. 어린왕자에게 진정한 관계의 의미를 알려준 장미꽃처럼, 나는 한 권의 책이나 한 편의 영화, 한 곡의 노래에 오래도록 애정을 품은 채 그것들과 관계를 맺곤 합니다. 컬링 국가대표의 '안경 선배', 김은정 선수가 독방에서 건담 프라모델을 조립하며 마음을 정화했던 에피소드처럼 말이죠. (건담이 없었다면……. 우리 국민들은 지난 올림픽의 컬링 신화를 누리지 못했을 가능성도 있습니다!)

세계 속에 펼쳐지는 관계의 색깔은 헤아릴 수 없을 만큼 다양하지만, 더욱 중요한 것은 그것이 매 순간 출렁이며 변화를 거듭한다는 사실입니다. 모든 관계는 변화를 거듭하기 때문에, 저는 스스럼없이 그것을 '우주적인 것'이라 부를 수 있습니다. 한 쌍의 친구, 또는 한 쌍의 연인이 나중엔 원수보다 못한 사이가 되기도 합니다. 어떤 관계는 시간이 지남에 따라 훨씬 더 돈독해지기도 하고, 또는 싸늘해지기도 하죠. '친구', '연인', '부부' 등등 두 사람의 관계는 매 순간 조금씩 깊어지거나, 혹은 조금씩 틀어지곤 합니다. 가끔은 극단적으로 (좋게든, 나쁘게든) 변하기도 하고요. 어쨌든 모든 관계는 철저하게 유동적이며, 물 흐르듯 굽이굽이 흘러갑니다. 관계는 그처럼 시시각각 변하며 우리들의 삶을 수놓습니다. 세상에 고정된 관계는 존재하지 않습니다. 그 어떤 사람의 성격도 고정되어 있지 않으니, 한 사람이 타인과 맺는 관계는 그 제곱의 수만큼 변화무쌍하겠지요.

그리고 너와 내가 맺은 그 유일무이한 관계 속엔, 어쩌면 정말로 '우주'라고 할 만한 것이 담겨 있을지도 모릅니다. 너와 눈을 맞추는 교감의 순간, 내가 이제껏 알지 못했던 무한한 세상, 신비로운 미지의 세계를 활짝 예감하게 되는 경우가 있습니다.

예컨대 아기가 태어난 직후 엄마와 아빠가 황홀한 경이에 차오르는 바로 그때처럼……. 이런 관계는 세상의 그 어떤 이념이나 도덕보다도 훨씬 강력한 에너지를 품고 있고, 그 어떤 삶보다도 더 질깁니다. 죽음은 하나의 생명을 끝장내지만, 너와 내가 격렬하게 남긴 관계의 흔적까지 무너뜨리진 못합니다.

한 사람이 누군가와 맺는 깊은 관계는 세상의 천 가지 헐거운 관계를 훌쩍 뛰어넘어 그 자신의 진정한 모습을 발견하게 만들 수 있습니다. 이런 관점은 『인간실격』의 주인공 오바 요조가 남긴 말처럼, '세상이란 하나의 개인과도 같다'는 철학과 연결됩니다. 세상은 우리 개개인과 뚝 떨어진 채 존재하는 어떤 추상적이고 눈에 보이지 않는 실체가 아닙니다. 세상은 너와 내가 만나서 이뤄가는 그 순간순간의 마주침과 대화, 교감과 어우러짐 자체입니다. 나는 오직 나와 구체적으로 살을 맞대고 눈을 마주친 누군가를 사랑할 수 있을 뿐이며, 그 구체성을 통해서만 이 세상의 뚜렷한 진면목을 알 수 있습니다. 이것이 '관계는 곧 세상이다'라는 말의 속뜻입니다.

오직 '너'에게 귀를 기울인다는 것

그리고 저는 트와이스의 〈거북이〉를 들으며 두 사람이 함께 이루어 가는 관계에 대하여 생각하게 됩니다. 사실 이 곡에 담긴 '토끼와 거북이'라는 모티브 자체는 그다지 특별할 게 없습니다. 우리에게 워낙 익숙한 우화이니까요. 이솝 우화가 들려주는 이 짧고 단순한 이야기에선 토끼와 거북이의 경주가 펼쳐집니다. 토끼는 한없이 느리기만 한 거북이를 깔보며 낮잠을 자고, 거북이는 그런 토끼를 지나쳐 결국 경주에서 승리하게 됩니다.

트와이스의 귀여운 소품과도 같은 이 곡은, 친구에서 사랑의 관계로 발전해 가는 두 사람의 마음을 토끼와 거북이로 표현하고 있습니다. 언제나 마음이 빠르게 앞서 달리는 나는 토끼 같은 사람이고, 내 맘과 달리 너무도 굼뜨게만 느껴지는 너는 거북이 같은 존재입니다. 그러나 둘은 서로를 이기기 위하여 경주를 하고 있진 않아요. 이 곡의 토끼는 느릿느릿한 거북이를 보며 마음이 조급해지지만, "좀 느리면 어때? 나 이렇게 기다릴게."라며 상대를 배려해 주는 토끼입니다. 토끼 같은 나의 마음은 늘 너를 앞서갑니다. 널 보면 막 풍선처럼 터지려고 하고요. 그럼에도 토끼는 거북이와 함께 있는 시간이 좋고, 그와 함께 미래를 기약하고 싶습니다. 그러니깐 그저 '우린 할 일이 많으니깐 조금만 더 서둘러 달라고, 앞으로도 내 곁에 머물러 달라고' 말할 수 있을 따름입니다.

토끼는 자기 마음이 더 간절한 것을 의식하면서도 거북이와 함께 보폭을 맞추기 위해 노력하고 있습니다. 아주 소박한 가사이지만, 두 사람의 관계맺음에 있어선 이런 태도만 갖출 수 있다면 그걸로 충분하지 않을까 싶습니다. 저는 〈거북이〉의 화자처럼 상대방과 함께 '보폭을 맞추려는 노력'이야말로 다른 이와 관계를 맺어가는 데 가장 중요한 일이라고 생각하고 있어요.

두 사람이 이뤄가는 관계의 색깔과 양상은 무궁무진하고 변화무쌍합니다. 세상 누구도 특정한 관계의 속도, 관계의 방법에 대하여 어떤 '불변의 정답'을 내놓을 수는 없습니다. 사람들의 성격과 그를 둘러싼 환경은 토끼와 거북이만큼 천차만별이며, 자기가 낼 수 있는 속도도 얼마든 변할 수 있으니까요.

그러므로 자신이 관계를 맺은 상대방과 보폭을 맞춰 나가는 태도가 중요할 뿐입니다. 내가 그와 계속 관계를 유지하고 싶다면, 나는 트와이스의 〈거북이〉에 등장하는 토끼처럼, 그의 보폭과 그의 속도에 나를 맞출 수만 있으면 됩니다. 그때 나는 세상의 그 어떤 권위 있는 목소리에도, 대다수 사람에게 통용되는 지식과 지혜에도 귀를 기울일 필요가 없습니다. 나는 단지 그에게만 주의를 집중하면 됩니다. 오로지 그에게만.

모든 관계는 언제나 상대적이고, 이런 상대성이 관계의 본질입니다. 두 사람의 관계에 관한 한, 거기에는 어떤 절대적인 기준, 절대적인 진리는 존재할 틈이 없습니다. 이 점에 관해선 그야말로 '케이스 바이 케이스'란 표현이 잘 들어맞는 것 같습니다. 다시 말하지만, 너와 더 좋은 관계를 맺고자 마음먹은 내가 꿋꿋이 주목해야 할 것은 나만의 노하우나 세상의 상식이 아닙니다. 나는 더 이상 내 마음의 소리에 집중하는 일을 그만두어야 합니다. 나는 네 마음의 소리에 집중하고, 둘 사이의 마음이 떨어진 거리, 그리고 둘의 보폭과 속도에만 집중해야 합니다. 두 사람 곁에서 순간순간 출렁이는 상황과 맥락을 가만히 들여다보면서 말예요.

토끼는 물론 거북이보다 본능적으로 훨씬 더 빠른 존재입니다. 그런 동물이 자신의 본능을 억누른 채 자신을 거북이에게 맞춘다는 것은 생각만큼 쉽지 않은 일입니다. 앞서 사랑이란 '다리

절기'와도 같다고 표현했던 알랭 바디우의 말이 기억나시나요? 인간이란 언제나 자기 위주로 자유롭게 걷는 존재이기에, 상대방과 속도를 맞추는 일은 피곤하고 힘이 들기 마련입니다. 학교 운동회에서 자주 했던 이인삼각(二人三脚) 경기처럼 말이죠. 그러나 그와 함께하는 시간이 소중하다면, 나는 그에게 내 신경을 집중하며 그와 거리를 맞추어야 합니다. 피로워도 어쩔 수 없는 노릇입니다.

지금은 내가 토끼이고, 네가 거북이지만

토끼와 거북이만큼은 아니더라도, 어차피 인간과 인간 사이의 대칭적인 관계, '평등한 입장'과 '마음의 동일한 속도' 같은 것은 환상에 불과합니다. 상대가 내 마음대로 빨리, 혹은 느리게 움직여 주기를 바라는 건 한 사람으로서의 자연스러운 욕심이지만, 타인과 나는 언제나 비대칭적이고 불균등한 존재로 남아 있을 뿐입니다. 그래서 두 사람의 관계를 미세하게 들여다보면, 거기엔 항상 치열한 지위 싸움과 주도권 다툼의 과정이 엿보입니다. 누군가 좀 더 희생하고, 누군가는 다소 무심하게 그 희생의 과실을 누리고 있죠. 관계는 언제나 비대칭적이며, 관계 맺은 두 사람은 필연코 강자와 약자로 나눠지기 마련입니다.

그렇지만 관계의 진짜 묘미는 여기서부터 시작됩니다. 관계를 맺는 일은 나의 본능을 꾹꾹 억누른 채 그저 상대를 향해서만 내 촉각을 곤두세우는 일이 아니며, 상대를 이기기 위한 경주나

줄다리기 같은 것만도 아닙니다. 모든 관계엔 물론 '토끼와 거북이', 혹은 강자와 약자가 존재합니다. 그렇지만 오랫동안 평화로이 유지되는 관계는, 서로의 주도권 다툼이 그 자체로 하나의 긍정적인 에너지로 변하여 두 사람 사이를 풍요롭게 흘러넘치는 관계입니다. 나는 어떤 의무감으로 그와 관계를 맺는 것이 아닙니다. 나는 그의 보폭에 차분히 주의를 기울이면서, 리듬감 있고 탄력적으로 그와 함께하는 시간을 즐길 수 있으면 됩니다. 그저 상대에게 조금 더 맞춘다는 생각으로, 그에 대한 배려를 잊지 않는 따뜻한 마음을 갖고 말이죠.

나는 외롭게 홀로 남겨진 대신, 그이의 곁에 머무르는 선택을 내렸습니다. 그 선택을 통해 내가 더 성장하거나 즐거워질 수 있다는 걸 알기 때문이죠. 관계의 시작은 이 지점입니다. 그리고 그런 선택을 내린 이상, 너와 내가 가까운 곳에서 서로 에너지를 주고받는 것만으로도 우리의 몸과 마음은 서로를 산뜻하게 받아들일 태세를 취하곤 합니다. 이때 두 사람은 그저 서로를 바라보고 친밀하게 반응하며, 서로에게 자기 마음을 솔직하게 표현할 수 있으면 그만이에요. 너와 내가 서로에게 호의가 있다면, 그 친밀감은 작은 일상 속에서 서로 주도권을 쥐려는 역동적인 상호작용의 흐름을 타고 나날이 상승할 수 있습니다. 그런 과정을 거치며 너와 나의 사이엔 둘만의 공동의 리듬이 생기고, 서로의 몸짓과 신호를 알아볼 수 있는 익숙한 교감의 방식이 형성됩니다.

멀리 떨어져 있으면 안 돼요. 너와 나는 보폭을 맞추면서, 계속 작고 사소한 친밀함을 쌓아가야 합니다. 리듬은 리듬을 낳고, 이야기는 이야기를 낳습니다. 서로 친밀한 관계일수록 '쿵짝'이 잘 맞고, 심지어는 표정과 얼굴마저 닮아가게 되죠. 때때로 내 앞의 상대방과 다투며 그 상대가 밉살스럽게 보이더라도, 그이와 나의 관계는 내가 멀찌감치 앞서 달려 나가서 결승선을 끊는 일이 아닙니다. 이것은 '토끼와 거북이' 우화의 훌륭한 전복입니다. 우리 모두 토끼처럼 자기 마음을 앞세우는 사람들인데, 내가 거북이의 느림을 참지 못하겠다 싶으면 그에게 안녕, 작별을 고하고 다시 달리기를 계속하면 됩니다. 대신 관계를 맺겠다면, 자기 속도를 상대에게 맞춰야 합니다. 다시 그의 곁으로 돌아가 그와 '둘만의 리듬'을 쌓아나가야 하는 거죠.

어떤 맥락에서는, 자기 스스로에게 자신감과 확신이 있는 사람이 좀 더 편안하게 상대방의 속도와 리듬에 자신을 맞출 수 있습니다. 그런 이는 타인을 향해 자신의 보폭을 고집스레 강요하지 않고, 세상 사람들의 다양한 보폭에 자기 리듬을 맞출 수 있어요. 자신의 내면이 강인한 사람일수록 오히려 타인에게 더 관용적이고 포용적인 경우가 많습니다. 프랑스의 사회학자 미셸 마페졸리는 한 사람의 독단주의에 대하여 '힘보다는 연약함의 표시'라고 말했던 바 있어요. 그의 말처럼 자신의 철옹성 속에 고립된 개인은, 어쩌면 우월한 존재가 아니라 나약한 존재에 더 가까울지도 몰라요. 그런 면에서 〈거북이〉의 화자는 과연 어른스럽고 강한 사람입니다.

그리고 가장 중요한 것! 그와 나의 관계에서, 우리는 언제든 토끼에서 거북으로, 거북이에서 토끼로 변할 수 있습니다. 지금은 내가 토끼이고 그가 거북이지만 그 관계는 언제든 역전될 수 있습니다. 그 역전의 순간은 둘 사이에 소리 소문 없이 찾아오니다. 이것이야말로 관계라는 개념이 품고 있는 가장 매력적인 함의가 아닐까 생각합니다.

원칙과 진리보다 더 중요한 게 있다면

이 세계는 지극히 다양한 사람들이 맺고 있는 지극히 다양한 관계들로 변화무쌍하게 꿈틀거립니다. 모든 관계는 상대적이며, 거기에 어떤 명쾌한 해법은 존재하지 않습니다. 그래서 관계의 지혜로움이란, 매번 다른 환경 속에서 섬세하고 융통성 있게 발휘되는 지혜로움에 가까울 거예요.

다자이 오사무의 『인간실격』은 타락한 세상에 질려버린 한 인간의 단말마를 그리고 있습니다. 이 작품은 다자이 자신의 절망이 배어있는 어둡고 우울한 자기학대의 기록입니다. 그렇지만 오바 요조가 쓸쓸하게 털어놓은 '세상은 한 사람의 개인이라는 철학'은 여전히 유효합니다. 우리들이 자신과 관계를 맺고 있는 한 사람 한 사람의 삶의 맥락을 모두 생략시킨 후 세계의 보편타당한 도덕과 윤리를 논하는 게 맞는 일일까요? 개개인의 그 다양한 처지와 성격을 외면한 채 어떤 상황에서든 적용될 수 있는 만고불변의 진리나 원칙을 좇는 게 옳은 걸까요?

저는 이런 질문에 대하여 '그렇다'고 말할 수가 없습니다. 가장 중요한 것은 원칙 이전에, 나와 관계를 맺고 있는 구체적인 타인일지도 모르겠단 생각을 자주 하곤 해요. 보편타당한 윤리적 원칙이 중요하지 않다는 게 아닙니다. 그 원칙이 나를 둘러싼 개별적인 관계를 고려하지 않은 독단으로 변질되기 쉽다는 사실에 주목할 뿐이에요. 철학자 리처드 커니는 이런 맥락에서 "윤리는 우리가 어떻게 타인을 대하는가의 문제이지, 폐쇄적이고 관계를 고려하지 않는 '위치'를 지정하는 행위가 아니다."라고 말하기도 했어요.

철학자 존 D. 카푸토는 좀 더 나아가 "원칙은 구체적 상황이 지니는 특이성의 흐릿한 복제일 뿐이며, 원칙은 구체적인 책임에 대한 요구 속에서 사라지고 만다."고 말했습니다. 카푸토에게 중요하게 여겨지는 실제 삶 속의 원칙의 의미는 다음과 같습니다. "윤리적 삶의 다양한 환경을 지배하는 통찰, 혜안, 능숙한 기술, 민첩한 몸놀림, 진실한 사랑을 얻을 수 있게끔 만드는 것." 그가 지적하는 것처럼, 두 사람의 관계를 둘러싼 환경과 맥락은 너무나 다양하고 예측할 수 없으며, 체계적으로 정리하기에는 너무나 변화무쌍하고 새로운 모습을 지니고 있습니다. 그러니 매 순간 깨어 있는 마음으로, 주위의 사람들과 매 순간 맞이하는 역동적인 변화에 능숙하고 민첩하게 대처하는 것이야말로 우리 삶의 진짜 '원칙'에 더 가까울지도 모르겠습니다.

내 앞의 한 사람을 주의 깊게 바라보고, 그의 마음을 명민하게 이해하고, 한 사람에게 따뜻한 신뢰와 사랑을 얻는 일은 언제나 어렵습니다. 우리는 머릿속으로 '인류 전체'를 사랑하는 것보다, 나와 일상을 공유한 '한 사람'을 삶 속에서 사랑하는 일이 백배 천 배는 더 힘들다는 것을 잘 알고 있습니다. 그리고 〈거북이〉의 화자가 몇 년이 지난 후에도 현재의 마음을 유지할 수 있다면……. 저는 그이의 인생론 수업을 꼭 들어 보고 싶을 거예요.

8. 성(性)
<I NEED U>: 방탄소년단

작사/작곡: Pdogg
Rap Monster
SUGA
j-hope
"hitman" bang
Brother Su

Fall Fall Fall 흩어지네
Fall Fall Fall 떨어지네

너 땜에 나 이렇게 망가져
그만 할래 이제 너 안 가져
못 하겠어 뭣 같아서
제발 핑계 같은 건 삼가 줘

니가 나한테 이럼 안 돼
니가 한 모든 말은 안대
진실을 가리고 날 찢어
날 찢어 나 미쳐 다 싫어
전부 가져가 난 니가 그냥 미워

But you're my everything (You're my)
Everything (You're my)
Everything (You're my)
제발 좀 꺼져 huh

미안해 (I hate u)
사랑해 (I hate u)
용서해

I need you girl
왜 혼자 사랑하고 혼자서만 이별해
I need you girl
왜 다칠 걸 알면서 자꾸 니가 필요해

I need you girl 넌 아름다워
I need you girl 너무 차가워

I need you girl (I need you girl)

I need you girl (I need you girl)

It goes round & round 나 왜 자꾸 돌아오지

I go down & down 이쯤 되면 내가 바보지

나 무슨 짓을 해봐도 어쩔 수가 없다고

분명 내 심장, 내 마음, 내 가슴인데 왜 말을 안 듣냐고

또 혼잣말하네 (또 혼잣말하네)

또 혼잣말하네 (또 혼잣말하네)

넌 아무 말 안 해 아 제발 내가 잘할게

하늘은 또 파랗게 (하늘은 또 파랗게)

하늘이 파래서 햇살이 빛나서

내 눈물이 더 잘 보이나 봐

왜 나는 너인지 왜 하필 너인지

왜 너를 떠날 수가 없는지

I need you girl

왜 혼자 사랑하고 혼자서만 이별해

I need you girl

왜 다칠 걸 알면서 자꾸 니가 필요해

I need you girl 넌 아름다워

I need you girl 너무 차가워

I need you girl (I need you girl)

I need you girl (I need you girl)

Girl 차라리 차라리 헤어지자고 해줘

Girl 사랑이 사랑이 아니었다고 해줘

내겐 그럴 용기가 없어

내게 마지막 선물을 줘

더는 돌아갈 수 없도록

I need you girl

왜 혼자 사랑하고 혼자서만 이별해

I need you girl

왜 다칠 걸 알면서 자꾸 니가 필요해

I need you girl 넌 아름다워

I need you girl 너무 차가워

I need you girl (I need you girl)

I need you girl (I need you girl)

8. 성(性)

<I NEED U>: 방탄소년단

한 사람의 육체와 다른 한 사람의 육체가 가장 내밀하게 합체되는 일, 바로 섹스입니다. 인류 궁극의 관심사인 섹스, 그 성적인 격렬함은 우리를 늘 달뜨고 설레게 만듭니다. 무섭도록 뜨겁게 만들곤 하죠.

그 달콤한 힘 앞에서 우리는 무력하게 두 손을 들고, 때로는 내 앞의 한 사람을 완전히 신뢰하게 되거나, 때로는 스스로를 갉아먹고 파괴하기도 합니다. 섹스는 우리를 해방시키고, 구속하고, 중독되게 하고, 애달프게 합니다. 굳이 무슨 말이 필요할까요. 섹스는 섹스입니다.

앞서 워너원의 노래와 〈에로스〉의 챕터에서 자세히 살펴봤지만, 인간의 성적인 욕망에는 그 자체로 평화로운 순결성이 담겨 있습니다. 에로스는 누군가와의 따뜻한 접촉과 결합을 추구하는 인간의 자연스러운 에너지니까요.

그렇지만 그런 에너지가 이 땅의 현실에서 얼마나 쉽사리 추악하게 파괴되며, 극단적인 폭력으로 변질되는지를 우린 너무도 생생하게 목격하고 있습니다. 정말이지 성 범죄는 세계의 도처에 만연해 있습니다. 하나의 성이 다른 성을, 한 사람이 다른 사람을 성적으로 학대하는 일은 우리를 절망케 하고, 에로스에 대한 순수한 예찬마저 주저하게 합니다.

그러나 이 모든 기괴한 풍경은 진정한 성(性), 진정한 에로스의 함의와는 아무런 관계도 없습니다. 성폭력과 성범죄는 지극히 자기중심적인 욕망의 배출이자, 타인에 대한 전면적인 착취일 뿐입니다. 성은 '타자의 존재'를 가장 순수한 형태로 드러내는 상징이며, 오직 그럴 수 있을 때에만 아름답기 때문입니다. 인간의 성적 에너지는 내 앞에 존재하는 한 사람의 자유를 짓밟고 깔아뭉개는 것이 아닙니다. 그 에너지는 상대가 나와 '전적으로 다른 존재'라는 것을 인정하면서 그 사람과 하나의 세계를 만들어 가는 과정입니다.

철학자 엠마누엘 레비나스에 따르면, 육체의 사랑이 그토록 감동스러운 까닭은 "그 사실 자체로 타자성을 마비시키기는커녕 오히려 타자성을 보존하기 때문"입니다. 에로스의 영역 안에 깃든 내가 너의 살결을 만지는 순간, 너는 나에게 굴복하거나 나의 소유물이 되는 것이 아니라, 나와 함께 저 신비로운 차원으로 진입하게 됩니다. 그때 우리는 지극히 가까우면서도 멀리 떨어진 서로의 거리를 인식하면서, 하나의 세계 안에 평화로이 결합되는 체험을 할 수 있습니다.

"타인의 타자성을 신비로서, 그리고 이 신비를 수줍음으로 정의

할 때 나는 나의 자유와 동일한 자유로서, 그리고 나의 자유에 대항할 수 있는 자유로서 타인을 내세우지 않는다. 나는 타인을 나와 맞서 있는 존재로 내세우지 않는다. 그러므로 우리는 이 타자성을 절대적으로 근원적인 관계인 에로스에서 찾았다."

— 엠마누엘 레비나스, 『시간과 타자』(문예출판사)

내가 너와 사랑에 빠졌을 때, 나는 필연적으로 너의 존재가 얼마간은 미지(未知)의 영역에 남아 있음을, 너의 존재가 내 두 손에 완전히 닿을 수는 없다는 것을 애타게 인식하게 됩니다. 에로스의 신비는 그 '닿을 수 없음'을, 즉 두 사람의 절대적인 타자성을 생명으로 합니다. 반대로 성적 폭력에는 그 어떤 거리도, 깊이도 배어있지 않습니다. 그러한 폭력의 논리는 '네가 거부하더라도 나는 너를 가지겠다.', '너의 의지와는 상관없이 네가 어떤 존재인지를 속속들이 들여다보고야 말겠다.'는 일방적이고 자폐적인 성격을 갖습니다.

이런 욕망 앞에서 너라는 존재, 너의 자유와, 너의 타자성은 철저하게 박탈됩니다. 그런 폭력은 한 사람의 자존감과 정체성의 가장 깊숙한 곳을 유린합니다. 이때 그의 에로스적인 에너지는 상처를 입고 훼손되며, 자기 자신의 가장 소중한 것을 지키지 못했다는 무력감과 모욕감에 빠진 채 절망하게 되죠. 그 상처의 깊이는 끝이 없습니다. 그리고 2018년을 맞이한 우리 사회에선, 그 억눌렸던 상처들이 활화산처럼 무섭게 터져 나오고 있습니다.

저는 진실한 성적 욕망은 외로움과 슬픔, 그리고 수줍음을 안고 있다고 생각합니다. 그래서 방탄소년단의 어떤 사랑 노래보다도, 아름다운 뮤직비디오의 〈I NEED U〉를 듣는 일을 참 좋아합니다. 에로스의 참된 목소리는, 어쩌면 "네가 필요해."라는 그 한 마디와 유사하지 않을까란 생각도 들곤 해요. 에로스는 네가 내게서 멀리 있음을 알고 있으며, 그럼에도 불구하고 부드럽고 애타게 너를 찾는 목소리입니다. 바로 그런 외로운 고백만이, 인간의 성이 품은 순결함과 아름다움을 이끌어낼 수 있습니다.

그런 고독감은 "혼자 사랑하고 혼자서만 이별"하는 괴로움을 겪어 낸 사람만이 누릴 수 있는 감정이며, 동시에 "왜 다칠 걸 알면서 자꾸 네가 필요해."라고 말하게 되는 아픈 감정입니다.

성은 '내가 모르는' 타자를 만나는 일이므로

방탄소년단도 성과 섹스의 측면에 관해서는 할 말이 많은 그룹입니다. 그들은 이제 갓 스물 내외의 건강한 청년들입니다. 자신들 안에 뜨거운 성적 에너지가 얼마나 들끓겠어요. 그들은 수많은 곡들에서 끊임없이 여성을 향한 '날것'의 연정을 노래했습니다. 사실 방탄소년단의 멤버들이 여성을 폭력적으로 제압하려 했다거나, 여성의 에로스에 상처를 입히려 했을 리는 만무합니다. 그들은 그저 그들의 방식으로 자신 안의 에로스를 찬양했고, 여성이라는 존재가 자신들에게 얼마나 고귀하며 소중한지를 노래했을 뿐입니다. 남자로서 '솔직한 욕망'을 하나의 노랫말로 표현하면서요.

그렇지만, 위에서 말한 레비나스의 철학적인 시선에 따른다면 그들의 몇몇 노래들은 분명 문제의 소지가 있었을 거예요. 예컨대 〈호르몬 전쟁〉, 〈If I Ruled The World〉, 〈상남자〉 등등의 노랫말에서 논란이 되었던 표현들을 이런 맥락에서 살펴볼 수 있습니다. 순수하다면 순수했을 그들의 의도와는 다르게, 자신이 생각하는 여성의 모습과 가치를 드높이며 예찬하는 태도는, 이 세상을 살아가는 구체적인 한 여자의 자유, 그녀의 절대적인 타자성을 배려해 주진 못했던 게 사실입니다. 그것은 여성, 혹은 여성성이라는 미명 하에 상대의 정체성을 차갑게 박제해 두고, 남성의 욕망을 일방적으로 형상화하는 일에 가까웠을 것입니다.

나아가 방탄소년단 멤버들이 자신들의 공식 계정을 통해서든, 멤버들 각각의 계정을 통해서든 SNS상에서 여성들을 '대상화'하는 발언들을 꾸준히 해 왔던 것도 사실이잖아요. 그들을 아끼는 수많은 팬들이 여성이라는 것을 고려한다면 더욱 안타까운 일이었습니다.

어떤 면에선, 이처럼 멤버 자신들이(그리고 많은 한국 남성들이) 이상적으로 재단해 놓은 '순수한 여성'이란 여성상은, 곧바로 이 땅에 살고 있는 '진짜 여성'들을 '대상화'하고 혐오하는 비탈길로 연결되어 버립니다. '내게 여성이란 참으로 순수하고 아름다운 존재인데……'와 같은 생각은 쉽사리 '그런데 요즘 여자들은 말이지……'의 단계로 이어지고, 그런 논리 구조엔 (레비나스적 의미에서) 여성의 '타자성'이 들어설 거리감과 깊이감이 존재하지 않습니다. 여기에 관해선 문학평론가 황현산이 쓴 다음과 같은 한 대목이 더할 나위 없이 명쾌하게 느껴지곤 합니다. "여전히 바뀌지 않은 남성중심 사회에서 우리가 어머니에게, 아내에게, 직장의 여성 동료에게, 길거리에서 만나는 여성에게, 심지어는 만나지도 못할 여자들에게 특별히 기대하는 '여자다움'이 사실상 모두 '여성혐오'에 해당한다."(**한겨레**, '**황현산 칼럼**', 「'**여성혐오**'라는 말의 번역론」, 2016. 9. 8.)

결국 2016년 7월 방탄소년단은 공식적으로 이에 대해 사과했습니다. 소속사 측은 "자체 검토와 논의를 통해 음악 창작 활동은 개인의 성장 과정과 경험, 그리고 사회에서 보고 배운 것의 영향을 받을 수 있는 것이기 때문에 어떠한 사회의 편견이나 오류에서도 자유롭지 못하다는 것을 배우게 됐다."면서 "사회에서의 여성의 역할이나 가치를 남성적인 관점에서 정의 내리는 것도 바람직하지 못할 수 있음을 알게 됐다."고 밝혔습니다. 방탄소년단 팬의 한 사람으로서는, 퍽 다행스러운 일이라고 느꼈습니다. 멤버들 또한 이후 수많은 자리에서 이 문제에 관하여 진중하게 성찰하는 모습을 보여주고 있는 게 사실입니다.

요컨대, 성적인 교감은 내가 다 알지 못하는 상대의 모습을 인정하는 일에서 출발해야 한다고 믿습니다. 인간의 에로스적인 연결은 자신의 욕망을 상대에게 투영하는 관계가 아닙니다. 그러므로 인간의 성에 관한 모든 묘사는, 내가 다른 성에 대하여 모든 것을 안다거나 무조건적으로 욕망한다는 식의 자극적인 이야기가 되어선 안 됩니다. 모든 것을 내려놓은 남녀 간의 사랑, 나와 다른 성의 타인과 나누는 진정한 애정은, 나 혼자만의 대본으로 연극을 상연하는 일은 아니니까요. 배우는 언제나 두 사람이며, 그들 앞에 정해진 이야기는 아무것도 없습니다. 오직 두 사람이 상대에게 고요히 집중하며, 서로가 서로를 필요로 한다는 사실만이 중요할 뿐이죠. 조르주 심농의 추리 소설, 매그레반장 시리즈의 『리버티 바』에서 매그레와 그의 아내가 나누는다음과 같은 대화 한 토막처럼.

"내가 만든 크림 대구 요리 맘에 들어요?"
"얼마나 맘에 드는지 당신은 상상도 못할걸."
"그래, 이번 사건은 어떤 이야기였수?"
"어떤 사랑 이야기! 여기에 '이야기'가 있어서는 안 된다는 말을 듣긴 했지만……."

— 조르주 심농, 『리버티 바』(열린책들)

<I NEED U>가 아름다운 이유

과연 '혐오'의 시절입니다. 몇 년 전부터 온라인을 중심으로 거세져 왔던 여혐/남혐 논란은 그 절정을 찍은 느낌입니다. 숱한 남성 유명인사들이 뒤늦게 폭로된 과거의 성폭력과 성추행 이력으로 한 순간에 추락했습니다. 출판업계에서도 수많은 이론서들과 분석서들이 출간되어 이런 현상을 조망했는데요. 저는 이에 대하여 1928년 출간된 영국 작가 D. H. 로렌스의 『채털리 부인의 연인』보다 더 시사적인 책은 없다고 생각합니다.

1928년 이탈리아에서 출판된 이 책은 당시로선 파격적인 성애 묘사로 모국 영국에선 1960년까지 금서로 낙인 찍혔습니다.

영국 정부는 이 책을 출간하려는 펭귄 출판사를 음란출판물법 위반 혐의로 기소했고, 1960년 10월 27일부터 그 유명한 '채털리 재판'이 벌어집니다. 이 재판에는 E. M. 포스터와 리처드 호가트 등 당대의 문인들이 참석해 『채털리 부인의 연인』의 문학성을 변호했다고 합니다. 마침내 1960년 11월 2일, 영국 법원은 펭귄 사의 손을 들어주지요.

그러나 『채털리 부인의 연인』은 단순히 남녀의 에로틱한 성애를 묘사하는 책이 아니라, 성(性)이 가진 휴머니즘적인 성격을 강렬하게 묘사한 고전이라고 볼 수 있습니다. 제1차 세계 대전의 광기와 참상에 더하여 비인간적으로 고도화되고 있던 20세기 초반 산업 사회의 폐허 속에서, 로렌스는 남자와 여자에 관해, 섹스에 관하여 송곳처럼 날카로운 통찰을 거듭합니다. 태양처럼 찬란한 인간의 육신과 성애의 아름다움을 외면하고, 기계적이고 우스꽝스러운, 공허한 말들, 이념과 수사학 따위로 연명하고 있던 당시 영국 사회를, 로렌스는 아래와 같은 말들로 비판합니다.

"그렇소! 그건 바로 부드러운 애정이오. 그건 정말로 진정한 교합에 대한 깨달음이오. 섹스란 사실 접촉, 모든 접촉 중에서 가장 밀접한 접촉에 불과하오. 그리고 우리가 두려워하는 건 접촉이오. 우리는 그저 절반만 의식이 있고 절반만 살아 있을 뿐이오. 우리는 다시 온전하게 살아서 깨어 있는 존재가 되어야 하오. 특히 우리 영국인들은 조금 부드럽게 서로 접촉을 시작해야 할 필요가 있소. 그것이야말로 우리에게 절실하게 필요한 거요."

— D. H. 로렌스, 『채털리 부인의 연인』 (열린책들)

로렌스의 묘사처럼, 진정한 성애는 상품이 될 수 없고, 되어서도 안 됩니다. 성(性)은 대중적인 화젯거리 이전에, 가장 내밀한 인간적 교감의 수단입니다. 오직 이 교감을 믿을 때, 우리는 혐오를 뛰어넘을 수 있을 것이라고 믿습니다. 다시 레비나스의 말을 빌린다면, 자신의 평화로운 에로스에 충실한 사랑은 '아무런 이유가 없이 존재하고. 우리를 엄습하고 우리에게 상처를 주지만, 그 가운데서도 자아는 보존되는' 깊고, 멀고, 또 신비로운 지평이기 때문이죠.

그것이 방탄소년단의 〈I NEED U〉가 아름다운 이유이고, 방탄소년단의 몇몇 노래 가사들이 정당한 비판을 받았던 이유라고 생각합니다. 앞으로 그들의 성숙한 사랑과 성애의 노래를 더 들을 수 있음을 믿어 의심치 않습니다.

9. 기호
<Signal>: 트와이스

작사: J. Y. PARK "The Asiansoul"
작곡: J. Y. PARK
     KAIROS

Trying to let you know Sign을 보내 Signal 보내
I must let you know Sign을 보내 Signal 보내

Sign을 보내 Signal 보내 Sign을 보내 Signal 보내
Sign을 보내 Signal 보내 I must let you know

Sign을 보내 Signal 보내 근데 전혀 안 통해
눈빛을 보내 눈치를 주네 근데 못 알아듣네
답답해서 미치겠다 정말 왜 그런지 모르겠다 정말
다시 한 번 힘을 내서 Sign을 보내 Signal 보내

눈짓도 손짓도 어떤 표정도 소용이 없네
하나도 안 통해
눈치도 코치도 전혀 없나 봐
더 이상 어떻게 내 맘을 표현해

언제부턴가 난 네가 좋아지기 시작했어 바보야
왜 이렇게도 내 맘을 몰라
언제까지 이렇게 둔하게 나를 친구로만 대할래
내가 원하는 건 그게 아닌데

Signal 보내 Signal 보내 찌릿 찌릿 찌릿 찌릿
난 너를 원해 난 너를 원해 왜 반응이 없니
만날 때 마다 마음을 담아 찌릿 찌릿 찌릿 찌릿
기다리잖아 다 보이잖아 왜 알지 못하니

Trying to let you know
Sign을 보내 Signal 보내
I must let you know
Sign을 보내 Signal 보내

널 보며 웃으면 알아채야지 오늘만 몇 번째 널 보며 웃는데
자꾸 말을 걸면 좀 느껴야지 계속 네 곁에 머물러있는데

언제부턴가 난 네가 좋아지기 시작했어 바보야
왜 이렇게도 내 맘을 몰라
언제까지 이렇게 둔하게 나를 친구로만 대할래
내가 원하는 건 그게 아닌데

Signal 보내 Signal 보내 찌릿 찌릿 찌릿 찌릿
난 너를 원해 난 너를 원해 왜 반응이 없니
만날 때 마다 마음을 담아 찌릿 찌릿 찌릿 찌릿
기다리잖아 다 보이잖아 왜 알지 못하니

찌릿 찌릿 찌릿 찌릿 왜 반응이 없니
찌릿 찌릿 찌릿 찌릿 왜 알지 못하니

Sign을 보내 Signal 보내 근데 전혀 안 통해
눈빛을 보내 눈치를 주네 근데 못 알아듣네
답답해서 미치겠다 정말 왜 그런지 모르겠다 정말
다시 한 번 힘을 내서 Sign을 보내 Signal 보내

9. 기호
\<Signal\>: 트와이스

    나는 너에게 힘껏 시그널을 보내고 있습니다. 내가 널 좋아한다고, 이제 친구 대신 연인을 하자고 말이죠. 너는 눈치코치 없이 나의 신호들을 전혀 알아채지 못하고 있습니다. 트와이스의 〈Signal〉은 사랑에 빠져 '찌릿찌릿' 신호를 보내는 단순한 노래입니다.

    저는 〈Signal〉과 함께 한 사람과 다른 사람이 나누는 시그널, 즉 신호, 더 넓게 보자면 기호에 대하여 이야기하려 합니다.

    인간이 다른 사람과 소통하기 위하여 사용하는 모든 것이 기호에 속합니다. 우리의 문자와 언어, 표정과 눈빛과 몸짓 등등이 기호의 일환이죠. 거리의 신호등이나 표지판, 횡단보도 등도 기호이고, 남녀 화장실을 구분한 약식의 그림이라든지, 각 나라의 국기나 각 회사의 로고들, 과학시간에 배우는 원소기호들도 마찬가지입니다. 나아가 인간이 자신의 뜻과 개성을 더 섬세하게 가다듬어 창조하는 문학과 미술, 춤과 음악 등등의 모든 예술 장

르들도 하나의 기호라고 할 수 있습니다.

특정한 기호가 성립되기 위해선 언제나 그 기호를 둘러싼 생산자와 수신자가 필요하기 마련입니다. 기호는 사람들 사이의 소통을 전제로 하니까요. 그러나 세상의 모든 기호들이 수신자에게 제대로 전달될 것을 기대할 수는 없습니다. 예컨대 저는 아랍어를 하나도 모르니, 아랍어를 보면 그저 꼬부라진 그림과 같다는 인상을 받게 됩니다. 우리나라에선 아무 문제없이 통용되는 '손가락 브이' 표시가 유럽 몇몇 국가에선 모욕의 표현으로 오해받을 수 있기도 하고요. 아라비아 숫자나 알파벳처럼 전 세계 사람들에게 익숙한 보편적인 기호가 있는 반면, 지역의 방언이나 군대의 수신호처럼 특정 집단에서 폐쇄적으로 활용되는 기호도 존재합니다.

좀 더 개인적인 차원에서 본다면, 우리들은 매일 주위 사람들과 일상적인 기호를 주고받고 있고, 기호의 생산과 수신이 불일치되는 사소한 경험들을 겪곤 하죠. 나는 정말 기분이 좋아서 웃었을 뿐인데 상대방은 자신을 왜 비웃느냐면서 화를 낼 때, 내가 만들어낸 '웃음이란 기호'가 그 순간 나와 상대방의 입장에 따라서 상반되게 해석되고 있음을 알 수 있습니다. 또는 어머니가 "밥 다 됐다, 빨리 나와."라고 말씀하신 걸 듣고 식탁 앞에 앉아서 멍하니 한참을 기다려야 할 때도 마찬가지입니다. 우리는 '아, 밥이 다 됐다는 건 정말 밥이 다 됐다는 건 아니었구나.'라고 다시 한 번 느끼면서 억울해 하곤 하죠.

〈Signal〉의 화자도 마찬가지입니다. 이 노래의 후렴구에서 내가 어떤 기호를 네게 분명히 보냈는데 넌 왜 반응이 없냐고 물을 때, 사실 나는 네게서 왜 '내가 기대한 반응'이 없는지를 묻고 있는 것이겠죠. 이처럼 기호를 보내는 사람과 기호를 받는 사람이 언제나 변화하고 있는 존재이기 때문에, 우리들의 기호는 언제나 다양한 맥락 속에서 역동적인 성격을 띠게 됩니다. 뜨겁게 사랑하는 연인이 "자니?"라고 묻는 것은 너와 더 사랑을 나누고 싶다는 낭만적인 표현입니다. 이미 헤어진 전 애인이 "자니?"라고 물어오는 것은……. 여기에는 뭐 다른 말을 덧붙이지 않아도 될 것 같습니다.

하나의 기호가 언제나 변화무쌍하게 해석될 수 있다는 것은 우리 삶을 훨씬 더 흥미진진하게 만들어 주는 것 같아요. 사람과 사람이 맺는 관계는 그들이 생산하는 기호들의 연속적인 주고받음으로 표현될 수 있고, 그러므로 관계와 기호는 서로 떼려야 뗄 수 없는 개념이기도 합니다. 기호는 그것을 생산하고 수신하는 이들의 특정한 맥락에 따라서 지극히 다양한 형태와 다채로운 색깔을 띠게 됩니다. 같은 단어나 같은 몸짓이더라도, 그 단어와 몸짓에 담긴 어떤 미묘한 기류가 두 사람 사이를 '핑퐁'처럼 오가겠죠.

〈Signal〉의 화자는 "눈짓도 손짓도 어떤 표정도 소용이 없네, 하나도 안 통해."라면서 마음이 조급한데, 사실 이 노래의 대상은 그런 시그널들을 다 알아채고, 단지 모른 척하고 있을 뿐인지도 모릅니다. 그의 침묵 또한 하나의 기호입니다. 그 기호를 트와이스가 알아채는 순간, 그때는 이 발랄한 댄스 음악이 구슬픈 발라드로 바뀌어 버리게 되겠죠.

그렇지만 아직은 가능성이 남아 있습니다. 그가 그녀의 진심이 담긴 시그널을 알아채지 못했든, 그녀가 자신에게 마음이 없다는 그의 시그널을 알아채지 못했든…….

"인간은 곧 그의 기호 자체이다"

움베르토 에코는 『기호학 이론』에서 발화(utterance)는 곧 신호들의 생산과 같다고 이야기합니다. 내가 쓰는 언어, 혹은 내가 그린 이미지, 목적이 있는 몸짓 등등 나의 모든 발화의 노력은 곧 신호를 생산하려는 노력입니다. 이때 발화를 주고받는 송신인과 수신인 사이엔 역동적인 가능성이 내포되어 있습니다. 인간의 발화는 예견할 수 없는 다원적 근원을 갖는데, 그것은 인간이란 존재 자체가 언제든 변하면서, 정해진 규칙을 뛰어넘어 창의성을 발휘할 수 있는 존재이고, 주변의 다양한 맥락에 영향을 받는 예견 불능의 존재인 탓입니다.

에코는 '기호학 이론'이 단지 기호/신호의 생산뿐만 아니라, 기호와 신호들을 생산하려는 '인간적인 소망'까지 담고 있다고 표현합니다. 그는 한 사람이 생산하는 신호가 그 자신의 '깊은 개인적 근원'에서 비롯된다고 말하고 있어요. 한 사람이 다양하게 생산하는 신호들은 이처럼 그의 내면 깊숙한 곳에서 발현되는 것이니, 그 신호들은 '미적 텍스트'처럼 풍성하게 해석될 수 있습니다. 그러므로 책임 있는 협동이 수신인에게 요청됩니다. 그가 상대방이 발생시키는 기호를 성심껏 읽고 해석한다면, 나는 그가 차마 직접적으로 표현하지 못하는 '그의 근원'까지 알아

챌 수 있습니다. 즉, 나는 더욱 더 깊은 수준으로 이해할 수 있습니다.

이런 면에서 기호학자 C. S. 피어스는 "사람이 사용하는 말 또는 기호는 사람 그 자체이다."라고까지 말하고 있습니다. 이런 관점에선, 한 사람의 언어가 그 자신의 전체 합계와 같습니다. 우리가 태어난 직후부터 우리 안으로 흘러 들어온 그 수많은 외부적 기호들은, 우리 내면을 거쳐서, 다시 외부적인 기호들로 흘러 나갑니다. 피어스의 표현에 따르면, 우리의 생각들조차 하나의 열차처럼 우리 내부에서 '기호화' 되어 있고, 그런 생각들이 연결되어 우리의 실제 생활이 구성되니까요. 인간은 생각하는 존재이며, 그래서 인간은 자신의 생각들이 만들어 낸 기호들로 가득한 존재입니다.

다소 추상적인 말이었지만, 결론은 간단합니다. 우리는 서로의 기호를 통하여 서로를 파악합니다. 그리고 그때 발생된 기호는 한 사람의 삶과 떨어져 있지 않습니다. 그가 어떤 삶을 살고 어떤 생각을 하느냐가, 그가 외부에 전달하는 기호와 정확하게 일치합니다. 한 사람의 기호, 한 사람의 언어는 곧 그 사람을 가리킵니다.

"네가 무엇을 먹는지 말해 주면, 나는 네가 누구인지 말해 주겠다." 프랑스의 어느 미식평론가가 남긴 유명한 문장입니다. 통찰력이 있는 말이죠. 그렇지만 이 문장은 '먹는 일'이 그만큼 한 사람의 생활양식과 밀접한 연관을 갖는다는 걸 강조하고 있을 뿐입니다. 우린 먹는 것으로 어떤 사람을 다 파악하진 못합니다. 그렇지만 그가 타인을 향해 어떤 말을 하고, 어떤 표정을 짓고, 어떤 몸짓을 보여주느냐는 그 사람의 영혼을 한 치의 오차 없이 속속들이 보여줍니다. 그러므로 위의 문장을 이렇게 바꾸면 절대로 반박할 수 없는 명제가 됩니다. "네가 어떤 기호를 생산하는지 말해 주면, 나는 네가 누구인지 말해 주겠다."

나의 기호를 가다듬는 일에 관하여

다시 〈Signal〉로 돌아오자면, 나는 너를 좋아하지만 아직 그 마음을 정직하게 드러낼 생각은 없습니다. 부끄럽기도 하고, 또 내 자존심도 있으니까요. 나는 네가 좀 더 센스 있고 민첩하게 나의 마음을 알아채길 바랄 뿐입니다. 내가 끊임없이 생산하는 그 모호하고도 풋풋한 기호들을 통해서 말이죠. 너란 사람은 어째서 나의 은근하고도 미묘한 신호들을 몰라보냐고 끙끙대며 '아이고, 이 바보 같은 사람!'을 탓하는 가사는 대중가요의 단골 소재 중 하나입니다.

트와이스의 〈Signal〉의 케이스에 관해서라면 언젠가 '결정의 순간'이 올 것이라는 이야기를 할 수밖에 없겠습니다. 좋아하는 마음이 계속 부풀어 오른다면, 자연스레 너를 향해 보내는 나의 신호들의 세기도 점점 명확해지고 뚜렷해지겠죠. 그리곤 사랑이 이뤄지거나, 안타깝게 결렬되고 말 거예요. 만약 그전에 내가 제풀에 지친다면 나 홀로 열심히 신호를 보내던 일을 포기한 뒤 영원히 너와는 남남으로 남을 것입니다.

어쨌든. 저는 단지 이 세상에서 어떤 사람이 타인들을 향해 보내는 기호들이 좀 더 따뜻하고 섬세해지길 바랄 뿐입니다. 한 개인이 생산하는 기호들은 그의 인격을 투명하게 보여 주는 일이기도 하지만, 그런 개개인의 기호들이 하나하나 모인다면, 그 기호들의 총체적인 집합이야말로 곧 한 사회의 문화라고 부를 만한 것일 테니까요.

미국 SF 작가 로버트 하인라인의 『프라이데이』에는 이런 문장이 나옵니다.

> "죽어가는 문화에는 반드시 개인적인 나태함이 포함되게 마련이네. 나쁜 행실, 타인에 대한 사소한 배려의 부족, 부드러운 태도의 상실은 폭동보다 더 심각한 증세야."
>
> — 로버트 A. 하인라인, 『프라이데이』(시공사)

로버트 하인라인은 '건강한 개인주의'에 관한 강력한 신뢰를 자신의 모든 작품들 곳곳에 심어두고 있습니다. 하인라인에게 이 세계를 바꾸는 것은 정부나 조직, 정치 단체가 아닙니다. 그는 강인하고 지혜로우며 독립적인 '개인의 힘'이 중요하다는 것을 끊임없이 역설하고 있습니다. 왜냐면 결국 외부적인 기호를 자기 내부에 받아들인 뒤 그것을 다시 자신만의 기호로 바꾸어낼 수 있는 것은 한 사람의 개인이기 때문입니다.

한 사람의 삶은 곧 그가 생산하는 기호라고 볼 수 있습니다. 이때 그 자신의 내면에서 '자신의 기호들'을 좀 더 정갈하고 아름답게 가다듬을 수 있는 여지가 분명히 있을 거예요. 그런 노력을 통해서 한 사람의 독특한 인격적 매력이 빚어지게 될 것이고요. '우리가 내적으로 얻는 것이 바깥세상을 변화시킬 것'이라는 세네카의 말은 이런 맥락에서 통찰력 있게 느껴집니다. 내가 스스로를 성찰한다는 것은, 내가 받아들이고 다시 바깥을 향해 생산하게 될 기호들을 찬찬히 들여다보고 조심스레 정돈하는 일일지도 모르겠습니다.

그처럼 내 안에서 조금씩 부드러워진 기호들은 세상을 변화시킬 수 있습니다. 아니, 우리들 각자가 그런 기호들을 생산하려 노력할 때만 세상이 변화될 수 있을지도 몰라요. 아주 작고 사소한 지점에서 타인을 배려하려 애쓰는 우리 자신의 기호들을 통해서 말이죠.

나의 삶은 곧 나의 시그널과 같습니다. 내가 세상을 향해 만들어 내는 그 작은 언어와 몸짓 하나하나에 나의 깊은 인격과 소망이 실려 있다는 걸 알면, 우린 타인에게 좀 더 친절하고 섬세하게 말하고 행동할 수밖에 없지 않을까요?

그럼에도 불구하고 "눈치도 코치도 전혀 없나 봐, 더 이상 어떻게 내 맘을 표현해."와 같은 충돌은 계속 일어나겠지만, 막상 그처럼 기호와 기호 사이의 역동적인 부딪침과 변화무쌍함, 애매모호함이 없다면 우리들의 삶이 훨씬 더 밋밋해질 게 틀림없습니다. 어느 청춘남녀의 불꽃 튀는 관계라면, 그 정도의 애매함은 남겨 놓는 편이 좋겠습니다. 그러니 〈Signal〉의 화자는 앞으로도 좀 더 괴로워할 수밖에 없겠군요.

10. 끝과 시작
<To Be One (Outro.)>: 워너원

작사: 별들의전쟁®
작곡: 별들의전쟁®
  아테나

보여줄 준비가 됐어

하나가 된 우리 모습을

후회 없이 쏟아내고 싶어

매일이 마지막인 것처럼

To Be One

Time is runnin' out

금방 돌아올게

아직 들려주고 싶은 얘기가 많아

Time is runnin' out

조금만 기다려줄래

보여주고 싶은 것들이 너무 많아

To Be One

You know what?

We're nothing without you

We'll be back

To Be One

10. 끝과 시작
\<To Be One (Outro.)\>: 워너원

저는 지금 이 글을 가장 추운 계절의 초입에 쓰고 있습니다. 지난주부터 전국 곳곳에 눈 소식이 들려오고 있습니다. 이제 동물들은 겨울잠을 준비하고, 학생들은 방학에 돌입하겠지요. 곧 크리스마스 시즌이 될 것이고, 우리 모두는 조만간 한 살을 더 먹을 거예요.

그리고 또 얼마 뒤엔 아무렇지도 않게 봄이 와선, 아무렇지도 않은 듯 새 생명을 싹 틔울 겁니다. 다시 이 땅 위엔 따뜻한 온기와, 푸른색의 잎사귀들과, 신비롭고 고운 빛깔의 꽃들이 찾아올 것이고요. 만물은 이렇게 계절의 오고 감을 따라 소멸과 성장을 거듭합니다. 우리들은 한 해 한 해 늙어가지만, 또다시 꽃을 닮은 아이들이 자라나서 세상을 좀 더 아름답게 가꾸어 나갈 게 틀림없습니다.

이번에 '끝과 시작'이란 주제와 함께 이야기할 〈To Be One〉의 Outro. 버전은 워너원의 첫 정규앨범인 《1-1=0 (NOTHING

WITHOUT YOU)》을 닫아주는 마지막 곡입니다. 짧지만 여운이 남는 가사, 그리고 아름다운 멜로디를 지닌 노래입니다. 잔잔한 피아노 선율에 담긴 재환과 우진, 다니엘의 짙은 감성이 돋보이는 노래인 것 같아요.

끝은 하나의 시작이며, 시작은 또 다른 끝과 다르지 않습니다. 책의 한 챕터를 닫았다고 생각하는 순간, 나도 모르게 다음 챕터가 펼쳐져 있다는 사실을 발견하게 되는 것처럼……. 이야기의 다음 장(章)은, 억지로 열려고 해서 열리는 게 아니라, 마치 계절의 순환처럼 자연스럽고 은근하게 우리를 찾아옵니다. 하나의 챕터를 닫는 그 순간, 우리들의 이야기에는 익숙한 것을 떠나보내야 하는 슬픔과 아쉬움이 배어 있기 마련입니다. 동시에 새로운 것을 맞이하는 설렘과 기대의 감정도 마음속 한구석에 차오릅니다.

미처 매듭짓지 못한 지난 일들에 미련은 남겠지만, 그렇다고 영원히 제자리에 갇힌 채 우물쭈물할 수는 없습니다. 이승환이 오래전 〈끝〉이란 곡에서 노래한 것처럼, "모든 새로움의 시작은 다른 것의 끝에서 생기죠. 그때를 놓쳐서는 안 돼요, 지금 여기까지가 끝이죠."

한 뮤지션과 아티스트의 팬인 우리들은, 우리의 일상을 휘감는 그들의 노래와 춤, 그들의 얼굴과 땀과 눈물을 바라보며 우리 이야기를 다시 써 내려갈 용기를 얻습니다. 그들 또한 자신들의 이야기에 충실할 뿐이며, 그들의 이야기도 우리 자신의 이야기만큼이나 힘겹고 버거울 게 분명합니다. 세상에 쉬운 일이 하나 없습니다. 우린 그들의 퍼포먼스가 한 순간에 쉽게 완성된 것이 아님을 잘 알고 있습니다.

그렇지만 그들이 우리 곁에서 활동하는 시간들에도 '끝과 시작'은 존재합니다. 한 앨범을 시작하는 곡이 있으면 앨범의 마무리를 짓는 곡도 있어야 하는 법입니다. 그들이 하나의 앨범으로 새롭게 돌아온다면, 몇 달 후 그들은 또 얼마간 팬들과 떨어져 있는 시간을 필요로 하겠죠. 무작정 오랜 시간을 함께 보내는 일이 언제나 좋은 것만은 아닙니다. 서로가 서로의 거리를 지켜주면서, 저 홀로 휴식하고 재충전하는 일을 배려하는 게 어떤 관계에서든 더없이 소중합니다.

어떤 관계의 끝맺음과 새로운 시작 사이의 '빈 공간'이 주는 떨림과 설렘이 있습니다. 서로 함께했던 시간을 차분히 음미할 때 채워질 수 있는 생기 있는 마음의 힘, 그리움의 힘이 있습니다.

끝과 시작은 그 자체로 삶의 자연스러운 순환이며 생명의 리듬을 닮았습니다. 만남과 헤어짐을 반복하고, 소멸과 생성을 거듭하는 우리들 삶의 리듬감은, 나 자신과 나를 둘러싼 여러 관계들을 더욱 풍성하고 애틋하게 만들어 줍니다. 우리는 영원히 달릴 수만도 없고, 또한 영원히 쉴 수만도 없는 존재입니다. 아침에 일어났으면 밤에 잠들어야 하는 사람들이고, 이 땅 위에 태어났으면 언젠가는 죽어야 하는 운명의 사람들이죠. '끝과 시작'이란 이치는 우리의 한평생을 조용히 관통하고 있습니다.

정직함에 관한 시간의 단위

그러나 우리 마음을 지배하는 어떤 임무, 어떤 소명에는 영원히 끝이 있을 수 없습니다. 한평생을 추구해야 간신히 이룰까 말까 한 내 영혼 깊숙한 곳의 소망이 있습니다. 예컨대, 나 자신을 알아가고자 하는 그 길고도 험한 소망처럼.

워너원의 이 곡을 들으면서, 저는 2017년 노벨문학상을 받기도 한 영국 작가 가즈오 이시구로가 2000년 출간했던 소설 『우리가 고아였을 때』가 생각났습니다. 작가의 오랜 팬으로서, 저 개인적으로는 가즈오 이시구로를 처음 읽기 시작하는 분들은 이 작품으로 시작하시는 게 가장 좋겠다는 생각을 하고 있어요. 이 책은 정말 흥미진진한 서스펜스 소설이면서도, 지적인 향취가 물씬 묻어 있는 성장 소설입니다.

『우리가 고아였을 때』에는 20세기 초 동서양이 맞부딪친 세계의 비극 속에서, 부모님을 상실하고 마치 '고아'와도 같은 운명으로 내던져진 한 어린아이가 주인공으로 등장합니다. 그가 오랜 세월 동안 비로소 자신을 똑바로 바라보고 어른으로 성장하는 이야기가 역동적으로 펼쳐지는 작품입니다.

수십 년을 영국에서 자라온 후 어엿한 사회인이 된 그는, 이제 자신이 태어나서 유년 시절을 보낸 중국 상하이로 돌아옵니다. 중일전쟁이 한창이던 당시 상하이에서, 그는 피투성이의 전장을 뚫고 전진하고 또 전진합니다. 그는 자신의 부모를 둘러싼 은폐된 진실을 찾으려, 자기 자신을 찾으려 목숨을 걸고 있습니다. 굳이 그럴 필요도 없었건만, 그는 자신이 왜 고아가 되었는지를 똑똑히 알지 않으면 안 되는 사람이었으니까요.

"지금에서야 막 어린 시절을 떠나는 여행을 시작했다"고 말하는 주인공은, 작품의 결말부에서 끝내 자신이 어린 시절을 떠나지는 못했단 사실을 뼈저리게 깨닫게 됩니다. 그러나 사라진 부모의 그림자를 오랜 세월 뒤쫓고 이 세상과 대면하며, 그는 결국 고아의 운명을 벗어나서 마음의 평화를 얻습니다. 평생에 걸쳐 최선을 다했기에, 간신히.

미국 작가 너새니얼 호손이 1850년 발표했던 고전 소설 『주홍 글자』 역시 어떤 이의 긴 생애를 다루고 있습니다. 작품의 첫머리에서, 여주인공 헤스터 프린은 '아버지가 없는 갓난아기', 불륜의 징표를 가슴에 안고 군중들 앞에 서 있습니다. 뜨거운 태양이 내리쬐는 한낮의 광장, 그녀는 '처벌대'에 올라 뭇 사람들이 지켜보는 가운데 간음죄의 형벌을 받습니다. 한평생 간통을 상징하는 'A'(Adultery)라는 주홍색 글자를 가슴 위에 달고 다니는 벌이 그것입니다.

17세기 미국 뉴잉글랜드의 청교도적인 분위기 속에서 헤스터는 이제 치욕과 죄악을 온 몸으로 드러낸 채 살아가야 하는 사람이 되었어요. 어느 누구도 알지 못하지만, 그녀는 사실 마을에서 가장 덕망 높고 존경을 받고 있는 딤즈데일 목사와 불륜을 저질렀습니다. 딤즈데일은 자기 죄를 세상에 떳떳이 밝히지 못한 채 스스로를 파멸의 길로 몰아갑니다. 그녀는 한 순간 부정한 사랑에 빠졌던 자기 죄를 묵묵히 받아들이며, 힘겨운 운명을 감내합니다.

마을 사람들 모두가 그녀에게 돌을 던졌죠. 그녀는 공동체에서 추방당한 후 자신의 딸과 고독한 생활을 이어갑니다. 그런데 그녀의 진짜 이야기는 여기서부터 시작됩니다. 자신의 죄로 인해 사회에서 철저하게 버림받았던 그녀는, 그 덕에 가장 버림받고 또 가장 비참한 운명을 겪는 사람들을 진심으로 이해하는 법을 배울 수 있었습니다. 슬픔과 아픔을 겪은 사람들이 하나둘씩 그녀의 곁에 찾아옵니다. 그녀가 사람들에게 얼마나 큰 위로가 되었던지, 점점 더 많은 사람들이 주홍 글자의 'A'를 본래의 의미가 아닌 능력의 'A'(Able)로 해석하기 시작했습니다.

그리고 그녀가 자신만의 고되고, 사려 깊고, 헌신적인 삶을 끝마치던 그때, 그녀의 가슴 위에 달린 'A'는 모든 사람들에게 천사의 'A'(Angel)로 여겨지게 되었어요. 그녀의 '주홍 글자'는 마침내 세상의 멸시와 조소가 아닌, 공감과 자비, 그리고 존경의 상징으로 변했습니다. 인간의 연약함과 슬픔을 위로하며, 진정 타인의 시련과 불행을 감싸 안을 수 있는 능력의 상징이······.

이런 이야기들을 떠올리면, 저로서는 조금은 용기를 얻게 됩니다. 삶의 시간적 단위를 며칠이나 몇 달이 아니라 수십 년으로 놓고 보고, 하나의 임무와 목표를 향해서 굳건하게 달려가는 주인공들의 자세는 독자들에게 힘을 줍니다. 우리들의 삶은 여러 종류의 끝과 시작들로 출렁이고 흔들리지만, 우리 내면의 가장 절실한 과제는 그런 당장의 출렁임과는 상관없이 고요하게 나자신을 기다리고 있을 뿐입니다. 어차피 한평생을 붙들어가야 할 과제라면, 그저 그걸 정직하게 추구해 나가는 자세가 중요할 뿐입니다. 정직함에 관한 시간의 단위는 며칠 몇 달이 아니라, 이 소설들의 서사처럼 수십 년에 걸쳐 있을 것이므로.

'끝이 없는 길'을 걸어간다는 것

그리고 한 사람은 저 비극적인 세계를 바꿀 수는 없지만, 자신을 속이지 않고 용감하게 나아감으로써 이 세상 위에 '물방울 하나'를 떨어뜨리는 일 정도는 할 수 있습니다. 그들은 세상이라는 수면 위에 잔잔한 파문을 일으킬 수 있습니다. 그 파문을 조용히 응시하다가, 내가 떠난 뒤에라도 자신의 삶에 그 '물방울의 흔적'을 새기는 몇 명의 아이들도 있을 테니까요. 『우리가 고아였을 때』의 마지막 장에 그려진, 아름답고도 쓸쓸한, 세대 간의 순환이라는 은유처럼.

우리는 세계의 끝에 영향을 미칠 수 없고, 심지어는 나 자신의 끝도 예감할 수 없습니다. 나는 생각보다 더 작고 약한 존재입니다. 그러나 세상의 문학 작품들에는 그처럼 무력한 내 모습을 똑똑히 인식하면서도, 결코 포기할 수 없는 자신만의 목표를 향해 오랜 시간을 전진하는 주인공들이 가득하죠. 다소 어리석지만, 꿋꿋한 용기를 갖고서 말이에요.

저는 이런 주인공들을 바라볼 때마다, 자기 자신에게 집중하면서 이 세계의 불수의근(不隨意筋) 같은 존재가 되는 일의 아름다움을 느낍니다. 우리가 의식적으로 조절할 수 있는 팔과 다리, 얼굴 등의 근육을 수의근(隨意筋)이라 하고, 심장이나 내장, 혈관의 근육과 같이 마음대로 조절할 수 없는 근육을 불수의근이라고 하는데요.

어쩌면 우리에게 감동을 주는 문학 작품은 모두 이 세상의 불수의근 같은 존재를 그리고 있는 건 아닐까, 라는 생각에 잠기곤 합니다. 그들이 보여 주는 '고요한 집중'은 어느 누구의 의지에 종속되지 않으면서도, 오로지 자신의 본능과 판단으로, 내가 잠시 몸담은 곳을 더 윤기 있게 만드는 일과 다르지 않습니다. 그런다는 의식도 없이. 그저 자연스럽게. 자신이 겪어야 할 고통을 담담히 받아들이면서 말이에요. 그런 삶에는 타인이나 세상에 의한 일방적이고 강요된 끝맺음이 존재할 수 없습니다. 오직 자신의 소명을 향한 길고 긴 여정이 있을 뿐입니다.

우리들 모두가 이런 주인공들과 마찬가지의 삶을 살아가고, 워너원의 멤버들도 다르지 않습니다. 그들은 우리에게 감동을 주려고 노래하는 게 아닙니다. 감동을 주면 더할 나위 없겠지만, 결국 그들은 우리에게 '들려주고 싶고, 보여 주고 싶은 이야기'가 있기 때문에 노래합니다. 그들이 우리들 이전에 그들 자신에게 먼저 집중할 때에만 발휘될 수 있는 진정성의 영역이 있을 거예요. 거창하게 말한다면, 오직 그것만이 예술, 혹은 아름다움에 가까운 것이 아닐까 생각합니다.

그리고 그 아름다움은 한 순간에 손에 넣을 수 있는 게 아닙니다. 누가 대신 길러줄 수 있는 것도 아니죠. 한 앨범의 트랙 리스트와 활동 주기에는 끝과 시작이 있지만, 어느 아티스트의 성장 서사엔 겉으로 보이는 '끝과 시작'이 있을 수 없습니다. 그리고 그들 앞엔 오랜 시간과 끝없는 길이 펼쳐져 있습니다.

문학이 우리에게 들려주는 어떤 진실

뒤에서 자세히 이야기할 미국의 SF 작가 어슐러 K. 르 귄은 2000년대에 『서부 해안 연대기』 시리즈를 내놓습니다. 「기프트」와 「보이스」, 「파워」까지 총 세 작품으로 구성된 이 시리즈는, 춥고 거친 세상 속에서 열심히 어른이 되어가는 아이들의 이야기를 따뜻하게 그려내는 성장 문학입니다. 세 작품의 아이들은 봄을 닮았고, 자라나는 잎사귀를 닮았고, 꽃을 닮았습니다.

세 작품을 우리말로 옮기고 그 자신 또한 SF 소설가로 활동 중이기도 한 이수현 번역가는 『서부 해안 연대기』에 실린 '옮긴이의 말'에서 이렇게 말합니다.

"주인공들의 여정에 답이 주어지는 것은 아니다. 어디에도 정답이나 완벽한 대안은 없다. 틀을 전복시키는 사고 실험도 없다. 길을 이끌어 줄 현자도 없다. 영웅도 구원도 없다. 그 대신 한 사람의 구원은 존재한다. 한 사람의 꿈. 한 사람의 출발. 한 사람의 성장. 어쩌면 희망은 언제나 거기에 있는지도 모른다."
— 어슐러 K. 르 귄, 『서부 해안 연대기』 (시공사)

『서부 해안 연대기』에는 마치 할머니가 자신의 손자와 손녀에게 들려주듯, 조곤조곤하며 평화로운 느낌이 가득합니다. 연대기의 세 작품은 '잘못된 재능'을 가지고 태어난 주인공들이 혼돈의 시기를 거쳐 자신의 능력이 가진 진정한 의미와 그 쓰일 곳을 찾아가는 과정을 그리고 있는데요. 「기프트」의 오렉은 시를 쓰고 노래하는 재능을, 「보이스」의 메메르는 책의 이야기를 듣는 재능을, 그리고 「파워」의 가비르는 읽은 것을 기억하고 미래를 예견하는 힘을 가진 존재들입니다.

모두 책과 언어, 그리고 기억에 관한 재능들이라고 할 수 있습니다. 폭력과 억압, 독재로 얼룩진 서부 해안에서 이런 재능들은 전혀 환영 받지 못합니다. 우리가 사는 세상이라고 크게 다르진 않을지도 모르겠습니다. 그렇지만 이런 쓸모없는 재능이, 넓은 호수 위에 떨어진 물방울 하나가, 누군가를 지배하고 파괴하는 힘보다 세상을 분명 더 아름답게 만들어 주리라는 믿음만 있으면 됩니다.

어슐러 르 귄은 누구보다 그런 확신을 갖고 있었던 것 같습니다. 이젠 정말로 할머니가 되어 버린 노작가는, 「보이스」의 수장 어르신의 입을 빌려 우리에게 이야기합니다.

"메메르, 어둠 속에 들어가야 한다면, 저 어둠은 그저 우리가 아직 이해하지 못하는 것을 말해주려는 어머니이자 할머니라는 걸 생각하렴. 네가 아직 알지 못하는 언어를 쓰긴 하지만, 그건 배울 수 있어. 나도 저기 들어가야 했을 때 스스로에게 그렇게 말했지."
— 어슐러 K. 르 귄, 『서부 해안 연대기』, 「보이스」 (시공사)

겨울은 이제 막 시작되었고, 성장하는 이들에게 자신의 앞에 놓인 어둠은 한없이 깊고 무겁게 느껴질 것입니다. 워너원의 멤버들에게도 또 다른 선택의 순간들이 가까워져 올 것이고, 그들 또한 어두운 시간을 버텨내야 할지도 모릅니다. 그러나 우리들은 끝과 시작의 경계에 서서, 아직 이해하지 못하는 언어를 새롭게 배울 수 있는 사람들입니다. 아니, 어쩌면 우리 영혼은 그 언어의 씨앗을 자신도 모르게 이미 품고 있었는지도 모릅니다.

그리고 제아무리 혹독한 나날이 이어진다 하더라도, 봄은 반드시 옵니다. 우린 모두 남부끄럽지 않은 어른이 될 것입니다. 세상은 때때로 사악하고 잔인하게 느껴지지만, 그래도 시를 사랑하고, 다른 사람에게 친절하며, 과거의 잘못과 아픔을 기억하는 어른들로 가득합니다. 우리가 미래를 믿을 수 있는 이유이기도 합니다.

그래도 가끔씩 우리 삶과 이 세계가 좀 막막해질 때가 있잖아요. 그럴 땐 우리에게 가즈오 이시구로나 너새니얼 호손, 어슐러 K. 르 귄 같은 작가들의 문학 작품이 작은 힘이 되어줄 거라고 믿습니다. 오렉의 아내인 그라이의 말처럼 "뭔가를 품은 사람만이 그걸 찾는 법"이라면, 문학이란 언제나 그 '뭔가'를 말해 주는 가장 좋은 안내서일 게 분명하니까요.

"후회 없이 쏟아내고 싶어, 매일이 마지막인 것처럼" 살 수만 있다면, 우린 언제든 이야기를 새롭게 시작할 수 있는 힘을 갖고 있는 게 분명하니까요.

11. 행복
<봄날>: 방탄소년단

작사/작곡: Pdogg
　　　　Rap Monster
　　　　"hitman" bang
　　　　Arlissa Ruppert
　　　　Peter Ibsen
　　　　SUGA

보고 싶다 이렇게 말하니까 더 보고 싶다
너희 사진을 보고 있어도 보고 싶다
너무 야속한 시간 나는 우리가 밉다
이제 얼굴 한 번 보는 것도 힘들어진 우리가
여긴 온통 겨울 뿐이야 8월에도 겨울이 와
마음은 시간을 달려가네 홀로 남은 설국열차
니 손 잡고 지구 반대편까지 가 겨울을 끝내고파
그리움들이 얼마나 눈처럼 내려야 그 봄날이 올까
Friend

허공을 떠도는 작은 먼지처럼 작은 먼지처럼
날리는 눈이 나라면 조금 더 빨리
네게 닿을 수 있을 텐데

눈꽃이 떨어져요 또 조금씩 멀어져요
보고 싶다
보고 싶다
얼마나 기다려야 또 몇 밤을 더 새워야
널 보게 될까
만나게 될까

추운 겨울 끝을 지나 다시 봄날이 올 때까지
꽃 피울 때까지 그곳에 좀 더 머물러줘
머물러줘

니가 변한 건지 아니면 내가 변한 건지
이 순간 흐르는 시간조차 미워
우리가 변한 거지 뭐
모두가 그런 거지 뭐
그래 밉다 니가 넌 떠났지만

단 하루도 너를 잊은 적이 없었지 난

솔직히 보고 싶은데 이만 너를 지울게

그게 널 원망하기보단 덜 아프니까

시린 널 불어내 본다 연기처럼 하얀 연기처럼

말로는 지운다 해도 사실 난 아직

널 보내지 못하는데

눈꽃이 떨어져요 또 조금씩 멀어져요

보고 싶다

보고 싶다

얼마나 기다려야 또 몇 밤을 더 새워야

널 보게 될까

만나게 될까

You know it all You're my best friend

아침은 다시 올 거야

어떤 어둠도 어떤 계절도 영원할 순 없으니까

벚꽃이 피나 봐요 이 겨울도 끝이 나요

보고 싶다

보고 싶다

조금만 기다리면 며칠 밤만 더 새우면

만나러 갈게

데리러 갈게

추운 겨울 끝을 지나 다시 봄날이 올 때까지

꽃 피울 때까지 그곳에 좀 더 머물러줘

머물러줘

※ 방탄소년단의 〈봄날〉에 관한 이 글은 어슐러 K. 르 귄의
『바람의 열두 방향』을 출간한 시공사에 기고하여, 2017년
6월 출판사의 네이버 포스트 채널에 실렸던 바 있습니다.
많은 분들이 뜨거운 반응을 보여 주셨고, 몇몇 분들이 자
발적으로 번역을 도맡아 해외의 방탄소년단 팬들에게 소
개해 주시기도 했었죠. 출판사의 양해를 구하여 이번 책
에도 글의 전문을 옮깁니다.

11. 행복
<봄날>: 방탄소년단

"내 판타지 작품 중에 슈퍼히어로를 다룬 것은 한 편도 없다. 마법사가 등장하더라도 그들 역시 보통 사람처럼 실수를 하고 고난을 겪는 존재로 그려진다. 나는 내 판타지 작품이 가능한 한 현실적이길 바란다. 현실 그 자체가 이미 판타지이기 때문이다."

— 어슐러 K. 르 귄

    방탄소년단의 인기가 거침이 없습니다. 방탄소년단은 지난 2017년 5월 빌보드 뮤직 어워드의 '톱 소셜 아티스트' 부문에서 저스틴 비버, 셀레나 고메즈, 아리아나 그란데 등 쟁쟁한 가수들을 제치고, K팝 그룹 최초로 수상의 영광을 안았습니다. 미국을 비롯한 97개국 아이튠즈 앨범 차트의 1위를 석권하고, 빌보드와 오리콘 등 해외 음악 차트를 휩쓰는 등 그야말로 글로벌 스타로 확실히 자리매김한 것 같습니다.

    《WINGS》의 외전《YOU NEVER WALK ALONE》앨범, 그중

에서도 타이틀곡 〈봄날〉 또한 굉장한 화제를 불러일으켰습니다. 2017년 2월 발표된 〈봄날〉은 국내 주요 음원 사이트와 해외 여러 나라들의 아이튠즈 송 차트에서 1위를 기록하고 미국 빌보드 '버블링 언더 핫 100' 15위에 랭크되는 등 국적을 가리지 않는 주목을 받았습니다. 〈봄날〉의 뮤직비디오는 이 글을 썼던 당시 유튜브에서 9,200만에 육박하는 조회 수를 기록하고 있었습니다.

이 글에서 저는 〈봄날〉에 관하여 조금 다른 얘기를 해 보려고 합니다. 2016년 이들은 《WINGS》 앨범의 전체적인 콘셉트를 헤르만 헤세의 고전 『데미안』에서 가져와 출판계에서도 크게 주목했던 바 있죠. 이들의 문학적 영감은 단순한 일회성이 아니었던 것 같습니다. 방탄소년단은 〈봄날〉 뮤직비디오를 통해, 놀라울 만큼 훌륭하고 품격 있는 은유적 메시지를 완성했습니다.

그리고 여러분도 짐작하셨겠죠? 이미 〈봄날〉 뮤직비디오를 보고 수많은 BTS 팬분들께서 말씀해 주셨듯, 〈봄날〉의 뮤직비디오 콘셉트는 어슐러 K. 르 귄의 『바람의 열두 방향』 속 단편 작품 「오멜라스를 떠나는 사람들」과 깊은 연관이 있습니다. 뮤직비디오뿐만 아니라, 이 노래를 통해 방탄소년단이 전하려고 했던 메시지 또한 이 소설과 정확히 상응한답니다.

「오멜라스를 떠나는 사람들」은 1973년 SF 및 판타지 분야의 가장 권위 있는 상인 휴고상 단편부문 수상작으로, 그리 길지 않지만 르 귄 특유의 강렬하고 선명한 문체와 메시지를 느낄 수 있는 걸작입니다. 어슐러 K. 르 귄은 『반지의 제왕』의 J. R. R. 톨킨과 『나니아 연대기』의 C. S. 루이스와 함께 판타지 문학을 대표하는 3인방 중 한 사람으로 손꼽힙니다. 그야말로 수많은 문학상을 휩쓸었던 살아있는 전설이었는데요. (어슐러 K. 르 귄은 지난 2018년 1월 향년 88세를 일기로 타계했습니다.) 그녀의 위상에 대해서 한 마디로 정리한 평가는 다음과 같습니다.

SF 작가가 노벨상을 받는다면 단연 1순위의 작가일 것

그럼, 작품의 스토리와 함께 〈봄날〉 뮤직비디오의 장면을 짚어 보겠습니다.

1. 온통 겨울뿐인 고독한 시간

"요란한 종소리에 제비들이 높이 날아오르면서, 바닷가에 눈부시게 우뚝 선 도시 오멜라스의 여름 축제는 시작되었다. 항구에 정박한 배들의 삭구에는 깃발이 나부꼈다."
— 『바람의 열두 방향』, 「오멜라스를 떠나는 사람들」 (시공사)

「오멜라스를 떠나는 사람들」의 서두입니다. 오멜라스는 먼 과거의(또는 먼 미래의) 어느 가상의 공간입니다. 왕도 없고, 전쟁도 없고, 노예도 없고, 죄인도 없는, 말 그대로 유토피아에 가까운 공간이에요. 웃음과 종소리, 행진과 잔치와 경주마 등등으로 가득한, 평등하고 자유로운 사람들이 모여 행복한 시절을 살아가는 마을입니다.

방탄소년단의 〈봄날〉 뮤직비디오는 다르게 시작됩니다. 멤

버들은 일영(日迎, 떠오르는 해를 맞이한다는 뜻)이라는 기차역에, 눈이 쌓인 한겨울의 철길 위에, 고요하기 그지없는 바닷가에, 수많은 친구들의 주인 없는 짐들을 실은 채 어디론가 떠나는 기차 안에 제각기 떨어져 있습니다. 정국은 'YOU NEVER WALK ALONE'이라고 적힌 퇴락한 놀이기구 앞에서 쓸쓸하게 누군가를 기다리고 있습니다. 그들은 모두 혼자입니다.

그런데 랩몬스터가 텅 빈 기차칸을 통과하여 '오멜라스'라는 건물 앞에서 서성이는 슈가와 제이홉을 마주합니다. 랩몬스터는 건물 안으로 들어가는데요. 여기서 '오멜라스'가 처음 등장합니다. 작가 어슐러 K. 르 귄은 이 작품의 후기에서 오멜라스라는 용어에 대하여 '옴 엘라스', 프랑스어로 "아아, 인간이여."라는 뜻을 갖고 있다고 적어 두고 있습니다. 이처럼 소설과 뮤직비디오의 세계가 '인간의 무대'에서 만났습니다. 'NO VACANCY', 빈 방이 없다는 네온이 반짝이고 있는 것도 보이시나요?

그리고 랩몬스터의 시각을 따라, 회상의 느낌에 가까운 장면들이 깔립니다. 방탄소년단 멤버들은 자기들끼리 신나게 놀고 있군요. 그들은 케이크를 던지고 방 안을 어지럽히며 난동을 피워 댑니다. 그리곤 케이크에 폭죽을 꽂아 놓고 자신들의 시간을 즐깁니다. 하지만 무언가 어긋나고, 흐트러진 모습입니다. 폭죽을 바라보는 그들은 그다지 행복해 보이지 않습니다. 시간이 지날수록 어둡고 쓸쓸한 정서가 강하게 느껴집니다.

2. 오멜라스, '가짜 행복'이 지배하는 사회

눈이 내리는 겨울밤, 랩몬스터는 제이홉, 슈가와 함께 다시 오멜라스 앞에 섰습니다. 그들이 있을 곳은 거짓 행복으로 가득한 오멜라스 안이 아닙니다. 오멜라스의 행복은 어떻게 유지되고 있었느냐고요? 어슐러 K. 르 귄의 「오멜라스를 떠나는 사람들」을 함께 읽어봅시다. 작가는 아름다운 공공건물들의 지하실 방. 그 지저분하고, 축축하고, 자신의 배설물들이 쌓여 있는 공간에 갇혀서 공포와 영양실조에 시달리는 어느 열 살쯤 되는 아이 이야기를 합니다. 다음 묘사가 더 충격적입니다.

> "오멜라스의 사람들은 모두 아이가 그곳에 있다는 사실을 알고 있다. 직접 와서 본 사람도 있고, 단지 그런 아이가 있다는 것만 아는 사람도 있다. 사람들은 아이가 그곳에 있어야만 한다는 사실을 알고 있다. 그 이유를 이해하고 있는 사람들도 있고 그렇지 못한 사람들도 있지만, 자신들의 행복, 이 도시의 아름다움, 사람들 사이의 따뜻한 정, 아이들의 건강, 학자들의 지혜로움, 장인의 기술, 그리고 심지어는 풍성한 수확과 온화한 날씨조차도 전적으로 그 아이의 지독하리만치 비참한 처지에 달려 있다는 사실을 모두 잘 알고 있다."
>
> ―『바람의 열두 방향』, 「오멜라스를 떠나는 사람들」 (시공사)

누군가 아주 연약한 존재가 죄도 없이 비참한 삶에 시달림으로써 유지되는 마을의 행복! 그 존재를 적당히 외면하면서, 아니 조금은 미안해하면서, 그래도 이런저런 합리화를 하면서 행복을 누리는 우리 모두의 모습. '다 그런 거지, 어쩔 수 없지 뭐.'라면서 그 아이들을 애써 잊어버리려는 현대 사회의 비정함과 잔인함을 어슐러 K. 르 귄은 으스스할 만큼 서늘하게 그리고 있습니다.

그리고 우리에게도 그러한 '잊힌 존재'들이 있었습니다. 세월호……. 세월호 참사를 군이 정치적으로 해석하지 않더라도, 우리에겐 2014년 봄날에 죽어간 304명의 생명들이 있었습니다. 그중 대부분이 「오멜라스를 떠나는 사람들」의 아이들처럼 10대의 꽃다운 아이들이었다는 사실은 국민 모두를 충격에 빠뜨렸습니다. 말 그대로 우리 모두를 망연자실하게 만들었던 비극이었습니다.

그리고 우리 모두는 이 비극을 외면하고서는 앞으로 나아갈 수 없습니다. '세월호'라는 상징은 (어슐러 K. 르 귄의 묘사처럼) 공동체 구성원 모두가 자신들의 눈앞의 행복과 안위만 좇다가 내던져 버린 인간 존엄의 상징입니다. 오멜라스의 세계관으로 말하자면, '지하실 골방 안에서 벌어지는 죄악'이었습니다.

3. 오멜라스를 떠나는 방탄소년단

그리고 방탄소년단은 〈봄날〉의 가사를 통해 "너무 야속한 시간, 나는 우리가 밉다."고 노래합니다. 떠난 너를 지우겠다는 말을 그만 두고 "조금만 기다리면, 며칠 밤만 더 새우면, 만나러 갈

게, 데리러 갈게."라고 다짐합니다. 그들은 무언가 행동을 하려
는 걸까요?

바닷가에서 신발 한 켤레를 들고 온 지민. 그와 멤버들은 오
멜라스 안의 세탁실로 들어갑니다. 지민 옆에 놓인 신발, 보이시
죠? 바로 이 세탁실 장면이야말로 뮤직비디오의 훌륭한 압권입
니다. 시계가 9시 35분에 멈춰 있는 장면은 다시 한 번 이 노래와
뮤직비디오가 세월호 희생자들을 기리기 위한 것이라는 사실을
말해 줍니다.

방탄소년단은 오멜라스의 가짜 행복, 즉 케이크와 폭죽 대신
에, 수많은 희생자들의 옷가지들을 직접 빨아 주기로 합니다. 그
들은 어둠 속에 쌓여서 누구도 손대려 하지 않던 더러운 옷들
을 모두 씻어 냅니다. 어두컴컴한 옷가지 속에 들어오는 한 줄기
빛. 그 안에서 노래하고 있는 슈가.

그들은 드디어 자신들의 '봄날'이 무엇이며, 어떻게 해야 하는
지 알았습니다. 그들은 가짜 행복이 지배하는 오멜라스를 떠날
준비가 되었습니다. 그러자 '봄날'을 상징하는 '빛'이 그들 곁으
로 돌아옵니다. 누구도 찾지 않던 놀이기구에 노란 리본들이 걸
리는 동시에 전등이 들어 왔고, 기차 위에 앉아 있는 제이홉은
먼동이 아름답게 트는 순간, 하늘을 향하여 종이비행기를 날립
니다.

정국이 오멜라스의 문을 다시 열었습니다. 따뜻한 색감의 빛
들이 가득한 오멜라스의 세탁실을 지나서, 정국과 멤버들은 모
두 합류합니다. 이제 방황은 끝났습니다. 8월에도 겨울이 오는
그 끝없는 추위와 어둠의 시간은 끝났습니다. 그들에게 있어 오

멜라스 밖은 '그 누구의 아픔도 잊지 않는 공간'이며, 그들의 봄날이란 '누군가의 슬픔을 잊지 않는 시간'입니다.

4. 봄날의 따스한 햇살 아래에서

다시 함께 모인 그들은 철없이 폭죽을 터뜨리며 시끄럽게 놀지 않습니다. 그들은 조용히 둘러앉아 촛불 하나를 켤 뿐입니다. 수많은 옷가지들은 이젠 더 이상 깊고 축축한 어둠 속에 있지 않네요. 멤버들 모두와 함께 푸르디푸른 하늘 높은 곳에 쌓여 있습니다.

그리고 멤버들은 이제 혼자가 아닙니다. 그들은 기차를 함께 타고, 따스한 태양 속에서 겨울에 내렸던 눈이 점차 녹고 있는 들판 밖으로 나아갑니다. 마치 설국열차의 엔딩을 연상케 하는 이 시퀀스에서 일곱 멤버는 서로를 의지하며, 벌판 한가운데 서 있는 곧고 강인한 나무를 바라봅니다. 어슐러 K. 르 귄의 작품세계 전반에서도 나무는 아주 신성한 생명으로 그려지고 있답니다.

한겨울의 황량함을 이겨내고 봄을 맞이할 준비를 하고 있는 벌거벗은 나무. 지민은 바닷가에서 가져온 신발을 그 나무 위에 걸어 줍니다. 말할 것도 없이, 신발에 깃들어 있는 죄 없는 영혼을 추모하는 행동입니다. 그리고 벚꽃 잎이 휘날리는 봄날의 푸른 하늘과 나무를 멀리 카메라에 담으면서 뮤직비디오는 마무리되고 있습니다.

어슐러 K. 르 귄의 「오멜라스를 떠나는 사람들」은 어떻게 끝날까요? 여러분께 작품을 읽는 재미를 빼앗지 않기 위하여, 결말부를 직접적으로 언급하진 않으려고 합니다. 그러나 이 작품의 결말이 〈봄날〉 뮤직비디오의 엔딩에도 큰 영향을 미쳤다는 건 명약관화한 사실입니다.

어슐러 K. 르 귄은 이 단편소설에서 방탄소년단의 〈봄날〉보단 조금 더 여운을 남기고, 조금 더 고독한 해결책을 암시했지요. 더불어 「오멜라스를 떠나는 사람들」 뒤에 나오는 단편 「혁명 전날」에 대해 "오멜라스를 떠난 사람들 가운데 한 사람에 관한 이야기"라고 작가 스스로 후기에서 밝히고 있기도 합니다.

그리고 방탄소년단에겐 일곱 멤버가 함께 봄날을 맞이한다는 사실이 중요합니다. 〈봄날〉의 뮤직비디오에서도 그런 다짐이 잘 드러나 있지요. 그들에게 있어 'YOU NEVER WALK ALONE'이란 문장은 세상을 향한 메시지이기도 하지만, 멤버들 서로가 서로에게 던지는 격려의 말이기도 할 테니까요. 《YOU NEVER WALK ALONE》 앨범의 마지막 곡, 〈A Supplementary Story: You Never Walk Alone〉의 한 구절처럼 말이죠.

넌 같이 걸어 줘
나와 같이 날아 줘
하늘 끝까지
손닿을 수 있도록
이렇게 아파도
너와 나 함께라면
웃을 수 있으니까

5. 마무리하며

어슐러 K. 르 귄은 1970년대 초반 「오멜라스를 떠나는 사람들」을 쓴 배경에 대하여 "미국인이 처한 양심적 딜레마" 때문이라고 밝히고 있습니다. 산업사회가 고도화되며 빈부의 격차가 심화되는 상황, 그리고 유례없이 부유한 생활을 누리는 미국인들이 소외된 이웃에게 일말의 죄책감이나 부채감도 없이 미국사회를 찬양하는 분위기를 비판하고 싶었던 것이겠죠. 그리고 그 메시지에는 시공간을 훌쩍 뛰어넘는 보편성이 있습니다.

이 작품 말고도 『바람의 열두 방향』에는 작가의 광활한 작품 세계를 짐작케 하는 초기 걸작들이 수두룩합니다. 60년대에서 70년대, 작가가 아직 SF 판타지계의 거장이 되기 전에 자신의 세계관을 정립하는 '성장의 향기'가 물씬 풍깁니다. 그런 면에서 어슐러 K. 르 귄을 처음 접하는 독자들이 『바람의 열두 방향』으로 입문하는 것도 좋을 것 같습니다. 그리고 『어둠의 왼손』이나 어스시 전집 등 그의 대표작들을 천천히 읽어 나가면 어떨까 싶습니다.

그리고……. 어쩌면 방탄소년단 또한 이러한 경험을 통과하며 무럭무럭 성장하고 있는 것 아닐까요? 이미 세계의 최정상에 서 있지만, 그들 또한 더욱더 높고 아름다운 어딘가를 향하여 계속 나아가리라 확신합니다. 〈봄날〉은 어쩌면 그들에게 중요한 도약이 아닐까 기대해 봅니다. 맨 처음 인용한 어슐러 K. 르 귄의 말처럼, 우리 세계에 필요한 것은 슈퍼히어로가 아니니까요.

함께 아파할 줄 알고, 때로는 실수하면서도, 누군가의 슬픔을 오래도록 기억할 수 있는 존재야말로 가장 강한 영웅입니다. 방탄소년단은 그 사실을 이미 알고 있는지도 모릅니다.

IV.
인간에 관하여

1. 약속
<To Be One(Intro.)>: 워너원

작사: 별들의전쟁*
작곡: 별들의전쟁*
　　　　아테나

준비해 손 높이 들어

꽉 잡아 눈 감지 마

지금부터 ONE by ONE

하나하나 다 해내고 말 테니까

We got 1 0 1 Soul

심장에 새긴 백하나의 Soul

You know it

Not eleven but only ONE

Step by step to the top & Only ONE

보여줄 준비가 됐어 하나가 된 우리 모습을

후회 없이 쏟아내고 싶어 매일이 마지막인 것처럼

We wanna be the ONE!

What's up What's up

Watch out!

Wanna be the ONE!

Here we come out

Come out

Wanna be the ONE!

What's up What's up

We wanna be the ONE!

We wanna be the ONE!

We gotta get that

To Be ONE!

1. 약속

\<To Be One(Intro.)\>: 워너원

약속은 인간다움의 시작입니다. 인간은 약속을 하고, 그 약속을 지킬 수 있는 존재입니다.

워너원도 약속을 하고, 그들을 지켜보면서 응원하는 우리도 약속을 합니다. 수면 위로 잔잔히 퍼져 나가는 동심원처럼, 우리들은 누군가와 맺은 약속을 중심으로 자기 영혼의 지름과 외연을 넓혀갑니다. 니체는 인간을 '약속할 수 있는 존재'라고까지 말하기도 했어요. 우리는 약속을 통해서 지금보다 더 성숙한 사람이 되어 조금씩 앞으로 나아갈 수 있습니다.

세상에는 참 많은 약속들이 존재합니다. 친구와 만날 시간을 정하는 사소한 약속에서부터, 결혼한 부부가 서로 간에 충실할 것을 맹세하는 평생의 약속까지……. 약속의 범위는 실로 무한합니다. 우리가 학교나 직장에 다닐 때 지켜야 할 여러 규칙과 규율들 또한 모두 약속이라 부를 수 있겠죠. 법도 사회 구성원들 사이에 합의해 둔 하나의 약속입니다. 우리는 다른 이들과 약속된 규칙 안에서 이런저런 대화를 나누고, 스포츠와 예술을 즐기고, 화폐를 사용하고, 투표를 통하여 대표자를 선출합니다.

즉, 내가 태어나기 전부터 세상살이의 법칙들은 대부분 꼼꼼하고 치밀하게 '약속'되어 있습니다. 때때로 그 약속이 변하기도 하지만, 우리가 평생에 걸쳐 타인과 약속을 나누고 그것을 지켜가야 하는 존재라는 사실은 변함이 없습니다.

약속의 철학, 약속의 공동체

애초에 인간과 인간의 약속이야말로 모든 공동체의 시작이었다는 철학적 견해도 있습니다. 장 자크 루소가 쓴 『사회계약론』은 한 국가를 지배하는 정치권력이 하늘에서 뚝 떨어진 게 아니라, 평등한 개인들 간의 계약, 즉 '약속'을 통해 권력자에게 위임된 것이라는 급진적인 사상을 담고 있습니다. 지금으로선 당연하기 이를 데 없는 국민주권 이론이지만, 당시 『사회계약론』은 18세기 말 프랑스 대혁명을 불붙인 책이 되었습니다. 책한 권이 국왕 루이 16세의 목을 날려버렸다는 말이 나왔을 정도니까요. (루이 16세는 혁명 세력에 의해 마리 앙투아네트와 함께 단두대에서 처형당했습니다.)

루소는 이 책에서 태고에 가까운 자연 상태를 묘사합니다. 루소의 상상에 따르면, 이때 우리의 선조들은 자유롭고 고독하게 세계를 활보하고 다녔습니다. 그 시절엔 어떤 사람도 저 넓은 대지를 자기 땅이라고 내세우지 않았으니까요. 국가라는 개념도, 가족이라는 개념도 아직 등장하기 전이었던 시절엔 어느 누구도 타인을 강제로 억압하지 않았습니다. 이들은 폭력을 태생적으로 거부했고 평화를 사랑했습니다. 때가 되어 이들은 정착을 결심합니다. 루소는 그때 사람들 사이에 평화롭고 평등하게 맺은 '약속'이 모든 정치 공동체의 근원이라고 묘사합니다.

우리 모두 당시의 인간들을 만나본 일이 없으니 그 묘사를 맞다 틀리다 단언할 수는 없겠지만……. 루소의 설명은 굉장히 얼토당토않고 비현실적으로 느껴지지 않나요? 무엇보다도 우리는 인간이 자신의 본능 깊은 곳에서 얼마나 이기적이고 폭력적이며, 타인에게 잔인하게 굴 수 있는지를 알기 때문이죠.

루소가 제시한 이런 '최초의 공동체'는 당대 철학자들에게도 몽상에 가까운 이상론이라며 거세게 비판을 받았습니다. 루소는 "인간은 자유로운 자연인으로 태어났지만, 어디서나 쇠사슬에 묶여 있다"는 기치를 내세우며 인류 문명을 전면적으로 비판했는데, 루소와 동시대인이자 라이벌 격이었던 볼테르는 그런 사상에 대하여 "루소는 인간이 다시 네 발로 기는 동물로 돌아가길 바라는 것 같다"고 쏘아붙였습니다. 볼테르를 비롯한 계몽주의자들은 인간 문명의 발전과 진보의 힘을 찬양했고, 루소 사상의 핵심이 되는 '문명 이전의 자유로운 인간' 등의 묘사를 철저하게 불신했습니다.

볼테르의 말마따나, 이후 인류학계에선 고대인들의 초기 정치적 공동체에도 많은 폭력과 학살의 흔적이 묻어있다는 연구 결과들이 수없이 보고되었습니다. 그러니 우리들도 하나의 국가와 정치권력의 시작을 (루소의 설명대로) 자연 상태의 순선하고 평등했던 개인들의 약속으로 볼 게 아니라, 토머스 홉스의 유명한 표현처럼, "만인의 만인에 대한 투쟁"을 조금이라도 줄이려는 우리 선조들의 비명과 안간힘에 더 가까웠다고 봐야 마땅할지도 모릅니다.

그렇지만 저는 루소의 철학적 상상을 여전히 유효하다고 생각합니다. 인간은 자연 상태에서 벗어나 타락했고, 사악해졌다는 루소의 시각은 틀렸을지도 모릅니다. 인간의 본성을 설명하기엔 성선설보다 성악설이 훨씬 더 그럴 듯하게 느껴질 때도 많습니다. 그러나 루소의 사상을 단순히 순진한 성선설이라고 치부하기엔, 그가 힘차게 묘사했던 저 태곳적의 공동체 이전의 인간의 모습, 오로지 자신의 내면에 충실했으므로 타인에게도 너그러울 수 있던 진정한 개인의 모습은, 우리 현대인에게도 인간성에 대한 한층 더 깊은 생각거리를 던져 준다고 믿습니다. 국가와 법률, 제도와 도덕이 탄생하기 이전의 '고독한 개인'이라는 상상은 우리를 저 수만 년 전의 시간으로 되돌려 놓으며, 내 몸속 깊은 곳에서 숨 쉬는 자유와 생명의 에너지를 꿈틀거리게 만드는 것 같습니다.

나는 수많은 세대를 아우르며 공고하게 굳어진 외부적인 규율과 구속에 얽매인 존재이지만, 또한 그것을 넘어서 있는 존재이기도 하니까요. 나는 그것을 매 순간 확인할 수 있습니다. 이 사회에 적응하기 위하여 무조건적으로 지킬 것을 강요받는 그 모든 약속들의 행진 너머로, 내가 홀로 남겨진 순간, 나의 고요한 내면을 응시하며 자기 자신을 향한 약속들을 던지는 그 순간들에 말이죠. 우리는 타인과 맺어진 약속들의 빽빽한 숲에서 살아가지만 그만큼 끊임없이, 나 스스로와도 약속을 맺는 존재입니다. 워너원의 첫 정규 앨범의 도입을 알리는 1번 트랙 〈To Be One (Intro.)〉은 그런 약속의 노래입니다. 이 노래에서 그려지는 약속은 우리가 어떤 사회적인 혹은 법적인 규범이나 외부의 강제에 '떠밀려' 지켜 나가는 약속이 아니라, 누군가를, 그리고 마침내는 나 자신을 실망시키지 않기 위해 자발적으로 '떠맡는' 약속입니다.

약속이라는 말에 담긴 것들

약속은 정말로 일상적이고 친숙한 단어이기 때문에 우린 보통 이 단어의 본질을 그리 심각하게 생각하지 않습니다. 그러나 약속은 인간성의 많은 특성들을 함축하고 있는 관념입니다.

약속이란 지금 이 순간 정해 둔 일로 누군가와 함께 미래를 기약하는 행위입니다. 그러므로 약속은 은연중에 현재와 미래라는 시간성을 담보하고 있습니다. 약속이 지켜질 미래가 다가왔을 때 과거에 맺어 둔 약속을 잊지 않아야 하니, 결국 약속하는 일은 '기억하는 일'을 요구하고 있기도 하죠. 또 약속을 맺는 일은 '약속을 맺음'과 '약속이 지켜짐' 사이의 시간 동안 약속을 맺은 두 사람의 지속성과 수미일관성을 전제로 하고 있습니다. 인간은 언제라도 변할 수 있고 제멋대로 행동할 수 있는 존재이지만, 약속은 우리를 일관되고 예측 가능한 존재가 되도록 인도

합니다. 비유하자면, 약속은 인간이라는 삼차원의 존재 위에 단호하게 이차원의 두터운 선분 하나를 긋는 일이라고도 할 수 있습니다. 마치 이 무질서한 세상 속에서 묵묵히 하나의 길을 가리키고 있는, 확고한 이정표와도 같은 선분을.

약속을 할 때 나는 약속을 지킨 순간의 나를 무의식적으로 가정해 두며, 그런 미래의 나를 신뢰하고 있습니다. 그러므로 약속을 하기 위해선 자기 자신에 대한 인식과 신뢰가 필요합니다. 진정 내가 어떤 사람인지를 알고, 무엇을 원하는지 알아야 누군가와 약속을 할 수 있습니다. 그럴 때 우린 누군가를 속이지 않아야 하고, 자신을 속이지도 않아야 합니다. 즉, 약속하는 일은 자신과 타인에 대한 진실성을 포함하고 있기도 합니다. 이처럼 나의 진실함이 담긴 약속은, 타인에 대한 자발적인 충실함인 동시에 자기 자신에 대한 굳건한 의지의 표현과도 같습니다. 내가 맺은 약속이 지켜졌을 때, 나는 스스로에 대하여 '나 자신을 포함한 그 누구도 배반하지 않는 존재'임을 확신할 수 있습니다.

마지막으로 약속은 나의 정체성이 본질적으로 타인과 이 세상에 기대고 있다는 사실을 일러 줍니다. 아리스토텔레스는 다른 사람들과 어울리는 정치 공동체(폴리스)의 일부가 아닌, 혼자서도 만족스러워 고립된 사람에 대하여 '짐승' 아니면 '신'이라고 표현했습니다. 하지만 짐승이나 신이 아니므로 결코 사람들 틈에서 고립될 수 없는 우리 인간은, 언제나 타인들과 맺는 수많은 약속에 둘러싸인 채 살아가야 합니다. 세상과의 약속에서 자유로운 사람은 없습니다. TV 프로그램 〈나는 자연인이다〉에 등장하는 깊은 산 속 자연인들도 그런 약속에서 완전히 자유롭진 못합니다. 그들도 세금을 내고, 오직 자신의 땅을 경작하고, 법률에 따라 행동하고 있습니다. 단지 그런 사회적인 약속을 최소화하려 노력할 뿐이죠.

자신을 향해 맺는 약속에 대하여

니체는 루소에게 큰 영향을 받았지만(그건 루소 이후의 모든 19세기 철학자들이 마찬가지였습니다), 인간의 본성에 관해선 루소와는 꽤다른 의견을 가지고 있었습니다. 니체는 인간이 본래 감정과 욕망의 노예이므로, 약속을 지키지 못하는 존재라고 보았습니다. 그러나 약속을 지키지 않았을 때 한 사회 공동체에서 받았던 끔찍한 훈육과 처벌의 결과, 인간은 역사적으로 약속을 지킬 수 있는 존재로 거듭났습니다. 니체는 인간이 약속을 어겼을 경우 직접 고통스러운 대가를 치르거나 타인의 고통을 지켜보면서 비로소 약속의 중대함을 깨닫게 된다고 말합니다. 타인의 재산을 훔치면 신체의 일부가 잘린다든가, 국가의 법률을 어기면 살을 찢는 고문을 받는다든가 하는 끔찍한 훈육을 보면서, 우리 선조들은 겁에 질린 채 약속은 반드시 지켜야 한다는 걸 깨달았다는 것이죠.

그러나 니체는 인간이 본래 사악하므로 사회의 법과 도덕에 강제를 받아야 한다는, 단순한 성악설의 인간론을 넘어섭니다. 니체가 말하는 '약속을 할 수 있는 인간'이란 세상의 법과 도덕에 의하여 길들여진 인간이지만, 동시에 그 모든 타율적이고 외부적인 약속들을 부숴 버리고, 자율적이고 독립적으로 '자신만의 약속'을 지킬 수 있는 인간입니다. 인간은 세상의 잔혹한 형벌에 의하여 약속을 할 수 있는 동물로 거듭났지만, 그것이 전부는 아닙니다. 이 세계에 반기를 들며 자신만의 고유한 의지를 표명하고 자기 자신과의 약속을 지킬 것을 선언했을 때, 니체는 비로소 그 사람을 '초인(超人)'이자 주권적인 개인(das souverane Individuum)이라고 부릅니다. 주권적인 개인을 휘두를 수 있는 권력은, 그 어떤 외부의 법률이나 규범에서 나오는 것이 아니라 오로지 그 자신의 내면에서 비롯됩니다. 실로 자신만만한 표현입니다.

니체는 어쩌면 인간을 너무나도 강인한 존재로 바라봤는지도 모르겠어요. 어쨌든 그는 타인과의 약속을 뛰어넘어 자기 자신을 향해 맺는 약속이 우리에게 얼마나 중요한지를 강력하게 설파하고 있습니다. 그때 자신을 향해 던지는 약속은 우리 인간에게 하나의 존엄한 다짐이자 아름다운 가능성으로 남게 될 약속입니다.

우리들 내면의 양심에 관해 냉소적인 시각을 갖는 일은 쉽습니다. 우리가 타인과의 약속을 지키는 것, 그래서 예의바르게 행동하고 다른 이들에게 '괜찮은 사람'이라는 평판을 얻으려는 것은, 결국 남들에게 비난받거나 사회적으로 매장당하기 두려워서라고 단정하는 이들도 많습니다. 이들은 인간에게 내재한 사악하고 이기적이며 나태한 본성에 주목합니다. 어찌 외면할 수 있겠어요? 그 또한 엄연히 인간의 중요한 본능입니다. 인간은 등 따뜻하면 눕고 싶고, 누우면 자고 싶고, 사돈이 땅을 사면 배가 아프며, 남의 불행을 보고 슬그머니 미소를 짓는 존재입니다. 인간은 별 수 없이 나약한 존재입니다.

워너원은 정규앨범 첫 곡 〈To Be One (Intro.)〉의 노랫말에서, 자신들의 약속을 '심장에 새겼다.'고 자신만만하게 이야기합니다. 그들은 이제 멤버들 열한 명이 하나가 되었다며, 매 순간을 마지막처럼 후회 없이 쏟아낼 거라고 다짐했습니다. 이 열의에 넘치는 메시지를 그렇고 그런 아이돌의 다짐으로 가볍게 넘겨 버리는 것은 쉽습니다. 우리 세상은 청소년 만화처럼 꿈과 희망이 넘치는 곳은 아니기 때문에, 앞으로 수 년 동안 이 젊은 신인들의 꿈을 무참히 산산조각 낼 '어른의 사정'이 닥치리라는 건 굳이 어른이 아니더라도 쉽게 알 수 있습니다. 어쩌면 지금 폭발적인 인기를 끌고 있는 그 멤버들도 하나둘씩 서서히 잊혀져갈 것입니다. 더 뛰어난 미모와 더 폭발적인 퍼포먼스를 자랑하는 라이징 스타들은 끊임없이 배출될 게 분명하고, 엔터테인먼트 업계의 생리는 언제나 짧고 냉정합니다.

세상의 그 어떤 일들이라고 이와 다를까요? 워너원의 이 곡처럼 대중을 향해 자신의 다짐을 공표하진 않더라도, 우리는 어떤 일을 시작할 때, 어떤 관계를 맺을 때, 언제든 타인은 물론 자기 자신과도 약속하는 존재입니다. 자신과 맺는 약속은 나 자신을 움직이는 의지인 동시에, 지금 이 순간 나의 미래를 향해서 맹세하는 것이며, 그러므로 내게 아직 도래하지 않은 '언젠가'를 기억하는 일입니다. 나는 약속을 하며 나를 '약속된 존재'로 밀어붙입니다. 내가 지켜야 할 약속이 나를 성장시킵니다.

그 약속은 끝내 지켜지지 못할 수도 있습니다. 워너원의 멤버들도 그렇고, 우리들도 마찬가지입니다. 그렇지만 끝내 지켜지지 못한 약속이 있더라도, 그런 미완의 약속조차 우리를 그 약속에 더 가까운 사람으로 만들었다는 것이 중요합니다. 그 누구의 명령에 따르거나 누군가의 눈치를 봐서가 아니라, 우리 내면에서 하나의 약속을 깊숙이 믿고 그 약속을 향해 자신을 바치면서 최선을 다했다는 사실만이 중요합니다.

요컨대 약속을 기억한다는 것은 미래의 어떤 순간, 그것을 지켜야만 한다는 것을 기억하는 일입니다. 미래는 아직 다가오지 않았고, 우린 지금 여기에 서 있습니다. 약속을 지킬 시간은 아직도 충분합니다. 우리가 죽지 않는 한, 언제까지나 말이죠.

2. 이야기
<어떻게 사랑이 그래요>: 이승환

작사: 이승환
작곡: 이승환
      황성제

사랑이 잠시 쉬어 간대요
나를 허락한 고마움 갚지도 못했는데
은혜를 입고 살아 미안한 마음뿐인데

마지막 사랑일거라 확인하며 또 확신했는데
욕심이었나봐요
난 그댈 갖기에도 놓아주기에도 모자라요

우린 어떻게든 무엇이 되어있건
다시 만나 사랑해야 해요
그때까지 다른 이를 사랑하지 마요
어떻게 사랑이 그래요

사랑한단 말 만 번도 넘게 백년도 넘게 남았는데
그렇게 운명이죠 우린
악연이라 해도 인연이라 해도 우린

우린 어떻게든 무엇이 되어있건
다시 만나 사랑해야 해요
그때까지 다른 이를 사랑하지 마요
안 돼요, 안 돼요

그대는 나에게
끝없는 이야기
간절한 그리움
행복한 거짓말
은밀한 그 약속
그 약속을 지켜 줄 내 사랑

너만을 사랑해 너만을 기억해 너만이 필요해

그게 너란 말야

너만의 나이길 우리만의 약속

그 약속을 지켜 줄 내 사랑

너만을 사랑해 너만을 기억해 너만이 필요해

그게 너란 말야

너만의 나이길 우리만의 약속

그 약속을 지켜 줄 내 사랑

2. 이야기
<어떻게 사랑이 그래요>: 이승환

'사람이 죽으면 한 권의 책이 덮이는 것과 같다.'는 비유가 있습니다. 오래 전 들은 이 말은 제 마음 속에도 깊이 남아 있습니다. 우리는 모두 하나의 길고 긴 이야기입니다. 우리 모두 언젠가 완결될 순간을 기다리면서 저마다 자신의 이야기를 써 나가고 있죠. 나의 이야기는 내 곁에서 펼쳐지는 소중한 사람들의 이야기와 만나고 엇갈리기를 반복합니다. 이야기와 이야기가 만나서 서로를 수정하고, 보완하며, 풍성하게 채워 줍니다.

그 이야기의 결말은 누구도 모릅니다. 이야기의 주인공조차 전혀 알 수 없습니다. 마침내 끝을 맞이하는 순간까지, 하나의 이야기는 끊임없이 수정될 게 분명하니깐 말이죠. 언젠가 이야기의 마침표를 찍는다 해도, 내 생애가 담긴 책의 수명은 다하지 않습니다. 내가 남겨 놓은 이야기는 또 다시 누군가가 자신의 책을 풀어나가는 데 도움을 줄 거예요. 때로는 내 의도와 전혀 다르게 해석되고, 남겨진 이들에게 신기하고 엉뚱한 영감을 주기도 하겠죠. 내 생전에 써 내려간 이야기는 읽는 사람의 상상력과 가능성이 더해져, 더 흥미롭고 더 다채롭게 해석될 것입니다.

"작품이 끝나면 작가는 죽어야 한다. 죽음으로써 그 작품의 해석을 가로막지 않아야 하는 것이다." 움베르토 에코는 자신의 대표작 『장미의 이름』에 부친 '창작 노트'(열린책들)에서 이렇게 기록해 두었습니다. 작가는 매번 죽는 존재이고, 매번 다시 태어날 수 있는 존재입니다. 우리는 자신의 삶을 쓰는 작가이고, 내가 죽은 후에도 작가라고 불릴 것입니다. 내 이야기를 읽어 주는 사람이 세상에 남아있는 한.

인간은 자신의 이야기를 쓰는 작가인 동시에, 타인의 이야기를 읽는 독자이기도 합니다. 모든 삶이 마찬가지입니다. 그리고 가수 이승환이 직접 곡을 쓰고 부른 〈어떻게 사랑이 그래요〉의 노랫말처럼, 내가 사랑하는 한 사람의 그대는 나에게 "끝없는 이야기"로 남을 것이 틀림없어요. 그대와 내가 맺은 "우리만의 약속"은 내 영혼에 기록되어 언제까지나 나의 이야기를 인도할 것입니다. 우리 두 사람이 "악연이라 해도, 인연이라 해도" 상관없고, 그대와 내가 설령 영영 헤어졌다고 해도 괜찮습니다. 내가 내 안에 담겨 있는 그대를 기억하고, 그대를 상상하고, 그대와 맺은 약속을 잊지 않는 한, 우리의 이야기는 언제까지나 무수하게 변주되고 새롭게 피어오를 수 있습니다.

책에는 엄연히 완결이 있지만, 책을 깊고 성실하게 읽는 독자는 언제나 그 완결 너머에서 자신만의 세계를 건설합니다. 그대라는 이야기에는 끝이 있지만, 내가 그대의 이야기를 읽고, 기억하고, 그것을 받아들이는 지평에는 끝이 없습니다. 이것이 이야기가 갖는 아름다운 역설입니다. 우리들의 삶이 기록된 책은 여느 책들처럼 시작과 끝이 엄연히 존재하지만, 하나의 이야기는 서로에게 읽히고 기억됨으로써 그 끝맺음을 극복할 수 있습니다.

중요한 것은, 그때 나에게는 그대의 이야기를 끊임없이 읽어 내려는 의지가 있어야 한다는 것입니다. 우리는 두꺼운 책 한 권을 독파하는 일이 생각보다 더 힘이 든다는 것을 알고 있습니다. 하나의 이야기에 즐겁게 몰입하다가도, 때로는 그것이 한없이 지루하게 느껴지기도 합니다. 작가의 의도를 이해하지 못하는 경우도 생기고, 가끔은 작가에게 근본적인 회의감이 생기기도 하죠. 그럼에도 불구하고 어떤 이야기를 손에서 놓지 않고 계속 읽어나가는 일은 작가의 몫이 아니라 독자의 몫입니다.

만약 나와 마찬가지로 그대에게도 내 이야기를 읽어줄 의지가 있으면, 그것만큼 축복어린 일은 또 없을 거예요. 나와 그대는 평생을 함께하면서 '두 사람의 책'을 만들어 나갈 수 있겠죠. 물론 사람 사이의 관계가 언제나 그처럼 평온하고 축복으로 가득했다면 이승환이 〈어떻게 사랑이 그래요〉란 곡을 쓸 일은 없었을 것입니다.

서로의 이야기를 읽어나가는 일이 성공하기 위해선, 단지 의지만 넘쳐서도 안 됩니다. 어떤 이야기를 읽는 일에는 분명 오랜 시간과 훈련의 과정이 필요합니다. '이야기는 그 이야기를 알아 듣고 이해하는 사람에게만 들린다.'는 경구가 있습니다. 문학 읽기에 별다른 관심이 없었던 이에게 무작정 단테와 괴테의 두툼한 작품들을 쥐어 주는 일은 고역에 가깝습니다. 추리 소설을 읽는 데서 아무런 재미와 가치를 찾지 못하는 사람에게 이 장르의 탁월함과 뛰어남을 아무리 강조해 봤자 서로에게 괴로운 일에 불과할 거예요.

그러므로 상대의 진정한 가치를 읽어내기 위해선, 내가 그 가치를 알아볼 수 있는 사람이 되어야 합니다. 상대 또한 내게 마찬가지입니다. 식물학자의 남편이 꼭 식물학을 깊이 공부할 필요는 없습니다. 그러나 아내가 왜 식물학에 매료되었고, 식물을 연구하는 일이 이 세계에서 어떤 의미와 가치를 품는지 정도는 공감할 수 있어야 하겠죠.

누군가의 이야기에 진정 귀를 기울이려면, 적어도 어느 정도 서로의 수준과 탁월함을 읽어낼 수 있는 사람이 되어야 합니다. 그래야 서로의 이야기가 막힘없이 이어질 수 있고, 서로의 세계를 깊이 있게 배려할 수 있습니다.

한 편의 이야기처럼, 우리는

인간은 이야기하는 존재입니다. 미국 영문학자 존 닐은 '이야기하는 사람'을 뜻하는 라틴어 '호모 나랜스'(Homo Narrans)를 제목으로 책을 출간하기도 했습니다. 그는 이 책에서 인간은 태생적으로 이야기하려는 본능을 가지며, 이야기를 주고받지 않고서는 살아갈 수 없는 존재라고 주장합니다.

한 사람이 사회를 이해하는 것도 이야기를 통해서이고, 자기자신을 인식하는 것도 이야기를 통해서입니다. 좀 더 나아간다면, 우리의 뇌와 의식 구조 자체가 한 편의 이야기와 같다는 묘사도 가능합니다. 철학자 대니얼 데닛은 인간의 뇌에 들어오는 정보는 다양한 메커니즘을 통해 분산적으로 처리되고 연속적으로 생성·편집되는 이야기들의 흐름 같은 것이라 말하기도 했습니다. 그의 말을 옮겨보면 다음과 같습니다.

"소설을 쓰는 과정에 글을 쓰고 고쳐 쓰면서 편집 중인 여러 원고가 있듯 우리의 정신에도 입력된 내용에 여러 내용이 보태지고 고쳐지면서 계속 편집 중인 원고가 있다. 우리가 경험하는 것은 눈의 망막이나 귀, 피부에서 일어나는 일이 그대로 반영된 것이 아니라 세상에서 얻은 정보에 여러 해석과 편집이 가해진 산물이고, 뇌의 여러 곳에는 다양한 편집 과정에 있는 다양한 이야기 조각들의 다중원고가 있다. 이런 원고 중에는 우리가 캐묻느냐 마느냐, 언제 캐묻느냐에 따라 기억에 머물지 못하고 사라져버리는 것도 있고, 말이나 행동으로 존재를 드러내는 것도 있다."

— 대니얼 데닛, 『의식의 수수께끼를 풀다』 (옥당)

과연 사람이 한 권의 책과 같다는 비유는 참 정확하지 않나요? 말하자면 우리는 수많은 이야기 조각들로 구성되어 있고, 그 이야기들은 하나의 완성된 원고를 향해 계속 수정되고 있습니다. 큼직큼직한 사건들과 이력들이 내 이야기의 기본 뼈대가 되고, 그 사건들을 둘러싼 수많은 감정들은 내 이야기에 빛깔과 무늬를 더해 줍니다.

때로는 너무나 강력하고 큰 사건과 감정들이 우리를 압도하여 잠식할 것만 같을 때가 있습니다. 그때는 이야기의 진행을 잠시 멈추고, 자신의 호흡을 돌아봐야 하는 때입니다. 그 순간 이야기의 흐름을 멈추지 않으면, 우리의 인생은 삭막하고 무미건조한 연대기나 교과서와 같은 게 되어버릴 거예요. 때로는 인생의 큰 줄기와 자신의 삶이 지향하는 바가 흐릿해진 채 모든 사건들이 지루하고 따분하게 느껴질 때도 있죠. 어쩌면 그때는 과감하게 하나의 챕터를 완결 짓고, 내 이야기의 새로운 챕터를 시작해야 하는 순간일지도 모릅니다.

앞서 살펴본 김연자의 〈아모르 파티〉의 노랫말 그대로, 우리는 "인생이란 붓을 들고서", 매 순간 이야기의 큰 흐름 속에서 자신만의 스토리를 고민하고, 취사선택과 교정 교열을 거듭하는 존재입니다. 여기서 주목할 만한 것은, 우리 모두의 이야기에는 '일관성'이 있다는 사실입니다. 한 사람의 삶은 한 편의 훌륭한 이야기처럼 무섭도록 일관적입니다, 이야기가 어떤 사건으로 가득하든, 그 안에 깊이 숨겨진 자신만의 독특한 색채와 흐름은 이야기 깊은 곳을 관통하며 스며들어 있습니다. 그래서 인생에서 자신의 궤도를 벗어난 '완전히 새로운' 이야기는 쉽게 찾기 힘듭니다. 변화는 언제나 점진적입니다. 그동안 한 사람이 쌓아온 삶의 경로가 있고, 우리는 가급적 그 길을 유지하려는 관성적인 존재에 가깝습니다. 내가 나의 삶을 큰 틀에서 변혁하는 일에 오랜 시간과 큰 공력이 소요되는 것은 이 때문입니다.

그러므로 자신의 과거를 기억하고, 그것을 하나의 의식적인 서사로 끌어들이려는 시도는 언제나 스스로에게 큰 도움이 됩니다. 과거를 잊지 않고 되새긴다는 건 내 삶이 어떻게 흘러왔는지를 한 눈에 조망하는 일과 같습니다. 우리는 자신이 흘러온 물길을 알아야 그걸 어떻게 틀어나가야 할지도 가늠할 수 있습니다. 일기를 쓰는 것은 이런 맥락에서 매우 소중하죠. 자신의 삶을 잊지 않고 기록해두며 그 물길을 '서사화'하는 일이니까요. 미국 시러큐스대의 문예창작과 교수인 메리 카는 "과거의 일들이 자신의 내면을 어떻게 휘두르고 있는지 이해하지 않고서는 현재에 무엇인가를 선택할 때 과거로부터 자유로울 수가 없다."고 말하기도 했습니다.

서로의 고통을 '듣는' 일에 관하여

우리의 삶을 하나의 '이야기'로 파악할 때 가장 아름다운 지점은, 역시 서로의 이야기를 깊이 읽고 경청하는 태도입니다. 누군가의 밝고 긍정적인 이야기뿐만 아니라, 그의 괴롭고 절박한 이야기까지 놓치지 않으려는 자세는 그 자체로 빛나는 인간성을 증언해 주곤 합니다.

우리들이 차마 귀 기울이기 힘든 이야기들이 있습니다, 혼돈과 어둠으로 가득해서 가능하면 피하고 싶고, 밀어내고 싶은 이야기들이 있는 것이 사실입니다. 하지만 타인이 고백하는 그런 고통과 신음으로 가득한 이야기를 외면하지 않고 끝까지 들어주는 자세는, 우리들을 윤리와 구원의 지평으로 인도합니다.

이 책의 〈죽음〉 챕터에서 자세히 살펴보았듯 고통은 인간을 갈가리 찢어내고 분리시킵니다. 고통과 상처 앞에서 한 사람은 철저하게 무력한 감정을 체험하게 됩니다. 그는 타인과 함께 나누어질 수 없는 절대적인 고독에 자신을 내맡겨야 합니다. 특히 그 고통이 죽음을 예감케 하는 깊은 질병과 결합되었을 때, 고통 받는 자는 자신이 앞둔 죽음에 대한 두려움과 절망까지 저 홀로 견뎌내야 합니다. 어느 누구도 죽음에 대한 그의 공포를 덜어줄 수 없습니다.

캘거리 대학의 교수를 지낸 아서 프랭크의 『몸의 증언』은 바로 그런 순간 상처 입은 누군가의 이야기를 듣는 일이 얼마나 가치 있는지 전해 주는 아름다운 기록입니다. 저자 자신이 심장병과 암에 시달리며 절박하게 써 내려간 책이어서, 책 안의 모든 문장들에는 쉽게 지나칠 수 없는 진정성과 무게감이 배어 있습니다.

아서 프랭크의 책에 따르면, '아픈 몸은 결코 침묵하지 않습니다.' 그는 아픈 몸이 이미 고통과 증상 속에서 생생하게 '말하고' 있다고 주장합니다. 이때 우리는 아픔에 잠긴 이들의 말들을 들을 수 있어야 합니다. 우리가 그들의 말을 들어줄 때, 고통 받는 사람들은 타인의 돌봄을 받는 존재인 동시에 한 사람의 스토리텔러로서 '타인을 치유하는 존재'가 될 수 있기 때문입니다. 그 순간 그들의 말을 듣는 일은 그 자체로 윤리적인 행위가 됩니다. 고통과 상처에 대한 놀라운 인식의 변화입니다.

아서 프랭크는 한 걸음 더 나아갑니다. 그들은 스토리텔러가 '될 수 있는' 게 아니라 '반드시 되어야' 합니다. 그들은 절망과 아픔에 헤매고 있는 존재이지만 동시에 그런 고독한 싸움을 통해 얻어낸 '힘'을 지닌 존재입니다. 그들의 고통과 상처는 그들의 이야기가 갖는 힘의 근원입니다. 이런 관점에서 보면, 질병을 앓는 사람은 건강한 사람들보다 먼저 '질병이라는 여행'을 떠나 있는 사람과도 같습니다. 그들이 그 여행에서 길어 올린 성찰과 은혜는, 아직 여행의 길을 나서지 않은 사람들에게 간절하고 귀중한 이야기로 들려질 수 있습니다. 우리들 모두 언젠가는 고통을 겪은 후 죽음에 직면해야 하는 존재이기 때문입니다.

저자는 이 책에서 우리 모두 '자신에 대한 이야기를 멈추지 않는 존재들'이라고 말합니다. 그리고 불치에 가까운 병에 시달리는 사람들이 그토록 두려워하는 것은 죽음이 아니라, 자신의 이야기를 들어줄 사람이 없어진 '소멸된 자아'일지도 모르겠다고 말하고 있어요. 그러므로 서로를 소멸시키지 않는 것, 서로의 고통어린 이야기를 '듣는' 일이 그토록 중요해집니다. 아프지 않은 이들은 그들의 고통을 대신 치러줄 수 없지만, 그들의 이야기를 듣는 일을 통하여 세계의 가장 기초적인 유대와 공감의 가치를 되새길 수 있습니다. 그 일은 고통 받는 이들을 '이야기하는' 존재로 되살아나게 하고, 그들에게 귀 기울이는 이들을 운명의 이야기를 미리 듣는 존재로 거듭나게 합니다. 아서 프랭크는 이렇게 쓰고 있습니다.

"질병을 겪으며 나는 주변의 세계를 천천히 집중해서 보게 되었다. 나도 세계도 영원하지 않을 것을 알았기 때문이다. 질병을 겪으며 나는 다른 사람들의 이야기를 들을 수 있게 되었다. 나 자신의 이야기를 중히 여기는 법을 배웠기 때문이다."

— 아서 프랭크, 『몸의 증언』 (도서출판 갈무리)

그들의 이야기는 영원할 것을 알기에

『몸의 증언』과 함께 이승환의 〈어떻게 사랑이 그래요〉를 듣는다면, 그가 이 곡을 만들었던 계기도 의미심장하게 다가옵니다. 이승환은 간암에 걸려 시한부 선언을 받았던 여성과 그의 남편의 사랑을 다룬 2006년의 한 다큐멘터리를 보고 이 곡을 썼다고 하는데요. 그는 죽음도 갈라놓지 못한 그들의 사랑 이야기를 보며 "나도 저들처럼 사랑했어야 하는데……."라고 생각하면서 눈물을 그치지 못했다고 합니다.

질병과 고통, 죽음은 젊은 부부를 떼어 놓았지만, 그들은 자신들의 사랑을 통해서 결국 서로의 "끝없는 이야기"로 남을 수 있었습니다. 한 사람은 떠나갔지만, 남은 사람에겐 간절한 그리움이 남았고, 뜨거운 약속이 남았습니다. 그들의 책은 영원히 덮이지 않을 것입니다.

나도 세계도 영원하지 않고, 인간은 필멸(必滅)합니다. 그러나 오로지 '이야기의 역설'이 남아서 우리를 위로합니다. 우리는 오직 서로를 읽고, 서로를 듣고, 서로를 기억함으로써 서로를 소멸시키지 않고 영원의 지평을 약속할 수 있습니다. 젊은 부부의 이야기는 앞으로도 계속될 것이며, 그 이야기에는 끝이 없을 것입니다. 〈어떻게 사랑이 그래요〉는 그 '끝없음'에 부치는 서글프고 아름다운 찬가입니다.

3. 헌신
<그대로 있어주면 돼>: 장필순

작사: 박정인
작곡: 신동우

버리고 싶은 건 니가 아니었어
버려지는 건 내가 되어줄게
이렇게 그냥 버려둬 오지 마

차마 할 수 없는 그 말들 때문에
더 힘들지도 몰라 더 묻지 마
아무것도 하지 마 눈 뜨고 있으면
여전히 우린 다시 살아갈 거야

니가 매일 다니는 골목 그곳만
그대로 있어 주면 돼
니 생각밖에 할 줄 모르는
날 위해 울지는 마

버리고 싶은 건 니가 아니었어
버려지는 건 내가 되어 줄께
이렇게 그냥 버려둬 오지 마

니가 매일 다니는 골목 그 곳만
그대로 있어주면 돼
니 생각밖엔 할 줄 모르는
날 위해 울지는 마

이젠 심한 말로
날 아프게 한대도 좋아
너를 더 많이 웃게
해주지 못한 나를 용서해줘

니가 매일 다니는 골목 그곳만
그대로 있어주면 돼
니 생각밖엔 할 줄 모르는 날 위해
제발 울지는 마 울지는 마

3. 헌신
\<그대로 있어주면 돼\>: 장필순

　몇 년 전 아침 지하철에서 있었던 일이에요. 꽤 오랜 시간이 지났어도 제 기억 속에 오랫동안 선연히 남아있는 에피소드입니다.

　평범한 캐주얼 정장 차림의 어느 20대 여성이 제 앞에서 핸드폰에 집중하고 있었습니다. 출근길의 빽빽한 지하철이었던 만큼 어깨 너머로 그녀의 폰 화면이 훤히 들여다보였습니다. 저는 다른 이의 사생활을 노골적으로 엿보는 데 취미가 있는 사람은 아니에요. (정말입니다.) 그런데 그날은 어떤 단어에 끌려서, 사실 조금 훔쳐보긴 했습니다. 그 단어는, 그 분의 핸드폰에 여러 차례 적힌 '다단계'라는 말이었습니다.

　한 마디로 말해서, 그녀는 다단계 회사에서 일하는 듯했습니다. 그녀가 노란색 대화창을 노려보며 직접 자신의 일에 대해 '다단계'라는 딱지를 붙이고 있어 놀랐습니다. 그녀의 대화창에는 자신의 입장을 강변하는 사람 특유의 집요하고 열렬한 동어 반복이 계속되고 있었습니다. 어깨에는 힘이 단단히 들어가 있었고, 입은 앙다문 채였습니다. 아침 8시가 조금 넘은 출근길의 그 혼잡스런 지하철에서 말입니다.

"나는 우리 가족을 위해서라면 다단계를 하는 게 아무렇지도 않아."라는 말을, 그녀는 자신의 대화창에 세 번은 썼습니다. 그 젊은 여자 분은 "다단계가 뭐가 그렇게 안 좋은 건데? 가족을 위해서 하는 일인데?"라고 핸드폰 너머에서 대화를 받아주는 친구에게 말했습니다. 그녀가 아침부터 그렇듯 흥분한 이유는 제가 정체를 모르는 '그분' 때문인 듯했습니다. 그녀는 자신의 친구에게 '그분'을 열심히 비난하는 중이었습니다. 제가 보는 동안에, 그녀는 자신의 말에 힘껏 동조해 주는 친구에게 "그분은 자기 스스로가 가족보다 중요한 듯"이라는 문장을 두 번 썼습니다. 아마도 '그분'은 다단계 업체에서 일하는 자신에게 안 좋은 말을 했거나, 회사가 다단계인 걸 알고 재빨리 내뺐던 모양입니다.

자기 자신이 가족보다 중요한 듯, 이라는 알듯 모를 듯 무거운 말이 그날 아침 제 가슴을 쳤습니다. 저는 팔을 비집고 휴대폰을 꺼내 '그분은 자기 스스로가 가족보다 중요한 듯'이란 한 문장을 적어 두었습니다. 그 묘하게 슬픈 문장을……. 그녀는 우리나라에서 유동인구가 가장 많다는 지하철역에 이르자 서둘러 발걸음을 떼곤 사라져 갔습니다.

그 당시 한참 장필순의 노래를 많이 들었던 탓도 있지만, 〈그대로 있어주면 돼〉라는 곡을 들을 때면 항상 지하철 속에서 엿본 '다단계'라는 단어가, 그 단어를 적던 누군가의 굳어있던 어깨가 떠오릅니다. 가족을 위해서라면 자신이 어떤 일을 하든 상관없다는 누군가의 착하고 여린, 그래서 더 아프고 어리석게 느껴지는 마음을 떠올리며 조금은 숙연한 기분이 됩니다. 물론 짧게 훔쳐 본 대화로 그 사람의 처지를 제대로 알기란 불가능에 가까울 거예요. 저는 그 사람을 섣불리 짐작하거나 판단하려는 게 아닙니다.

다만 그 짧은 일화를 떠올릴 때면, 저는 자기 자신이 아닌 누군가를 위해 스스로를 희생하는 마음가짐에 대해 생각하게 됩니다. 그런 생각을 할 때면 장필순의 이 곡이 제 가슴속에 들려오고, 이 곡이 OST로 쓰였던 드라마 〈아일랜드〉의 장면들도 떠오릅니다. 타인에게 헌신하려 발버둥 치던 그 연약해서 예쁜 마음들이.

헌신의 배신, 헌신의 슬픔

아름다운 언어는, 그 언어가 아름다운 만큼 언제나 오염되기도 쉬운 것 같습니다. 사랑과 평화, 희생과 추모, 정의와 자유와 평등…. 세상에는 아름다운 말들이 넘쳐흐르는데, 그 언어들이 무색하게도 우리네 세상살이는 온갖 거짓과 폭력과 타락으로 가득합니다. 높고 아름다운 언어의 가면을 둘러쓴 악의 그림자가 우리 곁에 스멀스멀 창궐해 있습니다. 찬란한 언어 뒤에서 날카로운 발톱을 숨긴 채, 타인을 지배하고 조종하려는 음험한 권력의 그림자를 발견하리란 그리 어려운 일이 아닙니다. 이런 면에서 기호학자 롤랑 바르트는 '언어는 파시스트'라고 잘라 말했습니다. 수십 년 전 이 땅의 곳곳에 '바르게 살자'라는 거대한 비석을 박아둔 것은, 바르게 권력을 잡지 못했던 군인들의 독재정권이었습니다.

그래서 '말'이란 언제나 그 말을 꺼내는 자의 결핍을 드러낸다고 지적한 이들도 많습니다. 사랑하고 있는 사람은, 굳이 사랑을 입에 올리지 않습니다. 진실로 성실한 사람은 자신의 성실함을 말로 표현하지 않고요. 어떻게 본다면, 언어 자체가 이미 결핍의 상징과도 같습니다. 20세기 철학계에 큰 영향을 남긴 정신분석학자 자크 라캉은, 인간은 언어를 습득함으로써 오히려 자신이 맞닥뜨린 대상(사람, 사물, 또는 관념)과의 간극과 괴리에 시달린다고 파악했습니다. 우리는 언어를 익힌 탓에 언어가 지시하는 바에 도달하지 못하는, 욕망과 언어의 역설적인 엇갈림에 시달리는 존재입니다. 우리는 행복하지 않아서 행복을 입에 달고 다니는데, 라캉에 따르면, 어쩌면 행복이라는 언어가 이미 우리 내면을 얽어매고 있을 수도 있습니다!

저는 '헌신'이라는 말보다 언어의 비극적인 역설과 잘 어울리는 단어를 찾기 힘들다고 생각합니다. 헌신은 정말 무거운 단어입니다. 이 말은 어떤 대상이나 존재를 향하여 자신의 몸과 마음을 다 바친다는 뜻을 가리키는데, 우리는 이처럼 내가 아닌 누군가 혹은 무언가를 위하여 '나를 다 바친다는 것'이 얼마나 힘든지를 잘 알고 있습니다. 한 사람이 자신의 이익과 안위를 전혀 취하지 않은 채 자기를 과감하게 내어 주고 버리는 일은 어지간해선 불가능에 가깝습니다.

그런데도 타인에 대한 헌신을 강요하는 전통과 관습, 마치 헌신을 당연한 듯 여기는 사회적 분위기가 여전히 강력합니다. 여러 조직과 집단들이 그 안에 속한 개인을 향해서 '왜 너는 너만 생각하느냐'고 몰아붙이기 일쑤이고, 집단의 목표를 위해 자신을 포기하지 않는 사람을 이기주의자로 낙인찍습니다. 그러나 이처럼 헌신을 '강요'하는 모든 집단들의 언어는, 단언컨대 100퍼센트 '거짓'입니다. 헌신은 여러 사람의 목소리로 말해질 수 있는 집단의 언어가 아닙니다. 니체는 자신의 저서들에서 '떼로 몰려다니는 사람들의 천박함'을 자주 말했습니다. 공동체와 조직, 집단의 힘을 등에 업은 채 확성기로 퍼져나가는 헌신의 언어는, 이 세상에서 가장 오염되고 천박한 언어 중 하나입니다.

그리고 이런 가짜 헌신이 만연한 탓에, 언젠가부터 우리는 헌신과 희생이란 말을 입에 올리길 꺼려하는 것 같아요. 어떤 집단적 권력이나 공동체의 권위에도 억눌리지 않은 채 자신의 행복을 자유롭게 추구하는 것이 대다수 사람들의 최우선적인 과제로 자리 잡은 듯합니다. 우리 사회는 분명 많이 풍요로워졌고, 더 이상 대중들 사이에서 "어머니는 자장면이 싫다고 하셨어."와 같은 노랫말은 널리 회자되지 않습니다. 어떤 의미에선, 헌신은 구시대적인 단어가 된 것만 같습니다. 자신의 모든 에너지를 자기를 위해서가 아니라 남을 위해 바치는 태도는 누구에게든 다소 억지스럽고 부담스럽게 느껴지는 것이 사실입니다.

그렇지만……. 제 마음에도 스며들어 있는 그런 부담스러움을 실감할 때, 저는 가끔 위에서 언급했던 지하철의 아침 풍경이 떠오릅니다. 자기 자신을 내려놓은 채 (어리석게도) 누군가에게 헌신하고 있는 그 연약한 존재가 생각납니다. 지금 이 순간에도, 가진 것 없고 불우한 사람들은 그처럼 서로의 어깨에 기댄 채 자신을 내려놓고, 억누르고, 포기해야 하는 건 아닌지 가슴을 졸이게 됩니다. 그런 이들에게 "오로지 너 자신의 삶을 살고, 자유롭게 너의 행복을 좇아라."고 말하는 것은 우리 시대의 또 다른 폭력이 아닌지를 묻게 됩니다.

많은 사람들이 자신의 삶을 아끼면서 밝고 높은 곳을 향해 뛰쳐나갈 때, 어둡고 후미지고 습기 찬 곳에 방치된 몇몇 영혼들은 더 짙은 외로움을 느끼고 있을지도 모릅니다. 그런 영혼들은 스스로가 아닌, 자신보다 더 약하고 망가진 누군가를 위하여 지금도 가녀리고 굳어진 어깨를 부여잡고 있을지도 모르겠어요.

자신을 비워내는 일의 아름다움

헌신을 강요하는 사회는 불우합니다. 그러나 헌신이란 미덕이 사라져 버린 사회도 조금은 삭막하지 않을까요?

헌신이란 자신의 '버려짐'을 감내하는 태도입니다. 헌신은 누군가를 위하여, 또는 어떤 일에 대하여 그저 자기를 온통 쏟아붓는 일이니까요. 헌신하는 사람들은 다른 이들이 알아주든 말든, 나의 헌신의 결과가 좋든 나쁘든, 그저 묵묵하게 자신의 힘을 다 바칠 뿐입니다.

그래서 상대와의 관계에서 자신을 헌신한다는 것은, 내가 그와의 관계에서 주인공, 심지어는 조연 배우도 아니라, 그의 존재를 빛나게 만들어 주는 하나의 배경이 되어도 좋다는 표현과 같습니다. 헌신하는 이들은 이해관계의 타산을 따지는 장부를 내려 두고, 자신의 온갖 인간적인 감정을 제거하고, 묵묵하게 상대를 배려하고 또 배려합니다. 그들은 김광석이 〈내 사람이여〉에서 노래한 것처럼 "내가 그대의 아픔을 만져줄 수 있다면, 나는 이름 없는 들의 꽃 한 송이가 되어도 좋을 것"이라고 확신하는 존재입니다. 그저 "네 삶의 끝자리"를 지킬 수 있다면, 그것이 내 삶의 행복일 것이라고 굳게 믿는 사람들입니다.

그래서 헌신하는 이들은 장필순이 부른 〈그대로 있어주면 돼〉의 노랫말처럼, 내가 너에게 버려졌어도, "네가 매일 다니는 골목 그곳만 그대로 있어 주면" 된다고 고백합니다. 나는 너의 온기가 남아 있는 그 풍경의 기억만으로도 기쁘게 살아갈 수 있으니까요. 그들은 자신을 헌신짝처럼 내버린 상대를 향해서 오히려 "너를 더 웃게 해주지 못해 미안해."라고 말하는 존재입니다. 말 그대로, 답답하고 어리석기 짝이 없는 사람들입니다.

저는 이렇게 누군가를 위해 자신을 전적으로 희생하는 일과 마음을 거의 언제나 불신합니다. 더구나 헌신이란 미덕을 누구에게도 강요할 생각이 없습니다. 맑고 투명한 물에 떨어진 한 방울의 검은 잉크처럼, 헌신에 단 1퍼센트라도 강요의 빛깔이 어리는 순간, 그것은 이미 헌신이 아니라 명백한 악에 불과합니다.

다만 저는 자신의 삶의 한복판에 다른 이의 자리를 놓아두는 일을 믿습니다. 물론, 그 일은 오로지 자발적이어야 할 것이에요. 저는 외부의 권력이나 강제, 집단의 목소리에 떠밀려 자신을 포기하는 일이 아니라, 오로지 내 곁에 머무르는 타인의 목소리에 온 몸으로 집중하고, 그의 아픔에 깊이 반응하며, 이를 통해 자신을 깨끗하게 비워내려는 한 사람의 의지를 믿습니다. 또 그런 굳센 의지가 품은 아름다움을 믿습니다.

저는 설령 내가 좀 더 아프더라도, 내가 사랑하는 그 누군가를 반드시 지켜내겠다는 '착한 마음'을 믿을 뿐입니다. 프랑스의 사상가 크리스티안 생제르는 "타인은 나를 가둔 덫으로부터 나를 해방시킨다."라고 말했습니다. 헌신이란 어떤 순간 나에게 소중한 타인을 위하여 나를 자발적으로 덫에 가두어 두는 일이며, 그것이 더 넓은 차원에서 나를 해방시키는 일이 될 수 있음을 믿는 미덕입니다.

그리고 타인에 대한 헌신이 아니라 자기 자신에 대한 헌신의 차원에선— 저는 '무언가를 제대로 배우려는 사람은 먼저 자신을 버리는 법을 알아야 한다.'는 격언을 믿고 있어요.

내가 몸소 선택한 어떤 일을 향하여 자신을 밀고 나갈 때, 내가 그 일을 통해 한 걸음 더 성장할 수 있다는 것을 확신할 때, 그때 내 마음속에는 어떠한 허영심도, 게으름도, 오만함도 허용될 여지가 없습니다. 그 순간, 나는 나를 버림으로써 더 큰 나를 만날 수 있습니다.

그런 순간 '자신에 대한 헌신'이란 내가 아직 이 세계에서 배워야 할 것이 많다는 것을 인정하고, 나의 경험과 인식의 원(圓)이 여전히 더 넓어져야 한다는 것을 겸허하게 응시하는 태도와도 같습니다. 그런 '텅 빈' 마음을 바탕으로 나의 모든 에너지를 내가 가치 있다고 생각하는 일에 집중할 때, 그때 내 안에선 호시탐탐 자기를 내세우려는 자존심과, 온갖 세속적 이해타산의 잡념들이 잠시 사라질 수 있습니다. 언제나 자신을 가장 소중하게 끌어안은 채, 어느 한 순간 자신의 자아를 과감하게 버리고 비우지 못하는 사람은 결코 무엇도 배울 수 없습니다.

비유컨대 돌을 깎는 순간 마치 돌과 혼연일체가 된 것 같은 어느 조각가처럼, 어떤 일에 온 힘을 다 바치는 사람은 그 자체로 미적인 탁월함을 내포하고 있습니다. 자신의 의지, 자신의 결단으로 '자기를 잠시 잊은 채' 무언가에 헌신하는 사람은 언제나 아름답습니다.

'성공 신화'를 들이대는 일의 사악함

어떤 사람들은 자유롭고 가볍게 자신의 행복을 좇아나갑니다. 그들에게는 영혼의 구김살이 없고, 죄책감이 없고, 머뭇거림이 없습니다.

그렇지만 내가 맞닥뜨린 운명이 그들과 다르더라도, 내가 누군가를 위해 나의 행복을 잠시 미뤄두고 나 자신을 양보해야 한다는 걸 알고 있더라도……. 저는 헌신의 힘을 통해서 때때로 우리들이 더 큰 세계를 만날 수 있음을 믿고 싶어요. 적어도 그런 가능성을 남겨 놓고 싶습니다.

페이스북을 만든 마크 저커버그는 언젠가 자신이 코딩에 전념하는 대신 가족을 부양해야 했다면 결코 페이스북을 만들지 못했을 거라고 말했습니다. 그는 많은 젊은이들이 더 자유롭게 자신의 꿈을 추구할 수 있는 사회, 즉 기회가 더 평등한 사회가 되어야 한다고 강조했습니다. 좋은 말입니다. 하지만 그의 말은 우리들의 세상이 여전히 불평등한 기회로 얼룩져있다는 것을 안타깝게 반증하고 있습니다. 누군가는 조앤 K. 롤링처럼, 가난한 미혼모의 처지를 감당하며 국가가 주는 사회보장금으로 허덕허덕 자신의 꿈을 보듬고 있겠죠.

조앤 K. 롤링은 한 아이의 엄마이자, 시간제 교사이자, 『해리 포터』 시리즈의 원고를 쓰는 작가 지망생이란 '1인 3역'을 오랫동안 버텨냈습니다. 그녀는 자신의 딸에게 헌신했고, 동시에 문학이라는 꿈을 향해서도 헌신했습니다. 그녀에겐 스스로를 향한 헌신과, 자신의 소중한 존재를 향한 헌신이 조화롭게 연결될 수 있었습니다. 그건 축복이 깃든 일이었을 거예요. 롤링은 훗날 소설을 쓰는 도중 자신을 격렬한 우울증에서 구출한 것은 딸의 존재였다고 고백했습니다.

그러나 롤링과 같은 성공 신화를 들이대면서 힘겨운 삶을 버티는 이들에게 무작정 노력과 헌신을 강요하는 것은 사악한 일입니다. 롤링 자신이 그런 논리를 가장 앞장서서 공격하고 있기도 하죠. 그녀는 "가난한 것 자체를 낭만적으로 보는 건 바보들이나 하는 짓"이라고 쏘아붙이며, 국가는 남들보다 힘들고 어려운 환경에서 자신의 삶을 돌보는 이들에게 더 적극적으로 관심을 기울여야 한다고 주장합니다. 그녀는 자신이 끝내 포기하지 않고 『해리 포터』를 쓸 수 있었던 건 탄탄한 영국 복지제도의 은혜를 입은 덕이라고 여러 차례 강조했습니다. 롤링은 틈만 나면

'개인의 노력'을 운운하며 복지 예산을 축소하고 사회보장금액을 삭감하려는 영국 보수당에 쓴 소리를 아끼지 않고 있습니다.

"네가 힘든 건 네가 무거워서 그래"

자신의 삶을 자발적으로 타인에게 헌신한다는 것은 어쩌면 축복이자 행복에 가까운 일일지도 모릅니다. 저는 그저 어떤 순간, 누군가에게 전적으로 헌신하지 못했던 한 사람으로서 고백하고 있는 것입니다. 소중한 사람을 위해 헌신하지 못했던 사람은, 자신을 포기하지 못했던 사람은, 결국 자기 마음속에 빚을 남긴다는 것을 배우게 되었던 한 사람으로서 말하고 있을 뿐이에요.

장필순의 〈그대로 있어주면 돼〉를 들으며, 저는 제 마음에 새겨진 '갚을 수 없는 빚'에 대하여 오래도록 생각합니다. 나 자신의 그 알량한 자존심과 오만함 때문에 누군가에게 상처를 주었던 순간들을 생각합니다. 그럴 때 저는 미처 다 자라지 못한 스스로를 돌아보며 제 과거 안에서 맴돌고 있습니다.

"힘들어하지 마. 네가 자유로우면 사람들이 널 가까이 느껴. 공기처럼 가벼워야 공기처럼 가까이 있지. 네가 힘든 건, 네가 너무 무거워서 그래. 김밥 먹고 힘내. 콜라도 마셔."
— 드라마 〈아일랜드〉 7화 중에서

헌신은 하나의 덫이지만, 그 덫은 우리를 성장시킬 수 있습니다. 우리의 영혼을 깊게 만들어 주고, 동시에 가볍게 만들어 줄 수 있습니다.

다만 자신의 온 힘을 바치는 일은 어떤 순간에도 스스로를 몰아붙이며 파괴하는 일이 되어선 안 됩니다. 헌신은 먼 훗날 언젠가 현재의 자신을 돌아봤을 때, 나를 잠시 포기하는 이 시간이 언젠가 더 큰 나와 만나는 길이었음을 확신하는 전망이 되어야 합니다. 그것은 내가 나 자신에게 던지는 밝고도 기쁜 약속의 목소리입니다. 어느 순간 자신을 학대하고 파괴하는 데까지 몰아붙이는 헌신은, 이미 헌신이 아니라 스스로에 대한 분노의 표출에 가까울 뿐입니다.

어쨌든 우리는 모두 헌신이라는 말의 무게감, 그 말을 실천하는 일의 어려움을 알고 있습니다. 그러나 다시 한번 말한다면, 언어는 우리를 배반하지 않습니다. 우리들이 언어를 배반할 뿐입니다. 헌신은 세상에서 지극히 오염되기 쉬운 관념이지만, 여전히 우리에게 유효한 가치를 품고 있는 미덕이라 믿고 있어요. 오직 그것이 한 사람을 무겁게 만들지 않을 때에만. 한 사람의 영혼을 공기처럼 가볍게 만들어줄 수 있을 때에만.

글의 첫머리에 썼던 그 분의 착한 마음에도 지금은 행복이 깃들어 있길 바라 봅니다. 그때 핸드폰의 대화를 훔쳐봐서 미안하다는 말도 꼭 덧붙이고 싶습니다.

4. 고독
<Whalien 52>: 방탄소년단

작사/작곡: Pdogg
Brother Su
Rap Monster
SUGA
j-hope
"hitman" bang
Slow Rabbit

The most lonely creature in the world, eh

Do you wanna know my story?

I never told this to anybody, Yeah, come on

이 넓은 바다 그 한가운데

한 마리 고래가 나즈막히 외롭게 말을 해

아무리 소리쳐도 닿지 않는 게

사무치게 외로워 조용히 입 다무네

아무렴 어때 뭐가 됐던 이젠 뭐 I don't care

외로움이란 녀석만 내 곁에서 머물 때

온전히 혼자가 돼 외로이 채우는 자물쇠

누군 말해 새끼 연예인 다 됐네

Oh fuck that 그래 뭐 어때 누군가 곁에

머물 수 없다 한대도 그걸로 족해

날 향해 쉽게 얘기하는 이 말은 곧 벽이 돼

외로움조차 니들 눈엔 척이 돼, come on

그 벽에 갇혀서 / 내 숨이 막혀도

저 수면 위를 향해 Hey oh, oh hey oh yeah

Lonely lonely lonely whale /

이렇게 혼자 노래 불러

외딴 섬 같은 나도 / 밝게 빛날 수 있을까

Lonely lonely lonely whale /

이렇게 또 한 번 불러봐

대답 없는 이 노래가 / 내일에 닿을 때까지

No more, no more baby

No more, no more

끝없는 무전 하나 언젠가 닿을 거야

저기 지구 반대편까지 다

No more, no more baby

No more, no more

눈먼 고래들조차 날 볼 수 있을 거야

오늘도 다시 노래하지 나

세상은 절대로 몰라

내가 얼마나 슬픈지를

내 아픔은 섞일 수 없는 물과 기름

그저 난 수면 위에서만 숨을 쉴 때 관심 끝

외로운 바다 속 꼬마

나도 알리고 싶네 내 가치를 Everyday

걱정의 멀미를 해 늘 스티커를 귀 밑에

Never end 왜 끝은 없고 매번 hell

시간이 가도 차가운 심연 속의 Neverland

But 늘 생각해 지금 새우잠 자더라도 꿈은 고래답게

다가올 큰 칭찬이 매일 춤을 추게 할 거야

나답게 Ye I'm swim

내 미래를 향해 가 / 저 푸른 바다와

내 헤르츠를 믿어 / Hey oh, oh hey oh yeah

Lonely lonely lonely whale / 이렇게 혼자 노래 불러

외딴 섬 같은 나도 / 밝게 빛날 수 있을까

Lonely lonely lonely whale / 이렇게 또 한 번 불러봐

대답 없는 이 노래가 / 내일에 닿을 때까지

어머니는 바다가 푸르다 하셨어

멀리 힘껏 니 목소릴 내라 하셨어

그런데 어떡하죠 여긴 너무 깜깜하고

온통 다른 말을 하는 다른 고래들뿐인데

I just can't hold it ma! 사랑한다 말하고 싶어

혼자 하는 돌림 노래, 같은 악보 위를 되짚어

이 바다는 너무 깊어 그래도 난 다행인 걸

(눈물 나도 아무도 모를 테니)

I'm a whalien

Lonely lonely lonely whale /

이렇게 혼자 노래 불러

외딴 섬 같은 나도 / 밝게 빛날 수 있을까

Lonely lonely lonely whale /

이렇게 또 한 번 불러봐

대답 없는 이 노래가 / 내일에 닿을 때까지

No more, no more baby

No more, no more

끝없는 무전 하나 언젠가 닿을 거야

저기 지구 반대편까지 다

No more, no more baby

No more, no more

눈먼 고래들조차 난 볼 수 있을 거야

오늘도 다시 노래하지 나

4. 고독
<Whalien 52>: 방탄소년단

이제, 인간의 고독에 관해 말해야 하는 순간이 찾아왔습니다. 방탄소년단의 많은 노래들 중에서도 제가 가장 좋아하는 곡 중 하나인 〈Whalien 52〉와 함께 말이죠.

우리가 누군가와 약속을 하고, 끊임없이 이야기를 나누고, 또 그에게 진정 헌신하기 위해서 반드시 필요한 것은 '고독'이란 덕목이라고 믿습니다. 물론 사랑을 위해서도 마찬가지입니다. 이런 말은 조금 역설적으로 느껴지는 게 사실이지만……. 누군가와 깊이 진심을 나누려면 그전에 내 마음을 홀로 남겨 두는 시간이 필요합니다. 사랑하는 이의 곁에 오래도록 머무르기 위해선, 먼저 내가 차분하게 나의 고독을 응시할 줄 아는 존재가 되어 있어야 합니다. 저는 그렇게 확신하고 있습니다.

외로움이란 감정은 고통스럽습니다. 하지만 외로움의 절차를 거치지 않은 모든 인간적인 감정은, 마치 에스프레소 샷이 빠진 아메리카노처럼, 그 본질을 잃고 싱겁고 맹맹할 게 분명합니다. 저도 외로움에 관해서라면 치를 떠는 사람 중 하나지만 어쩔 수가 없습니다.

외로움이 얼마나 파괴적인 감정인지에 대해서는 앞서 〈Save Me〉의 노랫말과 함께 자세히 살펴보았습니다. 저는 외로움을 찬미하는 게 아닙니다. 다만 사람은 끝끝내 외로움의 지척에서 살아갈 수밖에 없고, 이 경험에서만 빚어지고 길어 올릴 수 있는 어떤 것이 있음을 알고 있을 뿐입니다. 저도 시시각각 찾아오는 어둡고 애 타는 고독 앞에서는 온몸을 비틀지만, 그저 그 외로운 시간과 감정을 최대한 잘 보듬고 조심스럽게 다루려 노력할 따름입니다. 앞에서도 김창완에 대해 여러 차례 이야기했으니 이번에도 잠시 그의 도움을 받아볼까 합니다. 그는 한 인터뷰에서 이렇게 말했습니다.

> "사람들은 SNS로 외로움을 해소하려는 모양인데 난 그게 못마땅해요. 외로움은 사람만이 느끼는 일종의 천형 같은 건데, 그걸 감히 극복할 수 있다고 생각하는 게 발칙해요. 감히 휴대폰 하나로 외로움이 가실 수 있다고 생각하는 건 어마어마하게 가소로워요. 외로움이 얼마나 소중한 감정인데 말이에요. 나는 거짓으로 외로움을 잊어버리고 싶지는 않아요."
>
> — '한현우의 커튼 콜: 알면 알수록 더 알 수 없는 인간 김창완', 「조선일보」 (2012. 5. 5.)

그가 비판적으로 바라보는 것처럼 SNS로 맺는 여러 관계들을 모두 부정적으로 여길 필요는 없을 거예요. 그렇지만 외로움을 일종의 '소중한 감정'이라고 표현하는 그의 말은 새겨들을 가치가 있다고 생각합니다. 그의 말처럼, 고독은 하늘이 내려준 형벌이자, 동시에 우리에게 주어진 귀중한 선물입니다.

막상 외로움을 겪는 그 순간만큼은 재빨리 도망치고 싶고, 누군가에게 의존하고 싶은 게 사실이더라도, 우리는 고독에 잠긴 시간을 통하여 자기 자신을 똑바로 들여다보고 한 단계 더 성숙해질 수 있습니다. 사람은 외딴 섬이 되어서만, 또는 심해를 헤엄치는 고래가 되어서만 좀 더 깊고 고요한 곳을 바라볼 수 있습니다. 〈Whalien 52〉의 메시지 그대로입니다.

왜냐하면 우리는 모두 사람들에게서 일정 거리를 유지하고 떨어져있어야 '나 자신'을 발견할 수 있는 존재이기 때문이에요. 오직 저 푸른 바다와 나만의 헤르츠를 믿어야 하는 그 순간을 겪어낸 후, 나는 비로소 내가 될 수 있기 때문입니다.

우리에게 고독이 필요한 시간

우리들이 제아무리 타인과 어울리는 것을 좋아하더라도, 우린 끝내 자신만의 개성을 추구하고 그런 개성을 지켜내고자 하는 존재입니다. 우리는 신체적으로든 정신적으로든 개성적인 기질을 갖고 이 세상에 태어났습니다. 나는 그 누구의 유사품이나 복제품도 아닙니다. 나는 철저하게 독립적인 개체로서 이 땅에서 살아가며, 마땅히 그래야 한다는 것을 잘 알고 있습니다. 한 인간으로서, 나의 독립성이야말로 포기할 수 없는 나의 존엄성과 같습니다.

그런데 한 사람이 오랫동안 다른 사람들 틈에서만 머무른다면, 그는 자신만의 정신적인 개성과 독립성을 잃기 쉽습니다. 그의 생각과 말은 늘 누군가의 것과 닮아 있거나, 누군가의 영향력에서 자유롭지 못합니다. 그는 자신이 자유롭게 생각하고 말하고 있다고 확신합니다. 그렇지만 그의 자유로운 생각과 언어에는 언제나 타인의 그림자, 소속 집단의 그림자가 무섭도록 깊이 스며들어 있습니다. 그때 그가 확신하는 자신의 자유는 훼손된 자유이고, 눈치를 보는 자유이며, 의존적인 자유입니다.

더욱이 외로움의 감정에 자신을 맡겨보지 않았던 이들은, 오랜 시간에 걸쳐 자신의 개성과 매력을 홀로 가다듬었던 사람과 제대로 이야기를 나눌 수 없습니다. 외로움은 누구에게나 힘겨운 감정이지만, 어떤 사람은 그 힘겨움을 버텨내고 자신만의 언어, 자신만의 목소리, 자신만의 몸짓을 발견하곤 하죠. 그들은 자기 자신의 고유한 개성을 발견했고, 그런 자기인식을 바탕으로 자신과 가장 잘 교감할 수 있는 사람이 누구인지도 똑똑히 알게 되었습니다. 고독을 버텨낸 사람들은 외로움이 얼마나 고통스러운 감정인지 알기 때문에, 자신과 마찬가지로 외로움의 고통을 겪었던 이에게 더 섬세하고 따스한 애정을 베풀 수 있습니다.

그것은 고독이라는 감정이 고독을 감내했던 한 사람에게 선사하는 역설적인 축복입니다. 우리는 상처를 받았던 사람만이 자기와 같은 상처에 시달렸던 이를 진정 깊은 차원에서 이해할 수 있다는 걸 알고 있습니다.

저는 한 사람이 자신만의 독특하고 고유한 개성을 키우고 가다듬는 일에 관해서, 그를 둘러싼 여러 가까운 사람들이 크게 기여하는 바를 부정하려는 것은 아닙니다. 이 책에서도 여러 차례 강조했듯이 우리들은 타인에게 영향을 받고, 그들과 교류하며, 그들에게 책임감을 느낌으로써 자아 정체성을 형성하게 된다는 건 분명하니까요.

그러나 인간의 '내집단'(한 개인이 강렬한 소속감을 느끼는 집단)을 향한 열정은 생각보다 더 끈끈합니다. 외톨이가 되지 않으려는 우리의 마음은 그 자체로 굉장히 강한 유혹입니다. 세상 역시 대개 자기 울타리에서 겉도는 외톨이들을 싫어합니다. 가족이든 친구든, 학교든 국가든, 어떤 시스템이나 상황, 집단의 맥락은 이럴 때 한 사람의 개인에게 아주 은밀하게 자신들과 협력할 것을, 그래서 묵묵히 동화될 것을 요구하곤 합니다. 누가 억지로 강요하는 것이 아니라, 참으로 무의식적이고 무덤덤하게, 그러나 강력하게 한 개인을 향해 영향력을 미치는 '집단 자체의 힘'이 있습니다.

오래도록 함께 시간을 보낸 사람들의 말투나 습관, 행동거지가 서로 은근히 닮아있거나, 묘하게 호흡이 척척 들어맞는 것은 자연스러운 일입니다. 인간은 매 순간 특정한 상황과 맥락에 맞추어 '역할놀이'를 하고 있기 때문입니다. (이게 사회학이란 학문의 가장 단순한 교훈입니다.) 이 역할놀이에서 우리들이 많은 것을 배워나가는 건 틀림없습니다. 그렇지만 내가 쓰고 있는 가면이 자신의 내면과 충돌하는 순간도 우리에겐 당연히 찾아오기 마련이죠. 어느 순간, 한 집단에서 특정한 배역을 연기하고 있는 나 자신의 모습이 어색하고 거북해지는 순간이.

그런 시점이 다가왔을 때, 나를 온전히 이해해줄 수 있는 타인은 아무도 없습니다. 이때 주위의 사람들을 미워하거나 서운한 감정을 느끼는 건 부질없는 일입니다. 인간은 자신 속에 휘몰아치는 찰나의 자기 마음조차 제대로 들여다보지 못하는 존재입니다. 하물며 타인의 변화무쌍한 내면을 있는 그대로 파악하고 이해해 주는 일은 불가능에 가깝습니다.

사람들 틈바구니 속에서의 '나라는 존재'가 낯설어지고 불편해질 때, 내 마음 속 목소리와 나만의 개성적인 기질을 인식하고 다시 정돈할 수 있는 것은 오직 나 자신뿐입니다. 바로 그때가, 내가 그 모든 집단과 사람들의 곁에서 잠시 물러나서 고독해져야 하는 순간입니다. 정말 내 존재를 소중히 아껴주는 집단과 사람들이라면 내가 홀로 떨어져 있는 시간을 인내심 있게 기다려 줄 거예요. 그러니 절대로 성급하게 생각하거나 초조해 할 필요는 없습니다.

자기 자신을 깊이 명상한다는 것

우리를 외롭게 하지 못하는 것은 넘쳐납니다. 클릭 몇 번에도 전 세계와 연결될 수 있는 이 디지털 세상에서는 더욱 그렇습니다.

그렇지만 자신이 뒤집어쓴 모든 가면들이 어색하게만 느껴지며 그 가면 너머로 속삭이는 '나는 누구인가'라는 근원적인 질문과 맞닥뜨리는 순간, 나는 자발적으로 나 자신을 고독한 상태에 몰아넣어야 합니다. 그런 순간이 괴로워 미룬다고 한들 언제까지고 미뤄질 수 없다는 것 또한 나는 잘 알고 있으니까요. 내가 독립적이고 개성적인 존재로 태어났다는 것을 잊지 않는 한……. 나는 남들과 어떻게 다른 존재인지, 내가 정말로 어떤 사람이며, 내가 나의 삶에서 진정 바라는 것이 무엇인지에 대해 스스로의 목소리로 답해야 합니다. 그런 순간, 나는 다른 사람들의 시선과 목소리가 흠뻑 묻어있는 나에 관한 자기 인식을 모두 버리고, 나 자신을 처음부터 끝까지 다시 들여다보아야 합니다.

세상은 내게 끊임없이 움직이라고 강요합니다. 더 열심히 일하고, 더 열심히 공부하고, 나아가 더 열심히 쉴 것을 조언합니다. 심지어는 '혼자 있는 시간'에도 '힘'이 있다고 강조하곤 하죠. 그러나 여기서 말하는 고독은 그런 활동적인 움직임이나 힘 따위와는 성격이 전연 다릅니다. 저는 고독의 진정한 가치는 세상의 온갖 다그침, 그 모든 세속적이고 실용적인 기준들에서 잠시 귀를 닫아 두는 것이라고 생각하니까요.

단순히 혼자 있는 것을 고독이라 부를 수는 없습니다. 앞으로 무엇인가를 해내기 위한, 어떤 목표를 위한 수단으로서의 고독도 진짜 고독은 아닙니다. 고독은 그저 나를 차분하게 다시 바라보고, 내가 어떤 존재인지를 깊이 명상하는 일입니다. 그래서 나의 언어와 나의 감정, 나의 정체성에 스며든 타인들과 집단의 영향력이 얼마나 강고했는지를 깨닫는 일입니다.

개성을 잃으면 생명력을 잃게 되고, 생명력을 잃은 사람들의 단어는 진부하고 무뎌집니다. 자신만의 독특하고 고유한 특질을 상실한 사람은, 절대로 자기만의 개성이 두드러진 무언가를 창조할 수 없습니다. 고독이란 그런 무뎌짐에 맞서, 내게 묻어있던 모든 내집단의 언어를 버린 뒤 자신의 언어를 다시 찾는 일입니다. 그러므로 고독이란 검소하고 절제된 태도이며, 나를 비우고 정돈하고자 하는 순수한 의지에 가깝습니다. 고독은 내 안에 가득 차 있던 온갖 습관과 편견, 허례허식과 규정들을 하나부터 열까지 버리는 일이며, 조금의 허세도 부리지 않고 나 자신의 모든 군더더기들을 말끔하게 걷어내는 일과 같습니다.

〈Whalien 52〉의 화자는 바로 이 순간의 고독을 노래합니다. 그는 자신들을 둘러싼 그 많은 고정관념을 하나의 벽이라고 인식하고, 숨이 막힐 것만 같은 좌절감을 느낍니다. 자신이 얼마나 슬픈지 세상은 절대로 알 수 없다고, 나의 개성적인 기질과 세상은 "섞일 수 없는 물과 기름"과 같다고 이야기합니다.

그는 대답 없는 자신의 노래를 다듬기 위하여, 저 푸른 바다의 힘과 자신의 헤르츠를 믿고 수면 깊은 곳으로 잠수합니다. 왜냐하면 그에게는 바다가 푸르다고 일러 주시고, 멀리 힘껏 너 자신의 목소리를 내라고 격려해 주신 어머니가 있기 때문입니다. 여기서 어머니란 하나의 상징적인 존재입니다. 어느 누군가의 절대적인 고독까지 응원할 수 있는, 그를 끝까지 믿어주는, 그가 세상과 아무리 오랫동안 불화하더라도 그를 기다려줄 수 있는 존재입니다.

우리에게도 그런 사람들이 있습니다. 만일 내가 잠시 그들에게서 떨어져 있다고 날 떠나버릴 사람들이라면, 그런 이들이야말로 내가 한시바삐 정리해 버려야 할 관계일지도 모릅니다.

내가 고독을 선택할 수 있는 이유는

방탄소년단의 〈Whalien 52〉는 외로운 고래의 이야기입니다. 이 곡이 지난 1989년 미국 국립해양대기청이 처음 발견했다는 '세상에서 가장 외로운 고래(world's loneliest whale)'를 소재로 하고 있다는 걸 팬 분들은 이미 잘 알고 계실 거예요.

보통 고래는 12~25헤르츠로 의사소통을 합니다. 그런데 1980년대 이후 많은 지역에서 정기적으로 51.75헤르츠까지 높은 주파수로 소리를 내는 고래가 감지되었다고 해요. '52 고래'로 불리는 이 고래는 아직 사람의 눈에 띤 적이 없어 미확인 종으로 남아있습니다. 하지만 우리는 이 '52 고래'들이 다른 고래들과 소통을 할 수 없다는 것을 알 수 있어요. 다른 고래들과 전혀 다른 주파수의 영역으로 소리를 내니까요. 이 고래들은 친구도 없고 가족도 없고, 어떤 무리에도 속해있지 않습니다. 오로지 혼자서 고독하게 바다를 떠돌 뿐입니다.

이런 '외로운 고래'의 이미지를 위대한 문학적 성취로 끌어올린 작품이 있습니다. 바로 허먼 멜빌의 『모비 딕』입니다. 저처럼 이 곡을 좋아하는 이들은 반드시 읽었으면 하는 굉장한 고전 소설입니다. 모비 딕은 〈Whalien 52〉의 '52 고래'처럼 무리를 벗어나서 혼자 바다를 떠도는 흰 향유고래입니다. 눈처럼 희고 주름이 잡힌 독특한 이마, 피라미드처럼 높이 솟은 하얀 혹을 지닌……

우리들의 주인공, 청년 이슈마엘이 그런 모비 딕을 좇는 피쿼드 호에 오릅니다. "입꼬리가 처지며 11월 가랑비에 젖은 것처럼 영혼이 축 늘어질 때" 언제든 바다를 찾는다는 그, 이슈마엘. 이슈마엘은 구약에 등장하는 아브라함과 이집트인 하녀 하갈 사이에서 태어난 아들, 이스마엘에서 차용한 이름입니다. 본부인의 자식이었던 이삭이 태어난 후 의절당하고 쫓겨났기 때문에, 망명자나 추방자를 의미하는 이름으로 흔히 사용되고 있습니다.

> "이 커다란 바다 괴물은 세상에서 마지막까지 완벽하게 그릴 수 없는 유일한 동물이라는 결론을 내릴 수밖에 없다. 실제로 어떤 그림은 다른 그림에 비해 실체에 훨씬 근접할지도 모르지만, 상당한 수준의 정확성을 갖췄다고 말할 수 있는 그림은 하나도 없다. 따라서 고래가 실제로 어떻게 생겼는지 정확하게 알아낼 세속적인 방법은 존재하지 않는다. 그리고 살아 있는 고래의 윤곽을 웬만큼이라도 파악할 수 있는 유일한 방법은 직접 포경선을 타는 것뿐이다."

— 허먼 멜빌, 『모비 딕』(열린책들)

그는 어떤 내집단도 신뢰하지 않고, 자신을 망망대해로 추방시킵니다. 그는 거기서 모비 딕에 다리 한쪽을 잃고 그에 대한 복수심으로 미쳐버린 에이해브 선장을 만납니다. 이슈마엘도 고독한 인간이고, 에이해브도 고독한 인간입니다. 그들이 그토록 치열하게 쫓으면서 마침내 바다에서 만나게 된 커다란 괴물, 모비 딕은 바로 그들 자신과 꼭 닮은 존재입니다. 에이해브는 자신이 40년간 바다에서 보낸 삶의 의미, 근원을 알 수 없는 운명의 불가

항력, 나아가 세계의 모든 악을 모비 딕에 모조리 투영하면서 이를 갑니다. 그는 명백히 자기 자신에게 이를 갈고 있습니다.

에이해브는 자신의 고독에 짓눌려 파괴되어 버렸고, 이슈마엘은 살아남아 흰 고래에 관한 이야기를 우리에게 전해 줍니다. 야만인이었지만 그 속은 끝없이 깊고 선했던 퀴퀘그와의 우정이 그의 영혼을 지켜 주었습니다. 퀴퀘그도 고독한 단독자였습니다. 외로운 사람들은 그처럼 서로 의지하고 마음을 나누며 고독의 역설적인 축복을 누려갑니다.

어느 순간, 인간은 〈Whalien 52〉의 고래처럼 외로워져야 합니다. 그러나 우리들은 그 고독을 버텨낸 뒤 다시 수면 위로 떠올라 자신과 주파수를 맞춰 줄 누군가를 필요로 합니다. 그런 존재가 없다면, 우리는 모두 에이해브처럼 망가져버리고 말 거예요. 자신의 주파수를 들어줄 수 있는 누군가가 어딘가에서 나를 기다리고 있음을 확신하는 순간, 우리는 저 끝없이 넓고 푸른 바다를 견딜 수 있습니다. 〈Whalien 52〉란 곡이 우리에게 애틋한 이유도 여기 있습니다.

그러므로 나의 외로움은, 나의 믿음이기도 합니다. 저 멀리서 나를 기다려 주고, 나를 들어줄 수 있는 누군가에 대한.

5. 스타일
<Likey>: 트와이스

작사/작곡: 블랙아이드필승
전군

설렌다 Me Likey Me Likey Likey Likey Me
Likey Likey Likey
두근두근두근 Heart Heart
Me Likey Me Likey Likey Likey Me Likey Likey
Likey
두근두근두근

자꾸 드러내고 싶지 자꾸만 사소한 것 하나까지 전
부다
작은 화면 속에 내가 제일 예뻐 보이고파
아직은 감춰 이런 내 마음 꼭꼭
멋 부린다는 건 정말 귀찮은 거
그렇다고 절대 대충할 수가 없는걸
매일 가슴 뛰게 해 이건 네가 몰라야만 돼
그러면서 뻔뻔하게

BB크림 파파파 립스틱을 맘맘마
카메라에 담아볼까 예쁘게
이거 보면 웃어줘 그리고 꼭 눌러줘
저 밑에 앙증맞고 새빨간 Heart Heart

근데 좋아요란 말은 뻔해
내 맘 표현하기엔 부족한데
근데 좋아요 잠도 못 자도 지각하게 돼도 좋은걸

설렌다 Me Likey Me Likey Likey Likey Me
Likey Likey Likey
두근두근두근 Heart Heart
Me Likey Me Likey Likey Likey Me Likey Likey
Likey

두근두근두근

숨을 홉 참아 지퍼를 올리게 다시 한번 허리를 홉

으라차차차 다 입었다 Baby

세상엔 예쁜 옷이 너무나도 많고 많아

BB크림 파파파 립스틱을 맘맘마

카메라에 담아볼까 예쁘게

이거 보면 웃어줘 그리고 꼭 눌러줘

저 밑에 양증맞고 새빨간 Heart Heart

근데 좋아요란 말은 뻔해 내 맘 표현하기엔 부족한데

근데 좋아요 잠도 못 자도 지각하게 돼도 좋은걸

그저 바라보고 있지 아무 말도 할 수 없지

조금만 더 다가와요 내 맘 알아줘요

더 이상 감추고만 싶지 않아

오늘따라 기분이 꿀꿀해 안 그런척해 봐도 슬프네

아무 반응 없는 너 땜에 삐졌는데

눈치 없이 친구들이 나오라고 부르네

Oh 잠깐만 잠깐만 연락이 이제야 오는걸 Woo

하루 종일 기분이 왔다 갔다 울다가도 다시 신나서 춤추네

설렌다 Me Likey Me Likey Likey Likey Me Likey Likey Likey

두근두근두근 Heart Heart

Me Likey Me Likey Likey Likey Me Likey Likey Likey

두근두근두근 Heart Heart

5. 스타일
<Likey>: 트와이스

세상에는 멋진 옷이 정말 많습니다. 신발과 모자, 액세서리, 헤어스타일과 화장의 종류는 또 얼마나 다양한가요. 우리들은 매일 집 밖을 나서기 전, 거울 앞에서 잠시 모델로 변신합니다. 자신만의 스타일과 기법으로 자기 외양을 부지런히 꾸미곤 하죠. 그리곤 한껏 치장된 자신의 모습을 가끔씩 사진으로 남겨 놓습니다. SNS를 즐기는 이들이라면 '좋아요'나 '하트'가 많이 눌리길 바라며 꼬박꼬박 업로드를 해 두기도 하겠죠.

사람들에게, 또는 자기 자신에게 나의 가장 예쁘고 멋진 모습을 보여 주려는 우리 마음은 너나 할 것 없습니다. 조금 짓궂은 얘기겠지만, 우린 누군가와 함께 사진을 찍더라도 보통 사진 속의 '자신의 모습'에 집중할 뿐입니다. 말은 그렇게 안 해도, 우리는 한 장의 사진을 보며 '내가 얼마나 잘 나왔는지'에 대해서만 온통 주의를 기울이는 게 틀림없습니다. 나와 같이 찍힌 사람들은 사실 그다지 내 관심사가 아닙니다. 물론 그런 감정을 지나치게 티내지 않으려고 노력하긴 하지만.

자신의 몸, 자신의 외모에 대해서 이처럼 지극히 자연스레 주목하는 본능은 신기할 정도입니다. N극에 이끌리는 S극의 자석처럼, 나의 시선은 군중 속의 나 자신을 탐욕스레 찾고, 훑고, 매료됩니다. 나의 얼굴, 나의 몸은 보고 또 봐도 질리지 않습니다. 물론 가끔은 형편없게 느껴져서 울적할 때도 있지만, 그보단 나의 외모에 대하여 강한 애착을 갖고 아끼는 시간이 훨씬 더 많습니다. 그러지 않고서야 우리가 그토록 거울을 바라보며 자기 얼굴을 매만지는 습관을 설명할 길이 없습니다.

자신의 얼굴, 자신의 몸을 사람들 앞에 드러내는 일은 인간에 관한 흥미로운 생각거리 중 하나입니다. 제 생각엔, 인간은 자신의 신체를 아름답고 멋지게 표현하려는 자연스런 본능을 가지고 있습니다. 방탄소년단의 〈Whalien 52〉와 함께 읽은 '고독'이라는 개념이 우리를 차분히 가라앉게 했다면, 트와이스의 싱그러운 곡 〈Likey〉는 이처럼 자신의 '삶의 외양'을 드러내는 일, 한 사람의 '스타일'에 담긴 밝은 에너지를 전해 주는 것만 같습니다.

여기서 '스타일'이란 우리의 얼굴과 몸과 패션, 나아가 표정과 태도와 몸짓 등등의 모든 요소들이 총체적으로 결합되어 완성되는 '이미지'입니다. 우리가 일상적으로 쓰는 "그 사람은 스타일이 참 좋지.", "그는 정말 스타일리시한 사람이야." 등의 문장에서 표현하는 스타일이 이런 뜻에 가깝습니다. 자신만의 스타일을 잘 찾은 사람에게선 아주 세련되고 깔끔한 느낌이 풍기곤 합니다. 그의 모든 외적 요소들이 그가 지닌 독특한 아이덴티티와 잘 어우러져 주위의 사람들을 감탄하게 하곤 하죠.

그리고 '스타일'에 관해서라면, 우리는 그 스타일을 구현하는 '몸'에 관해 이야기해야 합니다. 몸의 존재야말로 모든 스타일의 출발이니까요.

'몸'은 오랫동안 철학, 혹은 인문학에서 주목받지 못했습니다. 우리는 보통 철학이라는 학문이 인간의 정신과 이성 등 '눈에 보이지 않는 것'을 다루는 영역이라는 생각하곤 합니다. 맞습니다. 철학이란 학문은 생각에 관한 생각이며, 삶의 근원적인 영역, 어떤 변하지 않는 본질을 캐묻는 성격을 가진 건 분명합니다. 그런데 철학의 이런 성격에만 주목한다면, 결코 영원하지 않고, 매 순간 변하면서, 항상 치장하고 꾸며야 하는 우리의 몸은 그다지 '철학적인' 소재로 다가오진 않을 거예요.

그렇지만 20세기 이후, 철학을 비롯한 제반 인문학의 영역에서 점점 더 '몸'이라는 키워드에 주목하는 경향은 뚜렷합니다. 많은 학자들이 인간의 육체, 그 '신체성'을 외면하고 인간에 대하여 근원적으로 논의하는 것이 가능한지에 대한 의문을 제기했습니다. 이들은 인간이 모두 '몸'을 지닌 존재이며, 우리의 몸이, 그 개별적인 몸과 몸이 서로 접촉하며 소통하는 순간들이 인간의 본질과 인간성에 강력한 영향을 미친다는 사실에 주목했습니다.

인간의 뇌 메커니즘, 뇌와 신체의 상호 작용을 연구하는 신경 과학과 인지 과학 등의 발전도 이런 흐름에 기여하고 있습니다. 가장 극단적인 관점에선, 한 사람이 아예 그 자신의 뇌로 환원될 수 있다고 주장하는 뇌 과학자들도 있을 정도니까요. 그들에 따르면 인간이 어떤 결정을 할 때 선택을 내리는 것은 내가 아닙니다. 내가 내린 것처럼 느껴지더라도, 실은 나의 뇌가 선택을 내린 것입니다. 내가 선택했다는 생각은 착각입니다. 그러므로 우리가 자유 의지를 갖고 있다는 생각도 착각입니다.

이런 시각에서 본다면, 나라는 존재는 나의 몸, 나의 뇌와 떨어진 채 존재하는 어떤 영혼 같은 게 아닙니다. 나는 나의 몸, 그 중에서도 나의 뇌 자체일 뿐입니다.

"자꾸만 드러내고 싶지, 사소한 것 하나까지 전부 다"

내가 곧 나의 뇌까지는 아니더라도, 나는 곧 나의 몸입니다. 이 땅 위에 현존하는 내 육체가 없다면 내 생각이나 의식이 있을리 만무합니다. 더불어 나의 의식은 내 몸이 겪어낸 저 경험과흔적들에서 자유롭지 못합니다. 몸이 아프고 약해지면, 내 정신도 위축되기 마련입니다. 생각도 부정적이 되기 쉽고요. 꼭 철학이나 과학 이론을 빌리지 않더라도 우리들은 하루하루 몸과 마음의 이런 긴밀한 역학 관계를 체감하며 살고 있습니다.

저는 트와이스의 〈Likey〉를 즐겨 들으며, 스타일이 무엇인지에 대하여 생각해 보곤 했습니다. '스타일'이란 단어는 엄연히 철학의 용어로도 쓰이고 있습니다. 프랑스의 철학자 M. 메를로퐁티는 스타일을 '세계에 대한 우리의 본원적 관계'이자, '우리의 몸이 세계 내에 존재하는 일반적인 존재 방식'이라고 일컫습니다. 그런 시각에 따르면, 내가 나의 몸으로 표현하는 스타일은이 세계를 향한 나의 철학이기도 합니다.

메를로 퐁티는 인간에 대하여 '자신을 총체적으로 표명하고 싶은 소망'을 가지는 존재라고 파악합니다. 우리 의식은 '자기 몸을 통해 체험된' 세계를 지각하고 있고, 이를 우리 자신의 일관된 내적 변형을 통해 받아들입니다. 그리고 그렇게 지각되고 변형된 세계를 자신의 고유한 스타일로 다듬은 뒤 표현하려는 욕구를 가지고 있죠. 그래서 나의 스타일의 출발은 나의 육체입니다. 외모와 패션, 표정과 언어 등등 모든 걸 포함한······. 우리의 몸적 언어, 몸을 통한 원초적인 표현이 바로 스타일입니다. 요컨대 내 삶의 '외양'은 그토록 중요한 것입니다!

근대 철학의 문을 열어젖힌 르네 데카르트는 "나는 생각한다, 고로 존재한다."고 말하면서 인간의 사유하는 능력이 인간과 인간성의 알파이자 오메가라고 역설했습니다. 메를로 퐁티는 다릅니다. 그는 "몸이 의식의 외부에 있는 것이 아니며, 몸을 통해 비로소 외부의 대상이 주어진다."고 말합니다. '생각하는 나'가 있은 연후에야 내가 존재하는 게 아니라, 몸이 있으므로 비로소 내가 생각할 수 있고, 세계를 받아들일 수 있다는 게 그의 시각이었던 것이죠.

저는 이 문제에 관해서 메를로 퐁티의 손을 들어주고 싶습니다. 사유하고 성찰하는 인간 고유의 능력을 폄하하려는 게 아닙니다. 다만 우리들의 사유와 성찰 역시 타인들 속에서 살아가는 '개별적인 몸'을 통해 이뤄진다는 사실에 주목하고 싶습니다. 우리는 언제나 자신의 구체적인 신체를 통해서만 타인들과 어울릴 수 있으며, 우리가 처한 특수한 육체적 조건 속에서 자신만의 생각을 형성해 나가니까요. 내 존재가 오직 나의 뇌와 같다고까지 환원하진 않더라도, 나는 분명 뜨거운 살과 피와 뼈를 가진 하나의 육체로서 나만의 의식 세계를 쌓아 올리고 있습니다.

어쨌든 방탄소년단과 트와이스의 멤버들도 "자꾸 드러내고 싶지 자꾸만, 사소한 것 하나까지 전부 다"라는 마음은 우리와 꼭 같을 거예요. 누구라고 다를까요? 멤버들 모두 어떤 자리에서든 "작은 화면 속에 내가 제일 예뻐 보이고파"라는 마음을 감추지 않습니다. 그들은 언제나 팬들에게 "이거 보면 웃어줘 그리고 꼭 눌러줘 저 앙증맞고 새빨간⋯⋯."이란 무언의 메시지를 보내곤 하죠.

그들뿐만 아니라, 우리들 모두 마찬가지입니다. 자신의 예쁘고 멋진 순간을 남겨 두고 싶고, 그것이 내게는 물론 다른 사람에게도 '오, 역시 이 친구 미남(미녀)이네.'라고 받아들여지길 바랍니다. 내가 올린 그 사진에 '좋아요'나 '하트'가 무수하게 달리는 일은 언제든 생각만 해도 짜릿합니다. 거기다가 자신이 좋아하는 누군가가 그 모습을 보고 내게 푹 빠져들게 된다면 얼마나 기쁠까요?

저 먼 바다의 고독한 내면은 우리를 깊고 조용하게 다듬어 주지만, 우리는 다시 활기차고 붐비는 세상 속으로 돌아와야 합니다. 사람들 틈에 둘러싸인 너라는 한 사람에게, 눈에 보이지 않는 나의 내면이 아니라, 나의 외모와 몸짓, 나의 패션, 나의 표정과 목소리를 보여 주고 들려주어야 하는 순간이 찾아옵니다. 나의 고유한 내면은 언제나 나의 외양을 통해서만 너에게 전달될 수 있으니까요.

그중에서도 얼굴에는 내가 걸어온 삶이 가장 정직하게 배어

들어 있습니다. 내가 타인을 속일 수 있더라도, 내 얼굴은 타인을 속이지 못합니다. 만 가지 삶이 있다면 거기에는 만 가지 얼굴이 있습니다. 내 얼굴에는 나의 미세한 감정의 떨림과 삶의 굴곡들이 하나하나 각인되어 나만의 인상과 분위기, 즉 '스타일'이 연출되고 있죠. 우리는 서로의 얼굴을 꼼꼼히 뜯어보며 서로의 깊은 내면을 헤아리려 애를 쓰곤 합니다. 이런 면에서 프랑시스 자크는 "얼굴은 지구상에서 가장 재미있는 표면"이라고 말했습니다. 비트겐슈타인은 '얼굴은 몸의 영혼'이라고까지 표현하기도 했어요.

몸의 언어와 미학

그러니 내가 어찌 너에게 더 매력적인 사람으로 보이도록 단장하는 일에 게으를 수가 있겠어요? 짧은 시간 동안 내 얼굴 위에 새겨진 삶의 흔적 전체를 수정하긴 힘듭니다. 하지만 널 만나러 가기 전, 적어도 나는 그런 흔적들을 다듬고 보완하며 내 얼굴을 더 돋보이게 만드는 어떤 이미지를 연출할 수는 있습니다. 〈Likey〉의 가사처럼, 화장을 즐겨하는 이들에게 "BB 크림 파파파, 립스틱을 맘맘마"의 과정이 필수적인 이유입니다.

한 사람이 다른 한 사람과 만날 때, 우리는 그저 상대의 스타일을 조용히 응시하며 대화를 나눌 수 있다면 그걸로 충분합니다. 상대의 머릿속을 샅샅이 분석하거나, 섣부르게 상대의 성격과 인격을 판단하고 지레짐작하는 태도는 어쩌면 데카르트적인 오만에 가까울지도 몰라요. 그보다는 그의 몸과 나의 몸이 조화롭고 매력적으로 대면할 수 있고, 즐겁게 소통할 수 있는지를 알아보는 게 먼저 아닐까요? 인간은 로댕의 조각상처럼 자기 생각에 깊이 잠길 수 있는 존재이기도 하지만, 동시에 서로의 눈을 들여다보며, 서로의 미세한 얼굴 근육의 움직임에 반응하고, 상대의 웃음과 내 웃음이 리드미컬하게 합쳐지는 순간들을 기분 좋게 즐길 수 있는 존재이기도 합니다. 언제나, 몸이 먼저입니다. 우리의 의식은 그 뒤에 자연스레 따라옵니다.

그리고 제가 이 책에서 줄곧 이야기했던 여러 미덕들을 자신의 삶으로 묵묵히 체현하는 사람들의 행동에는, 분명히 어떤 미학적인 요소가 있습니다. 그들의 몸에서는 절로 아름답고 정갈한 '삶의 아우라'가 은은하게 느껴지곤 합니다. 애써 말로 설명하지 않더라도, 그들은 자신의 행동과 자신의 몸으로 그들 내면의 깊은 향기와 울림을 주위 사람들에게 전달해 주곤 합니다.

예컨대 고독을 잘 겪어내고 자신의 언어, 자신의 세계를 정돈할 수 있던 사람은, 다시금 자신만의 상쾌하고 싱싱한 말과 몸짓으로 타인들 곁에 돌아올 수 있을 거예요. 그때 그의 얼굴은, 그의 몸은 상대에게 기쁨과 즐거움을 줄 수 있을 게 틀림없습니다. 철학자 클레망 로세는 이와 같은 외양과 내면의 관계를, "명랑함은 비극적 견딤의 크기에 달려 있다"는 말로 아름답게 표현했습니다. 홀로 있으면서 자신을 견뎌내고 비워낸 사람만이 타인에 대하여 진심으로 명랑할 수 있습니다. 여기서 말하는 한 사람의 명랑함은 자신만의 구체적인 '아우라'로 완성된 명랑함입니다. 그것은 내 얼굴과 내 표정이 가슴으로부터 뿜어내는 밝고 환한 기운입니다.

우리의 몸은 거짓말을 하지 않습니다. 생각은 거짓말을 할 수 있어도, 내 미묘한 얼굴 표정과 하나하나의 사소한 몸짓은 누구도 속일 수 없습니다. 그러므로 홀로 자신을 가다듬는 고독이란 자기만의 의식적 언어를 찾는 일인 동시에, 자신만의 몸적 언어, '스타일'을 탄생시키는 시간이기도 합니다.

이런 말은 지나치게 현학적인 것만도 아닙니다. 예컨대 샤넬 브랜드를 만든 디자이너 코코 샤넬이 고독한 시간을 사랑했던 것은 유명합니다. 그녀는 수많은 사람들의 틈에서도 언제나 자신에게 집중할 수 있는 혼자만의 시간을 필요로 했고, 그럴 때면 늘 주위 사람들을 단호하게 물리치곤 했다는 건 잘 알려진 사실이니까요.

패션의 정체성, 패션의 스토리텔링

트와이스의 〈Likey〉는 내가 좋아하는 너에게 가장 좋은 모습을 보여 주고 싶은 마음으로 가득한 노래입니다. 〈Likey〉의 소녀는 멋 부린다는 건 정말 귀찮지만, 그렇다고 절대 대충할 수가 없다고 투덜거리며, 내가 이처럼 단장하는 걸 너는 몰랐으면 한다고 귀엽게 고백하고 있죠.

여기서 자신의 화장과 옷은 자신의 또 다른 분신이자 정체성이 됩니다. 그것은 사람들을 향해 나아가는 하나의 가면과 같이 기능하는데, 이때 가면은 앞서 '희망' 챕터에서 살펴 본 것처럼 나의 내면적인 승화의 기능을 도와주는 가면입니다. 나는 가면이란 장치를 통해서 비로소 더 활기차게 타인들 곁으로 다가설 수 있습니다. 그 가면은, 영국 출신의 연극 연출가 키스 존스턴이 말한 것처럼 '신체로부터 성격을 끌어내어 한 영혼이 그 안에 깃들게 하기 위한 하나의 장치'인 것이죠. 그것은 내 피부를 덮어주는 하나의 '가상의 신체'인데, 이 신체는 나의 내면의 에너지, 나의 존재감과 활동력을 외부로 발산하고 확산시켜 주는 역할을 합니다. 우리가 근사하게 화장을 하거나 멋진 옷을 입었을 때, 자연스럽게 생기 있고 당당한 기분으로 휩싸이는 것처럼 말이죠.

『블룸버그 뷰』의 칼럼니스트 버지니아 포스트렐에 따르면, 스타일의 의미는 나의 진정한 정체성을 내 몸, 내 주변 공간, 그곳에 있는 물건들의 감각적인 측면으로 반영시키는 데 있습니다. 그는 "한 사람의 스타일은 자신의 정체성을 포착하고 전달하는 것, 즉 말로 표현할 수 없는 자아에 대한 느낌을 촉감적이고 진정한 것으로 전환시키는 것"이라고 말하고 있어요. 나의 추상적인 내면의 자아는 스타일을 통해 감각적이고 촉감적인 것, 그래서 더 진정한 것으로 반영될 수 있습니다. 바로 〈Likey〉에서 노래하는 그대로입니다.

패션의 역사를 살펴보면, 한 사람의 옷이 얼마나 다양하고 역사적인 변천을 거쳐 왔는지가 잘 드러납니다. 옷은 우리가 이 세상에서 어떤 사람이 되길 기대 받으며, 우리가 그런 기대에 어떻게 대응할 수 있는지를 정직하게 보여줍니다. 패션의 사회문화사를 연구하는 학자들은, 현재 가장 뚜렷한 소비 형태로서의 의상이 한 사람의 사회적 정체성을 형성하는 데 중대한 역할을 한다고 지적하고 있습니다. 다이애나 크래인은 『패션의 문화와 사회사』(한길사)에서 "개인은 (패션을 통해) 자기의 과거와 현재, 미래에 대한 이해를 포함하는 '자기 고백'을 만들어냄으로써 정체성을 형성한다."고 말했습니다. 내가 입는 옷이 곧 나의 정체성이라는 말이 과하지 않습니다.

예컨대 오늘날 여성들이 입는 바지가 여성의 복장이 되기까지 무려 100년 동안의 투쟁 과정을 거쳤습니다. 옷은 그 자체로 그 옷을 입은 이가 고백하는 '자신의 이야기'입니다. 나는 나를 단장함으로써 이 세계 속의 내 위치와 정체성을 점검하고 있는 것입니다. 그러니 우리가 매일처럼 거울 앞에 서 있는 시간도 낭비라고 볼 것만은 아닙니다.

스타일은 언제나 '총체적'이므로

그렇지만, 오로지 자신의 겉모습과 타인의 시선에 지나치게 신경을 쓰는 사람들은 어떻게 바라봐야 할까요? 우린 그들까지도 긍정해야 하는 것일까요?

우리는 때때로 자기 외모에 극단적으로 집착하는 사람들을 만나기도 합니다. 삶의 모든 에너지를 자기 외양을 꾸미는 데 투자하면서, 성형 수술에 중독된다거나 명품 쇼핑에 열을 올리는 사람들도 많습니다. 그런 이들이 점점 더 많아지고 있는 게 사실입니다.

그런 사람들에 관해서라면, 결국 우리는 '한 사람의 내면과 외양은 떨어질 수 없다.'는 단순한 말로 돌아가야 하지 않을까 싶습니다. 스타일의 출발은 몸이고, 우리는 타인의 몸을 통해서만 타인의 내면을 헤아릴 수 있습니다. 그렇지만 우리는 모두 타인의 몸에서 은은하게 전해지는 한 아이덴티티의 총체적인 멋과 삶의 아우라를 느낄 수 있는 사람들입니다. 오직 자신의 외면에만 신경을 쓰는 사람들에게서 그런 향기를 느끼기란 쉽지 않은 일입니다.

자신의 몸을 아름답게 가꾸는 일은 자연스러운 욕망입니다. 그 욕망은 우리를 더 나은 존재가 될 수 있도록 도와줄 수 있습니다. 사람은 타인과 소통하기 이전에 자신의 외모와 태도, 즉 스타일을 다듬으며 자신의 인간적 단서들을 정돈하는 존재입니다. 그런 작은 단서들이 우리가 타인의 감정 및 행위에 영향을 주는 계기가 될 수 있으며, 특정 환경에 처한 자신을 통제할 수도 있습니다. 가상의 신체이면서도 세계 속에 위치한 내 진짜 신체의 원기를 북돋아 주는 훌륭한 역할을 도맡아 줄 수 있습니다.

그렇지만 '가상의 신체'의 역할은 거기까지입니다. '가면'을 벗은 내가 매력적인 존재가 아니라면, 그 가면이 보완해 줄 수 있는 정도에도 한계가 있다는 건 자명한 사실입니다. 아무리 멋진 옷을 입고 예쁘게 화장을 했더라도, 우리를 누군가의 곁에 오래도록 머무르게 만드는 것은 그런 화려한 외양이 아닙니다. 한 사람의 매력적인 얼굴과 몸이 그의 고운 심성과 지적인 향기와 조화롭게 결합되었을 때, 우리는 비로소 그이의 멋과 아름다움에 깊이 매료되곤 하죠. 그런 사람은 자석처럼 우리를 끌어당깁니다.

그러므로 가장 훌륭한 스타일은 자기 자신을 가다듬게 하고, 자신을 더 완전한 사람으로 이끌어주는 스타일입니다. 나의 내면과 외양이 가장 '나답게' 어우러졌을 때, 나는 비로소 '스타일리시'한 사람으로서 자신을 세계에 표현할 수 있습니다.

공자는 이미 『논어』에서 "감성적인 면이 이성적인 면을 이기면 천박하고, 이성적인 면이 감성적인 면을 압도하면 현학적이 된다. 이 둘이 잘 조화를 이룬 뒤에야 군자라고 할 수 있다."(子曰, 質勝文則野, 文勝質則史, 文質彬彬, 然後君子)라고 말했습니다. 한 사람이 지닌 멋진 스타일에는 그이의 외면적인 꾸밈에 더하여 오랜 시간에 걸친 삶의 내공과 지혜로움이 잔잔히 녹아들어 있습니다.

새 드레스를 입는다고 저절로 우아해지는 것은 아니다.
럭셔리란 빈곤함의 반대말이 아니라 천박함의 반대말이다.

이것은 코코 샤넬의 말이었습니다.

6. 용서
<불타오르네>: 방탄소년단

작사/작곡: Pdogg
"hitman" bang
Rap Monster
SUGA
Devine Channel

불타오르네 FIRE FIRE FIRE FIRE

When I wake up in my room 난 뭣도 없지

해가 지고 난 후 비틀대며 걷지

다 만신창이로 취했어 취했어

막 욕해 길에서 길에서

나 맛이 갔지 미친놈 같지

다 엉망진창, livin'like 삐-이-

니 멋대로 살어 어차피 니 꺼야

애쓰지 좀 말어 져도 괜찮아

Errbody say La la la la la (La la la la la)

Say La la la la la (La la la la la)

손을 들어 소리 질러 Burn it up

불타오르네

싹 다 불태워라 Bow wow wow

싹 다 불태워라 Bow wow wow

Hey, burn it up 전부 다 태울 것 같이

Hey, turn it up 새벽이 다 갈 때까지

그냥 살아도 돼 우린 젊기에

그 말하는 넌 뭔 수저길래

수저 수저 거려 난 사람인데 (So what)

니 멋대로 살어 어차피 니 꺼야

애쓰지 좀 말어 져도 괜찮아

Errbody say La la la la la (La la la la la)

Say La la la la la (La la la la la)

손을 들어 소리 질러 Burn it up

불타오르네

싹 다 불태워라 Bow wow wow

싹 다 불태워라 Bow wow wow

(Fire) 겁 많은 자여 여기로
(Fire) 괴로운 자여 여기로
(Fire) 맨주먹을 들고 All night long
(Fire) 진군하는 발걸음으로
(Fire) 뛰어봐 미쳐버려 다

싹 다 불태워라 Bow wow wow
싹 다 불태워라 Bow wow wow
FIRE FIRE

싹 다 불태워라 Bow wow wow
FIRE FIRE

싹 다 불태워라 Bow wow wow

용서해줄게

6. 용서
<불타오르네>: 방탄소년단

　안타깝게도 우리네 삶은 보통 가지런하거나 평온하게만 흘러가진 않습니다. 삶은 우리의 뒤통수를 때릴 기회를 호시탐탐 노리는 괴물처럼 느껴질 때도 종종 있습니다. 모든 사람들이 저마다 아름답게 성장해서 함께 어울려가는 세계는 우리들의 상상 속에서나 가능할 거예요. 세상은 기만과 오해, 폭력과 갈등, 배신과 분노와 증오로 얼룩져 있습니다. 우리는 자주 그 잔인함에 치를 떨면서 마음속으로 눈물을 흘리곤 하죠.

　남과 다른 나 자신을 받아들이는 것, 나와 다른 남을 품고 인정하는 것, 그리고 자신이 맞닥뜨린 높은 현실의 벽과 정정당당히 맞서는 것도 역시 두렵고 힘든 일입니다. 사실 있는 그대로의 나를 인정하고, 그런 나를 쇄신하는 일이 세상 무엇보다도 더 힘든 일인 것 같아요.

　우리 인생에 쉬운 일이 도대체가 하나도 없다는 게 때로는 분통이 터지기도 합니다. 많은 것을 바라는 것이 아닌데, 삶은 가

끔찍 우리들을 좌절의 구렁텅이로 밀어 넣습니다.

우리는 끊임없이 자기 자신과 불화합니다. '자신과의 불화'는 끝내 자기가 해결을 봐야 할 혼자만의 몫입니다. 그러나 폭력과 상처로 얼룩진 타인과의 불화에 이르러서는 또 다른 지평이 펼쳐집니다. 그때 우리 곁에는 죄와 벌이라는 인류 보편의 굴레가 등장하게 됩니다. '죄와 벌'이라는 관념은 마치 족쇄처럼 우리 운명을 고통스럽게 관통합니다. 우리 모두 타인에게 피치 못하게 상처를 주기도 하고, 또 타인에 의하여 영혼에 깊이 남는 심각한 상처를 받기도 하는 존재니까요.

그중에는 도저히 용서가 불가능한 범죄도 존재합니다. 이창동 감독의 영화 〈밀양〉과 〈시〉에서 아프게 그려지고 있듯, 가끔 용서받지 못할 죄를 저지른 이들이 더 뻔뻔하게 살아남아 우리를 황망하게 만들곤 합니다. 때때로 우리에게는 과연 이 세계엔 정의로운 신이 존재하는지를 묻고 싶어지는 순간이 찾아옵니다. 도스토예프스키의 최대 걸작이라 불리는 『까라마조프네 형제들』, 그중에서도 세계 문학사의 압권으로 꼽히는 대심문관 장에서 이반은 이 문제에 천착합니다. 그는 죄 없는 가녀린 영혼을 절망 속에 내버려 두는 신을 우리가 신이라고 부를 수 있는지 묻습니다.

죄 지은 자들이 자신만만하게 활개치고 다니는 순간, 누군가를 '용서'한다는 것은 얼마나 무력하고 허약한 일로 느껴지곤 하나요? 진정한 반성과 처벌의 과정이 생략된 용서는 겉껍데기의 말장난이자 정신 승리에 불과합니다. 용서는 언제나 옳다고 칭송받거나 권장되어야 할 최선의 미덕이 아닙니다. 우리는 용서받지 못할 죄를 저지른 사람들이 정당하게 법적, 제도적 처벌을 받게 되는 세상을 꿈꿉니다. 이것은 모든 인간이 품은 원초적인 정의감에 가깝습니다.

물론 그런 정의로운 세상은 현실과 백만 광년은 떨어진 것 같습니다. 세상에는 여전히 숨겨지고 짓밟힌 비명과 신음 소리로 가득합니다. 자신의 잘못을 단 한 사람 앞에서라도 깊이 뉘우치고 사과하는 일도 드문 세상입니다. 그리고 그 끔찍한 범죄와 뻔뻔함 앞에서 우리는 인간과 인간성에 대한 허탈한 불신에 빠져 버리기도 쉽습니다.

용서, 자신을 정돈하고 거두어들이는 실천

그러나 죄와 벌이 순리대로 이루어졌을 때, 누군가가 자신의 잘못을 진심으로 뉘우치고 있음을 확인한 연후에……. 그 곁에 용서의 가치는 남습니다. 저는 그렇게 믿습니다.

방탄소년단의 《화양연화》 앨범의 타이틀 〈불타오르네〉의 시원스러운 노랫말은, 일견 용서라는 가치와는 거리가 다소 먼 것처럼 느껴집니다. 이 곡은 파괴를 통해서 새로운 것을 찾고, 창조해내려는 젊은 욕망의 분출과 외침에 가깝습니다. 방탄소년단은 낡은 관습과 기성세대의 가치관들을 싹 다 불태울 것을, 그 위에서 제멋대로 미치고 뛰어볼 것을 노래하고 있죠.

그런 면에서 〈불타오르네〉의 메시지는 하나의 신명나는 '축제'와도 같습니다. 철학자 장 뒤비뇨는 일찍이 『축제와 문명』(한

길小)에서 "축제는 규칙을 위반하는 것뿐만 아니라 더 나아가 모든 규칙을 파괴하는 것"이라고 말한 바 있습니다. 하나의 환상적인 축제처럼, 무언가를 파괴하는 일은 새로운 창조의 불길로 너울거릴 수 있습니다. 이 거짓부렁의 세계를 향한 파괴와 전복의 욕망은 때때로 순수한 영감의 원천이 되는 게 분명합니다.

새는 알을 깨뜨리며 새로운 세계를 만난다는 헤세의 비유나, 새 술은 새 부대에 담으라는 성서의 가르침처럼, 기존의 모든 낡은 것들을 과감히 부수고 깨뜨려야 새로운 것이 탄생할 수 있습니다. 방탄소년단의 〈불타오르네〉는 바로 이러한 '파괴→창조'의 과정을 극적으로 보여 주고 있습니다.

그렇지만……. 저는 이 곡이 용서에 관한 중요한 통찰 또한 들려주고 있는 것만 같습니다. 저는 〈불타오르네〉를 들으면서, 타인을 용서할 수 있는 사람은 자신이 받은 상처의 흔적을 내면에서 완전히 '불태워 버리고', 자신의 과거를 극복한 사람일지도 모른다고 생각했습니다.

용서라는 미덕은, 자신 안에 스며든 모든 수치와 멸시, 모욕과 슬픔의 흔적들이 싹 다 '불태워진' 자리에 남아있을 것입니다. 용서하는 일은 타인에 대한 미덕이기 이전에 상처받은 자기 자신을 향한 미덕에 더 가까울 거예요. 그렇다면 용서는 오로지 '용서할 수 있는 힘'을 갖춘 사람만이 베풀 수 있는 굳세고 강인한 미덕이 됩니다. 용서는 자기 상처에 짓눌린 사람의 것이 아니라, 그 상처를 모두 극복하고 자신을 사랑할 수 있는 사람만이 감당할 수 있는 적극적인 실천이 됩니다.

그러므로 내가 누군가를 용서할 수 있는지의 여부는, 결국 내가 자신의 삶을 얼마나 사랑할 수 있는지에 달려 있는 문제이기도 할 것입니다. 이런 관점에선 법정 스님이 남긴 아래 말씀이 용서에 관한 가장 담담하고 서늘한 한 마디의 정의가 아닐까 싶습니다.

"용서란 타인에게 베푸는 자비심이라기보다 흐트러지려는 나를 나 자신이 거두어들이는 일이 아닌가 싶다."

인간은 타인을 용서할 수 있는가

장 뒤비뇨는 『축제와 문명』에서 "신은 인간이 숯처럼 타버리게 될 때 인간을 구제할 것이다."라고 적었습니다. 우리 죄를 심판하는 신이나 어떤 절대적인 존재가 있다면, 그는 인간이 정해 놓은 규칙과 도덕 따위는 아랑곳하지 않는 존재입니다. 그는 인간이 스스로 정해 놓은 그 모든 굴레들을 싹 다 불태워버린 후 완전히 순수해진 한 인간으로 자신 앞에 서길 바라는 존재입니다.

소포클레스의 희곡 『안티고네』에 배어있는 '인간의 법이 아닌 신의 법을 따르라.'는 전언은 이런 맥락에서 읽힐 수 있습니다. 안티고네는 자신의 양심을 지키기 위하여 단 한 걸음도 물러서지 않는 용감한 인물입니다. 안티고네는 '인간의 법'을 어기면서 사형을 언도받지만, 그녀는 그보다 한 차원 더 높은 곳에 '신의 법'이 존재한다는 것을 한 치도 의심하지 않습니다. 그녀는 끝내 자신을 죽이면서 비극적인 운명에 마침표를 찍습니다. 그녀는 인간이 다른 인간을 구제할 수 있다는 사실을 믿지 않고, 자신의 운명을 타인의 손에 맡기지 않습니다. 그녀는 오직 자신이 따라야 할 고결한 섭리를 믿고 있을 뿐입니다.

용서란 사실 정말 무겁고 어려운 행위입니다. 타인이 자신에게 지은 죄를 헤아리고, 그것을 완벽하게 용서하는 일이 가능할까요? 어렵다고 생각합니다. 죄와 벌은 인간의 영역이지만, 용서하는 일과 참회하는 일은 신의 영역에 가깝습니다. 인간은 절대적인 불변의 존재가 아니며, 그다지 믿을 만한 존재도 아닙니다. 우리는 타인을 쉽게 기만할 수 있고, 동시에 자기 자신마저 우습게 기만할 수 있는 변덕스러운 존재입니다.

인간은 타인의 내면, 타인의 영혼을 단죄하는 심판관이 될 수 없습니다. 인간의 가슴속엔 100퍼센트의 용서도 있을 수 없고, 100퍼센트의 반성도 있을 수 없습니다. 우리는 누군가를 용서했다고 자신하다가도, 다시 상대에 대한 뜨거운 분노에 휩싸일 수 있는 존재입니다. 또 자신의 지은 죄를 반성하고 참회했음을 확신하다가도 언제든 다시 억울한 마음이나 냉소적인 마음을 품을 수 있는 존재이기도 하고요. 인간은 자기 한 사람의 마음도 제대로 다스리지 못하는 연약한 존재예요. 하물며 타인의 마음을 속속들이 파악해서 정죄한다는 것은 그야말로 오만에 가까운 일입니다.

그래서 신이 아닌 인간은 끝내 자신을 가다듬을 수밖에 없는 존재입니다. 앞서 법정 스님의 말씀처럼, 타인을 용서한다는 것은 더 이상 내 삶을 타인에게 혹은 나 자신의 상처에 휘둘리게 두지 않겠다는 굳건한 태도입니다.

우리들 중 그 어떤 사람도 신이 될 수는 없습니다. 다만 〈불타오르네〉의 뮤직비디오에선 슈가가 잠시 신의 역할을 대신합니다. 신이 사라진 시대, 예술 속 모티브는 이처럼 잠깐 신적인 역할을 대신하기도 하죠. 그는 자신의 플레이어로 이 곡을 틀면서 자기 앞에 선 젊은이와 악수를 나눕니다. 슈가의 손을 맞잡고 〈불타오르네〉의 열기가 전해지는 순간, 상대는 숯처럼 활활 타버립니다. 과연 대담한 발상입니다. 말하자면, 방탄소년단은 짓눌리고 겁 많고 괴로운 젊은이들을 향해 어떤 '절대자'의 위치에서 〈불타오르네〉를 노래하고 있습니다.

니체가 창조한 '차라투스트라'라는 인물은 신이 사라진 시대에 철학의 이름으로 신적인 역할을 떠맡았던 초인(超人)입니다. 니체의 대표 저서인 『차라투스트라는 이렇게 말했다』 속 문장들은 책이 출간된 지 100여 년이 지난 지금도 무섭게 불타오르고 있습니다. 정말 굉장한 책입니다! 그리고 니체가 초인 차라투스트라의 입을 빌려 남긴 아래의 말은, 용서의 의미와 관련해서 오랫동안 음미할 만한 문장이라고 생각합니다.

> 나는 그대가 나에게 저지른 짓은 용서한다.
> 그러나 그대가 그대 자신에게 그런 짓을 저질렀다는 것을
> 내가 어떻게 용서할 수 있겠는가!

법정 스님이 평화로운 어조로 우리에게 조언했다면, 차라투스트라는 불 같이 화를 내면서 독자들을 꾸짖습니다. 용서라는 화살은 타인을 향해 쏘아질 수 없다는 것을. 우리 마음을 가장

아프게 찌르는 것은 다른 누구도 아니라 바로 자기 자신의 천박함과 저열함이라는 것을.

오직 강하고, 오직 자유로운 사람만이

방탄소년단은 〈불타오르네〉에서 자신의 세대를 향하여 어서 더 멋대로 살라고, 좀 더 자유로워지라고 '허락'합니다. 한밤중의 어둠 속에서 불꽃이 강렬하게 춤을 추듯, 한 사람의 생명력은 감춘다고 고이 감춰질 수 있는 게 아닙니다. 방탄소년단은 그런 억눌린 생명들을 향해 뜨거운 불길을 옮겨놓습니다. 괴롭고 겁 많은 자들에게 여기서 빨리 모이자고, 세상의 모든 낙인과 편견을 함께 깨부수자고 소리칩니다. 그들은 자신의 파괴적인 영혼의 목소리를 두려워 말고 풀어낼 것을 재촉합니다. 이 죄 많고 엉망진창인 세상에서, 심지어는 자기 자신조차 두려워하는 움츠러든 영혼들에게 말이죠.

그중에서도 〈불타오르네〉의 마지막, 불현듯 슈가가 그 모든 걸 "용서해 줄게."라고 말하는 파트는 노래가 끝나고도 오랜 여운을 남기는 최고의 구절입니다. 앞서 말했듯이 타인을 향한 용서는 스스로를 극복하고 뛰어넘은 뒤 손에 넣은 힘, 그리고 자기 확신을 가진 자만이 할 수 있기 때문입니다.

방황하는 사람, 자기 연민과 자기혐오에 시달리는 사람, 자신의 영혼 앞에서 나약한 사람은 뒤따라오는 사람에게 "괜찮다, 네가 나와 같이 죄를 짓더라도 내가 널 용서해 줄게. 겁내지 마."

라는 말을 할 수 없습니다. 자신을 얽매고 있던 현실의 굴레를 떨치고 난 후, 자신의 두 눈과 자신만의 기준으로 당당하게 세상과 맞설 수 있는 사람만이 "내가 널 용서해 줄게."라는 위엄 있고 대범한 말을 할 수 있습니다.

결국, 용서는 자신을 얽어맸던 그 모든 과거의 상처와 억눌림에서 자유로워지는 일입니다. 그것은 자신을 가장 정확하게 인식한 사람이 자기에게 베풀 수 있는 선물과도 같습니다. 용서할 수 있는 사람은 자기 자신의 과거를 두 눈으로 똑바로 들여다볼 수 있는 사람입니다. 그는 자신이 과거의 상처에서 완전히 회복되었고, 과거에서 완전히 자유로워져 있다는 것을 확신하고 있는 사람입니다. 그에게는 다시 생명의 밝은 힘이 넘쳐흐릅니다.

그리고 이제 그는 자신이 누구인지를 명확하게 압니다. 그는 머뭇거리거나 주저하지 않고 자신을 표현할 수 있습니다. 프랑스 작가 마리 다리외세크는 자신의 책 『가시내』에서 이렇게 적었습니다.

> "그리고 우리가 우리에게 잘못한 사람을 용서해 준 것 같이 우리의 죄를 용서해 주소서. 그녀는 어머니에게 묻는다. 잘못한? 이게 무슨 뜻이야? 그건 우리 자신이 정말로 누구인지 말로 표현하지 못하는 것을 뜻해."
>
> — 마리 다리외세크, 『가시내』(열린책들)

나는 태양처럼 타오르는 존재입니다. 그 누구도 내게 상처를 줄 수 없고, 나를 억누를 수 없습니다. 나는 그것을 알고 있습니다. 용서는 내가 그것을 알고 있다는 것을 되새기는 일에 불과합니다. 차분하게, 그리고 뜨겁게.

우리는 언제나 자기 자신에 대해서 생각보다 더 많이 알고 있는 존재입니다. 나는 약하지 않습니다. 나는 강합니다. 우리는 모두 강한 사람들입니다.

7. 예술
<Never>: 워너원

작사: 후이
    이던
    우석
작곡: 후이
    Flow Blow

사랑하지 않기를 원해 eh

멈출 수 없는 기억 속에 yeah eh

Everytime everywhere

내 머릿속에 너밖에 안보여

한 줌의 재가 되길 바래 yeah

매일 반복해 널 지우는 일

뼛속까지 시려 조각들에 찔린 느낌

다시 돌아보니 눈부시게 빛나는 길

부디 흔적 없이 너를 남겨두지 않길

Eh 더 이상은 never ever

근데 내 맘은 또 왜 널 채워

We're not forever 눈물로 채워

슬픈 엔딩으로 끝난 우리 둘 Never

Yeah Eh 내 머릿속에서 이제는 Get away

아름답던 우리는 저 위로

Yeah Eh 깊은 곳에 맴도는 그 말

I love you I love you

내 곁에서 떠나가줘 Yeah

난 네가 너무 무서워 Yeah

Everytime Everywhere

내 목숨조차 아깝지 않을 사랑이었어

I love you Love you Love you Uh

붙잡아낼 수도 담아낼 수도 없어

시간은 갈수록 내 소유욕만 커져

빛을 둘러싼 건 어둠이라는 난데

보이지 않는 내게서 넌 멀어져 가네

Eh 더 이상은 Never ever

차라리 지금 내겐 Getting better

We're not forever 눈물로 채워

슬픈 엔딩으로 끝난 우리 둘 Never

Yeah Eh 내 머릿속에서 이제는 Get away

아름답던 우리는 저 위로

Yeah Eh 깊은 곳에 맴도는 그 말

I love you I love you

아직도 내 맘 속엔 슬픈 비가 내려와

홀로 네가 내리던 밤

I wanna see you again 널 지워 이젠

I don't wanna know I don't wanna know

나를 등져버린 그 마음과 그런 말은 넣어둬

너의 모든 순간과 모든 추억을 다 잊어버리게

I don't wanna go I don't wanna go

아직 꺼지지 않은 불씨에 숨을 불어넣어줘

I let you go Yeah Oh Oh

혼자만의 에필로그 이제는 끝을 내

I'm going on my way

더 이상은 Never ever

근데 내 맘은 또 왜 널 채워

We're not forever 눈물로 채워

슬픈 엔딩으로 끝난 우리 둘 Never

Yeah Eh 내 머릿속에서 이제는 Get away

아름답던 우리는 저 위로

Yeah Eh 깊은 곳에 맴도는 그 말

I love you I love you

"비극은 보통 이상의 인간의 모방이므로 우리는
홀륭한 초상화가들을 본보기로 삼지 않으면 안
된다. 홀륭한 초상화가들은 실물의 고유한 형상
을 재현함에 있어 실물과 유사하게 그리되 실물
보다 더 아름답게 그린다."

— 아리스토텔레스, 『시학』 (문예출판사)

워너원의 〈Never〉는 〈프로듀스 101〉 시즌 2의 경연 곡으로 쓰여 큰 인기를 끌고 결국 그들의 첫 정규앨범에까지 실린 곡입니다. 워너원에 최종 합류한 옹성우, 김재환, 황민현, 박우진, 이대휘, 라이관린, 그리고 14위로 아쉽게 탈락한 김종현까지 총 7명의 '국민의 아들' 팀이 콘셉트 평가 무대에서 부른 노래였지요. 이 곡은 포미닛의 현아가 속해 있는 트리플H가 프로듀싱한 곡이기도 합니다. 현아가 프로그램에 등장해서 여러 멤버들을 격려하는 모습은 제게도 무척 인상적이었습니다.

그리고 저도 이 곡의 무대를 생방으로 보면서 정말 깜짝 놀랐습니다. 약간 소름이 돋는 기분까지 들었습니다. 정말이지 세련된 곡이었고, 멤버들의 호흡도 훌륭했죠. 아마 많은 팬 분들도 저와 비슷하게 생각하셨던 것 같아요. 이 곡은 다음날 큰 화제를 불러일으키며 온라인 음원 사이트를 점령하기도 했습니다.

〈Never〉는 사랑에 실패하고 홀로 남겨진 화자의 독백입니다.

그는 굉장히 감각적인 어조로 비탄에 잠긴 자신의 심경을 노래합니다.

너를 잃고 뼛속까지 시린 내 마음은 "조각들에 찔린 느낌"으로 채워졌지만, 다시 돌아보면 그 조각들은 내게 "눈부시게 빛나는 길"을 비춰 주는 것만 같습니다. 너는 내 안에 채워진 눈부신 빛이고, 나는 그 빛을 둘러싼 어둠입니다. 나는 내 안을 밝히는 그 "꺼지지 않는 불씨"가 어서 "한 줌의 재"가 되기만을 바라고 있습니다. 그렇지만 나의 간절한 바람에도 불구하고, 너는 어느 순간 "슬픈 비"로 바뀌어 나 홀로 남겨진 이 밤을 가득 채우고 있군요. 그 슬픈 비는 나의 눈물과도 같습니다.

슬픈 엔딩으로 끝난 우리 둘의 관계입니다. 너는 멀어져 가고 있고, 나는 그저 눈물을 흘리면서 그런 너를 그리워 할 뿐입니다.

저는 이 곡을 들으면서 '예술'에 대하여 생각했습니다. 〈Never〉에서 펼쳐지는 여러 빛깔의 '무너짐'의 감성과 상실의 정서는, 예술이 품고 있는 본질적인 감성과 매우 유사하게 느껴집니다, 나는 너를 상실했습니다. 그러나 내 안에서 뼛속 깊이 실감하는 '너의 결여', 너의 빈자리는 역설적으로 더 아름답게 승화되어 나를 채우고 있습니다. 지금 나는 그것을 외면할 수 없습니다. 내 머릿속의 너는, 너라는 '작품'은 눈부신 빛처럼 나를 찌르고 있으니까요.

너는 떠났지만, 너와의 사랑이 폐허가 된 자리에, '너'는 오히려 더욱 생생하게 들어서 있습니다. 그 순간 너는 (내안의 세계에선) 여전히 '너'로 남아 있으면서도, 동시에 (현실의 세계에선) 절대 네가 될 수 없는 어떤 존재입니다. 나는 그 사실을 잘 알고 있습니다. 허무하게 끝나버린 관계이지만, 내가 "매일 반복해"지우고 되살려내는 '너'는 명백하게 나를 압도하고 있습니다. 나는 이 모든 감정과 상념이 나의 "혼자만의 에필로그"라는 사실 또한 알고 있습니다. 그렇지만 너를 내 안에 붙잡아 두는 일을 포기할 수는 없습니다.

여기서 어떤 예술적인 안간힘이 시작됩니다. 현실에선 너를 철저하게 상실했음에도 불구하고, 내게서 미끄러지듯 빠져나가는 너를 내 안에 영원히 간직하려는 몸부림이 바로 예술이니까요.

'결여의 감정으로 자신의 몸을 긋는다는 것'

〈Never〉는 처음부터 끝까지 슬픔으로 가득 채워진 노래입니다. 이 곡과 유사한 느낌을 띤 방탄소년단의 〈피 땀 눈물〉이 한 사람의 성장이라는 모티브를 애절하게 형상화 했다면, 워너원의 〈Never〉는 '네가 예술로 남는 순간'을 안타깝게 그려낸 비가(悲歌)에 가깝습니다. 결국 예술은 현실을 완전히 모사하거나, 영원히 박제해둘 수 없다는 점에서 〈Never〉라는 곡의 제목이 더없이 어울립니다.

〈Never〉의 화자는 붙잡을 수 없는 것을 붙잡으려 애쓰고, 영원하지 못할 것을 알면서도 영원한 무언가를 꿈꾸고 있습니다. 때로는 무서운 감정에 질려버린 채 제발 날 떠나가라고 너를 향해, 아니 너의 빈자리를 향해 외치면서도, 또 때로는 숨길 수 없는 자신의 소유욕을 토로하고 있기도 합니다. 그는 너와 함께했던 모든 순간과 모든 추억을 잊어버리겠다고 결심하고 또 결심합니다. 그러나 그런 결심이 너에 대한 애타는 사랑의 감각을 점점 더 뚜렷하게 아로새기고 있을 뿐입니다. 나는 그 사이에서 옴짝달싹할 수가 없습니다.

워너원의 〈Never〉를 채우는 이런 역설의 감정은 예술의 알레고리 그대로입니다. 예술은 기억하고, 복원하고, 그 복원된 기억을 새롭게 창조해 내는 일입니다. 그런데 내 안에서 새롭게 재현된 너는, 이 챕터의 맨 앞에서 인용한 『시학』의 한 구절처럼, 실제의 너보다 훨씬 더 아름다울 수 있습니다. 아니, 아름다워야 합니다!

〈Never〉의 화자는 '너'를 감각적으로 재현하는 '예술가'와 같은 존재입니다. 이때 한 예술가는, 문학평론가 황현산의 표현을 빌리자면, '결여의 감정으로 자신의 몸을 긋는 사람'과도 같습니다. 결여의 감정에 시달리지 않고 너와 함께하는 지금 이 순간에 만족할 수 있는 사람, 너라는 존재 그 자체로 행복한 순간을 누리고 있는 사람은 너를 내 안에서 새로이 창조할 필요가 없습니다.

그러나 너를 잃은 사람, 잃고 나서도 잊지 못하는 사람은 자신의 안에 텅 빈 공간, 끝없이 공허한 구멍을 발견하게 됩니다. 그는 그 구멍을 채우지 않으면 안 됩니다. 그는 떠나가 버린 상대방을 재현함으로써 자신의 비워진 가슴을 애달프게 위로합니다. 물론 내가 너를 아름답게 재현했더라도 너는 영영 돌아오지 않을 것이기에, 예술은 처음부터 비극의 씨앗을 잉태해 두고 있습니다. 예술가는 그 비극을 알면서도 창조하는 일을 멈출 수 없습니다. 그는 이기지 못할 싸움을 하고 있지만, 그 명백한 패배를 통해서도 그에겐 무언가 아름다운 것이 남을 수 있습니다. 그때 그가 창조하는 '너의 아름다움'은 예술가 자신의 아름다움에 가까우니까요.

이런 면에서 예술가는 자기 자신에게 매혹된 존재와도 같습니다. 자신에게 주어진 결여의 감정이 예술가를 파멸시키지 않는 한, 그가 남긴 아름다움은 남아서 그를 위로하거나, 그의 작품을 접하는 우리들의 감정을 뒤흔들 수 있습니다. 네가 떠나간 자리에, 내가 빚어낸 너의 아름다움이 남아 있습니다. 어쩌면, 영원히.

우리 삶의 '예술'이 시작되는 순간

그 꿈 이룰 수 없어도
그 싸움 이길 수 없어도
그 슬픔 견딜 수 없다 해도
길은 험하고 험해도
정의를 위해 싸우리라
사랑을 믿고 따르리라

미겔 데 세르반테스 사아베드라의 『돈키호테』를 뮤지컬로 옮긴 〈맨 오브 라만차〉의 주제곡은, 예술이 갖는 역설적인 본질을 압축적으로 표현하고 있습니다. 작품 속의 돈키호테는 기사도 문학에 지나치게 열광한 나머지, 나이 오십이 넘어 세상을 더 정의롭게 바꾸기 위해 먼 길을 떠났습니다. 이 위대한 편력 기사에게는 자신이 맞닥뜨린 부조리한 현실과 자신이 읽은 책의 세계가 더 이상 구분되지 않습니다.

그에게는 인생이 하나의 예술적인 무대였습니다. 마구간 종자였던 산초가 자신을 호위하는 판사였고, 풍차가 적군의 무리였으며, 어느 가난한 시골 처녀가 둘시네아 공주였습니다.

그리고 그는 자신이 창조하고 설계한 무대를 진심으로 믿었습니다! 그는 끝내 현실에 철저하게 패배하고 말지만, 돈키호테는 바로 그처럼 세계를 '예술적으로' 파악했기에 끊임없이 자신을 밀고나갈 수 있었고, 사람들에게 충격을 가할 수 있었으며, 마지막까지 유토피아를 꿈꿀 수 있었습니다. 그는 자신이 살던 세상에 진정한 기사도 정신이 완전히 결여되었음을 개탄했고, 자신이 세상의 정의를 수호하는 기사가 되기로 결심했습니다.

그는 시대와 동떨어진 미치광이였습니다. 하지만 미쳐버림으로써 당시 스페인 사회의 병폐를 그 누구보다도 예리하게 폭로하고 비판할 수 있던 미치광이였죠. 그는 자기 자신에게 완전히 매혹되었으므로, 즉 자신을 '예술'의 한복판에 완전히 몰아넣을 수 있었으므로, 정상이 아닌 세상에 대해 감히 '미쳤다'고 단언할 수 있었습니다. 그를 불쌍하게 여기고 안타까워하던 산초는 마침내 그에게 감화를 받고, 그를 진정으로 존경하게 됩니다. 산초의 변화는 이 소설의 가장 아름다운 백미이기도 하죠. 산초는 훗날 자신이 그토록 바라던 대로 하나의 섬을 다스리는 총독이 되어, 돈키호테에게 배웠던 청렴함과 올곧은 정신을 실천하기까지 합니다.

이처럼 자신이 무엇인가를 상실했음을 발견하고, 그 무언가를 간절히 소망할 때, 우리들은 모두 한 사람의 예술가가 됩니다. 그 무언가가 무엇이든 상관없습니다. 그런 순간 우리는 자신만의 세계에 빠져, 자신의 모든 것을 바쳐 무언가를 찾기 위해 노력합니다. 설령 자신이 그것을 끝내 손에 넣지 못하고, 그 끝이 비극으로 마무리될 것을 알고 있더라도…….

우리는 때때로 자신이 온몸으로 갈구하는 무언가를 붙잡아 둘 수 없습니다. 그럼에도 바로 내가 그것을 붙잡아 둘 수 없다는 사실 때문에, 아니 내가 붙잡아둘 수 없다는 것을 알면서도 그것을 붙잡으려 끝까지 노력했다는 사실 때문에, 내가 추구하는 그 무언가는 이 세상 속에서 훨씬 더 아름다워질 수 있습니다.

그러니 한 사람의 예술가가 자신의 결여, 혹은 세계의 결여를 발견하고 그 결여를 채우고자 노력하는 일을 다짐하는 순간, 그때가 바로 예술적인 미학의 지평이 그의 곁에 열리는 순간입니다. 무(無)가 유(有)로 뒤바뀌고, 공허함이 아름다움으로 변신합니다. 어쩌면 이게 우리가 그토록 예술을 사랑하는 이유일 것입니다.

그런 순간, 예술은 우리들 삶의 '부피'를 돌려줍니다. 나는 내 안에 채워진 것들에서만 아름다움을 발견하는 존재가 아니라, 내 안의 결여와 상처에서 더 큰 아름다움을 빚어낼 수 있는 존재입니다. 오로지 자신이 손에 움켜쥐고 자신을 만족시키는 것들에서만 아름다움을 창조할 수 있다면, 우리들의 삶과 예술은 얼마나 얕고 평면적으로만 느껴질까요? 우리는 한 생애 동안 자신이 잡고, 이루고, 성취할 수 있는 게 그리 많지 않다는 것을 알고 있습니다. 그러나 그런 좌절과 실패의 경험이 우리의 삶을 얄팍하게 만드는 게 아니라 오히려 더 두껍게 만들어줄 수 있습니다. 그때 삶의 양감(量感), 삶의 볼륨감을 되돌려 주는 일이 바로 예술입니다. 너의 부재를 통해서, 너를 더 빛나고 풍성하게 그려내는 일이 예술인 것입니다.

끝내, 무엇인가를 잃은 사람만이

그리고 그때 너를 잃어버린 나의 곁에는, 아름답고 신비로운 또 다른 네가 남아 있습니다. 네가 떠나가지 않았더라면 〈Never〉의 아프고 눈부신 고백, 나 자신에 대한 매혹은 완성되지 못했을 것입니다. 그것은 예술이 품은 애잔한 패러독스입니다.

서양의 중세를 통틀어, 높고 엄숙한 종교적 열정에 취해 있던 수도사들은 저 황홀한 빛의 예술, 스테인드 글라스를 완성했습니다. 그들은 예배당 안을 수놓고 있는 관능적인 장식들과 조각들을 하나하나 빚어내기도 했죠. 그들은 영원한 하느님의 가르침을 좇으며 지상의 안락을 포기했지만, 그들의 텅 비워진 마음에는 그만큼 더 섬세하고 맹렬한 아름다움의 열망이 채워질 수 있었습니다.

기호학자이자 소설가였지만 동시에 훌륭한 중세 연구가였던 움베르토 에코는 그들에게 세속적인 아름다움의 감각이 결여되어 있다는 통념을 거부합니다. 에코는 그들의 마음속의 유혹에 주목하며, 그리고 그 금지된 유혹들이야말로 중세적 미의 체계를 훌륭하게 드러내고 있다고 설파합니다. 자신에게 한없이 엄격했던 수도자들에게는 '자신에게 결여된 것의 진가를 알아보는 눈'이 있었으니까요.

> "신비주의자나 엄격주의자는 이 세상의 '유혹들'에 대하여 결코 무관심하지 않았다. 어떤 의미에서는 그들은 다른 사람들보다도 이 유혹들을 훨씬 강렬하게 감지했다고도 말할 수 있다. 한편으로는 지상적 가치에 대한 민감함, 다른 한편으로는 초자연적인 방향에로의 지향, 이 모순적인 두 항이 만드는 대비 위에 금욕주의의 모든 드라마가 서 있는 것이다."
>
> ― 움베르토 에코, 『중세의 미와 예술』 (열린책들)

한평생 치열하게 자신을 절제하는 금욕의 삶을 선언했어도, 그들 가슴 깊숙한 곳에는 은밀하고 찬란한 유혹이 남아 있었습니다. 어찌 그러지 않을 수 있었을까요?

무엇인가를 갖지 못한 사람이, 그 무언가의 아름다움을 더 깊고 그윽하게 인식할 수 있는 법입니다. 그들이 하느님의 구원으로 영생을 누리고 있는지는 알 길이 없지만, 그들 내면의 드라마는 지금도 장엄하게 남아서 우리들을 끝없이 경탄하게 만듭니다.

워너원의 〈Never〉는 슬픈 노래입니다.

8. 신뢰
<OOH-AHH하게>: 트와이스

작사/작곡: 블랙아이드필승
Sam Lewis

모두 나를 가지고 매일 가만 안 두죠
내가 너무 예쁘죠 나 때문에 다 힘들죠
어딜 걷고 있어도 빨간 바닥인거죠
Red carpet 같은 기분 모두 날 쳐다보죠

어떤 사람은 어머님이 누구냐고
신선하게 말 걸어도 아무 느낌이 안 들죠
하지만 나도 누군가 하고 사랑에
빠져보고 싶어 Baby 잘 들어요, 내 Boy

단 한번도 느껴본 적 없는 걸
알게 해주는 사람 기다리고 있는 걸
얼마가 돼도 기다리고 싶어
I just wanna fall in love

어떻게 내가 움직일 수 없게
날 Ooh Ahh Ooh Ahh 하게 만들어줘
가짜 가짜 진심 없는 가짜
잘 가 잘 가 Huh, OOH-AHH하게
어떻게 이제 더 할 말이 없게
날 Ooh Ahh Ooh Ahh 하게 만들어줘
Bla La La La 말만하지 말고
느껴지게 Huh, OOH-AHH하게

날 봐 거봐 또 두 번 봐
한번 지나치고 등을 돌려 쳐다봐 (TWICE)
어딜 가더라도 항상 민낯 하지만 내가 제일 빛나
낮은 신발 신어도 가치는 High

머릿속엔 늘 영화 속 같은 La La La

장면들이 지나가네 생각만해도 떨리네 yeah

이제는 나도 누군가 하고 사랑에

빠져 보고 싶어 Baby 잘 들어요, 내 Boy

단 한번도 느껴본 적 없는 걸

알게 해주는 사람 기다리고 있는 걸

얼마가 돼도 기다리고 싶어

I just wanna fall in love

어떻게 내가 움직일 수 없게

날 Ooh Ahh Ooh Ahh 하게 만들어줘

가짜 가짜 진심 없는 가짜

잘 가 잘 가 Huh, OOH-AHH하게

어떻게 이제 더 할 말이 없게

날 Ooh Ahh Ooh Ahh 하게 만들어줘

Bla La La La 말만하지 말고

느껴지게 Huh, OOH-AHH하게

아무하고 만나 시작하기 싫어

쉽지 않은 여자 그게 나인걸

Let me see, How you gonna treat me

I ain't no easy, Better think about it TWICE

Let me see, How you gonna treat me

I ain't no easy, Better think about it TWICE

어떻게 내가 움직일 수 없게

날 Ooh Ahh Ooh Ahh 하게 만들어줘

가짜 가짜 진심 없는 가짜

잘 가 잘 가 Huh, OOH-AHH하게

어떻게 이제 더 할 말이 없게

날 Ooh Ahh Ooh Ahh 하게 만들어줘

Bla La La La 말만하지 말고

느껴지게 Huh, OOH-AHH하게

8. 신뢰
<OOH-AHH하게>: 트와이스

다른 사람을 믿는다는 것은 그 자체로 참 아름다운 일인 것 같아요. 앞에서도 자주 이야기했지만, 타인을 믿는 일은 자신을 비우고 내려놓는 일을 가리키니까요. 그것은 내 앞의 너를 바라보며 나의 무장을 잠시 해제해 두는 일이며, 너를 신뢰하는 동안은 내 운명 일부를 너에게 온전히 맡겨버리는 일과 다르지 않습니다.

우리는 믿음이란 두 글자를 쉽게 입에 올리곤 하지만, 순수한 믿음이란 과연 쉽지 않은 덕목임이 틀림없습니다. (제가 다른 사람을 잘 믿지 못하는 사람이어서 그런 걸까요?) 이 눈뜨면 코 베어간다는 세상에서, 상대를 전적으로 믿는 것은 무척이나 힘든 일입니다. 물론 상대에게 전적인 믿음을 주는 사람이 되는 것은 그보다 더 힘든 일이라는 점도 분명합니다.

어쩌면 믿음이란 어떤 의지의 표현이라기 보단, '절로 그렇게 되는 것'에 더 가까운 것일지도 모르겠어요. 왜냐면 그런 전적인 믿음은 타인에게 강요될 수 없으니까요. 진정한 믿음은 '나를 믿어 달라'고 애원하고 윽박지르는 일에서 탄생할 수 없습니다. 상대에 대한 믿음은 어느 순간 나도 모르게 싹터서 은은히 피어오르는 내면의 목소리에 가까운 게 아닐까 싶습니다. 하지만 그것은 오랜 시간과 힘겨운 과정을 필요로 합니다. 인간은 보통 쉽게 남을 믿지 않고, 자기의 주도권을 타인에게 넘겨주는 리스크를 감당하려 하지 않습니다. 그런 경계심과 조심스러움은 우리의 생존과 안정적인 삶에 필수적인 태도라고 볼 수도 있습니다.

사실 우리가 이 땅에 살아 숨 쉬는 한, 누군가를 완전히 믿는 일은 불가능에 가깝다는 생각도 자주 듭니다. 모든 인간은 불완전하고, 열 길 물속은 알아도 한 길 사람 속은 모르는 게 사실이니까요. 그러한 완전한 믿음은 사람간의 관계보단 신과 인간의 관계, 즉 종교의 영역에 더 가까울 것 같기도 합니다. 신학자 폴 틸리히는 기독교적인 믿음을 철학의 언어로 풀어 낸 책 『믿음의 역동성』에서 '믿음은 인격의 총체적이고, 중심적이고, 무조건적인 행위이며 무한하고, 궁극적인 관심'이라고 명료하게 정리했습니다. 믿음은 총체적이고, 무조건적이며, 무한합니다. 과연 절대적인 신이 아니라 온갖 유혹에 흔들리는 한 인간을 믿는다는 건 그야말로 도박에 가까운 일일지도 몰라요. 그래서인지 세상에는 배신의 통곡과 상처들로 넘쳐 납니다.

그렇지만 믿는다는 일이 제아무리 깨지기 쉬운 도박일지라도……. 믿음은 끝내 아름답습니다.

저는 세상의 그 누구도 믿지 않고 오직 자기 자신만을 신뢰하는 삶을 무작정 그릇됐다고 말하고 싶지는 않습니다. 그 또한 오직 자신만의 방식으로 세계를 힘껏 겪어낸 후, 스스로의 삶에 새겨 넣은 하나의 치열한 결단일 수 있습니다. 그는 어두운 심연과도 같은 단독자의 길을 자발적으로 선택했습니다. 우리는 누구도 그 절망의 깊이에 대해서 가타부타할 수 없습니다.

그러나 누군가를 완전히 믿어 보고, 그 믿음의 응답으로 타인에게 백 퍼센트의 신뢰를 받아 본 사람은 그 따사로운 기쁨을 쉽게 포기하지 못합니다. 타인을 믿는 일은 어렵습니다. 그러나 릴케의 말처럼, 그 어려움은 어쩌면 우리들을 신의 모습과 가깝게 다듬어 줄 수도 있습니다.

나는 항상 이것만은 말하고 싶었습니다. 지금까지 내가 틀림없다고 확신하는 것은 우리들이 언제나 어려움에 의지해야 한다는 사실입니다. 그 어려운 쪽이 바로 우리들의 몫이지요.

— 라이너 마리아 릴케

우아함과 신뢰, 그리고 존경

〈우아하게〉의 화자는 아직 그런 감정을 느껴본 적이 없다고 노래합니다. 그녀는 자신에게 확신을 가져다 줄 사람을 기다리고 있습니다. 말로 번지르르하게 꾸민 사랑이 아닌, '자신이 더 할 말이 없게끔' 그저 완벽한 믿음으로 다가오는 사랑을 기다리고 있습니다.

그녀는 마치 영화 속의 로맨틱한 주인공을 기다리고 있는 것 같습니다. 머릿속엔 언제나 그런 장면들이 스쳐 가고 있으며, 이젠 자신도 그런 사랑에 빠져보고 싶다고 말하고 있네요. 어쨌든 그녀는 지금까진 단 한 번도 그와 같은 감정을 느껴본 적이 없다고 고백합니다.

그녀는 그처럼 날 우아하게 만들어 줄 사람이라면 얼마가 되어도 기다릴 수 있다고 자신합니다. 자긴 쉽지 않은 여자이며, 아무하고나 시작하진 않겠다며……. 우리는 그녀가 앞으로도 자신의 마음을 그리 쉽게 열진 않으리라고 짐작할 수 있습니다. 조금 짓궂게 말하자면, 그녀는 자신의 뛰어난 미모를 너무도 민감하게 인식하고 있습니다! 모두 나를 가지고 매일 가만 안 두는 세상, 어딜 걷고 있어도 레드카펫을 걷는 것만 같은 그 세상에서, 그녀가 끊임없이 매력적인 애인을 고르고 고르는 심경도 일견 이해가 되기는 합니다. 이 외모지상주의에 물든 불공평한 세상 속에서, 자신의 아름다운 미모가 가진 힘을 의식하지 않기란 참으로 쉽지 않은 일일 거예요. (부러운 마음이 듭니다.)

〈우아하게〉의 화자는 상대가 아무리 그럴 듯하게 꾸며봤자 자신은 "진심 없는 가짜"의 마음을 다 알아 본다고 기세가 등등합니다. 어쨌든 틸리히의 말대로 그녀 또한 '너'라는 '인격적 총체성'을 판단하겠다는 것입니다. 단 한 번의 신선한 행동이나 대화로는 그런 상대의 진심을 제대로 느낄 수 없습니다. 너와 나는 마치 영화의 주인공들처럼 서로에게 확 이끌릴 수 있을 것이며, 반드시 그래야만 합니다. 나는 그런 순간을 기다리며 내 주위의 '가짜'들을 쳐내는 데 여념이 없습니다. 가짜들은 내게 아무런 느낌을 전해 주지 못하니까요.

바로 이 순간, 그녀가 지향하는 '우아함'이란 말에는 어떤 품격과 아우라가 깃들어 있습니다. 우아함이란 '값싸지 않고, 천박하지 않으며, 고상하고 기품이 있는 아름다움'을 표현하는 말입니다. 트와이스의 〈우아하게〉는 내가 완전히 신뢰할 수 있는 너의 존재가 나를 우아하게 만들어줄 것이라고 확신하는데, 과연 의미심장한 단어의 선택입니다. 그때 나의 아름다움을 우러러 보고, 찬탄하며, 나를 진심으로 사랑해줄 수 있는 너는, 어떤 의미에선 나를 존경해 줄 수 있는 사람과도 같습니다. '존경하다'는 영어로 'respect'이죠. 이 단어의 어원인 라틴어 'respicere'는 '바라보다'라는 뜻을 가지고 있어요. 다시 말해 존경한다는 것은 어떤 사람을 있는 그대로 볼 줄 알고, 그의 독특한 개성을 인정한다는 것과 같습니다. 그처럼 내 얼굴의 윤곽 하나하나를 제대로 바라봐 주고, 오직 나만이 갖춘 특별한 정체성이 무엇인지를 섬세하게 알아보는 사람이야말로 나를 '우아하게' 만들어줄 수 있는 사람입니다.

난 쉽지 않은 여자이며, 아무에게나 내 무장을 해제하진 않는 사람이니까요. 나 정도면 내가 마음을 열어 준 한 사람에게 그 정도의 찬탄과 주목, 존경을 받을 만하지 않나요?

그녀는 마치 트루먼 커포티의 소설 『티파니에서의 아침을』의 홀리 골라이틀리처럼, 자신의 아름다움을 잘 알아서 콧대가 높은 여성인 것 같습니다. 이 작품은 오드리 햅번 주연의 영화로도 유명하지만, 원작 소설은 정말이지 애틋하고 마음이 아픈 작품입니다.

소설은 영화와 달리 두 남녀가 이어지는 해피엔딩으로 끝나지 않습니다. (그렇다고 새드엔딩도 아닙니다.) 소설 속의 홀리 골라이틀리는 우울하고, 사색적이며, 독서를 즐기는 여성입니다. 그녀는 말 그대로 우아합니다. 하지만 그녀의 우아함은 타인에게 한 치도 기대지 않는 독립적인 우아함에 가깝습니다. 그래서 그녀의 우아함에는 깊은 쓸쓸함이 배어 있습니다.

그리고 소설 속의 홀리 골라이틀리는 이미 알고 있습니다. 이 세상의 그 누구도 완전히 신뢰할 수 없다는 사실을…….〈우아하게〉의 화자에게도 언젠가 이 세상은 로맨틱한 영화와는 많이 다르다는 것을 알게 될 날이 올까요? 아니, 그런 날이 영영 오지 않고, 그녀는 언젠가 세상에서 가장 멋지고 아름다운 로맨스 영화를 찍을 수 있길 바랄 뿐입니다.

참된 신뢰는 그저 담백할 뿐

사람과 사람 사이의 소통을 연구하는 사회학자들은 신뢰에 대하여, 타인과의 관계에서 자신을 잠시 '약자의 위치에 놓을 수 있는 자세'라고 말합니다. 스스로를 내세우기보단 상대방의 자유에 주목하고, 그 자유를 인정하며 포용하는 일이 신뢰입니다. 있는 그대로의 상대를 바라보고, 그를 향해서 나의 전권을 잠시 포기할 수 있어야 한다는 게 신뢰의 기본 조건입니다.

즉, 누군가를 믿는 사람은 상대를 위하여 내 힘을 포기할 수 있는 사람입니다. 나 스스로를 어린 아이처럼 약한 위치에 두고 너의 자유에 완전하게 의지함으로써, 내가 상처받지 않고 오히려 너와 함께 행복해질 수 있다는 것을 압니다. 그때 난 그저 내 힘을 쭉 빼면 됩니다. 그런 후에야 상대도 자기 힘을 포기하고 그의 운명을 나에게 맡길 수 있을 테니까요. 이때 믿음의 아름다움이란 그저 자신을 묵묵히 내려놓는 일이 던져 주는 아름다움일 거예요. 아무런 조건도 달지 않고 내려놓음으로써, 또 오랫동안 기다림으로써, 나는 상대에게 단단한 믿음을 줄 수 있습니다. 나는 이렇게 내려놓았는데 너는 왜 내려놓지 못하느냐고 묻는 일은 상대에게 평면적이고 계산적인 신뢰로 느껴질 뿐입니다.

이런 믿음에는 믿는 일 특유의 '담백함'의 가치가 배어있습니다. 누군가를 먼저 온전하게 믿어줄 수 있는 사람은 결코 자신의 정당성을 유려한 논리로 치장하는 법이 없습니다, 그저 믿을 뿐입니다. 마치 자신의 운명은 그렇게 상대를 하루하루 열심히 바라봐 주는 것만으로 자연히 완성될 것이라는 듯 우직하게, 말없이. 그런 사람은 "남을 믿는 사람은 남이 반드시 성실해서가 아니라 자기 스스로 성실하기 때문"이라는 『채근담』의 문장을 조용하게 실천하는 사람입니다. 자기 자신에게 성실한 사람은 남을 애써 바꾸려 들거나 상대에게 애꿎은 욕심을 부리지 않습니다. 그는 자신을 존중함으로써 자기를 내려놓을 수 있는 사람이며, 담박한 태도를 지니고 나날이 상대를 우아하게 만들어 줄 수 있는 사람입니다.

그러므로 한 남자가 〈우아하게〉의 그녀를 향해서 "그렇담 왜 네가 먼저 나를 우아하게 해 줄 수는 없는 건데?"라고 묻는 일은 부질없습니다. 그녀가 만약 나에게서 전적인 진심, 전적인 믿음을 받고, 그 믿음의 충만한 기쁨을 누리며 사랑에 빠진다면, 그녀는 누가 시켜서가 아니라 온전히 자발적으로 나를 믿어줄 수 있을 거예요. 믿음의 순서를 따지는 일은 의미가 없습니다. "나는 진심인데 왜 몰라주니?"라고 따져 물을 것도 없습니다.

심리학자 H. 하르트만에 따르면, 진실(truth)과 진실성(truth-fulness)은 다른 개념입니다. 명백한 진실을 말한다고 해서, 언제나 다른 이가 그 진실을 순순히 받아들이게 만들 수 있는 건 아닙니다. 그는 하나의 진실을 상대가 받아들일 수 있게끔 만드는 태도까지 포함된 실천을 '진실성'이라고 표현합니다.

여기서 진실성이란 상대가 진실을 알게 되길 원하는 소망이며, 내가 그에 대한 도덕적 책임까지 지는 태도를 가리킵니다. 진실성의 관점에서 봤을 땐, 상대가 자신의 진심을 알아주지 못한다면 그건 상대의 문제가 아니라 나의 도덕적 책무라는 것이죠.

그리고 〈우아하게〉의 화자는 아직 누구에게도 마음을 열지 않았습니다. 이 노래를 듣는 이에게 행운이 깃들기를 기원합니다. 그 행운은 언제나 어려움에 의지해야 한다는 것만은 분명한 것 같군요. 한 사람을 '우아하게' 만드는 일은 그토록 쉽지 않은 일입니다.

9. 자유
<활활 Burn It Up>: 워너원

작사: 민연재
     LIØN
작곡: Diggy
     LIØN
     GRVVITY

Burn it up! Yeah Burn it up! Ooh Wuh
Burn it up! Uh Oh Burn it up! Ooh Yeah

새로운 세대가 열려 있는 그대로 받아들여
뭐가 다른지 보여줄게 날 따라 Follow up
소리 높여 하나가 돼 We'll make you 활 활 활

우린 좀 Young & Wild
태어날 때부터 치열하게 자라왔지
조금 독한 Type
그저 앞만 보고 어둠을 뚫고 왔지 Gees!

D.I. Double F.E.R.E.N.T 터트려 난
Like a boom boom pow
피보다 진한 형제들과 더 높은 꿈을 향해가
Let's fly!

이제 시작이야 It's time to light
내 안에 잠들던 그 빛을 깨워
이 Stage 위 너와 나의 길 시간이 됐어
자 모두 일어나

Burn it up! Ooh We burned in white (활활)
Burn it up! Ooh We're burnin' white (활활) 태워

Now goin' up 숨지 말고 눈을 떠
모두가 기다렸던 날 깨워

Now turn it up 참지 말고 일어서
간절히 바래왔던 날 깨워

우린 달려갈 준비를 해 Yeah

불길이 활활 타오를 때 Ooh

어두웠던 시간을 태워 난 빛이 나 나 나

이제 내 미래는 밝지 Like diamond

내 몸은 포기를 몰라 (몰라)

난 오늘도 날 뛰어넘어 (넘어)

똑바로 봐 우리가 걷는 길 이제 역사로 남네

남들과는 남다르지 난 따라오면 따돌리고

뛰어오면 날아가지 난 차원이 다른 세계로

Dream it out!

이제 시작이야 It's time to light

잠든 내 가슴에 불꽃을 태워

꿈이 현실이 되는 밤 시간이 됐어

자 모두 일어나

Burn it up! Ooh We burned in white (활활)

Burn it up! Ooh We're burnin' white (활활) 태워

또 한 번 어둠이 내려 더 높은 벽이 날 막아도

이제 난 내일이 두렵지 않아

더 이상 혼자가 아닐 테니 Ah

침묵을 깨고 더 높이 떠오를 때가 바로 지금이야 Right now

하나도 남기지 말고 돌아보지 말고 더 위로 하얗게

We know how to live our life

오늘은 다 같이 하늘 위로 올라 하얗게 하얗게

You don't know how to live your life

오늘은 다 같이 하늘 위로 올라

Burn it up!

(Wuh Uhh Uhh Uh Uh Uh) Ooh

(Wuh Uhh Uh Uh Uh) Yeah Burn it up!

(Wuh Uhh Uhh Uh Uh Uh) Ooh

(Wuh Uhh Uh Uh Uh) 모두 다 하얗게 불 태워

9. 자유
<활활 Burn It Up>: 워너원

자유에 관해 이야기를 한다면……. 그저 '자유'라는 두 글자를 입술에 올리는 것만으로 충분할지도 모릅니다. 자유에 대해서 무언가 덧붙일 말이 필요할까요? 자유라는 개념은 그 자체로 빛나고 찬란합니다. 이 단어에 아무런 꾸밈이나 과장을 더하지 않더라도, 우리는 자유야말로 인간 영혼의 가장 깊숙한 곳을 건드려 주고 있다는 것을 잘 알고 있습니다.

저는 워너원의 <활활 Burn It Up>을 들으면서 자유에 관해 생각했습니다. 마치 칠흑 같은 밤의 한가운데에서 선명하게 불타는 화염처럼, 자유는 언제든 어디서든 스스로의 가치를 눈부시게 웅변합니다. 자유는 <활활 Burn It Up>의 노랫말처럼 우리 가슴에 불을 지르고, 시간과 세계를 태워 버리며, 자기 자신을, 그리고 모든 사람들을 일깨웁니다. 자유는 너울거리는 불길의 힘처럼 스스로에게서 비롯되고, 오직 스스로 말미암습니다.

자유는 과거라는 성채를 파괴합니다. 자유는 꿈을 현실로 만들고, 침묵하는 자에게 노래를 돌려주고, 마침내 새로운 것을 창조합니다. 자유는 말 그대로 "이제 시작이야."라고 단정하는 자유입니다. 자유는 곧 시작입니다. 어둠이 밝혀지고 침묵이 깨지는 순간, 모든 존재는 다시금 자신의 새 시작을 알립니다. "하나도 남기지 말고, 돌아보지 말고, 더 위로 하얗게" 타오르면서 자기 존재를 입증합니다. 아무런 유보도, 조건도, 이유도 없이.

"자유, 너 소중한 자유여, 함께 싸워서 너를 지키자. 함께 싸워서 너를 지키자." 1789년의 대혁명이 낳은 프랑스의 국가(國歌) 〈라 마르세예즈〉의 한 구절입니다. 모든 인간은 자유롭고 평등하다는 이념은 활화산처럼 불타올라 인류의 역사에 영원히 새겨졌습니다.

자유를 위해서, 지난 수천 년간 전 세계의 얼어붙은 땅 위에 얼마나 많은 피가 흩뿌려졌을까요. 니코스 카잔차키스의 『미할리스 대장』에는 이런 자유의 아픈 역사가 극적으로 압축되어 있습니다. 그리스의 군인이었던 아버지 미할리스 대장은 그의 아홉 살배기 아들에게, 터키인들 손에 교수형을 당한 이들의 발에 입을 맞추라고 시킵니다. 그는 아들에게 그들을 잘 보고, 죽을 때까지 결코 잊지 말라고 말합니다.

"아버지, 누가 이 분들을 죽였어요?"라고 묻는 아들에게 미할리스는 짤막히 대답합니다.

"자유."

유대인으로서 아우슈비츠 수용소에서 살아남은 정신분석학자 빅터 프랭클은 '사람에게서 모든 걸 다 빼앗을 수 있어도 마지막으로 절대 앗아갈 수 없는 것, 그것이 바로 자유'라고 말했습니다. 그때 그가 가리키는 자유는, 인간으로서의 자유 중 가장 마지막 자유, 즉 '어떤 상황에서도 자기의 태도를 정할 수 있는 자유'입니다. 자유를 박탈당한 인간은 거세당한 인간이고, 훼손된 인간이며, 어떤 의미에선 '인간이라 칭할 수 없는 인간'입니다. 그 누구에게도 무엇에도 구속되지 않는 자유로움은 인간의 가장 본질적인 정체성을 형성하고 있습니다.

우리는 이 세계에서 자신의 자유를 짓누르는 수많은 구속들을 실감합니다. 그 구속의 올가미는 질기고, 촘촘하며, 숙명적입니다. 그럼에도 우리는 자신을 에워싼 구속들을 떨쳐내고 끝내 자유를 추구하지 않으면 안 됩니다. 그것은 사실의 영역이 아니라 당위의 영역인데, 그 당위는 고귀하고 고결합니다. 우리는 모두 자유인입니다. 그저 그 한 마디면 모든 게 충분할지도 모릅니다.

자유와 태양의 알레고리

앞서 저는 방탄소년단의 〈불타오르네〉에서 모든 것을 불태운 뒤 남는 '용서'에 관해 말했습니다. 여기에 철학자 장 뒤비뇨의 『축제와 문명』을 인용했던 것을 기억하시나요? 그는 이 책에서 아래와 같은 문장을 남겼습니다. 자유와 함께 〈활활 Burn It Up〉이란 곡을 이야기할 때 지나칠 수 없는 탁월한 표현입니다.

태양도 죽음도 정면에서 서로를 마주 볼 수 없다.
우리는 여기서 태양을 선택할 수밖에 없는 것이다.

태양과 죽음 둘 다 인간에게는 지나치게 압도적이고 강렬한 것들입니다. 태양이든 죽음이든 두 눈으로 지나치게 오래 들여다보면, 그것에 매혹되어 빠져들게 되면, 아마도 우리는 파괴되어 버리고 말 거예요. 그러나 둘 중 하나를 선택해야 한다면, 우리는 결국 죽음이 아니라 태양을 선택할 수밖에 없습니다. 우린 태양을 바라보며 자신을 활활 불태우면서도 그 빛을 향해 전진하지 않을 수 없습니다. 여기서 태양이란 정확히 자유의 알레고리와 같습니다.

앞에서도 살펴보았지만, 〈활활 Burn It Up〉에는 자유의 빛나는 상징들이 가득합니다. 힘차게 달리는 한 마리의 검은 말이 멤버들로 바뀌는 뮤직비디오의 도입부처럼, 이 곡은 한 사람 안에 숨어있는 가장 본질적인 정체성과 본질적인 열망을 노래하고 있습니다. 그런 본질적인 정체성과 열망을 빼앗긴 인간을 인간이라 부를 수는 없을 거예요. 그러므로 그것은 모두가 기다리고 간절히 바라 왔던 것이며, 숨길 수 없고 참을 수 없는 것입니다.

그래서 자유란 '새로운 세대'의 자유입니다. 우리는 기존의 세계와 세대가 뭇 사람들의 자유를 억누르고 있음을 알고 있기 때문입니다. 그런 세계를 향한 전면적인 반항은 우리들의 자유를 향한 몸부림과 다르지 않습니다. 또한 자유란 "피보다 진한 형제들"과 나누는 자유이자, 더 이상 내가 혼자가 아니라는 것을 알려 주는 자유입니다. 왜냐면 나는 이 땅 위 모든 사람들의 깊숙한 내면에서 나와 꼭 같은 자유의 열망, 자유의 울림을 발견할 수 있기 때문입니다.

자유는 타협하지 않는 것입니다. 내가 "그저 앞만 보고 어둠을 뚫고 왔지."라고 말하는 순간, 나는 나의 자유가 주위를 곁눈질하거나 비굴하게 남의 눈치를 보는 것 따위가 아님을 똑똑히 알고 있습니다. 자유는 폭죽처럼 높이 떠오르는 것이며, "따라오면 따돌리고, 뛰어오면 날아가는" 것입니다. 자유의 속도는 늦춰질 수 없고, 자유의 차원은 점령될 수 없습니다.

또한 자유는 지금 이 순간 멈추는 것입니다. 자유는 "어두웠던 시간을 태우는" 것이며, 과거의 어두웠던 굴종을 이어가지 않겠다는 선언이니까요. 여기서 자유란, 어떤 의미에선 포기의 자유이자 이탈의 자유입니다. 자유는 세상의 톱니바퀴, 그 모든 굴레와 궤도들에서 자신을 거침없이 빼낼 수 있는 자유입니다. 그것은 자신의 의지에 반하는 그 어떤 명령, 어떤 이념, 어떤 집단의 논리에도 따르지 않겠다는 선언입니다.

동시에 그것은 자신의 생명력에 대한 경이이자, 어떤 장애물 앞에서도 자신을 굽히지 않겠다는 인내와 용기를 가리키기도 합니다. 이때 자유는 "또 한 번 어둠이 내려 더 높은 벽이 날 막아도" 내일을 두려워하지 않고, 끊임없이 전진하리라는 다짐과도 같습니다.

건축가 안도 다다오는 자서전 『나, 건축가 안도 다다오』에서 자기 삶에서 빛을 구하고자 하는 이들에게, '먼저 눈앞에 있는 힘겨운 현실이라는 그림자를 제대로 직시하고, 그것을 뛰어넘기 위하여 용기 있게 전진할 것'을 당부하기도 했습니다. 이때 자유는 자신을 더 빛나는 존재가 되도록 인도하는 외롭고도 고된 길로 우리를 데려갑니다. 어떤 순간, 자유는 자신과의 오랜 투쟁을 요구하기도 하니까요. 자유는 찰나의 노력으로 쉽게 움켜쥘 수 없는 경우가 대부분입니다. 자유롭기 위해, 나는 나 자신과 싸우고 또 싸워야 합니다.

자유는 피하는 것이 아니라 싸우는 것이며, 지는 것이 아니라 이기는 것입니다. 자유는 스스로 선택한 상처이자 몸부림입니다. 나쓰메 소세키가 『마음』에서 "움직일 수 있을 만큼은 움직이고, 움직여서 무언가에 부딪쳐 보고 싶은 젊은 마음"이라고 표현한 것이 자유입니다. 김수영 시인은 「푸른 하늘을」이란 시에서 "자유에는 피의 냄새가 섞여 있다."고 단언하기도 했습니다. 그래서 자유는 끝까지 부정하는 것이며, 또는 끝까지 긍정하는 것입니다. 어중간한 타협이나 만족은 있을 수 없습니다.

자유는 그 자체로 모든 것을 집어삼키고 '활활' 불태워버리는 일입니다. 자유는 태양입니다. 그 태양에서 눈을 돌릴 수는 없습니다. 죽음이 아니라 태양을 선택한 이상, 어쨌든 우린 두 눈을 부릅뜨고 자신을 밀고 나갈 수밖엔 없는 것입니다.

어느 그리스인이 모닥불 곁에서 춤을 출 때

조르바! 부르기만 해도 가슴이 쿵쾅거리는 이름입니다. 저는 『그리스인 조르바』를 몇 번이나 읽고 또 읽었는지 모릅니다. 그리스 작가 카잔차키스의 이 작품은 이미 후대인의 가슴에 불을 지피는 대표적인 경전이 되었습니다.

알베르 카뮈가 "자신보다 100배는 더 노벨문학상을 받았어야 할 작가"라 칭송했고, 알베르트 슈바이처가 "자신에게 깊은 감동을 준 단 한 사람"이라고 말했던 니코스 카잔차키스. 그는 이 작품에서 한 사람의 그리스인을 자유와 생명력의 상징이자, 강인한 인간 본질의 표상으로 우뚝하게 그려냈습니다. 자유에 관해 말하는 챕터에서는 역시 이 책을 빼놓을 수 없을 것 같았습니다.

그리스는 '문명의 배꼽'이라 불릴 만큼 서양 문화의 원류를 꽃피웠던 나라였지만, 수백여 년 동안 강력하게 군림했던 오스만 터키의 속국으로 전락했습니다. 우리가 이웃 일본에 30여 년간 식민 지배를 당하고도 민족적 정체성의 훼손을 이처럼 심각하게 느끼는 걸 보면, 무려 400년 가까이 다른 나라의 지배를 받은 당대 그리스인들의 심정이 어땠을지 너무도 생생하게 그려지지 않나요? 카잔차키스 또한 절절하게 자유를 염원했습니다.

『그리스인 조르바』의 화자는 그리스의 독립을 위하여 고뇌하고 행동하고자 하는 청년, 바로 카잔차키스 자신입니다. 크레타섬으로 떠나는 부두에서 우연히 조르바를 만나게 된 카잔차키스는 그에게 열렬히 빠져듭니다. 그런데, 조르바는 이른바 카잔차키스와 같은 엘리트 지식인이 존경할 만한 부류의 사람이 전혀 아니었습니다. 국가와 민족이라는 거창한 이념에 코웃음치고, 책은 "핏기 없는 원고 나부랭이"라며 질색하며, 기독교적인 신을 깡그리 무시하고, 무엇보다도, 여자에 환장합니다. 아주 진지하게 환장하는데요.

워너원의 〈활활 Burn It Up〉은 아마도 카잔차키스의 『그리스인 조르바』에 부치는 한 곡인 것만 같습니다. 크레타의 바닷가에서 모닥불을 피워 두고, 자신의 모든 영혼을 바치며 춤을 추는 어느 그리스인은, 그 순간 중력을 벗어나려는 인간의 자유 의지를 자신의 온 몸으로 분출하고 있으니까요.

그는 자신의 젊은 시절, 인간의 잔인함과 추악함을 생생하게 경험해 보았던 사람입니다. 그는 자유라는 기치를 내걸고 감히 사람을 죽여 보았던 사람이에요. 그는 인간이 얼마나 악마와 닮아 있는지를 반평생이 넘게 지켜보았습니다. 그래서 어떤 구속에도 얽매이지 않고, 고독한 단독자로서, 인간을 더욱 연민하고 사랑하게 될 수 있던 존재입니다. 그의 자유는 입으로 떠드는 자유가 아니라, 행동과 실천으로 철저하게 육화(肉化)된 자유입니다. 그는 성난 군중 속에 혈혈단신으로 뛰어들어 어느 돌 맞는 여인을 구할 수 있는 사람이었습니다.

카잔차키스가 조르바를 만나 그리스의 민족적 자유와 독립을 외면한 것은 아니었습니다. 다만 그는 한 인간성이 증명하는 더욱 깊고, 더욱 높은 차원의 자유를 만날 수 있었던 것입니다. 카잔차키스가 한평생 존경했던 니체의 말을 빌리자면, 이 세계의 윤리적 잣대를 타인의 말과 글자가 아닌 오로지 '자신의 경험과 판단'에만 둘 줄 아는 자가 바로 고귀한 사람입니다. 조르바가 바로 그랬습니다.

우리들은 아마 조르바처럼 용감하게 세상의 굴레와 타인의 시선을 훌훌 털어버리지는 못할 거예요. 원시시대의 고독한 족장과도 같은 위험천만하고도 담대한 삶은 우리에게 너무 멀리 떨어져 있습니다. 그러나, 적어도 조르바와 같은 뜨거운 사람을 만났을 때 그와 허심탄회한 우정을 나눌 수 있고, 그와 같은 삶을 살려는 의지를 되새길 수는 있겠지요. 그것은 곧 문학과 예술의 역할이기도 합니다. 비유컨대, 조르바는 문학입니다. 우리 곁에서 늘 뜨겁고, 늘 살아있는 문학 말이지요.

한밤중 활활 타오르는 모닥불 곁에서 조르바는 고독하게 춤을 춥니다. 세계는 하나의 족쇄이지만, 자유로운 생의 약동은 가끔씩 우리를 정말 살아있게 만들어 주곤 합니다. 워너원의 〈활활 Burn It Up〉은 과연 그런 순간에 어울리는 곡이 틀림없습니다.

10. 인간
<취미는 사랑>: 가을방학

작사/작곡: 정바비

미소가 어울리는 그녀 취미는 사랑이라 하네
만화책도 영화도 아닌 음악 감상도 아닌

사랑에 빠지게 된다면 취미가 같으면 좋겠대
난 어떤가 물었더니 미안하지만
자기 취향이 아니라 하네

주말에는 영화관을 찾지만
어딜 가든지 음악을 듣지만
조금 비싼 카메라도 있지만
그런 걸 취미라 할 수는 없을 것 같대

좋아하는 노래 속에서 맘에 드는 대사와 장면 속에서
사람과 사람 사이 흐르는 온기를 느끼는 것이
가장 소중하다면서 물을 준 화분처럼 웃어 보이네

미소가 어울리는 그녀 취미는 사랑이라 하네
얼마나 예뻐 보이는지 그냥 사람 표정인데
몇 잔의 커피 값을 아껴 지구 반대편에 보내는
그 맘이 내 못난 맘에 못내 맘에 걸려
또 그만 들여다보게 돼

내가 취미로 모은 제법 값나가는 컬렉션
그녀는 꼭 남자애들이 다투던 구슬 같대

그녀의 눈에 비친 삶은 서투른 춤을 추는 불꽃
따스함을 전하기 위해 재를 남길 뿐인데

미소가 어울리는 그녀 취미는 사랑이라 하네

10. 인간

\<취미는 사랑\>: 가을방학

인문(人文)이란 결국 인간의 모든 것에 대한 관심과 애정과 같은 말이라 믿습니다. 그러니 저는 『아이돌을 인문하다』란 제목의 책을 통해서, 그저 인간에 관한 제 이런저런 생각거리들을 적어 두고, 인간을 향한 제 신뢰와 애정을 조심스레 표현하고 싶었던 건지도 모르겠어요.

어쨌든 이 책을 손에 집어든 우리 모두 인간이란 종에 속할 것이며, 그 종에게는 여전히 우리들을 설레게 만드는 새로움과 신비로움이 남아 있습니다, 저에게도, 여러분에게도……. 그리고 우린 앞으로도 수십 년은 더 그 틈바구니 속에서 살아가야 하는 사람들이니깐. 인간에 관해서 더 많이 생각하고, 계속 호기심을 유지하며, 가끔은 애정을 품는다면 여러모로 나쁠 일은 없을 거라는 것이 제 생각입니다.

인문의 영역에선, 누가 누구를 가르치고 말고를 구분할 게 없습니다. 누가 누구보다 아름답다거나, 선하다거나, 뛰어나다는 말도 의미가 없습니다. 정말로, 우린 모두 열심히 살아가고 있습니다. 자기 앞에 닥친 장애물들을 힘껏 걷어내면서 말이죠. 가장 절망하고, 가장 헤매고 있고, 심지어는 아무것도 하지 않는 사람조차 자기 나름으로는 최선의 힘을 다해 현실과 맞부딪치고 있습니다. 멈추어 고민하는 일에도 에너지가 필요하고, 자신을 미워하는 일 역시 마찬가지예요.

심리학자 J. W. 제임스는 우린 인생의 모든 변화와 상실에 대해 애도를 경험하며, 각각의 개인은 자신의 애도를 100퍼센트로 경험한다고 말했습니다. '애도'는 이미 지나간 것을 향한 고통과도 같습니다. 그래서 한 사람의 고통을 다른 사람이 느끼는 정도와 비교하는 것은 아무런 의미가 없습니다. 그는 자신의 과거가 남긴 고통에 잠긴 채 허우적대고 있을 뿐이니까요.

모든 사람은 오직 자신의 두 눈으로 세상을 바라보고, 자기 앞에 펼쳐진 길을 뚜벅뚜벅 걸어갈 뿐입니다. 가능하다면, 그 길 위에서 주위에 숨어있는 작은 아름다움을 발견할 수 있으면 그만입니다. 『감옥으로부터의 사색』을 쓴 신영복 선생의 '세상에서 가장 먼 여행은 자기 머리에서 가슴에 이르는 여행'이라는 말에 절로 고개를 끄덕이게 됩니다. 우리들은 끝내 '내가 누구인지'를 알기 위하여 여러 책을 읽고, 공부도 하고, 이 힘겨운 삶을 웃으면서 버텨내고 있습니다. 이 모든 것이 인문이자, 인문학과 같습니다.

저도 이번에 책의 원고를 쓰면서 참 많이 배웠고, 저 자신에 대하여 조금 더 명료하게 알 수 있었습니다. 이 책을 준비하며, 아, 내가 내 나름의 공부를 멈추지 않고 나 자신의 언어를 다듬기 위해서 이런 글들을 쓰게 되었구나, 라는 생각을 자주 했습니다. 저는 그저 이 책에 쓴 (인간에 관한) 제 생각들이 독자 분들 몇몇의 가슴 속에 희미하게라도 남아있기를 바랄 뿐입니다. 그리고 제 일련의 고백들을 통해, 어쩌면 인간을 명쾌하게 설명할 수 있는 '정답'은 있을 수 없겠다고 생각하신다면 더할 나위 없을 것 같아요. 정답이 없는 자리, 인간의 모든 것을 손에 움켜쥐고 단언하려는 오만함이 사라진 자리에, 타인과 자신에 대한 여유로움과 겸손함이 자리합니다.

오래도록 우리 곁에 남아있는 낡고 빛나는 책들은 하나같이 '바르고 옳은 삶'이 아니라 '틀렸지만, 성실한 삶'에 관하여 말해 주고 있습니다. 그 성실함의 끝에는 무언가 대단한 것이 아니라, 다른 이들을 너그럽게 포용하며 빙긋 웃을 수 있는 평화로운 자아가 남을지도 모르겠습니다. 저는 그렇게 믿고 있습니다.

욕심이 없어 가볍고 부드러운 사람들

이 책에는 제목 그대로 '아이돌'의 곡들이 주로 실려 있지만, 분명 '인간'이란 존재에 관하여 아이돌의 시선이 다 미치지 못하는 지점도 있을 거예요. 앞서 '청춘'에 대해 얘기할 때 주로 논의했듯 그들이 굳이 인간의 모든 면을 노래할 필요는 없으니까요. 그들은 자신의 정체성에 가장 충실함으로써 그들 세대의 가장 예민하고 폭발적인 감수성을 대변하고 있을 뿐입니다. 10대와 20대의 청춘들이 "인생은 나그넷길, 어디서 왔다가 어디로 가는

가."와 같은 늙수그레한 노래를 합창한다면 뭔가 좀 기괴할 것 같다는 생각도 드는군요.

이런 면에서 가을방학의 〈취미는 사랑〉은 인간 그 자체를 소개하는 챕터에서 꼭 이야기하고픈 노래였습니다. 이 노래는 이 책 전반에서 그려지는 삶과 사랑, 세상에 대한 시선들과는 전반적으로 꽤나 다른 '인간론'을 제시하고 있는 곡이거든요. 제가 가을방학 1집에 수록된 이 노래를 얼마나 반복해서 듣고 또 들었는지 모릅니다. 〈취미는 사랑〉의 노랫말은 어쩌면 제 삶에서 접한 가장 아름다운 노랫말 중 하나라고 느껴질 때도 있습니다. 담담하고 청아한 보컬의 음색과 잘 어울리는 이 곡의 가사는, 제게 언제나 부드럽고 담백한 케이크 한 조각과 같은 위안을 선사해 주는 것 같아요. 이 곡의 보컬리스트 계피에 관해서라면, 저는 그녀가 오래전 '브로콜리 너마저'에서 활동할 때부터 열렬한 팬을 자처하기도 했었죠.

〈취미는 사랑〉은 거창하고 장황하게 인간을 묘사하진 않습니다. 그렇지만 저는 이 짧은 곡을 들을 때마다 인간에 관해서 곰곰 생각에 잠기곤 합니다. 〈취미는 사랑〉의 노랫말을 흥얼거리며 인간이란 어떤 존재인지를 기분 좋게 되돌아보고는 합니다.

우리는 흔히 목숨을 바쳐 사랑을 하고, 피와 땀과 눈물을 흘리고, 지구의 구석구석과 우주를 여행하고, 이념과 이상을 위해 전쟁도 불사하는 존재를 인간이라 생각하기 쉽습니다. 인간은 만물의 영장이자, 자연의 지배자이자, 지구 위에 우뚝한 생명입니다. 인간의 문명은 지난 몇 백년간 우리 세계를 완전히 뒤바꿔 놓았습니다. 이런 면모는 물론 인간성의 주요한 잠재력이자 가능성임이 틀림없습니다. 인간은 자신의 재능과 지적 한계를 끝까지 밀고 나가려는 존재이자, 권력에 대한 의지로 똘똘 뭉쳐있는 존재입니다. 자신이 추구하는 바를 위해서 생각하고, 행동하고, 끊임없이 움직이며, 울고 또 웃고, 절망했다가 다시 일어서는 존재이기도 하죠. 그리고 사랑하는 대상을 향해서 자신을 다 바치는 일에 매혹되기도 하고요.

그렇지만…… 인간은 어쩌면, 그 모든 것들을 무심하게 흘려 보내며, 자연스럽고 단순하게 자신의 삶을 일구어 가는 존재에 더 가까울지도 모릅니다. 인간은 우리가 '인간'이란 말에 기대를 거는 만큼 치열하게 살지 않아도 되는 존재일지도 몰라요. 아니, 오히려 치열하게 살지 않았을 때, 가볍고 무덤덤하게 자신을 내려놓았을 때, 그때 우리는 한 사람의 영혼에 배어있는 더 깊고, 맑고, 반짝이는 모습을 발견하게 될지도 모릅니다.

이것은 지금껏 우리가 그리 주목하지 않았던 인간성의 중요한 측면입니다. 세상의 눈에 띄지 않는 평범하고 소박한 삶을 살지만, "사람과 사람 사이에 흐르는 온기"를 느끼면서 주위에 따뜻한 영혼의 온도를 전하는 사람들이 있습니다. 우리 주위에 꼭 한 두 명은 있는 그런 이들 말이에요. 어떤 일에서든 크게 동요하지 않고, 다만 수줍게 웃으면서, 어딜 가나 차분한 표정을 짓고 있는 사람들 말이죠. 한 마디로 말한다면, 마음에 욕심이 별로 없어서 영혼이 가볍고 산뜻하게 느껴지는 사람들 말입니다.

삶의 한복판에서 치열하게 무언가에, 어떤 일에, 또는 누군가에 매달린 사람들은 〈취미는 사랑〉의 노랫말이 퍽 심심하게 느껴질 수도 있습니다. 그렇지만 저는 그런 분들도 이 노래를 잠간 동안 흥얼거리며, '자기 등에 짐을 많이 부린 사람은 결코 남의 짐을 덜어주지 못한다.'는 말을 한 번쯤 떠올릴 수 있다면 그걸로 충분할 것 같습니다. 사랑이든, 꿈이든, 성공이든, 손에 넣고자 하는 무언가에 지나치게 집중하는 사람들은 주위의 사람들을 '있는 그대로' 바라보지 못하고, 편안하게 만들어 주지 못합니다. 자기 자신에게 있는 힘껏 에너지를 쏟는 사람들은, 그러지 않으려 애써도, 자연스레 타인을 향한 에너지를 줄일 수밖에 없습니다. 한 사람의 마음이 쏠 수 있는 에너지의 총량엔 한계가 있으니까요.

그리고 우리는 모두 그런 사람들을 직감적으로 느낄 수 있어요. 오랜 기간 사귀면서 얘기를 나누어도 쉽게 기대거나 나를 보여주기 힘든 사람들, 같이 웃고 있을 때조차 왠지 모르게 마음의 차분한 여백이 느껴지지 않는 사람들, 어쨌든 자신만의 무언가로 꽉 차있거나 뭉쳐 있는 듯 느껴지는 사람들이 있습니다. 그이는 어쩌면 (슬프게도) 그저 자기가 진 짐이 너무 많은 것일지도 모르겠지만……

하지만 영혼에는 힘을 주는 일보다 힘을 빼는 일이 훨씬 더 힘들고, 무언가를 손에 쥐는 일보다 그것을 버릴 수 있는 일이 더 힘이 듭니다. 우린 언제나 작은 것 하나를 버리는 데도 정말 큰 용기가 필요하다는 것을 잘 알고 있지 않나요?

잔잔하고 소박한 선의의 힘

"미소가 어울리는 그녀, 취미는 사랑이라 하네, 얼마나 예뻐 보이는지, 그냥 사람 표정인데……." 〈취미는 사랑〉은 여성의 목소리로 자신의 곁에서 살아가는 한 여성에 대해 노래하고 있습니다. 그녀는 영화와 음악, 그리고 사진 찍는 걸 즐기지만, 그런 걸 취미라고 할 수는 없다고 내게 말해 주고 있네요. 노래를 듣든, 영화를 보든, 무얼 하든 간에 '사람과 사람 사이 흐르는 온기'를 느끼는 것이 가장 소중하다면서, 물을 준 화분처럼 수줍고 말쑥하게 웃어 보인다고 합니다.

그리고 그녀는 자신이 사랑에 빠진다면, 자신처럼 사람의 온기를 소중하게 여기는 사람이었으면 좋겠다고 말하고 있어요. 그런 그녀에게 "그럼 난 어때요?"라고 묻는 걸 보니, 이 노래의 화자는 어쩌면 남자처럼 들리기도 합니다. 그녀는 그에 대하여 "미안하지만 당신은 제 취향은 아니네요."라고 선을 긋고는 있지만요. 그러나 화자가 남성이든 여성이든, 계피가 노래하는 여성의 목소리는 남녀 사이의 성별의 구분에서 느껴지는 긴장을 은은히 풀어놓고, '그녀'의 담백한 매력을 더욱 도드라지게 만들어 주고 있습니다.

이 노래를 부르는 이는 그녀에게 가볍게 거절당했지만, 〈취미는 사랑〉의 화자가 그녀를 사랑하고 아끼는 마음은 그리 길지 않은 이 노랫말에 선연히 배어 있습니다. 화자는 "몇 잔의 커피값을 아껴 지구 반대편에 보내는" 그녀의 작은 실천을 보고 못내 마음에 걸린다며, 자신의 못난 마음을 잠시 들여다보고 있습니다. 지구 반대편의 누군가를 돕기 위해 커피를 조금 덜 마시는 정도로 마음을 쓰는 일을 '에이, 그쯤이야.'라고 넘겨짚으면 안 됩니다. 저는 이런 마음만이 세계를 바꿀 수 있다고 확신하고 있습니다. 자신의 삶에 충실하면서도, 다른 이들과 그 삶의 온기를 나누려는 소박한 실천만이……. 소설가 천명관도 언젠가 이 세계를 바꾸는 것은 거대 담론이 아니라고, 도시락을 안 싸온 친구를 보면 '내 도시락을 반으로 나눠 먹지.'라고 생각하는 작은 선의가 유일한 희망일 거라고 말한 바 있어요.

자신의 삶을 내던지면서 이 불평등한 세계의 전면적인 혁명을 꿈꾸는 사람들도 있고, 세상의 고통이 줄어들기를 바라면서 평화와 아름다움의 가치를 소리 높여 전파하는 예술 작품도 많습니다. 그렇지만 저는 "몇 잔의 커피 값을 아껴, 지구 반대편에 보내는"이란 소박한 노랫말이야말로 정말 인간적인 건 아닐까 생각해 보기도 해요. 〈취미는 사랑〉을 들을 때면, 나 자신을 지나치게 짓누르거나 몰아가지 않아서 피어오르는 '사람의 향기', 내 생활을 아낄 때에만 잔잔하게 깃들 수 있는 이 지구 위 모든 존재에 대한 따스한 애정이 느껴지는 것만 같습니다.

그녀의 향기에는 편안한 여백이 스며들어 있습니다. 그녀는 세상의 모든 존재를 구원하거나 돌보려고 애를 쓰진 않습니다. 대신 자신이 나눌 수 있는 만큼의 온기를 한 움큼 나누고 있을 뿐입니다. 그저 예쁘고 수줍게 웃으면서.

삶의 서투름과 따스함에 관하여

> 그녀의 눈에 비친 삶은 서투른 춤을 추는 불꽃
> 따스함을 전하기 위해 재를 남길 뿐인데

그리고 노래의 결말을 장식하는 이 구절에 대해서는 무슨 말을 덧붙여야 할까요? 저는 이 두 줄이 그저 이 두 줄로 충분한 것만 같아, 여기에 제 이야기를 구태여 보탤 필요가 없겠다는 생각도 들었어요. 정말 아름답고 애틋한 표현입니다.

우리는 모두 서투른 춤을 추는 불꽃과도 같은 존재입니다. 사람이란 모두 조금씩 못나고, 남모르게 실수도 많이 하고, 자기의 못남과 실수들을 감추려 나름으로는 끙끙 애를 쓰는 귀여운 (?) 존재들입니다. 돈이 많든 적든, 능력이 있든 없든, 유명한 사람이든 아니든 간에 다들 한 꺼풀 벗겨 놓고 보면 크게 다르지도 않은 존재들이지요. 그럴 듯하게 체면을 차리며 쌀쌀맞게 굴곤 하지만, 우리들은 모두 사람의 온기를 그리워하며 좀 더 사랑받기를 바라고 있는 외롭고 연약한 존재에 가깝습니다.

그리고 우리들 모두 인생은 처음입니다. 두 번의 기회는 없습니다. 처음은 언제나 어렵고 익숙지 않은 법! 어쨌든 다들 처음 맞이하는 삶이니깐, 다들 이렇게 꽤나 서투른 것은 이해할 만하지 않나요?

저는 앞에서 〈불타오르네〉와 〈활활 Burn It Up〉에 등장하는 불꽃의 비유를 통해서 '용서'와 '자유'를 말했습니다. 불은 모든 것을 태워버리는 파괴와 창조의 상징으로 익숙한 것은 분명합니다. 그러나 그것이 전부는 아닙니다. 불은 우리에게 따스하고 편안한 온기를 전해줍니다. 불은 추위에 고독하게 떨던 저 원시 시대의 사람들을 구원했습니다. 불꽃은 긴 겨울밤에도 우리가 옹기종기 모여 앉아 가족들과 함께 귤을 까먹으며 수다를 떨 수 있게 만들어 주었습니다.

불은 사람을 집어삼키거나 세상을 붉게 물들이는 열기만은 아닙니다. 사실 그런 경우는 드뭅니다. 불은 보통 사람들의 관계를 더욱 정겹고 여유롭게 만들어주는 따뜻한 기운입니다. 그리고 우리들 또한 대개는 보일러 안에서 평화로이 타오르고 있는 불꽃을 닮은 존재일 거예요.

내게 온기가 남아있다면, 나는 다른 이들에게 잠시 따스함을 전해줄 수 있습니다. 내가 차가워졌다면 그때 주위에서 따스한 기운을 전달받으면 그만입니다. 우린 그렇게 서로서로 온기를 주고받은 뒤 재를 남기고 조용히 사라져갈 존재들입니다. 그게 전부입니다. 소박한 우리네 운명이자 자연의 순리입니다.

그러니 우리 인간에게 가장 어울리는 표정은, 그런 순간 서로와 싱긋 주고받는 가볍고 예쁜 미소일지도 모르겠습니다.

11. 용기
<Not Today>: 방탄소년단

작사/작곡: Pdogg
"hitman" bang
Supreme Boi
Rap Monster
JUNE

All the underdogs in the world

A day may come when we lose.

But it is not today. Today, we fight!

No, not today 언젠가 꽃은 지겠지

But no, not today 그 때가 오늘은 아니지

No no, not today 아직은 죽기엔

too good day

No no, not today no no no, not today

그래 우리는 EXTRA

But still part of this world

EXTRA + ORDINARY 그것도 별 거 아녀

오늘은 절대 죽지 말아 빛은 어둠을 뚫고 나가

새 세상 너도 원해 Oh baby yes I want it

날아갈 수 없으면 뛰어 Today we will survive

뛰어갈 수 없으면 걸어 Today we will survive

걸어갈 수 없으면 기어 기어서라도 gear up

겨눠 총! 조준! 발사!

Not not today! Not not today!

Hey, 뱁새들아 다 hands up

Hey, 친구들아 다 hands up

Hey, 나를 믿는다면 hands up

총! 조준! 발사!

죽지 않아 묻지 마라 소리 질러 Not not today

꿇지 마라 울지 않아 손을 들어 Not not today

Hey, Not not today

Hey, Not not today

Hey, Not not today

총! 조준! 발사!

Too hot, 성공을 doublin'

Too hot, 차트를 덤블링

Too high, we on 트램펄린

Too high, 누가 좀 멈추길

우린 할 수가 없었단다 실패

서로가 서롤 전부 믿었기에

What you say yeah Not today yeah

오늘은 안 죽어 절대 yeah

너의 곁에 나를 믿어 Together we won't die

나의 곁에 너를 믿어 Together we won't die

함께라는 말을 믿어 방탄이란 걸 믿어

겨눠 총! 조준! 발사!

Not not today! Not not today!

Hey, 뱁새들아 다 hands up

Hey, 친구들아 다 hands up

Hey, 나를 믿는다면 hands up

총! 조준! 발사!

죽지 않아 묻지 마라 소리 질러 Not not today

꿇지 마라 울지 않아 손을 들어 Not not today

Hey, Not not today

Hey, Not not today

Hey, Not not today

총! 조준! 발사!

Throw it up! Throw it up!

니 눈 속의 두려움 따위는 버려

Break it up! Break it up!

널 가두는 유리천장 따윈 부숴

Turn it up! (Turn it up!)

Burn it up! (Burn it up!)

승리의 날까지 (fight!)

무릎 꿇지 마 무너지지 마 That's (Do) not today!

Not not today! Not not today!

Hey, 뱁새들아 다 hands up

Hey, 친구들아 다 hands up

Hey, 나를 믿는다면 hands up

총! 조준! 발사!

죽지 않아 묻지 마라 소리 질러 Not not today

꿇지 마라 울지 않아 손을 들어 Not not today

Hey, Not not today

Hey, Not not today

Hey, Not not today

총! 조준! 발사!

594

11. 용기
<Not Today>: 방탄소년단

"시작도 하기 전에 패배한 것을 깨닫고 있으면서도 어쨌든 시작하고,
그것이 무엇이든 끝까지 해내는 것이 바로 용기 있는 모습이란다.
승리하기란 아주 힘든 일이지만 때론 승리할 때도 있는 법이거든."
— 하퍼 리, 『앵무새 죽이기』(열린책들)

우리는 살아가는 동안 때때로 무엇인가를 이루고 성취해야
하는 존재들입니다. 〈취미는 사랑〉의 노랫말은 듣는 이의 마음
을 잔잔하게 휘감지만, 세상은 우리들이 이 곡의 화자처럼 주위
사람들과 조용조용 온기를 나누도록 내버려두지 않습니다. 사
회는 우리에게 치열하게 목표를 움켜쥘 것을, 자신의 가치를 증
명할 것을 다그칩니다. 남보다 더 노력하고, 남보다 더 앞설 것
을 강요하고는 하죠. 'JUST DO IT'이라는 모토는 대중문화의 아
이콘들이 찍은 화려한 광고, 그리고 멋진 상품들과 함께 곁들여
져 우리를 채찍질합니다.

이 세상만 내게 어서 한 걸음을 더 내딛으라고 재촉하는 것은 아닙니다. 더 무서운 것은 나 자신입니다. 우리 내면에서도 본인 의 날개를 활짝 펼치고 싶은 순간이 언젠가 한 번은 반드시 찾 아옵니다. 눈물이 핑 돌도록 외롭고 힘겹더라도, 결단하고, 행동 하고, 담대하게 앞을 향해 나아가고자 하는 순간이. 굳이 남을 이기고 싶다거나, 내가 남보다 더 낫다는 걸 뽐내고 자랑하려는 게 아니라, 그저 내 영혼의 목소리에 가장 진실하고자 하는 순간 이······. 마야가 노래하는 〈나를 외치다〉가 우리를 격려해 주듯 내가 한없이 약해지고 남들보다 뒤처진 것처럼 느껴질 때, 난 아 직 끝나지 않았다고, 나는 다만 나의 길을 묵묵히 걸어가는 중이 라고 외치게 되는 순간이.

그렇지만 그런 마음가짐도 잠시, 우리는 금세 쪼그라듭니다. 무기력감과 두려움이 온몸을 사로잡습니다. 백 가지 평계를 대 고, 백 가지 합리화를 생각해 내며, 과감하게 결정을 내리지 못 하고 우물쭈물 대는 스스로를 변명합니다. 위축된 마음은 또 다 시 위축된 행동을 낳고, 생각이 생각의 꼬리를 물면서 나를 사방 팔방 포위합니다. 이런 감정의 한복판에선, "태양처럼 아름다운 그대여, 이 세상이 거칠게만 보여도"(러브홀릭스, 〈Butterfly〉)와 같은 삶 의 찬가를 수십 번 돌려 들어도 도무지 힘이 나지를 않습니다. 가끔은 자신감에 충만했다가도 어느 순간은 자신이 얼마나 보 잘 것 없는 존재인지를 깨닫고 소스라치곤 합니다.

저도 이런 감정에 자주 사로잡혀 보았던 사람이라 그 무력한 마음을 정말로 잘 알고 있습니다. 저는 제가 그다지 '강한 사람' 이 아니라는 것을 자주 의식합니다. 과감히 행동하는 대신 생각에 골몰하는 일은 제 전문 분야이기도 합니다.

결단의 순간은 누구에게나 괴롭습니다. 그 순간엔 자신이 기존에 가지고 있던 관성과 습관, 과거의 인식들을 모조리 손에서 내려놓고 뒤도 돌아보지 않아야 하기 때문입니다. 이런 순간을 일러 '백척간두(百尺竿頭)에서 진일보(進一步)하라'는 말도 있지만, 벼랑 위에서 한 걸음을 더 내딛는 것은 어지간한 마음가짐으로는 쉽게 실현하기 힘든 삶의 난관입니다. 물론 그 누군가는 남들보다 성큼 결단을 내리고 한 발을 내딛곤 합니다. 그는 눈을 딱 감고 세상이 정해준 길이 아니라, 자신의 내면에서 울리는 목소리를 향해서 '한 걸음'을 옮깁니다. 방탄소년단의 〈Not Today〉의 화자도 그런 사람인 것 같습니다. 저는 이 강렬한 사운드와 두툼한 비트의 노래를, 방탄소년단이 성취한 가장 멋지고 직선적인 '용기의 노래'라고 칭하고 있습니다. 언젠가는 꽃이 지겠지만, 그날이 오늘은 아닐 겁니다. 우리는 언젠가 죽겠지만, 오늘은 아닙니다. 아무리 죽을 것 같아도, 사실 우리가 오늘 죽을 리 없습니다.

백 가지의 상념들, 그리고 자괴감과 패배감에 젖어 움직이지 못하는 바로 그 때, 우리는 정말로 '어느 정도는' 죽어 있는 사람들과 같습니다. 내가 나 자신을 미워하는 감정, 그 마음의 상처는 나의 정신을 마비 상태로 이끌고, 나의 몸을 뻣뻣이 굳어버리게 만들죠. 그러나 가장 뻣뻣해져 있는 그 순간에도, 나는 내가 그걸 '깨버릴 수 있다는 것'을 내 마음 깊은 곳에선 잘 알고 있는 존재입니다. 이 어둠의 시간을 통과하고 나면 내가 얼마간 더 강해져 있고 아름다워져 있을 거라는 것을 (모르는 척 굴어도) 직감하고 있는 존재입니다. 그리고 나의 이 정신적인 상처와 절망은 내가 나의 존엄성을 확보하려고 애썼기 때문에 주어졌다는 걸 (사실은) 다 알고 있는 존재입니다.

아닌 척해도, 그게 맞습니다. 우리는 우리가 생각하는 것보다 훨씬 더 강한 존재니까요.

용기의 어려움에 관하여

용기란 무엇일까요? 오래 전부터 스스로에게 자주 물었던 질문입니다. 우리가 어릴 때는 다 같이 캠핑장 같은 곳에 가서 담력훈련 같은 걸 했잖아요. 손에 손을 잡고 어두컴컴한 산길을 걷는 유년 시절의 필수 이벤트였죠. 이 이벤트가 정말 우리의 담력을 키워 주었는지는 의문입니다. 그래도 한밤중에 깨서 친구들과 으스스한 산속을 걸었던 추억은 어른이 된 우리들의 마음을 아련하고도 따뜻하게 밝혀줍니다.

아니면 학창시절 좋아하는 이성에게 눈을 질끈 감고 고백을 하는 것도 용기의 중요한 관례라고 할 수 있겠습니다. 설령 그가 내 마음을 받아 주지 않았더라도, 내가 한 순간 거절당할 상처와 두려움을 무릅쓰고 내질렀던 고백의 순간은 먼 훗날에도 상쾌하고 찌릿하게 남아 있습니다. 아, 내가 그때 어떻게 그런 용기를 낼 수 있었을까……. 먼 훗날 이렇게 돌아보면서 쑥스럽게 웃게 되곤 하죠. 제게도 그런 순간들은 (물론, 거절을 당한 건 슬펐지만) 당시의 설렘과 떨림을 가득 품은 채 풋풋하게 기억되고 있습니다.

나 자신의 한계와 범주를 확 깨뜨리고, 주위의 시선과 예상을 싹 다 무시하면서, 내가 '나'를 뛰어넘었던 기억이 있습니다. 누구에게든 그런 기억이 있을 거예요. 그런 순간들은 우리 안에 차곡차곡 쌓여, 당시엔 부끄럽고 고통스럽더라도 언젠가는 반드시 우리 내면에 따스하고 긍정적인 에너지를 전해줄 거예요. 반드시.

그렇지만 낭만적인 회상은 여기까지입니다. 중학교나 고등학교 시절, 우리네 교실에는 노골적인 모욕과 따돌림과 폭력이 만연하기 일쑤였죠. 그곳은 마치 '정글의 법칙'처럼 약육강식의 생태계가 지배하는 공간이 되기 참 쉬웠던 것 같습니다. 그래서인지 그런 공간을 통과해 온 우리들의 체험은 자주 '용기'에 관한 원초적인 상징으로 묘사되곤 합니다. 대중문화는 다양한 방식으로 교실 내 폭력의 위계질서를 극복해 나가거나 또는 거기에 짓눌려 비극적인 결말을 맞이하는 소년소녀들을 그려 왔습니다. 유하 감독이 연출했던 영화 〈말죽거리 잔혹사〉, 지금은 영화로도 만날 수 있는 김려령 작가의 소설 『우아한 거짓말』, 하일권의 만화 『3단 합체 김창남』, 그리고 음악으로 따진다면 자우림 2집의 명곡 〈낙화(洛花)〉 등등이 쉽게 떠오르네요. 이런 작품들은 집단적인 괴롭힘에 시달리는 한 학생이 그만큼 그 잔인한 질서를 벗어나기 쉽지 않다는 걸 웅변하고 있습니다.

그러므로 어떤 폐쇄적인 환경과 상황에서 '나'를 뛰어넘지 못하고 자기 자신을 외치지 못하는 모든 이들에 대하여 '용기 없다'라고 단정하는 것은 어리석은 일에 불과합니다. 너도나도 '용기를 권하는' 사회는 한없이 병든 사회입니다. 용기를 내는 일이 말처럼 쉬웠다면, 현실에서든 예술에서든 그토록 많은 사람들이 스스로 무너져 내리는 일은 없었을 거예요. "용기를 내.", "주눅 들지 마." 등의 말을 건네고 누군가를 격려해 주는 일은 어렵지 않지만, 용기란 그처럼 말로 표현되거나 전달될 수 있는 성질의 미덕이 아닌 걸 우리는 잘 알고 있습니다.

용기는 물론 'JUST DO IT'입니다. 백척간두에서 진일보하는 일입니다. 자신을 괴롭히는 이들을 향해 코웃음을 치고 자신을 얽매는 얼토당토않은 환경을 박차고 일어나는 덕목입니다. 용기는 내가 절벽에서 한 발을 더 내디뎌도 절대로 죽지 않을 만큼 강한 사람이라는 걸 확신하는 태도죠. 그렇지만 막상 이 덕목이 현실의 잔혹한 억눌림을 마주하고, 나를 가까이서 위협하는 강력한 폭력과 만나는 순간, 그래서 내 돌출된 행동이 어떤 파장을 불러일으킬지 예상할 수 없는 순간……. 그 순간 나는 상황과 자아의 덫에 이중으로 갇혀서 움츠러들고 뻣뻣해집니다. 나는 나의 행동의 결과를 예측할 수 없고, 그 결과가 내게 어떤 심각한 해를 끼칠지 가늠할 수 없습니다. 나는 한 발자국도 움직일 수 없습니다. 비겁은 비겁을 부르고, 폭력은 폭력을 부르며, 상황은 점점 더 악순환의 굴레로 빠져들 뿐입니다.

단호하게, 오로지 단호하게

용기는 그런 나의 자아를 포함한 그 모든 것들을 부숴버리는 일입니다. 용기란 다른 게 아닙니다. 그저 '부수고 파괴하는 것'입니다. 용기는 나의 단점과 한계, 과거의 내 모습 따위에 집착하던 습관을 과감하게 내팽개치고, 내가 지금껏 '나는 이런 사람이야.'라고 정의하던 자아의 정체성을, 그리고 나를 둘러싼 그 모든 '내가 아닌 것'들을 한 순간 총체적으로 전복하는 것입니다. 용감함이란 나 자신을 잠시 동안 철저하게 망각하는 태도이며, 지금 나의 결단으로 미래에 어떤 일이 벌어질지에 대해선 단 1퍼센트도 눈길을 주지 않는 단호한 자세입니다.

그래서 용감한 사람은 〈Not Today〉의 노랫말 그대로 총을 조준하고, 한 치의 망설임도 없이 쏴버리는 '쿨한' 태도를 갖게 됩니다. 그는 나 스스로를, 내 주위의 상황을, 과거와 미래라는 시간의 관념을, 마침내는 이 세계를 향해서 아무 죄의식도 없이 조준하고, 탕, 발사합니다. 그는 무심하게 조준해선, 싹 부숴버립니다. '지금 이 순간' 나를 억누르는 그 말도 안 되는 껍질들을, 강력한 힘의 논리를, 불합리한 차별을, 그럴 듯하게 들리는 온갖 궤변들을, 그리고 이런 모든 껍질들에 사시나무 떨 듯 떨고 있는 나 자신을⋯⋯.

〈Not Today〉의 화자는 이러한 용기의 본질을 잘 알고 있습니다. 그는 네 눈 속의 두려움을 버리고, 너를 가두는 유리천장 따위 부수라고 재촉합니다. 내가 두려움에 질린 채 계속 나 자신을 억누른다면, 나는 결코 세상을 향해 정당한 나의 목소리를 낼 수 없습니다. 보부아르의 말처럼, 세계는 때때로 하나의 거대한 폭력과 같습니다. 나는 이 순간 당장 결단하지 않으면 안 됩니다.

그리고 그런 순수한 결단과 행동에는 자기에 대한 의심이나 혐오가 들어설 여지가 티끌만큼도 없습니다. 그때 조금이라도 자신을 나약하고 비겁한 존재라고 여기며 머뭇거린다면, '나는 원래 그런 사람이니까…….'라는 자책감으로 슬그머니 주저앉아 버리면, 그 순간 모든 것이 뒤틀리고 망가집니다. 얽히고설킨 매듭을 과감히 잘라내듯, 어느 한 시점엔 '나 자신에 대한 의구심'을 완전히 끊어 버려야 합니다. 앞서 '이름'에 관해 이야기하며, 제가 '나'라는 존재는 어떤 면에선 허상에 불과하다고 적었던 것을 기억하시나요? 철학적으로 말해서, 나는 존재하지 않습니다. 과거는 이미 사라진 지 오래고, 미래라는 관념은 인간의 공상에 불과합니다. 오로지 지금 이 순간 끊임없이 변화하고 약동하는 뜨거운 생명의 꿈틀거림이 있을 뿐입니다.

어느 누구도 나의 생명력을 움츠러들게 만들 권리가 없습니다. 타인은 가당치도 않고, 심지어는 나 자신도 마찬가지입니다. 나는 내가 생각하는 것보다 훨씬 더 아름답고 소중한 존재입니다. (나도 그것을 잘 알고 있습니다. 자주 잊어버리는 게 문제일 뿐이죠.) 그런 면에서 〈Not Today〉에서 노래하는 용기는 나르시시즘의 가장 순수한 표출과도 같습니다. 자기 자신을 당당하게 내보이고, 그 어떤 순간에서도 자기에 대한 배려를 포기하지 않는 자기애의 감정은 이 순간 절대적으로 중요해집니다. 나는 더 이상 타인의 눈치를 보면서 수줍고 착해야 할 필요가 없습니다. 나는 나의 정당한 욕망 앞에서 결코 부끄러워 할 필요가 없습니다.

"우리는 앞으로 열 번은 더 이겨 낼 거야"

모든 게 부서졌으니, 그 무엇도 두려울 것이 없습니다. 나는 패배하러 이 세상에 온 것이 아닙니다. 나는 승리하기 위하여 태어났습니다. 나는 어떤 상황에서든, 어느 누구에게든 무릎을 꿇거나 무너져버릴 만큼 나약하고 못난 사람이 아닙니다. 우리는 오직 그 사실만 되새기면 됩니다.

이 챕터의 앞머리에서 인용했던 『앵무새 죽이기』의 한 구절처럼, 자신의 신념과 자신의 아름다움을 굳게 믿으며, 그저 시작하고, 또 다시 시작하고 그런 스스로와의 싸움을 끝까지 해내는 것이 중요할 뿐입니다. 승리하기란 아주 힘든 일이지만……. 우린 정말로 승리할 수 있는 존재들이니까요. 나를 휘감는 두려움을 과감하게 떨쳐내고, 자신의 온 힘을 바쳐 세계와 맞서나갈 수 있는 이들은 진정 용감한 사람입니다. 그들은 때때로 패배할 것을 알면서도 어쨌든 시작하고, 자신이 결단한 그 싸움을 끝내 멈추지 않습니다. 『앵무새 죽이기』의 애티커스 핀치는 바로 그런 용기의 화신입니다. 방탄소년단이 〈Not Today〉에서 노래하듯, 이런 사람들이 서로에게 믿음의 목소리를 들려주며 '함께'라는 말로 이어질 수 있다면 더할 나위 없을 거예요.

'대지의 사람들'이라 불리는 라틴 아메리카의 마푸체 족 사람들은 누군가와 헤어질 때 아래와 같은 작별 인사를 한다고 합니다. 이 짧은 인사말은 용기라는 덕목에 바치는 가장 훌륭한 한 마디가 아닐까 싶습니다.

마리치웨우 페니(Marichiweu peni):
형제여, 우리는 앞으로 열 번은 더 이겨 낼 거야.

12. 자존감
<On In A Million>: 트와이스

작사: Mr. Cho
작곡: Sebastian Thott
Didrik Thott
Andreas Oberg
Danielle Senior

You gotta know that you're one in a million

짜증이 계속되는 날이면 날 찾아와봐요
행복으로 가득한 날에도 나를 찾아와줘요
그대 괴롭히는 모든 것들
그대를 아프고 지치게 하는 것들
다 나에게로 가져와 내게 맡겨봐요 Yeah

One in a million 믿어봐요 그댄 특별한걸
One in a million 세상에 단 한 사람뿐인걸
그대는 Masterpiece 있는 그대로도 완벽한 걸요
One in a million 믿어요 그댄 특별한 걸요

아무 소용없죠 화내고 기분을 망치는 일
생각한대로 풀리지 않을 땐 잠시
Take a deep breath
그 누가 뭐래도 흔들리지 말고 큰 소리로 외쳐봐
세상 단 하나뿐인 목소리로 Yeah

One in a million 믿어봐요 그댄 특별한걸
One in a million 세상에 단 한 사람 뿐인걸
그대는 Masterpiece 있는 그대로도 완벽한 걸요
One in a million 믿어요 그댄 특별한 걸요

You gotta know that you're one in a million

아주 특별한 존재가 되어 살아간다는 게
어떤 의미일까
그 누가 뭐래도 흔들리지 말고 큰 소리로 외쳐봐
세상 단 하나뿐인 목소리로 Oh

One in a million 믿어봐요 그댄 특별한걸

One in a million 세상에 단 한 사람 뿐인걸

그대는 Masterpiece 있는 그대로도 완벽한걸요

One in a million 믿어요 그댄 특별한걸요

You gotta know that you're one in a million

You gotta know that you're one in a million

You gotta know that you're one in a million

한 사람 뿐인걸요

You gotta know that you're one in a million

그댄 아주 특별한 걸요

You gotta know that you're one in a million

12. 자존감
<One In A Million>: 트와이스

드디어 이 책의 오랜 여정을 마칠 때가 되었습니다. 챕터들이 하나하나 쌓여서, 어느덧 마흔 여섯 번째 이야기에 이르렀습니다. 『아이돌을 인문하다』에서 제가 마지막으로 말하고자 하는 키워드는 자존감입니다. 자존감, 자신을 존중하고, 자신을 사랑하는 바로 그 마음입니다.

트와이스의 <One In A Million>이 책의 마지막 챕터를 함께할 곡입니다. <One In A Million>은 멤버들의 맑은 목소리가 잔잔한 멜로디와 잘 어우러지는 예쁘고 아담한 곡입니다. 노랫말도 무척 따뜻하지요. 이 노래를 들을 때면, 저는 크리스티나 아길레라가 2002년에 발표했던 <Beautiful>이란 곡이 자연스레 연상되기도 해요. 두 노래 모두 그대가 있는 그대로 완벽하며, '세상에 단하나뿐인 특별한 사람'이라는 치유의 메시지를 전해 주고 있습니다.

마침 제가 사춘기를 통과하던 그 끔찍한 시절에 크리스티나

아길레라의 이 곡이 발표되어, 참 많이도 돌려 들었던 기억이 납니다. 당시 정말 큰 사랑을 받은 노래였습니다. 들어보신 분들은 모두 공감하리라 생각하지만, 그럴 만한 명곡이기도 했고요. 〈Beautiful〉을 부를 때 스물 둘이었던 그녀도 어느덧 마흔에 가까운 중견 가수가 되었습니다. 저도 그사이 세월의 풍파를 맞으면서 젊은 시절을 통과했습니다.

그렇지만 요즘도 가끔 이 곡을 들을 때면, 오래전 그 나날들의 심정과 일상이 흑백사진처럼 뇌리 속에 한 장 한 장 스쳐갑니다. (하나의 노래에 깃든 기억의 이미지가 얼마나 선명한지 새삼 놀라울 때가 있습니다.) 뮤직비디오도 노래만큼 매력적입니다. 〈Beautiful〉의 뮤직비디오엔 상처 받고, 고독하고, 연약한 영혼들이 결국 자신과 화해하는 이야기가 담겨 있습니다. 언제 다시 보더라도 감동적으로 빠져들게 되는 영상입니다.

〈Beautiful〉의 뮤직비디오 속 소녀는, 마침내 자신 앞의 거울을 깨버렸습니다. 오랜 자기혐오에 시달렸지만, 결국 그녀는 단호하게 자기를 비추는 외부의 시선, "너는 형편없어."라고 말하는 세상의 모든 굴레들을 산산조각 냈습니다. 거울 따위가 없어도 이제 그녀는 자신이 아름답고 특별하다는 걸 확신할 수 있습니다. 그녀는 그만큼 용감한 사람이니까요.

〈One In A Million〉과 〈Beautiful〉이 들려주는 것처럼, 우리 모두는 그 자체로 귀중한 존재들입니다. 우리들 한 사람 한 사람이 모두 이 지구 위에서 유일무이한 존재들이에요. 우린 밤하늘의 별처럼 빛나고 애틋한 사람들입니다. 그 누가 어떤 방식으로 우리를 깎아내린다 해도, 우리의 아름다움과 우리의 가치는 그대로입니다. 나는 나를 아끼고 사랑할 충분한 이유가 있습니다.

그런 이유를 모르는 것은 아니지만

그럼에도 불구하고, 자존감은 여전히 손에 잡기 힘든 감정입니다. 우리는 한없이 약한 사람들입니다. 자존감은 우리 모두가 팽팽하게 맞서야 할 평생의 과제이자 삶의 숙명입니다.

안타깝게도 '당신은 있는 그대로 소중하고 특별하다.'는 식의 위로의 말은 자칫 식상하고 공허하게 느껴질 때도 많은 것 같습니다. 자신을 휘감고 있는 마음의 고통에 시달릴 때 "당신은 사랑 받기 위해 태어난 사람"과 같은 고고한 말을 들으면 별로 와닿지 않는 게 사실이죠. 우리는 물론 사랑 받기 위해 태어난 존재입니다. 그런데 그걸 잘 알고 있으면서도 지금 이 순간 자신이 죽도록 밉고 괴로운 걸 어쩌란 말입니까?

당신은 당신 자체로 아름답고 완벽하다는 말을 들을 때면, 우리들은 마음의 평안을 얻기보단 오히려 자신의 결함에 주목하게 되는 것 같기도 해요. ('뭐라는 거야? 난 전혀 완벽하지 않은데!') 외면에 대해서도 할 말은 많겠지만, 자신의 내면에 대해서는 더욱더 고개를 들지 못하는 경우가 비일비재합니다. 방 안에 홀로 우두커니 앉아 있는 순간 그 누구에게도 꺼내 놓지 못하는 자기 가슴속의 어둠을 들여다볼 때면 우리는 모두 이 땅에서 사라져 버리고 싶은 유혹에 시달립니다. 게으르고 나태하게 흘려버린 숱한 밤들, 찰나를 모면하기 위해 남을 속이고 나 자신을 속이던 순간들, 타인에 대한 질시와 열등감의 감정들, 약속을 배반하고 신의를 저버리며 뻔뻔하게 자기 합리화를 하던 기억들…….

우리는 이런 순간을 맞아 스스로에게 겪여 버리고 절망하기도 쉬운 존재입니다. 자신을 미워하는 감정은 풍선처럼 부풀어 오르면서 내 영혼을 갉아먹습니다. "그 돌 때문에 내가 바닥에 가라앉는다 해도 그 돌을 사랑해요." 안톤 체호프가 쓴 희곡 『벚꽃 동산』의 한 구절입니다. 우리는 그처럼 자신의 "목에 걸린 돌"까지도 사랑할 수 있는 아이로니컬한 사람들입니다.

'당신은 그리 특별한 사람이 아닙니다'

그러니, 사실 나는 전혀 완벽하고 특별한 존재가 아닙니다! 나는 못생기고 곳곳에 흠집이 가득한 사람입니다. 나는 그다지 아름다운 사람이 아니에요. 누구보다도 나 자신이 그것을 똑똑히 알고 있습니다. 우리는 자기 자신을 아끼고 사랑하기 위하여, 차라리 나의 '못남'을 시원스럽게 인정해 버리는 편이 더 낫지 않을까 싶습니다.

나는 나의 결함들을 애써 숨기려고 할 필요도 없고, 숨길 이유도 없습니다. 창피해 할 이유가 전혀 없습니다. 왜냐하면 그런 내 모습은 남들과 꼭 닮아 있기 때문입니다. 우리들은 모두 어딘가 조금씩은 망가지고 뒤틀린 사람들입니다. 세상에 완벽한 사람은 단 한 사람도 없습니다. 자신이 완벽하다고 믿으면서 그 완벽함에 집착하는 사람일수록 단언컨대 제일 많이 망가져 있습니다. 이 점에 관해선, 제 말을 100퍼센트 믿으셔도 좋습니다.

노르웨이와 덴마크, 스웨덴 등 스칸디나비아 반도의 북유럽 문화권에는 '얀테의 법칙'(Law of Jante)이라 불리는 법칙이 있다고 해요. 마치 우리의 삼강오륜(三綱五倫) 같은 윤리 수칙처럼, 그들 사이에서 오랫동안 굳어진 독특한 행동 규범이라고 할 수 있는데요. 총 11개의 이 법칙들 중에서 가장 첫 번째의 항목은 다음과 같습니다.

당신이 특별하다고 생각하지 말라.

여기에 이어지는 법칙들 모두 단호한 부정문의 연속입니다. 얀테의 법칙은 당신이 다른 사람보다 똑똑하거나 중요한 사람, 더 많은 것을 알고 있는 사람이라고 생각하지 말라고 경고하죠. 나아가 다른 사람이 당신을 신경 쓴다고 생각하지 말 것이며, 당신이 다른 사람을 가르칠 수 있는 사람이라고 생각하지 말 것을 주문합니다. 그리고 얀테의 법칙의 마지막 항목은 이렇습니다.

당신에 대해서 다른 사람이 모른다고 생각하지 말라.

서늘하게 가슴을 파고드는 문장입니다. 이 법칙에 따르면, 당신은 특별한 사람도 아닐뿐더러 다른 이들과 동떨어진 채 비밀스러운 내면을 간직했다면서 홀로 으스댈 수 있는 존재도 아닙니다. 요컨대, 당신은 그렇게 애지중지할 만한 사람이 아닙니다. 왜냐면 당신 주위의 많은 사람들 모두 당신만큼 고유하고 소중한 존재이니까요. 또한 다른 사람들은 이미 당신에 대해서 당신이 생각하는 것보다 훨씬 더 잘 파악하고 꿰뚫어 보고 있으니까요. 그들도 당신과 꼭 같은 욕망, 당신과 같은 결함을 갖고 있는 사람이니까 그런 일은 그다지 어렵지 않습니다.

'그래서, 당신은 진정 특별해질 수 있습니다'

그렇지만……. 한 사람의 평범함, 남과 다르지 않음, '특별하지 않음'을 강조하고 또 강조하는 이런 법칙들이 '자존감'의 챕터에 과연 어울리는 내용일까요?

그렇습니다. 저는 정확히 그렇다고 생각합니다. 조금 어색하게 들릴지도 모르겠지만, 나는 남과 다르지 않으므로 비로소 '아주 특별한 존재'가 될 수 있습니다. 사람들이 모두 자신과 비슷한 고민과 고통으로 힘겨워한다는 걸 깨닫게 될 때, 그때서야 나는 못생기고 나약하고 울퉁불퉁한 스스로를 존중하고 인정할 수 있습니다.

나는 완벽할 필요가 없습니다. 세상엔 완벽한 사람이란 존재하지 않으니까요. 우리는 알고 보면 정말이지 서로를 닮은 사람들입니다. 내가 다른 이들과 닮아 있는 나 자신을 발견하게 될 때, 나는 완벽함에 집착하는 일에서 벗어나 나를 편안하게 놓아줄 수 있습니다. 나도 참 나답게 못난 사람이지만, 너도 참 너답게 못난 사람입니다. 그렇지만 나는 네가 수백만 사람들 중에 오직 하나뿐인 존재라는 것을 잘 알고 있습니다. 내가 사랑하는 나의 소중한 사람 앞에서, 못나고 말고가 뭐가 중요한가요?

그러므로 내 마음이 진정한 자존감을 머금기 위해선, 나는 내 안의 밀폐된 세계에서 뛰쳐나가 사람들을 만나고, 그들을 바라보고, 그들을 알아가야 합니다. 그들과 진심을 나누고, 그들을 아끼는 법을 배워야 합니다. 나는 너를 존중하고 아낌으로써만 나를 사랑하는 법을 배울 수 있습니다. 나 혼자만의 힘으로는 아무것도 이룰 수 없습니다.

이 세상엔 그 누구도 특별한 사람이 없으므로, 우리가 가진 모든 것들이 특별해집니다. 이 세상에는 남보다 아름답거나 중요하다고 할 만한 사람이 없으므로, 모든 사람들이 저마다 아름답고 중요한 존재라는 진실이 어렵잖게 드러납니다. 지금 나의 모습은 그 자체로 충분히 아름답습니다. 못생겨서 아름답고, 부족해서 아름답습니다. 그것을 알기 위해선 나에겐 네가 필요합니다. 수백만의 사람들 중에서도, 단 한 사람인 네가.

날 사랑해 주고, 날 격려해 주며, 날 있는 그대로 받아들여 줄 수 있는 네가……. 이때 자존감은 내가 혼자서 이룩한 무엇인가가 아니라, 내 곁의 소중한 이들이 내게 베풀어 준 선물과도 같은 개념으로 변하게 됩니다. 물론, 내가 받은 만큼 돌려주어야 하는 선물과도 같은.

서로가 서로의 곁에 있어준다면

이것이 자존감의 역설입니다. 엄밀하게 말한다면, 이 세계 위에서 말 그대로 '자존'(自存)할 수 있는 사람은 어디에도 없습니다. 우린 모두 서로의 어깨에 기대어 조금씩 의지하고 도움을 주고받으며 살아가는 사람들입니다. 세상에서 가장 잘나고 능력 있는 사람이더라도 마찬가지죠. 오직 자기 혼자의 힘으로 세상 속에 짜잔, 등장해서 어른이 된 사람은 한 사람도 없으니까요.

그러므로 우리의 자존감은 자기 곁의 타인과 긴밀하고 아름답게 연관되어 있는 자존감입니다. 자존감은 나 자신을 부여잡고 나만의 특별함을 추구하는 고립된 미덕이 아닙니다. 그것은 서로의 존재를 특별하게 만들어 주는 '타인의 발견'이라는 미덕에 훨씬 더 가깝습니다.

트와이스의 〈One In A Million〉이 노래하고 있는 그대로입니다. 이 노래는 '나의' 노래가 아니라, '너의' 완벽함과 특별함을 잔잔하게 들려주고 있는 노래니까요. 이 곡의 화자는 스스로가 아니라 자신이 아끼는 사람을 향해 "그대 괴롭히는 모든 것들, 그대를 아프고 지치게 하는 것들, 다 나에게로 가져와, 내게 맡겨 봐요."라고 말해 줄 수 있는 사람입니다. 그는 강한 사람이며, 따뜻한 사람입니다. 그는 다른 이를 대범하게 사랑함으로써 스스로를 더 깊이 사랑할 수 있다는 것을 알고 있는 사람입니다. 타인을 향해 자기 마음을 활짝 열 때 우리가 자신에 대한 미움이나 연민 따위의 '약한 감정'에 휩쓸리지 않을 수 있음을 잘 아는 사람입니다.

그래서 우리에겐 삶의 어느 순간 〈One In A Million〉이나 〈Beautiful〉 같은 곡을 들려줄 누군가가 반드시 필요합니다. 내 자존감의 비밀에는 '내'가 아닌 '네'가 있고, 우리들의 연약한 자아는 언제나 서로의 도움을 바라고 있죠. '있는 그대로의 나'는 사실 그리 특별하거나 아름답지 않습니다. 다만 나를 오랫동안 아껴주는 '너'라는 존재만이 그런 나의 못생긴 마음을 가려줄 수 있습니다. 너는 나와 닮아 있고, 너 또한 나만큼 못생기고 흠이 많은 사람이니까요.

그때 우린 특별하지 않아서 특별한 사람들이 됩니다. 혼자서는 안 됩니다. 네가 있어 주어야 합니다. 너에게 내가 있어 주어야 하듯……

에필로그

"책을 읽는 일은 인간적인 것을 초월하고자 하는 것이
아니라 더 인간적이 되고자하는 것이며, 우연성과 유
한성을 벗어나고자 하는 것이 아니라 그것을 벗어나
고자 하기를 중단하는 것이며, 우리가 의지하고 기댈
곳은 동료 인간들밖에 없다는 사실을 긍정하고자 하
는 것이다."

— 리처드 로티, 『우연성, 아이러니, 연대성』(커뮤니케이션북스)

이 책의 마지막 챕터인 '자존감'에 관해 쓰면서, 저는 제 자신을 여러 차례 돌아보지 않을 수 없었습니다. 자존감의 덕목을 이야기하는 사람이라면 아무래도 자존감이 꽤나 강한 사람이어야 마땅하지 않을까요? 그런데 저로서는, 아무래도 제가 자존감을 든든히 갖춘 사람이라고는 생각할 수가 없었습니다. 스스로를 미워하는 일에 관해서라면 저도 어디 가서 그리 빠질 만한 사람은 아닙니다. 안타깝지만 부정할 수 없는 사실입니다

아니, 사실 이 책의 46가지 키워드들 가운데 그 무엇 하나도 '난 이것 하나만큼은 자신 있지.'라고 뿌듯하게 말할 수 있는 미덕이 없습니다. 그래서 책의 원고를 쓰는 중간 중간 제 삶과 제 과거를 생각하며 자주 씁쓸한 회한에 잠기기도 했습니다. 저는 이 책에서 줄곧 우리가 성장하고, 사랑하며, 우리 자신의 인간적 본질을 되돌아보는 일들에 관해 이야기해 왔잖아요. 그 모두 제게는 여전히 어렵고 버겁게만 다가오는 어떤 숙제들과 같습니

다. 내 자아를 굳건하게 믿고, 타인을 열심히 사랑하고, 이 세상을 향해 활짝 열린 마음을 유지하는 일은……. 제가 앞으로 한참을 더 살아도 쉽게 이룰 수 있겠다고 자신할 수가 없습니다.

다만 저는 덴마크의 작가 이자크 디네센이 남긴, "모든 슬픔은, 그것을 이야기로 만들거나 그것들에 관해 이야기를 할 수 있다면, 견뎌질 수 있다."는 말을 되새겨 볼 뿐입니다. 제가 46곡의 노랫말들과 함께 여기에 적었던 46가지의 이야기는, 제 마음속에 담긴 46가지 슬픔들과도 같습니다. 그리고 저는 이 46개의 슬픔들이, 저와 함께 살아가는 많은 사람들의 마음속에도 저마다 조금씩은 배어 있다는 것을 알고 있습니다. 이 모든 이야기들이 시작되는 지점입니다.

좋은 책을 아무리 많이 읽는다고 해도, 세상의 가장 아름다운 음악과 예술에 평생을 심취한다고 하더라도, 그런 일들은 내가 정말 좋은 사람, 아름다운 사람으로 살아가는 것과는 전혀 다른 차원의 이야기입니다. 세상에는 그 '다름'을 증명하는 부정적인 사례들로 가득합니다

그럼에도 불구하고, 책을 읽는 일은 언제나 좋은 것입니다. 음악을 듣는 일이 언제나 좋은 것과 마찬가지입니다.

이 책의 작업을 본격적으로 시작하기 훨씬 전부터, 저는 아이돌들의 곡들을 들으면서 '아, 이들은 참 자신만만하게도 우리 모두가 되새길 만한 이야기들을 하고 있구나.'라고 종종 생각했던 적이 있습니다. 그들은 아주 솔직하게 자신이 어떤 사람인지, 자신이 어떤 감정에 취해 있고, 또 앞으로 어떻게 살고 싶은지를

노래하고 있죠. 그들의 노래에는, 물론 수백 페이지에 달하는 치밀하고 섬세한 지식과 지혜가 담겨 있지는 않습니다. 아이돌 멤버들 한 사람 한 사람 역시 (우리와 마찬가지로) 부족함 많고 불완전한 사람들일 뿐입니다.

그렇지만, 우리들이 그들의 노래, 그들의 이야기를 '이미' 받아들일 준비가 되어 있었다는 점이 가장 중요합니다. 그들의 음악을 듣기 전부터, 우리들은 각자의 이야기를 품은 채 무언가에 감화를 받을 수 있는 존재가 되어 있었습니다. 그래서 우린 그들에게 '반응'할 수 있었던 것입니다. 그들은 자신들의 이야기를 풍부하게 다듬고, 거기에 좋은 선율과 화려한 퍼포먼스를 더하여 단지 우리를 경탄하게 만들어주었을 뿐이죠. 그들은 우리의 눈과 귀를 번쩍 뜨이게 하는 동시에, 우리 내면에 숨겨져 있던 원초적인 감성을 이끌어낼 수 있었습니다. 그들의 이야기를 들으며 우리는 자신의 이야기를 돌아보고, 이처럼 우리가 하나의 인간적인 운명과, 인간적인 감각으로 서로 연결된 존재들이라는 사실을 깨달을 수 있었습니다.

그들을 통해서, 또한 그들을 '들을' 준비가 되어 있던 우리 자신을 통해서 말이죠. 이는 그들이 자신만만하게 자신을 드러내는 일에 부끄럼이 없었던 동시에, 그들에게 '음악'이라는 우리들 모두의 '공통의 언어'가 갖춰져 있었던 덕택에 가능한 일이었습니다. 어쩌면 저 역시 수십 년 전 어린 시절부터 저의 세대를 풍미했던 가수들의 음악을 듣고, 그들에게 반응했던 오랜 시간을 통과해오면서 이런 생각들을 틈틈이 쌓아오고 있었는지도 모르겠습니다.

그리고 음악을 듣는 일과 마찬가지로, 책을 읽는 일 또한 바로 우리 자신의 '숨겨진' 이야기를 읽는 것과 같습니다. 책은 음악에 비하여 다소 지루하거나 어렵게 느껴지는 게 사실입니다. 책을 읽는 일은 누군가의 음악에 빠져드는 일보단 아무래도 좀 더 외롭고 무미건조한 일임에는 틀림없죠.

그렇지만 우리는 알고 있습니다. 세상에는 자신만만하게 자신의 이야기를 뽐낼 수 있는 존재들뿐만 아니라, 다소 조용하고 묵묵히 자신의 아름다움을 숨기고 있는 존재들도 많다는 것을……. 또 가끔은 그처럼 자신을 쉽게 드러내지 않은 어떤 것들이, 우리들의 가장 깊숙한 곳에서 희미하게 빛나고 있던 감성을 건드려 줄 수 있다는 것을 말이에요.

우리는 이미 무언가에 감동할 수 있는 사람들입니다. 우리 주위에는 좋은 음악들과 좋은 책들로 가득하죠. 우리들 내면의 슬픔들을 아름다움으로 바꿔갈 수 있는 시간은 아직 충분합니다. 저는 그렇게 믿고 싶습니다.

책을 읽어주신 독자 분들 모두에게 고마움을 전하고 싶습니다.

(끝)

아이돌을 인문하다

문학과 철학으로 읽는 그들의 노래, 우리의 마음

ⓒ 박지원 2018

발행일 2018년 4월 18일 초판 1쇄
　　　　2021년 1월 1일 초판 3쇄

지은이 박지원
편집 박성열, 이정희
디자인 주영훈, 이아름

발행인 박성열
발행처 도서출판 사이드웨이
출판등록 2017년 4월 4일 제406-2017-000041호
주소 경기도 파주시 교하로 875번길 31-22, 다인 205호
전화 031)935-4027 **팩스** 031)935-4028
이메일 sideway.books@gmail.com

가격 22,000원
ISBN 979-11-963491-0-3 03100

· 잘못 만들어진 책은 구입처에서 바꾸어 드립니다.

· 이 책의 전부 또는 일부 내용을 재사용하려면
　반드시 사전에 도서출판 사이드웨이의 동의를 받아야 합니다.

· KOMCA 승인필

· 이 도서의 국립중앙도서관 출판예정도서목록(CIP)은 서지정보유통지원시스템 홈페이지
　(http://seoji.nl.go.kr)와 국가자료공동목록시스템(http://www.nl.go.kr/kolisnet)에서
　이용하실 수 있습니다. (CIP제어번호 : CIP2018010507)